Reinbot von Durne
Der Heilige Georg

Reinbot von Durne

Der Heilige Georg

Mittelhochdeutscher Text, Übersetzung, Kommentar
und Materialien zur Stofftradition

Herausgegeben von
Christian Buhr, Astrid Lembke und Michael R. Ott

DE GRUYTER

ISBN 978-3-11-057966-6
e-ISBN (PDF) 978-3-11-057968-0

Library of Congress Control Number: 2020944391

Bibliografische Information der Deutschen Nationalbibliothek
Die Deutsche Nationalbibliothek verzeichnet diese Publikation in der Deutschen Nationalbibliografie;
detaillierte bibliografische Daten sind im Internet über http://dnb.dnb.de abrufbar.

© 2020 Walter de Gruyter GmbH, Berlin/Boston
Umschlagabbildung: Salvatore Rosa, Der Hl. Georg und der Drache [oder: Jason mit dem Drachen, vgl. Guratzsch 1999, S. 206], Paris, École des Beaux Arts, Quelle: http://www.zeno.org – Contumax GmbH & Co. KG.
Satz: LaTeX durch Michael R. Ott
Druck und Bindung: CPI books GmbH, Leck

www.degruyter.com

Jacob Klingner gewidmet

Inhalt

Einführung —— IX

1   Reinbot von Durne: ‚Der Heilige Georg' —— 1

2   Eingriffe und Korrekturen —— 148

3   Stellenkommentar —— 151

4   Materialien zur Stofftradition —— 228
4.1   Das ‚Georgslied' —— 232
4.2   Die ‚Geschichte von Ǧirǧīs' —— 240
4.3   St. Georg in der ‚Legenda Aurea' —— 265
4.4   St. Georg in der ‚Elsässischen Legenda Aurea' —— 275
4.5   Georg Hager: ‚Der Ritter sant Georg. Meisterlied' —— 279

5   Abkürzungsverzeichnis —— 281

Quellen —— 283

Darstellungen —— 286

Orts- und Personenregister —— 292

Einführung

In seinem Roman über den heiligen Georg lässt der hochmittelalterliche Dichter Reinbot von Durne seinen Protagonisten spektakuläre Wunder wirken und ausführliche Missionierungsreden schwingen, wieder und wieder stirbt der Heilige grausame Tode und erwacht erneut zum Leben, er schlägt Schlachten, demütigt öffentlich einen heidnischen Götzen und verführt eine Königin zum wahren Glauben. Keine andere Version des ursprünglich spätantiken legendarischen Stoffs reicht auch nur entfernt an diese Bearbeitung aus der zweiten Hälfte des 13. Jahrhunderts heran, was Umfang und Komplexität angeht, oder auch, was die Mühe betrifft, die der Dichter aufwendet, um verschiedene ältere und zeitgenössische Wissensbestände in die Handlung zu integrieren und dabei auch stilistisch eine Glanzleistung zu vollbringen. Unter den literarischen Hybriden aus höfischem Roman und Legende ist und bleibt Reinbots ‚Heiliger Georg' ein schillernder, packender und in seiner auftrumpfenden Sperrigkeit häufig auch irritierender Solitär.

Was könnte im 21. Jahrhundert an einem solchen, auf den ersten Blick nicht ganz leicht zu erschließenden Text interessieren? Welche Erkenntnisse gestattet er über den historischen, literarischen und religiösen Kontext seiner Entstehung und Rezeption, zu welchen Fragen provoziert er heutige Leserinnen und Leser? Ziel der vorliegenden Ausgabe ist es, den Zugang zu einem mittelalterlichen Roman zu erleichtern, dessen Lektüre unter anderem gerade aufgrund seiner Außergewöhnlichkeit, Heterogenität und zuweilen auch Widersprüchlichkeit unbedingt lohnend erscheint. Sie möchte dazu anregen, sich dem Text auf der Grundlage der langen und ergiebigen Forschungstradition zur mittelalterlichen volkssprachigen Hagiographie und Romanliteratur mit frischem Blick zuzuwenden und dabei selbstständig eigene und neue Forschungsinteressen zu entwickeln.

Christliche – das heißt zunächst vor allem lateinische, im Lauf der Zeit aber zunehmend auch volkssprachige – Heiligenlegenden bilden einen wichtigen Bestandteil des Korpus der geistlichen Literatur des europäischen Mittelalters. Die ‚Legenda Aurea' etwa, eine Sammlung von lateinischen Legenden, die der Dominikaner Jacobus de Voragine im 13. Jahrhundert zusammenstellte, fand außerordentlich weite Verbreitung. Die Texte dieser Kompilation wie auch diejenigen anderer Sammlungen wurden gelesen und übersetzt, umgearbeitet und kombiniert, sie traten vielfach in Wechselwirkung mit anderen Textgattungen (zum Beispiel mit der liturgischen Lyrik, der Predigt, der Mirakeldichtung, dem geistlichen Spiel oder dem höfischen Roman) und wurden auch in anderen Künsten rezipiert. Eine Vielzahl von akademischen Disziplinen – etwa die Theologie und die Religionswissenschaft, die Geschichts- und Literaturwissenschaft, die Kunstgeschichte und die Soziologie – fragt folglich danach, was sich aus den vielfältigen Praktiken legendarischen Erzählens, die sich seit der Spätantike bis zur Frühen Neuzeit in Europa entfalteten, über Glaube und religiösen Kult schließen lässt. Erforscht wurden aber auch unterschiedliche und sich verändernde Vorstellungen von

Heiligkeit und Unverfügbarkeit, soziale Hierarchien und Abgrenzungsbemühungen gegenüber anderen Glaubensgemeinschaften oder die Entwicklung von Stilen und Ausdrucksformen in der erzählerischen Annäherung an Gott und an die von ihm erwählten Menschen.

Seit den Anfängen der germanistischen Mediävistik bemühten sich Wissenschaftlerinnen und Wissenschaftler darum, einzelne deutschsprachige Legenden wie auch Legendensammlungen philologisch zu erschließen.[1] Zudem entstanden Beiträge und Darstellungen wie die von Klaus Brinker, Ulrich Wyss, Achim Masser und Edith Feistner, die es sich zur Aufgabe machten, die hagiographische Literatur des deutschen Sprachraums systematisch unter dem Gesichtspunkt der Legende als Gattung zu beschreiben.[2] Besonders innerhalb der vergangenen 20 Jahre wiederum öffnete sich die germanistische Legendenforschung verstärkt auch kulturwissenschaftlichen Ansätzen, die die Texte und Textkorpora unter Gesichtspunkten wie Medialität, Gewalt, Körper, Geschlecht und Verwandtschaft untersuchten. Vorangegangen war in diesem Bereich insbesondere Peter Strohschneider mit seinen Arbeiten zum Erzählen von Heiligkeit in Hartmanns von Aue ‚Gregorius', im ‚Alexius' Konrads von Würzburg und nicht zuletzt auch in Reinbots ‚Heiligem Georg'.[3] Dass man sich nach den Terroranschlägen auf das World Trade Center am 11. September 2001 auch vermehrt für kulturhistorisch informierte Fragen nach Ideologien des Glaubenskampfes und des Martyriums interessierte, wurde beispielsweise an der 2006 von Thomas Frank und Andreas Kraß in Frankfurt veranstalteten interdisziplinären Tagung zur „Politik, Erotik und Poetik des Martyriums" sichtbar. Der daraus entstandene Sammelband machte plausibel, dass es sinnvoll sein kann, nicht nur diachron, sondern auch kulturübergreifend komparatistische Untersuchungen durchzuführen, um die Spezifika deutschsprachigen legendarischen Erzählens in den Blick zu bekommen.[4]

Auch die deutschen Versionen der Georgslegende – vor allem in Gestalt des althochdeutschen ‚Georgslieds' und des mittelhochdeutschen Romans über den heiligen Georg – wurden in den letzten Jahrzehnten immer wieder zum Gegenstand literaturwissenschaftlicher Untersuchungen.[5] Den Georgsroman, der im Zentrum des vorliegenden

---

[1] Hier sind für die letzten 40 Jahre exemplarisch etwa die Editionen und Studien von Werner Williams-Krapp zu nennen. Man vgl. z. B. Williams-Krapp 1986.
[2] Vgl. Brinker 1968; Wyss 1973; Masser 1976; Feistner 1995.
[3] Vgl. Strohschneider 2002b; Strohschneider 2000; Strohschneider 2002a.
[4] Vgl. Kraß und Frank 2008. Einen Einblick in die aktuelle Diskussion um die Vielgestaltigkeit legendarischer Narrationsmodelle bietet der von Maximilian Benz, Andreas Hammer, Elke Koch, Nina Nowakowski, Stephanie Seidl und Johannes Traulsen zusammengestellte Band *Legendarisches Erzählen. Optionen und Modelle in Spätantike und Mittelalter* (Benz u. a. 2019).
[5] Exemplarisch seien folgende Beiträge genannt: Haubrichs 1979; Kraß 2008; Seidl 2012. Hinweise zu weiteren Untersuchungen, die sich mit der deutschsprachigen Tradition um den heiligen Georg beschäftigen, finden sich im Literaturverzeichnis ab S. 283.

Bands steht, brachte ein ansonsten nicht weiter in Erscheinung getretener,[6] mutmaßlich aber aus der Oberpfalz stammender Dichter namens Reinbot von Durne im Auftrag des bayerischen Herzogs Otto II. und seiner Ehefrau Agnes wohl nach einer lateinischen Quelle ins Deutsche:

> *si minnent in allen wîs got,*
> *und sprâchen zuo mir ,Reinbot,*
> *du solt ein buoch tihten,*
> *in tiutsche sprâche rihten,*
> *von dem lieben herren mîn,*
> *dem wir welln undertænic sîn,*
> *sant Georjen, der uns selten ie*
> *in keinen nœten verlie.'* (V. 19–26)

Wenngleich der Text damit seinen eigenen Status als Auftragsdichtung offenlegt, bleiben doch die Gründe für diesen Entschluss ebenso im Dunkeln wie die exakten Daten des Auftrags und der Fertigstellung des Romans. Da sich in der Mitte des 13. Jahrhunderts wahrscheinlich auch Dichter wie Neidhart, Friedrich von Sonnenburg und der Tannhäuser am bayerischen Herzogshof aufgehalten haben, könnte sich die Existenz dieses Werks auch jener Mischung aus literarischem Interesse und höfisch-repräsentativer Absicht verdanken, die in dieser Epoche häufig der Antrieb für fürstliches Mäzenatentum war.[7] Auf eine solche Absicht jedenfalls könnte man einige Verse aus Reinbots Prolog beziehen, in denen die Bedeutung Ottos als Förderer der deutschsprachigen Literatur mit derjenigen des Landgrafen Hermann von Thüringen verglichen wird, der einst Wolfram von Eschenbach mit der Abfassung des ‚Willehalm' beauftragt hatte (V. 34–45).

Als frühestmöglichen Anlass eines durch das Fürstenpaar erteilten Auftrags ist wohl die Hochzeit zwischen Otto II. von Bayern und Agnes von der Pfalz in den Jahren um 1220 anzusehen. Da der Herzog von Bayern im Prolog zu den Lebenden gezählt wird, liegt die Vermutung nahe, dass das Werk vor seinem Tod im November 1253 abgeschlossen war. Ansätze zu einer genaueren Datierung orientieren sich an der in den Versen 13–16 vorgebrachten Aussage, wonach die Höchsten des Reichs, also die Könige und Kaiser aus der Dynastie der Staufer, die Ratschläge des Herzogs und seiner Frau zu befolgen pflegen und ihre Kinder mit den Kindern dieser beiden verheiraten. Eine kaiserfreundliche Heiratspolitik Ottos II. lässt sich ab 1235 beobachten. Sie realisierte sich schließlich am 1. September 1246 mit der Eheschließung zwischen Elisabeth von Bayern, der erstgeborenen Tochter des Herzogs, und Konrad IV., dem Sohn Kaiser Friedrichs II.

---

6 Einen Zusammenhang zwischen Reinbot von Durne und einem *Reimpoto notarius*, der im Jahr 1240 in einer Urkunde Ottos II. von Bayern erscheint, wurde von Elias Steinmeyer für unplausibel erklärt. Vgl. Steinmeyer 1888.
7 Vgl. Bumke 2002, S. 654–673 und Bumke 1979.

Anhand dieser Indizien lässt sich die Werkabfassung daher mit einiger Vorsicht auf einen Zeitraum von weniger als 18 Jahren eingrenzen (das heißt zwischen 1235 und 1253). Doch gerade dieser Zeitraum, in dem die Politik des Herzogs von Bayern nicht nur von lokalen Krisen und Konflikten geprägt ist, sondern sich auch zwischen den antagonistischen Kräften von Kaiser und Kirche zu positionieren versucht, wirft neue Fragen auf: Handelt es sich beim ‚Heiligen Georg' um ein Dokument bayerischer Kaisertreue? Zielt das hagiographische Auftragswerk darauf, angesichts des drohenden und sich im Jahr 1246 schließlich vollziehenden Kirchenbanns für Otto II. dessen Frömmigkeit herauszustellen? Oder resultiert die Rückbesinnung auf den von den Wittelsbachern nachweislich bereits in den 1220er Jahren als Schutzpatron verehrten Heiligen aus dem Wunsch, sich ostentativ im Schoß der Kirche zu verorten? Weder die historischen Quellen über Herzog Otto II. noch der Wortlaut des Texts erlauben es, diese Fragen abschließend zu beantworten.

Das Verhältnis zwischen dem Dichter und seinen feudalen Auftraggebern könnte auch ästhetische Aspekte berühren. So betont der Erzähler in den Versen 50–56, dass er sich durchaus imstande sähe, seine Legende erzählerisch auszuschmücken und mit allerhand fabulösen Elementen zu würzen. Dies sei ihm jedoch von der Herzogin strikt untersagt worden. Möglicherweise betrifft dieses Verbot auch das Motiv des Kampfes gegen einen teuflischen Drachen, das heute in der christlichen Ikonographie ebenso wie in der Populärkultur untrennbar mit der Figur des heiligen Georg verbunden ist. In Reinbots Roman wird lediglich angedeutet, dass Georg aufgrund seiner heroischen Qualitäten auch über Löwen, Bären, Drachen und Lindwürmer zu triumphieren vermöge (V. 466 f.). Dabei war die Assoziation dieses Heiligen mit einem Drachenkampf, wie er auch Tristan, Siegfried und anderen Protagonisten höfischer und heldenepischer Texte zugeschrieben wird, im 13. Jahrhundert bereits dabei, sich in der kollektiven Wahrnehmung zu verfestigen.[8] Spätestens mit der entsprechenden Szene in der ‚Legenda Aurea' fand die literarische Ausgestaltung des Motivs weite Verbreitung. Sollte Reinbots Andeutung mehr leisten wollen, als nur den Helden mit anderen aus der weltlichen Literatur bekannten Drachenkämpfern vergleichbar zu machen, dann erschiene das berühmte Drachenabenteuer im ‚Heiligen Georg' in größtmöglicher Marginalisierung.

Die Widmung des Werks an das bayerische Herzogspaar könnte auch einige weitere inhaltliche und stilistische Besonderheiten erklären. Offenkundig wollte der Bearbeiter die Georgslegende nicht einfach nur ins Deutsche übertragen, sondern sie – womöglich zwecks einer Anpassung an den Geschmack seines adligen Publikums – der von Dichtern wie Heinrich von Veldeke und Hartmann von Aue begründeten Tradition höfischen Erzählens in deutscher Sprache angleichen. Dazu gehört, dass Reinbot sich, was Form und Stil angeht, eng an den ‚Klassikern' der höfischen Dichtung orientiert.

---

[8] Ein erstes lateinisches Zeugnis für die Drachenkampfepisode enthält eine Regensburger Handschrift aus dem 12. Jahrhundert oder vom Anfang des 13. Jahrhunderts, die sich heute in der Bayerischen Staatsbibliothek befindet (Clm 14473). Zum Motiv des Drachenkampfs in verschiedenen Versionen der Georgslegende vgl. Aufhauser 1911.

Doch auch inhaltlich hat deren Vorbildfunktion Auswirkungen: Die Werke des von Reinbot verehrten Wolfram von Eschenbach etwa werden nicht nur als Bildspender und Motivgeber herangezogen, sondern oft auch wörtlich zitiert.

Insgesamt zeichnet sich Reinbots Werk durch eine signifikante ‚Höfisierung' des legendarischen Geschehens aus: Das Martyrium wird romanhaft überformt und in einem von höfischen Moden und Sitten geprägten Milieu angesiedelt. Den Heiligen erhebt der Dichter insbesondere im Rahmen der Vorgeschichte zum wehrhaften Recken, der den Andersgläubigen im Dienst der Christenheit so manchen Schlag versetzt. Detaillierte Schlachtbeschreibungen stehen neben Szenen glanzvoller Prachtentfaltung am Hof des Tyrannen. Unterbrochen wird die Handlung durch ausgedehnte Figurenreden und Erzählerexkurse, durch Beschreibungen, Gebete und Allegorien. Zudem ergänzt Reinbot die Legende um längere Vor- und Nebengeschichten, von denen vor allem die Erzählung vom Kampf gegen den heidnischen König und Heerführer *Tschofreit von Salnecke* hervorzuheben ist, da sich diese – soweit wir wissen – in keiner anderen überlieferten Version der Georgslegende findet und daher wahrscheinlich als eine Erfindung Reinbots betrachtet werden kann. Aufgrund solcher Zusätze und Ausschmückungen bringt es der ‚Heilige Georg' auf insgesamt 6134 Verse – ein Umfang, der den aller anderen mittelalterlichen Erzählungen über diesen Heiligen um ein Vielfaches übersteigt.

Der Text lässt sich inhaltlich folgendermaßen gliedern:

1. (V. 1–104) Der Prolog preist Otto II., Herzog von Bayern, sowie dessen Gemahlin, die dem Erzähler Reinbot den Auftrag erteilt haben, die Erzählung vom heiligen Georg in deutscher Sprache zu bearbeiten. Der Erzähler betont den Wahrhaftigkeitsanspruch seines Texts und beendet den Prolog mit einem Bittgebet an den Heiligen, der ihn bei seinem Vorhaben unterstützen möge.
2. (V. 105–380) Georg, jüngster Sohn des Markgrafen von Palästina, zieht gemeinsam mit seinen Brüdern Demetrius und Theodorus in den Kampf zu Ehren des Christengottes und gegen all jene, die einem heidnisch-polytheistischen Glauben anhängen. Dazu werden neben den Römern auch die Muslime gezählt (hier: *Sarrazîne*), da sie nach Ansicht des Erzählers *Mahmet*, also Mohammed, als einen Götzen vom Schlage Jupiters oder Apolls verehren.
3. (V. 381–1449) Im Jahr 290 erfahren die Kaiser Diokletian und Maximian vom unaufhaltbaren Siegeszug des christlichen Kriegers Georg. Ein Hoftag wird anberaumt und die unerbittliche Verfolgung aller Christen angeordnet. König Dacian, Statthalter in Kappadokien, wird angewiesen, Georgs Treiben ein Ende zu bereiten. Die Beschlüsse der Kaiser erreichen auch Theodorus und Demetrius, die ihren Bruder daraufhin an der östlichen Mittelmeerküste aufsuchen. Die Freude über das Wiedersehen endet abrupt, als Georg verkündet, König Dacian offen entgegentreten zu wollen, um für seinen Glauben einzustehen.
4. (V. 1450–1800) In aller Pracht hält Georg zunächst inkognito Einzug am heidnischen Hof und tritt dann – begleitet nur noch von seinem Schreiber *Ritschart* – vor König Dacian. Nachdem er sich als Markgraf von Palästina offenbart hat, wird er zunächst freundlich empfangen, da Dacian hofft, Georg auf seine Seite ziehen und auf seine eigene Religion einschwören zu können. Als sich der christliche Ritter jedoch standhaft zeigt, kommt es erstmals zur Anwendung von Gewalt: Georg wird gefangengesetzt und gestraft. In der Nacht erscheint ihm Christus und verspricht ihm himmlische Gnade, sofern er auch weiterhin treu an seiner Seite stehe.

5. (V. 1801–2163) Erbost darüber, dass Georg offenkundig Hilfe widerfahren ist, verschärft König Dacian die Strafmaßnahmen. Der Heilige wird im Haus einer armen Witwe isoliert, deren kleines Kind mit schweren Fehlbildungen auf die Welt gekommen ist. Mit göttlichem Beistand lässt Georg den morschen Stamm, der das ärmliche Haus trägt, zu neuem Leben erblühen. Zudem werden der Gast und seine Gastgeberin mit allen erdenklichen Speisen versorgt, während draußen mitten im Winter die Blumen zu sprießen und die Vögel zu singen beginnen. Auch das kranke Kind wird vollständig gesund.

6. (V. 2164–2900) Viele Menschen strömen herbei, um das Wunder zu sehen. In der Annahme, sein Gott *Tervigant* habe sich dort niedergelassen, kommt auch König Dacian zum Haus der armen Witwe. Listig verkündet Georg nun seine Bereitschaft, dem Gott Apoll ein Opfer darzubringen. Daraufhin wird er im königlichen Palast fürstlich bewirtet und darf im Rahmen eines abendlichen Festmahls sogar neben Dacians Ehefrau, der Königin Alexandrina, Platz nehmen. Diese begehrt insgeheim bereits die Taufe und lässt sich darum in der folgenden Nacht von Georg in den christlichen Glaubensgrundsätzen unterweisen.

7. (V. 2901–4110) Am nächsten Tag bittet Georg das geheilte Kind, Apoll herbeizurufen, und entlarvt ihn als einen Dämon aus dem Gefolge Luzifers. Dacian lässt die Entzauberung Apolls öffentlich zum Blendwerk erklären und Georg mithilfe eines schwertbesetzten Rades zu Tode martern. Engel verhindern, dass der Heilige Schmerzen leiden muss. Er erwacht am nächsten Morgen unbeschadet und erklärt, dass der Christengott, der über alle Abgötter triumphiere, ihm das Leben geschenkt habe.

8. (V. 4111–4692) Zwölftausend Menschen begehren daraufhin die Taufe. Dacian lässt sie alle ermorden. Auch Königin Alexandrina, die sich jetzt öffentlich zum Christentum bekennt und ihren Ehemann im Rahmen einer wortreichen Scheltrede einen Tyrannen schimpft, wird grausam hingerichtet. Im Moment ihrer Verklärung prophezeit sie dem Heiligen, dass der König noch sechseinhalb Jahre erfolglos versuchen werde, ihn zu töten, ehe Gott ihn zu sich rufen werde. Zwei strahlende Engel erscheinen und führen Alexandrina in den Himmel.

9. (V. 4693–4860) In der Absicht, Alexandrinas Prophezeiung zu widerlegen, ordnet Dacian nun die zweite Marter des Heiligen an. Georg wird geviertielt und in eine Grube geworfen. Engel vereinigen seine Seele wieder mit seinem Körper und kleiden ihn in ein himmlisches Gewand. In diesem Aufzug erscheint der Heilige gerade dann im Saal des Königs, als dieser einen Feldzug gegen Georgs Brüder Demetrius und Theodorus plant. Zwölftausend Zeugen des neuerlichen Erweckungswunders lassen sich taufen und werden sogleich auf Dacians Befehl gepeinigt und getötet.

10. (V. 4861–5316) Die Heerfahrt wird abgesagt, nachdem Georg nicht nur die Kampfkraft seiner Brüder gerühmt, sondern auch seine Bereitschaft zur Teilnahme an einer drohenden Schlacht verkündet hat. Stattdessen soll der Heilige nun auf Wunsch Dacians einen alten Sarg öffnen und die darin liegenden Gebeine zum Leben erwecken. Auch das Gelingen dieses Wunders vermag den König jedoch nicht von seinem Glauben an Apoll abzubringen. Georg vergleicht den König daraufhin mit dem biblischen Tyrannen Balthazar (d. h. Belsazar).

11. (V. 5317–5687) Mithilfe eines weiteren Wunders zieht Georg nochmals viele tausend Menschen auf seine Seite. In einem mit giftigen Pfeilen besetzten ehernen Ochsen wird Georg dafür auf Befehl des Königs einen Wasserfall hinabgestoßen. Frei von Schmerzen tritt er aus dem Folter- und Tötungsinstrument hervor.

12. (V. 5688–6124) Ein Herr namens Athanasius schlägt dem König vor, Georg die Fingernägel herauszureißen und giftige Dornen in die Finger zu stechen. Dies werde seine Zauberkraft brechen. Als der Versuch scheitert, begehrt auch Athanasius gemeinsam mit dem König von Mayedon die Taufe. Nachdem die beiden hingerichtet worden sind und Georgs allerletzter Versuch missglückt ist, Dacian vom christlichen Glauben zu überzeugen, werden die weiteren Ereignisse nur mehr kursorisch abgehandelt: Sieben Jahre, so der Erzähler, habe Georgs Martyrium angedauert, ehe

Gott dem Heiligen gewährt habe, durch Enthauptung zu sterben und so im Himmelreich Einzug zu halten. Dacian aber sei mitsamt der ihm verbliebenen Getreuen von einer Feuersbrunst heimgesucht und vernichtet worden.

13. (V. 6125–6134) In einem kurzen Epilog stellt der Erzähler allen, die sein Buch verstünden und schätzten, in Aussicht, dass es ihnen wohlergehen werde. Ein letztes Mal nennt Reinbot seinen eigenen Namen und befiehlt seine beiden Auftraggeber Gott.

Reinbots höfisch-romanhafte Ausgestaltung der Georgslegende wurde nicht nur am bayerischen Herzogshof, sondern auch andernorts breit rezipiert. Überliefert sind vier vollständige Handschriften, von denen Carl von Kraus die Handschriften W (Wien, Österr. Nationalbibl., Cod. 2724), B (Berlin, Staatsbibl., mgf 449) und w (Wien, Österr. Nationalbibl., Cod. 13567) gegenüber Z (Zürich, Zentralbibl., Ms. S 430) zu einem Überlieferungszweig gruppiert:

- **B** Berlin, Staatsbibl., mgf 449.
  1466. Nordrheinfränkisch. Papier, 9 Blätter + 207 Seiten, 290 x 210 mm. Verse abgesetzt. Schreibernennung auf S. 207: *Henchin uff der stelzen*.
  Inhalt:
  Reinbot von Durne: ‚Georg' (B)
  Literatur: Hagen und Büsching 1808 (mit Abdruck); Reinbot von Durne 1907, S. XX–XXIV; Degering 1970a, S. 50; Beckers 1989, S. 100 f., 105; Williams-Krapp 1989, Sp. 1157; Klein 2001.
- **W** Wien, Österr. Nationalbibl., Cod. 2724.
  1376. Bairisch-österreichisch, evtl. niederösterreichisch. Pergament, 122 Blätter, 200 x 145–150 mm. Verse abgesetzt. Abschnitte sind durch verschiedenfarbige Initialen markiert, die kurzen, prosaischen Kapitelüberschriften in Rot. Geschrieben in Mannsberg (Kärnten).
  Inhalt:
  Reinbot von Durne: ‚Georg' (W)
  Literatur: Reinbot von Durne 1907, S. IX–XX; Menhardt 1960, S. 219 f.; Unterkircher 1969a, Abb. 171; Unterkircher 1969b, S. 56; Németh 1984, S. 181 (Nr. 31); Klein 2001, S. 60; Fingernagel u. a. 2002, Textbd. S. 273–274. (Nr. 62) [Katharina Hranitzky], Tafel- und Registerbd. Abb. 297–301.
- **w** Wien, Österr. Nationalbibl., Cod. 13567.
  1. Hälfte des 15. Jahrhunderts. Bairisch-österreichisch. Papier, 215 Blätter, 200 x 280 mm. Verse abgesetzt.
  Inhalt:
  1ra–1v = ‚Goldene Kette St. Bernhards', Fassung 2
  1v = Sprüche der Kirchenväter
  2r–177v = Hans Vintler: ‚Blumen der Tugend' (W1)
  178v–179v = Tagzeitengedicht vom Leiden Christi
  184ra–215v = Reinbot von Durne: ‚Georg' (w)
  Literatur: Vintler 1874, S. XXXI; Menhardt 1961, S. 1319 f.; Heger 1967, S. 444–445 (Nr. 449); Frühmorgen-Voss 1996, S. 341–343 (Nr. 18.1.4) und Abb. 172–173; J.-D. Müller 1999, Sp. 355; Ott 2000, S. 327; Klein 2001, S. 60 f.; Bodemann 2005, S. 237 (Nr. 51.13.2) und Abb. 51.39.
- **Z** Zürich, Zentralbibl., Ms. S 430.
  Ende des 14. Jahrhunderts. Alemannisch nach mitteldeutscher Vorlage. Papier, 146 Blätter, 210 x 145 mm. Verse abgesetzt. Geschrieben in der Nordwestschweiz.
  Inhalt:
  1r–6v = Mystischer Traktat

6v–22v = Marquard von Lindau: ‚De fide' (dt.) (Z2)
23r–146r = Reinbot von Durne: ‚Georg' (Z)
Literatur: Reinbot von Durne 1907, S. XXIV–XXVII; Mohlberg 1932–1952, S. 87, 367 (Nr. 221); Ruh 1985, S. 290; Klein 2001, S. 61.

Daneben existieren sechs fragmentarisch erhaltene Textzeugen:

- **E** Krakau, Bibl. Jagiellońska, Berol. mgq 1533.
  4. Viertel des 13. Jahrhunderts. Ostalemannisch. Pergament, 2 Doppelblätter, ca. 240 x 180 mm. Verse abgesetzt.
  Inhalt:
  Reinbot von Durne: ‚Georg' (E), V. 1835–2154 und 3121–3442
  Mitüberlieferung in Krakau, Bibl. Jagiellońska, Berol. mgq 1532: Bl. 1r–4v = Hartmann von Aue: ‚Gregorius' (L); Bl. 5r–6v = ‚Winsbecke' (E)
  Literatur: Degering 1970b, S. 251; Rosenfeld 1929; Klein 2001, S. 61.
- **f** Frankfurt a. M., Universitätsbibl., Ms. germ. qu. 31.
  Ende des 14. Jahrhunderts. Rheinfränkisch. Pergament, 3 Blätter, 337–260 mm. Verse abgesetzt.
  Inhalt:
  1r–2r = Freidank
  2r–2v = ‚Cato' lat.-dt.
  3r–3v = Reinbot von Durne: ‚Georg' (f), V. 4709–4948
  Mitüberlieferung in Krakau, Bibl. Jagiellońska, Berol. mgq 1303 Nr. 8: ‚Cato' lat.-dt.
  Literatur: Pfaff 1882; Reinbot von Durne 1907, S. XXIX–XXX; Degering 1970b, S. 226; Weimann 1980, S. 54 f.; Klein 2001, S. 61.
- **m** München, Staatsbibl., Cgm 5249/15b.
  Ende des 14. Jahrhunderts. Südl. mittelbairisch oder bairisch-österreichisch. Pergament, 1 Streifen, 188 x 90 mm. Verse abgesetzt.
  Inhalt:
  Reinbot von Durne: ‚Georg' (m), V. 2080–2114, 2120, 2125–2157
  Mitüberlieferung in Innsbruck, Universitäts- und Landesbibl., Frg. 67 sowie München, Staatsbibl., Cgm 5249/34b: Konrad von Fußesbrunnen: ‚Kindheit Jesu' (H)
  Literatur: Keinz 1886, S. 83–85; Reinbot von Durne 1907, S. XXIX; Schneider 1996, S. 38 f., 64 f.; Klein 2001, S. 61 f.; Schneider 2005, S. 44 f.
- **m2** München, Staatsbibl., Cgm 5249/15a.
  1. Viertel des 14. Jahrhunderts. Bairisch-österreichisch. Pergament, 3 Doppelblätter, 140–143 x 95–100 mm. Verse abgesetzt.
  Inhalt:
  Reinbot von Durne: ‚Georg' (m2), V. 5666–5917
  Literatur: Reinbot von Durne 1907, S. XXX–XXXI; Schneider 1996, S. 38; Klein 2001, S. 62; Schneider 2005, S. 44.
- **b** Krakau, Bibl. Jagiellońska, Berol. mgq 1303 Nr. 7 [früher Berlin, Staatsbibl., mgq 1303 Nr. 7; davor Privatbesitz Franz Joseph Mone, Heidelberg] sowie Nürnberg, Germanisches Nationalmuseum, Bibliothek, Hs. 7083 [früher Privatbesitz Karl Roth, München].
  Anfang des 14. Jahrhunderts. Mitteldeutsch. Pergament, 1 Doppelblatt, ca. 220 x 165 mm. Verse abgesetzt.
  Inhalt:
  Reinbot von Durne: ‚Georg' (b), V. 630–845 (Krakau) und 3029–3054, 3109–3135 sowie 3564–3669 (Nürnberg)

Literatur: Mone 1835; Roth 1845, S. XX–XXI, 126–134; Reinbot von Durne 1907, S. XXVIII–XXIX; Degering 1970b, S. 226; Kurras 1974, S. 56; Klein 2001, S. 62.

– **wb** Wolfenbüttel, Herzog August Bibl., Druck Yj 35 Helmst. 12°, Einband.
 1. Hälfte des 14. Jahrhunderts. Mitteldeutsch. Pergament, 1 Blatt, 170 x 130 mm. Verse abgesetzt.
 Inhalt:
 Reinbot von Durne: ‚Georg' (wb), V. 1729–1753 sowie 1756–1780
 Literatur: Klein 2001.

Die Herkunft all dieser Handschriften erstreckt sich – bemessen an der Schreibsprache – über den gesamten süd- und mitteldeutschen Sprachraum. Darüber hinaus existieren zwei frühneuhochdeutsche Prosaauflösungen und ein lateinisches Exzerpt aus dem 15. Jahrhundert.[9] Damit stellt Reinbots Legendenroman innerhalb der mittelalterlichen deutschsprachigen Georgstradition, zu der neben dem ‚Georgslied' und mehreren kleineren Prosabearbeitungen auch drei bis heute kaum erforschte Verserzählungen von geringer Verbreitung sowie das ‚Augsburger Georgsspiel' gehören, das wirkmächtigste Zeugnis dar.[10]

Die Editionsgeschichte des ‚Heiligen Georg' verlief alles andere als geradlinig. So lancierte schon Justus Möser 1749 in Gottscheds ‚Büchersaal der schönen Wissenschaften und freyen Künste' erste Leseproben.[11] Die von ihm geplante und wortreich beworbene kommentierte Ausgabe des alten „Heldengedichts" vom „heiligen Ritter Georg"[12] kam jedoch mangels einer ausreichenden Anzahl an Pränumerationen nie zustande. So oblag es Friedrich Heinrich von der Hagen und Johann Gustav Gottlieb Büsching, den Text 1808 nach der Möserschen Handschrift im Rahmen der Reihe „Deutsche Gedichte des Mittelalters" zu veröffentlichen.[13]

Mösers und von der Hagens Begeisterung für diesen Text, der „viele besondere Vorzüge vor allen andern Denkmälern des ersten Zeitalters der deutschen Poesie"[14] besitze und gleichsam eine „leuchtende Glorie um das Haupt des Heiligen" sei,[15] wurde allerdings von Ferdinand Vetter und Carl von Kraus, den Herausgebern der beiden ersten textkritischen Editionen, kaum geteilt. Während Vetter in seiner Vorrede bekundet, seine anfängliche Euphorie sei im Lauf der Zeit einer Abscheu gegenüber der „modisch verdorben[en]" Bearbeitung gewichen und seine Ausgabe darum zu einem „Buch des Unmuts" geworden,[16] erkennt Carl von Kraus im Verfasser der mittelhochdeutschen

---

9 Man vgl. für die Prosaauflösungen die Edition von Schmitz 2013.
10 Vgl. Williams-Krapp 1989.
11 Vgl. Möser 1749.
12 Möser 1749, S. 365.
13 Vgl. Hagen und Büsching 1808.
14 Möser 1749, S. 374.
15 Hagen und Büsching 1808, S. XVI.
16 Reinbot von Durne 1896, o. S.

Georgslegende vor allem einen Epigonen, dessen Dichtkunst „in der Hauptsache" auf Wolfram von Eschenbach ruhe.[17]

Das negative Bild des Nachahmers, der sich bei der Bearbeitung seiner Legende leidlich mit Versatzstücken der großen höfischen Dichter beholfen habe, hat sich als hinderlich für die moderne Rezeption dieses singulären Texts erwiesen. Eine auf Anregung König Ludwigs II. von Bayern besorgte neuhochdeutsche Bearbeitung durch Hyacinth Holland ist daher bis heute die einzige Übertragung des ‚Heiligen Georg' geblieben.[18] 1880 in geringer Stückzahl veröffentlicht, gibt Hollands Ausgabe den Text teils in paargereimten Versen, teils in nacherzählender Prosa wieder. Auf diese Weise ermöglicht Holland zwar eine erleichterte inhaltliche Auseinandersetzung mit dem mittelhochdeutschen Georgsroman. Anders als moderne Ausgaben mit neuhochdeutscher Übertragung zielt seine in der Tradition Karl Simrocks stehende Übersetzung jedoch vor allem auf den Nachvollzug der „Reimweise", also der höfischen Versästhetik, und die Ausstellung einiger besonders „löbliche[r] Eigenheiten des Dichters".[19]

Die Rezeption des ‚Heiligen Georg' wird der Bedeutung dieses Werks also nur bedingt gerecht. Zwar wurden über einen Zeitraum von hundert Jahren hinweg drei wissenschaftliche Ausgaben veröffentlicht (von der Hagen/Büsching 1808, Vetter 1896, von Kraus 1907). Für den heutigen Gebrauch in der Forschung und im akademischen Unterricht erscheint es jedoch angebracht, ein so komplexes und in Teilen rätselhaftes Werk nicht nur auf Grundlage einer verlässlichen Textbasis, sondern auch mithilfe einer modernen Übersetzung zugänglich zu machen, die zwischen dem knapp achthundert Jahre alten Original und seinen heutigen Leserinnen und Lesern vermittelt. Der vorliegende Band wird daher den mittelhochdeutschen Georgsroman zum ersten Mal im Rahmen einer bilingualen Ausgabe präsentieren. Den mittelhochdeutschen Text entnehmen wir der Edition, die Carl von Kraus im Jahr 1907 unter Berücksichtigung aller seinerzeit verfügbaren Handschriften besorgt hat. Anstelle einer Leithandschrift privilegierte der Herausgeber bei der Erstellung seines kritischen Texts die Führungshandschriften W, B und w gegenüber Handschrift Z, wobei er wiederum W und w als näher verwandt betrachtete.[20] Bei Variantenkreuzungen, das heißt bei Übereinstimmungen von WZ gegen Bw, von BZ gegen Ww und von wZ gegen WB bevorzugt er stets die erste der zwei Gruppierungen. Die 79 Stellen, an denen Carl von Kraus emendiert, macht er auf Seite LXX seiner Edition kenntlich. Einige punktuelle Korrekturen und Eingriffe in den von ihm dargebotenen Wortlaut lassen sich im vorliegenden Band anhand eines gesonderten Verzeichnisses (S. 148) nachvollziehen.

---

17 Reinbot von Durne 1907, S. LXXXIII.
18 Vgl. Holland 1880. Vor Holland hatte bereits der Schriftsteller und Gymnasiallehrer Friedrich Wilhelm Genthe eine vor allem an Lehrende und Lernende adressierte Teilübersetzung veröffentlicht, die den mittelhochdeutschen Text auf rund 30 Seiten teils kürzend, teils paraphrasierend wiedergibt. Siehe Genthe 1841.
19 Holland 1880, S. 5.
20 Vgl. Reinbot von Durne 1907, S. XXXII, XLV, L, LXVII.

Die Übersetzung versteht sich einerseits als Hilfsmittel zur inhaltlichen Erschließung eines stilistisch oft ambitionierten mittelalterlichen Texts. Andererseits wurde Wert darauf gelegt, dass sich die Übertragung ins Neuhochdeutsche auch eigenständig lesen und verstehen lässt. Dem Ideal größtmöglicher Äquivalenz verpflichtet, versucht sie, einige Eigenheiten Reinbots (wie etwa den Effekt einer durch zahlreiche Ausrufe implizierten Eindringlichkeit) zu bewahren. Um hier und an anderen Stellen einen flüssig lesbaren und gut verständlichen neuhochdeutschen Text herzustellen, wurde die Interpunktion gegenüber der Zeichensetzung in Carl von Kraus' Edition freier gehandhabt. Besonders voraussetzungsreiche Textstellen werden im Rahmen des Kommentars besprochen. Sofern Referenzen auf die Werke Wolframs von Eschenbach erklärungsbedürftig oder von besonderer Bedeutung sind, werden auch sie ausgewiesen. Wo es einem besseren Verständnis dienlich ist, werden darüber hinaus historische Hintergründe, Bibelverweise sowie spezifische materielle, kulturelle und mentalitätsgeschichtliche Aspekte der mittelalterlichen Gesellschaft skizziert. Der Stellenkommentar versucht auf diese Weise, dem Anspruch des Texts als Wissenssammlung und als Artikulationsraum zeitgenössischer politischer, theologischer und philosophischer Diskurse gerecht zu werden.

In der Einleitung zu seiner Ausgabe hat Carl von Kraus auf die besondere Relevanz der Initialen hingewiesen, die einige Handschriften des Georgsromans in bemerkenswerter Zahl aufweisen. Diese dienten nach Ansicht des Herausgebers nicht als beiläufiges Schmuckwerk, sondern träten erstaunlich regelmäßig in einem Abstand von rund 100 Versen auf, wobei gelegentlich nach circa 25 Versen eine zweite Initiale folge. Da die Hauptinitialen vielfach mit dem Inhalt korrespondieren, müsse in diesem Zusammenhang von einer planmäßigen Anlage gesprochen werden, die Rückschlüsse auf die Beschaffenheit des ursprünglichen Dedikationsexemplars erlaube. Um dies auch heutigen Leserinnen und Lesern augenfällig zu machen, bildet die vorliegende Ausgabe dies auf Grundlage der Edition von 1907 graphisch ab. Schmückende Nebeninitialen werden dabei vermittels Kapitälchen, inhaltlich begründete Hauptinitialen vermittels fettgedruckter Kapitälchen dargestellt.

Der heilige Georg erscheint im Mittelalter nicht nur in Texten, die man im engeren Sinn als legendarische Erzählungen bezeichnen kann. Vielmehr wird er etwa auch im Gebet als Nothelfer angerufen und im Hymnus besungen; sein Leidensweg wird als *imitatio christi* im geistlichen Spiel inszeniert. Reinbots Georgsroman ist eingebettet in ein weitläufiges Netzwerk an Texten und Textzeugen, die – ausgehend von den ältesten griechischen und lateinischen Quellen – nahezu allen europäischen und darüber hinaus auch einigen außereuropäischen Literatursprachen zugeordnet werden können. Erzählungen vom Heiligen Georg finden sich auch in der koptischen und in der äthiopischen Tradition. Die mittelalterlichen Gelehrten des arabischen und persischen Raums wiederum erkannten in Georg weniger einen Streiter für die Sache der Christen als vielmehr ein relevantes Bindeglied zwischen dem gottgesandten Sohn der Jungfrau und dem Propheten Mohammed – einen beispielhaften Kämpfer, der dazu bereit war, im Kampf für den einen Gott und gegen die Vielgötterei sein Leben zu opfern.

Der vorliegende Band möchte einen Eindruck von der langen und heterogenen Rezeptionsgeschichte der Georgslegende vermitteln. Rechnung tragen soll er zumindest ausschnittsweise dem Eingebundensein des mittelhochdeutschen Georgsromans in eine Erzähltradition, die im Mittelalter viele sprachliche, religiöse, politische und kulturelle Grenzen überschritt. Aus diesem Grund werden der Text und die Übersetzung von Reinbots ‚Heiligem Georg' durch einige weitere Versionen der Legende flankiert:

1. Das Fragment des möglicherweise gegen Ende des 9. Jahrhunderts entstandenen ‚Georgslieds' in althochdeutscher Sprache;
2. die Geschichte Georgs (hier: Ǧirǧīs) aus dem Geschichtswerk des persischen Historikers Abū Jaʿfar Muḥammad ibn Jarīr al-Ṭabarī (839–923 n. Chr.);
3. das Kapitel zum heiligen Georg aus der ‚Legenda Aurea' des Jacobus de Voragine aus der zweiten Hälfte des 13. Jahrhunderts sowie eine deutsche Übersetzung in der um 1357 entstandenen ‚Elsässischen Legenda Aurea';
4. Georg Hagers Meisterlied ‚Der Ritter sant Georg'.

Diese Auswahl, durch die der vorliegende Band über Reinbots Georgsroman zu einer kleinen Anthologie erweitert wird, kann angesichts der großen Zahl überlieferter mittelalterlicher Texte über den heiligen Georg nicht für sich beanspruchen, die große Bandbreite der Erzähltradition zu repräsentieren. Die Zusammenstellung versteht sich vielmehr als eine Art Erstangebot, das zu vergleichenden Lektüren etwa im Seminar ermutigen soll und auf diese Weise vielleicht zur Suche nach und zur Beschäftigung mit weiteren Vertretern der Erzähltradition anregt. In diesem Zusammenhang gilt der Dank der Herausgeber*innen vor allem Walid Abd El Gawad, dessen Mitwirken einen zweisprachigen Abdruck von Ṭabarīs arabischer Georgserzählung ermöglicht hat. Auch Stephan Müller und Wolfgang Haubrichs sowie den Verlagen Herder, Reclam und Niemeyer sei dafür gedankt, dass sie freundlicherweise einer Verwendung der entsprechenden Textauszüge im Rahmen des vorliegenden Bands zugestimmt haben.

Großer Dank gebührt darüber hinaus all jenen, die sich durch ihren Rat, ihre wissenschaftliche Expertise sowie durch die Bereitstellung finanzieller und personeller Ressourcen um diese Ausgabe verdient gemacht haben: Frank Fürbeth, Joachim Hamm, Thoralf Hanstein, Dorothea Klein, Andreas Kraß, Ludger Lieb, Stephan Müller, Elisabeth Schmid und Ulrich Wyss. Für ihr tätiges Mitwirken sowie ihre umsichtigen Hinweise zu Konzept und Gestaltung dieser Anthologie gilt der Dank der Herausgeber*innen auch Samira Batke-AlSalaita, Carolin Karpf und Stephanie Kirschey. Gewidmet ist dieses Buch Jacob Klingner, der seine Entstehung bis zuletzt mit großem Einsatz begleitet hat.

1 Reinbot von Durne: ‚Der Heilige Georg'

EIN lîp treit zwêne fürsten namen,	Eine Person trägt zwei Fürstentitel,
die im füegent wol zesamen,	die bei ihr trefflich zueinander passen:
pfalzgrâf von Rîne genant,	Pfalzgraf bei Rhein wird er genannt
herzog ûz Beierlant:	und Herzog von Bayern;
5 der namen ist wol wert sîn lîp.	dieser Titel ist er gewiss würdig.
er und sîn reinez wîp,	Er und seine vollkommene Ehefrau,
diu hôch edel fürstin,	die erhabene und edle Fürstin,
die habent beide sampt ir sin	die streben beide gemeinsam
gesetzt ûf werdeclîchez leben,	nach einem Leben in hohem Ansehen,
10 und künnen doch dar under streben	und sind trotzdem imstande,
nâch dem êwigen lône	auch nach dem ewigen Lohn
der himelischen krône.	der himmlischen Krone zu streben.
si lebent in solchem werde	Sie leben in solchem Ansehen,
daz die hœhsten ûf der erde	dass die Höchsten auf Erden
15 mit triuwn ir beider rât gelebent	die Ratschläge dieser beiden treu befolgen
und ir kint ir kinden gebent.	und ihre Kinder mit den Kindern der beiden verheiraten.
seht hie ir tugent bildær an:	Seht hier ihre vorbildliche Tugend:
niht fürbaz i'iuch gewîsen kan.	nichts Besseres vermag ich Euch zu zeigen.
si minnent in allen wîs got,	Sie lieben Gott in jeder Hinsicht
20 und sprâchen zuo mir ‚Reinbot,	und sie sagten zu mir: „Reinbot,
du solt ein buoch tihten,	du sollst ein Buch dichten
in tiutsche sprâche rihten,	und ins Deutsche bringen,
von dem lieben herren mîn,	über meinen lieben Herren,
dem wir welln undertænic sîn,	dem wir dienen wollen,
25 sant Georjen, der uns selten ie	Sankt Georg, der uns niemals,
in keinen nœten verlie.'	in keiner Notlage, im Stich ließ."
HERRE und liebe frouwe mîn,	Mein Herr und meine liebe Herrin,
ich tuon iu beiden sampt schîn	ich werde Euch beiden zeigen,
daz ich von sant Georjen sô	dass ich von Sankt Georg so spreche,
30 sprich daz ir sîn werdet frô,	dass es Euch froh machen wird,
mich enirre danne êhaft nôt:	wenn mich nicht höhere Gewalt davon abhält –
daz ist niht wan der tôt,	und das könnte nur der Tod sein,
dem niemen wol entrinnen kan.	dem nun einmal niemand entrinnen kann.
von Dürngen lantgrâf Herman	Landgraf Hermann von Thüringen
35 in franzois geschriben vant	fand das in französischer Sprache geschrieben vor,
daz er in tiutsche tet bekant	was er auf Deutsch über
von Wilhalm von Naribôn.	Wilhelm von Narbonne bekannt machen ließ.
des hât er hiut ze himel lôn.	Dafür wird er nun im Himmel belohnt.
er was des buoches urhap,	Er war der Urheber des Buches,

40	wan er die materje gap	denn er gab Herrn Wolfram
	hern Wolfram von Eschenbach:	von Eschenbach den Stoff vor.
	daz er von Wilhalme sprach,	Dass dieser von Wilhelm erzählte,
	daz ist vom lantgrâven komen.	das wurde vom Landgrafen veranlasst.
	sô wirt ditz buoch hie vernomen	Genauso wird dieses Buch hier durch
45	vom herzogen Otten.	Herzog Otto zu Gehör gebracht.
	des buochs sol niemen spotten	Niemand soll das Buch verspotten,
	dar umb ob ez die wârheit	weil es nichts als
	in ganzer durnæhte seit:	die Wahrheit berichtet.
	ich enbin der witze niht sô laz	Mein Verstand ist nicht so träge,
50	ich enkünne ez doch verre baz	dass ich es nicht weit besser
	tihten unde zieren,	dichten und herausputzen
	mit lügenen florieren	und hier und da
	beide her unde dar:	mit Lügen schmücken könnte.
	nu hât ez mir verboten gar	Nun hat mir das aber die
55	von Beiern diu herzogin,	Herzogin von Bayern strikt untersagt,
	der ich underhœric bin.	deren Untertan ich bin.
	iedoch trûw ichz machen	Jedoch traue ich mir zu, es mit
	mit bewærten sachen	wahrhaftigen Tatsachen so auszugestalten,
	daz ez in werde werde bekant	dass es in seinem Wert bekannt werde
60	und reiche übr alliu tiutsche lant	und sich über alle deutschen Länder ausbreite,
	von Tyrol rehte unz an Bremen,	von Tirol wahrlich bis hinauf nach Bremen,
	und ouch fürbaz müeze vernemen	und dass man außerdem auch von
	von Bresburc unz an Metze	Pressburg bis nach Metz vernehmen möge,
	sîn beginnen, sîn letze.	wie es anfängt und wie es endet.
65	dâ vert niht liegen triegen mit,	Lug und Betrug haben da keinen Platz,
	als vil buoche habent sit:	wie das sonst bei vielen Büchern Brauch ist.
	ich gich ez niht ze ruome:	Ohne dass ich prahlen will:
	der wârheit ein bluome	Es wird vor allen anderen Büchern
	wirt ez ûz allen buochen,	eine Blüte der Wahrheit sein,
70	wil got mîns lebens ruochen.	falls mir Gott mein Leben erhält.
	GEORI du edeler herre,	Georg, du edler Herr,
	nu hân ich mich vil verre	jetzt habe ich mich völlig
	vermezzen ûf die gnâde dîn:	deiner Gnade unterstellt;
	nu tuo genâde an mir schîn;	erweise mir nun deine Gnade,
75	wan ich dich edler fürste mane	denn ich gemahne dich, edler Fürst,
	daz dich manic ritter ane	dass dich so mancher Ritter
	geruofet hât in grôzer nôt,	in großer Not angerufen hat,
	dô er ranc umb den tôt,	als er mit dem Tod rang
	und im dîn helfe wart bekant;	und ihm deine Hilfe zuteil wurde;
80	wan kristenman nie ûf gebant	denn kein Christenmensch hat je
	ie helm noch îsenhuot	den Helm oder den Eisenhut aufgebunden,

	in lêrte herze unde muot	dem nicht Herz und Verstand eingegeben hätten,
	daz an dich gie der êrste ruof	dass von allen Geschöpfen Gottes
	für alle die got ie geschuof.	du derjenige bist, an den der erste Ruf ergehen möge.
85	daz ist dir ein sunder êre,	Das ist deine besondere Ehre,
	die enhât kein heilige mêre:	die sonst keinem anderen Heiligen zusteht.
	des lâ mich herre geniezen.	Herr, lass mir das zugutekommen!
	hilf mir hie entsliezen	Hilf mir, hier deine großen
	dîniu grôze wunder	Wundertaten zu enthüllen,
90	diu durch dich besunder	die allein deinetwegen
	tet der stark Altissimus,	der mächtige *Altissimus* wirkte,
	der dich sô hôch hât gêret sus	der dich so hoch geehrt hat,
	daz alliu werde riterschaft	dass alle edle Ritterschaft
	an ruofet dîne grôze kraft.	sich an deine große Macht wendet.
95	du bist ir schermære:	Du bist ihr Schirmherr,
	fröu dich der lieben mære	sei froh über die freudige Kunde,
	daz dir got die êre hât gegeben	dass dir Gott vor allen anderen lebenden Geschöpfen
	über aller krêatiure leben:	die höchste Ehre gewährt hat.
	dîn lop hât ûf der erde kraft:	Dein Ansehen hat auf der Erde Einfluss:
100	der engel genôzschaft	Du bist dort oben im Himmelreich
	hâst du in himelrîche doben.	in der Gesellschaft der Engel.
	dich müezen liut und engel loben.	Menschen und Engel müssen dich rühmen.
	nu, gar volkomen man,	Nun, ganz und gar vollkommener Mann,
	hie hebt sich dîn buoch an.	hier beginnt dein Buch.
105	**EIN** margrâf was von Palastîn	In Palästina gab es einen Markgrafen,
	daz niht werders moht gesîn,	einen Edleren konnte es nicht geben,
	getriu und gewære:	treu und aufrichtig:
	Geori der Mezzære	Georg der Maßnehmer
	was der fürste dort genant:	wurde der Fürst dort genannt;
110	alsô tuon ich iu'n hie bekant.	genau so stelle ich ihn Euch hier vor.
	alle tugent er volmaz	Alle Tugenden maß er vollends aus,
	ân die der himelkünic besaz,	außer jene, über die nur der Himmelskönig verfügt;
	kein tugent er ungemezzen liez:	keine Tugend ließ er unausgemessen,
	dâ von man in den Mezzær hiez.	weshalb man ihn den Maßnehmer nannte.
115	untugent lie er underwegen:	Alles Lasterhafte ließ er links liegen,
	der lie er jâherren pflegen;	er ließ die Jasager sich darum kümmern;
	sîn ellnmâz legt er niht dar an.	seinen Maßstab legt er dort nicht an.
	drî werde sune er ouch gewan.	Außerdem hatte er drei edle Söhne.
	der êrst hiez Theodôrus,	Der erste hieß Theodorus,
120	der mittel Demetrius,	der mittlere Demetrius,
	der jungist nâch im Georîs,	der jüngste hieß nach ihm Georg,
	der sît manigen hôhen prîs	der später sehr großes Ansehen
	mit sîner hant bezalte	mit eigener Hand erwarb

	und manigen ritter valte	und viele Ritter niederstreckte,
125	daz er nimmer mêr kom ouf:	sodass sie nie wieder aufstanden.
	daz tet er durch den reinen touf;	Das tat er der reinen Taufe wegen;
	und ouch durch gotlîch êre	und auch um des göttlichen Ansehens willen
	wâgt er den lîp sô sêre	setzte er sein Leben so sehr aufs Spiel,
	daz kûm zem tôde ein vinger was:	dass zwischen den Tod und ihn kaum ein Finger passte;
130	doch half im got daz er genas.	doch Gott half ihm überleben.
	Dô der alt margrâve starp,	Als der alte Markgraf starb,
	der ie vil manig êre erwarp,	der stets sehr großes Ansehen erlangt hatte,
	dô wurden si ze ritter sâ,	da wurden sie unverzüglich zu Rittern
	und twungen ouch diu lant dâ	und eroberten dort auch die Länder,
135	diu mit heiden wârn besezzen.	die von Heiden in Besitz genommen worden waren.
	ich kan niht gemezzen,	Ich könnte, auch wenn es mich tausendfach gäbe,
	ob mîn tûsent wæren,	mit noch so süßen Erzählungen
	mit sô süezen mæren	das Ansehen nicht ermessen,
	die êre diu in gar geschach.	das ihnen zuteil wurde.
140	des wart von spern solîch krach	Hierbei machten die Lanzen solchen Lärm,
	daz ein mîle breiter walt	dass ein Wald von einer Meile Breite
	dâ von aller wart erschalt.	damit gänzlich zum Dröhnen gebracht wurde.
	si begundenz rehte walken	Sie rauften die Sarazenen
	als drî wilde valken	wahrlich so,
145	under kleinen vogelînen	als wären sie drei wilde Falken
	mit den Sarrazînen.	inmitten einer Schar kleiner Vögelchen.
	die drî helde ûz erkorn	Die drei begnadeten Helden
	wâren muoterhalp geborn	stammten, das ist sicher,
	für wâr von Antioche.	mütterlicherseits aus Antiochia.
150	als ûf dem bret dem roche	Wie auf dem Schachbrett dem Turm
	ander gestein ist undertân,	die anderen Spielfiguren untergeordnet sind,
	als muost man in den ruom lân:	so musste man ihnen den Ruhm lassen:
	swâ si hin kêrten,	Wohin auch immer sie gingen,
	die vînt si schaden lêrten.	brachten sie den Feinden Verluste bei.
155	dâ schrei man immer ‚vîa vî,	Dort schrie man immer: „Oh nein!,
	hie kumt der junge Georî	hier kommen der junge Georg
	und die zwêne bruoder sîn,	und seine zwei Brüder,
	die fürsten klâr ûz Palastîn!'	die edlen Fürsten aus Palästina!"
	ey lât uns die drî bruoder varn:	Ach, lassen wir die drei Brüder ziehen!
160	als die süezen adelarn	So wie die anmutigen Adler
	sich bankende swingent	sich froh aufschwingen
	und gein der hœhe ringent,	und in die Höhe streben,
	als begundens swingen,	so schweiften sie umher
	nâch hôhen êren ringen.	und kämpften um hohes Ansehen.
165	nu wünscht in heils ze verte:	Wünscht ihnen jetzt Glück und Segen auf ihrem Weg,

	wan ez wirt weizgot herte.	denn er wird, weiß Gott, steinig sein.
	ê daz si immer wider komen,	Ehe sie jemals wieder zurückkehren,
	sô wirt dicke vernomen	werden noch oft das Krachen der Lanzen
	spers krach und swertes slac;	und die Schläge der Schwerter zu hören sein;
170	wan ich iu niht gesagen mac	denn ich kann die Not nicht ausdrücken,
	von solcher nôt als sî erliten,	die sie erlitten,
	und waz si herter strîte striten	und was für harte Kämpfe sie ausfochten
	und grôzes kumbers dolten:	und was für großes Leid sie ertrugen,
	des si sich sît erholten.	von dem sie sich später erholten.
175	ez wert ir âventiure mich,	Ihre *Aventiure* hält mich davon ab.
	si twungen umb und umbe sich	Sie besiegten überall,
	gein drin tageweiden	im Umkreis von drei Tagesreisen,
	der ungetriuwen heiden	die treulosen Heiden,
	daz si sich muosten toufen dâ.	sodass diese sich dort taufen lassen mussten.
180	hie mit fuoren si dô sâ	Daraufhin zogen sie von dort aus alsbald
	wider heim ze Palastîn,	wieder heim nach Palästina,
	und was ir ellend worden schîn,	und es hatten sich ihre Tapferkeit
	dar zuo ir grôze werdekeit,	wie auch ihre große Vortrefflichkeit gezeigt,
	und ruoten nâch ir arbeit.	und nach ihrer Mühsal ruhten sie sich aus.
185	**EINS** tages sprach Theodôrus	Eines Tages sagte Theodorus:
	‚ey bruoder Demetrius,	„Hör mal, Demetrius, mein Bruder, hast du,
	merkest iht waz ich dir sage	was ich dir sagen will, nicht selbst schon festgestellt,
	und brüevest iht von tag ze tage	und fällt es dir nicht auch tagtäglich auf,
	daz unser bruoder Georîs	dass unser Bruder Georg
190	hât sô wirdeclîchen prîs	in so herrlichem Ansehen steht
	und alsô sêr ist komen für	und es so weit gebracht hat,
	daz er lebt in der hœhsten kür?	dass er in der höchsten Gnade lebt?
	sîn lop tuot allem lobe mat:	Sein Ruhm setzt allen anderen Ruhm matt;
	er ist komen ûf gelückes rat,	auf Fortunas Rad kam er nach oben.
195	daz muoz im immer stille stên,	Für ihn wird es für immer still stehen,
	swie halt wir uns begên.	ganz gleich, was wir tun.
	sîn lîp hât tugent ie begert,	Er hat von Anfang an nach Tugend gestrebt und
	sîn lîp ist tûsent lande wert:	er ist tausend Länder wert.
	und bejagt wir prîss und êren iht,	Selbst wenn wir einiges an Lob und Ansehen
200	des giht man uns ietwederm niht.	erkämpften, wird man uns beiden das nicht anrechnen.
	unser bruoder hât vil muotes:	Unser Bruder hat noch Großes vor;
	im gebristet niht wan guotes.	nichts fehlt ihm außer Besitz.
	IM ist ze klein Palastîn:	Palästina ist ihm zu klein.
	und wære rœmisch rîche sîn	Selbst wenn ihm das Römische Reich
205	und Cunstenopl in Grêciâ	und das weit und breit mächtige
	gewalticlîche her und dâ:	Konstantinopel in Griechenland gehörten,
	des wær im ze lützel doch;	das wäre für ihn noch zu wenig.

und swaz der künic von Marroch	Und gleich, wie viel Besitz der König
guotes hât über al:	von Marokko auch überall haben mag,
210 daz viel hinz im in tiefez tal.	das wäre bei ihm wie ein Tropfen auf den heißen Stein.
sîn lop kan wîten hellen.	Georgs Preis erklingt weit und breit,
er treit iezuo die schellen;	er gibt jetzt den Ton an;
diu sælde ist ûf in gewant:	Gottes Heil hat sich ihm zugewandt.
wir suln im lâzen unser lant,	Wir sollten ihm unser Land überlassen,
215 daz ist dem helde reine	auch wenn es dem makellosen Helden
dennoch al ze kleine,	viel zu klein ist;
und var wir ze dem Spaniol:	und lass uns zu dem Spanier ziehen.
dâ müg wir verdienen wol	Sicher können wir uns dort so verdient machen,
daz er uns guot und êre gît,	dass er uns Besitz und Ansehen gewährt,
220 wan er ist in kurzer zît	denn er ist vor kurzer Zeit
zeinem kristen worden	Christ geworden
und komen in unsern orden.	und hat unseren Glauben angenommen.
ey bruoder, tuo nâch mîner bet.	Hör' zu, Bruder, tu, worum ich dich bitte:
in hât der künic von Munilet	Der König von Munilet hält ihn
225 besezzen in der stat ze Gruns:	in der Stadt Gruns belagert.
zwâre er erbiutet uns	Wahrlich, er wird zu uns
alsô minneclîche wol	so liebenswürdig sein,
als man lieben gesten sol.'	wie man es gegenüber guten Gästen zu sein hat."
DES antwurt im der ritter klâr.	Darauf antwortete ihm der herrliche Ritter:
230 ‚Bruoder, wizze daz für wâr:	„Bruder, glaub mir,
und wæren drîzic lant mîn,	selbst wenn mir dreißig Länder gehörten,
alsô grôz als Palastîn,	die ebenso groß wären wie Palästina,
diu wolt ich alliu Georjen lân:	würde ich sie alle Georg überlassen:
ich trûw mich harte wol begân.	Dazu bin ich fest entschlossen.
235 ich tuon allez daz du wilt.	Ich unterstütze alles, was du vorhast.
nihtes mich hinz im bevilt,	Nichts verdrießt mich an ihm,
ân daz ich sîn enberen sol:	außer dass ich auf ihn verzichten soll.
daz tuot mir weizgot niht ze wol.	Bei Gott, das bekümmert mich sehr!
doch twüng wir mit im drîzic lant,	Selbst wenn wir dreißig Länder zusammen mit ihm
240 des giht man alles sîner hant.	eroberten, würde man alles ihm zuschreiben.
daz red ich niht durch keinen nît:	Das sage ich nicht aus Eifersucht.
sô grôziu tugent an Georjen lît,	Georg ist von solcher Vorzüglichkeit, dass durch sie
ir wæren gêret drîzic lant.	dreißig Länder im Ansehen erhöht würden.
waz wirde ist ûf in gewant,	Die Achtung, die man ihm zollt, und die
245 und wilder êren alsô vil	außergewöhnliche Anerkennung, die so groß ist,
daz ir nie man weiz endes zil:	dass niemand sie vollständig überblicken kann,
des wolte got niht enbern.	sind gottgewollt.
er hâtz mit swerten und mit spern	Er hat mit Schwertern und Lanzen
doch alsô sêre gurbort	sich so sehr hervorgetan,

250	daz er billîch hât daz wort.	dass er diesen Ruf zu Recht genießt. Ich glaube,
	ich wæne nie zer werlde wîp	dass noch niemals auf der Welt eine Frau mit einem
	trüege sô gar volkomen lîp.	so vollkommenen Wesen schwanger gegangen ist.
	ich hânz dâ für, sunder spot,	In vollem Ernst bin ich der Meinung,
	daz ieman lebe âne got,	dass es – von Gott abgesehen – niemanden gibt,
255	der daz geprüeven kunde	der einzuschätzen vermag,
	wie süeze wær diu stunde	wie süß die Stunde war,
	dâ sîn von êrste wart gedâht	als seiner zum ersten Mal gedacht wurde
	und diu liebe zesamen brâht.	und ihn die Liebe erschuf.
	do gesât wart sîn sâme,	Als sein Samen gesät wurde,
260	dâ was mit voller âme	da war die Welt in ganzer Fülle
	diu werlt mit fröuden übersât.	mit Freude übersät.
	ich hânz dâ für daz dô wât	Ich glaube, dass damals
	der süeze wint westen	der süße Westwind wehte
	und kunden unde gesten	und Freunden und Fremden
265	mit fröuden wær gebette,	ein Lager der Freude bereitet wurde
	und daz vil nâch wette,	und dass dort Kummer und Leid
	wær trûrens unde leide,	ein Ende fanden
	und daz ûf der heide	und dass sich auf der Heide
	sich fröuten die rôsen,	die Rosen erfreuten
270	und stolzen unde lôsen	und die Ritter und Damen begannen,
	begunnen riter und frouwen,	stolz und fröhlich umherzugehen,
	und daz man in den ouwen	und dass man in den Auen
	die bloumen sæhe lachen	die Blumen lachen
	und sich ze fröuden machen.	und sich zur Freude aller herausputzen sah.
275	kranc was dâ ungemüete.	Da verlor das Leid an Kraft.
	der walt dâ aller blüete,	Der Wald stand dort in voller Blüte;
	dar in die vogel sungen	darinnen strengten sich die Vöglein an,
	und sich ze fröuden twungen.	mit ihrem Gesang Freude zu bereiten.
	ZÎTIC was der zuckerrôr.	Das Zuckerrohr war reif.
280	von dem himel viel der trôr	Himmlischer Tau fiel herab
	und übersuozt die werlde gar,	und überzog die Welt ganz mit Süße,
	daz si nâch fröuden wart gevar.	sodass sie ein freudiges Antlitz erhielt.
	sorge was dâ dünne:	Sorgen verflüchtigten sich:
	allez mankünne	Das ganze Menschengeschlecht
285	was der fröuden soldier.	bestand aus Söldnern der Freude.
	visch vogel unde tier	Fische, Vögel und Landtiere –
	daz fröute sich dâ über al.	alles freute sich dort allenthalben.
	sich fröute in des himels sal	In den Himmelshallen freuten sich
	die engel sîner kümfte	die Engel über seine Ankunft
290	und maniger sigenümfte	und über die vielen Siege,
	der der mære helt wielt,	die der berühmte Held errang,

und hôhen prîs unz her behielt.	und darüber, dass er bis heute in großem Ansehen steht.
sich fröut got und diu muoter sîn	Gott und seine Mutter freuen sich
des fürsten klâr ûz Palastîn.	über den herrlichen Fürsten aus Palästina.
295 ich mac in niht volloben gar:	Mit meinem Lob kann ich kein Ende finden.
Theodôre, nu gê wir dar.'	Theodorus, lass uns jetzt zu ihm gehen."
der rede hullen sî enein,	Sie waren einhellig dieser Ansicht
unde kômn des über ein	und beschlossen gemeinsam,
daz siz Georjen tæten kunt.	Georg von allem in Kenntnis zu setzen.
300 hin giengens an der selben stunt	Umgehend gingen sie dorthin,
dâ ir werder bruoder slief.	wo ihr edler Bruder schlief.
Diometer in sîm schimpfe rief	Demetrius rief scherzend:
,wol ûf, hêr grâf von Palastîn,	„Aufgestanden, mein Herr, Graf von Palästina,
ir sult niht mêr arm sîn.	eure Armut hat ein Ende!
305 ir mügt wol frœlîch wachen:	Ihr könnt ganz fröhlich aufwachen,
wir welln iuch rîche machen.'	wir wollen Euch reich machen."
ER sprach ,sagt waz ir meinet.'	Er sagte: „Erklärt, wie ihr das meint!"
,dâ hab wir uns vereinet',	„Gerade haben wir uns zusammengetan",
sprâchen die helde beide,	sagten die beiden Helden,
310 ,wir welln uns ûf der heide	„wir wollen uns auf der Heide
mit sper mit schilde bejagen	mit Lanze und Schild tummeln
und allen heiden widersagen,	und allen Heiden den Kampf ansagen,
und welln dir lâzen unser lant:	und wir wollen dir unser Land überlassen:
daz ist hinz dir wol gewant.'	Das ist bei dir in guten Händen."
315 vor liebe lacht dô Georîs.	Da lachte Georg vor Freude.
er sprach ,mich dünket iuwer prîs	Er sagte: „Mir scheint, euer Ansehen
well wahsen an die lenge.	wird hoch emporwachsen.
ich iu vil gerne henge	Ich richte mich gerne nach eurem Willen
iurs willn, und iuwerm muote	und eurem Entschluss;
320 mit lîb und ouch mit guote	ich selbst mit allem, was ich besitze,
volge ich iemer hinden nâch.	leiste euch stets Folge.
mir ist ouch von hinnen gâch.	Auch mich drängt es, von hier wegzuziehen.
wir suln uns arbeiten	Wir sollten uns plagen,
daz wir die kristen breiten	um die Christenheit zu vergrößern
325 und die heidenschaft smeln,	und die Heidenschaft zu verkleinern,
und über ein niht langer tweln.	und gemeinsam nicht länger zögern.
ich wil mînhalp varen sâ	Ich selbst will mich sofort auf den Weg
hin gein Capadôciâ:	nach Kappadokien machen.
sô vart ir gên dem Spaniol:	Ihr aber fahrt zu dem Spanier;
330 der tuot iu benamen wol.	der wird euch bestimmt gut behandeln.
er ist niuwes worden kristân:	Er ist vor kurzem Christ geworden –
ir mügt iuch wol mit im begân.'	ihr werdet gut miteinander auskommen."
WAR umbe solt ichz lange sagen?	Was soll ich viele Worte machen?

	inner vierzehen tagen	Innerhalb von vierzehn Tagen
335	wurden die helde bereit	wurden die Helden mit allerlei
	mit maniger hande rîcheit	Kostbarkeiten ausgestattet und machten sich
	und fuoren als ir wille was.	auf den Weg, wie sie es beschlossen hatten.
	daz ir keiner ie genas,	Dass sie stets mit dem Leben davonkamen,
	daz was daz grœzest wunder	das war das größte Wunder,
340	daz got ie schuof besunder.	das Gott je wirkte.
	swaz man singet oder seit,	Was man auch singt oder erzählt,
	sô wæn ie man ûf erde erleit	ich glaube nicht, dass je auf Erden
	sô grôze nôt als si drî:	jemand so große Mühsal durchlitt wie diese drei:
	wan daz in was ir engel bî,	Hätte ihnen nicht ihr Engel beigestanden,
345	si wæren anders niht genesen:	sie hätten es nicht überlebt; ihnen gegenüber
	bî in was bœse der vînde wesen.	offenbarten nämlich die Feinde ihre Niedertracht.
	Diz wert alsô für wâr	Wahrlich, fast zehn Jahre
	vaste in daz zehende jâr,	zog sich das so hin,
	daz si wâren in der nôt.	dass sie sich in solcher Bedrängnis befanden.
350	des lac manc heiden von in tôt.	Deshalb starb so mancher Heide durch ihre Hand.
	ez geschach von in manc swinder slac:	Viele gewaltige Hiebe teilten sie aus.
	unz an den urteillîchen tac	Bis zum Tag des Jüngsten Gerichts
	geschiht von rittern niemer mêr	werden Ritter niemals mehr
	an vînden solch herzesêr.	ihren Feinden solch tiefes Leid zufügen.
355	hie mit si sich schieden.	Nun nahmen sie Abschied voneinander.
	in buochen noch in lieden	Weder in Büchern noch in Liedern
	wirt geseit noch gesungen	wird auch nur von einer einzigen Zunge
	niht von keiner zungen	von einem derart großen Leid
	von alsô starken leiden	erzählt oder gesungen
360	als von ir drîer scheiden.	wie beim Abschied dieser drei.
	Hie mit wurden si bereit	Hierauf wurden sie
	mit sô grôzer rîcheit,	mit einer solchen Pracht ausgestattet,
	der ich iezuo wil gedagen:	dass ich darüber schweigen werde –
	ich enmöht ez niht volsagen.	ich könnte es sowieso nicht vollständig berichten.
365	die zwêne fuorn gein Spanilant.	Die zwei reisten nach Spanien.
	ey, der jung adamant,	Ach, der junge Diamant,
	der vert nû gein der herte.	der sieht nun schweren Zeiten entgegen.
	mich jâmert sîner verte.	Seine Reise schmerzt mich.
	iu wirt her nâch wol geseit	Euch wird später noch genau berichtet werden,
370	waz ieglîcher nôt erleit.	welche Not jeder von ihnen erlitt.
	in Capadôci Georîs fuor.	Georg zog nach Kappadokien.
	bî dem hœhsten künge er swuor,	Beim höchsten König schwor er,
	daz er nimmer kœme wider,	dass er niemals wieder zurückkommen werde,
	er twünge ûf unde nider,	ehe er nicht landauf, landab
375	beide her unde dâ	und ganz und gar

daz lant ze Capadôciâ.	das Land Kappadokien unterworfen habe.
wie daz geschach, daz lâz wir sîn:	Wie sich das zutrug, das lassen wir dahingestellt.
sîn enkalt manc Sarrazîn.	Auf jeden Fall mussten viele Sarazenen dafür büßen.
die zwêne fuorn in Spanilant:	Die beiden anderen zogen nach Spanien,
380 des enkalt manc schildes rant.	dafür büßte so mancher Schildrand.
Ez seit diu schrift für wâr,	Die Schrift teilt uns wahrheitsgemäß mit,
niunzic und zwei hundert jâr	dass zweihundertneunzig Jahre
wârn von Krists gebürte her,	seit der Geburt Christi vergangen waren,
unz daz mit schilde und mit sper	als der Markgraf Georg von Palästina
385 der margrâf Geori ûz Palastîn	mit Schild und mit Lanze
in Kriechen twanc die Sarrazîn	in Griechenland die Sarazenen besiegte
und ir sô vil ze tôde ersluoc	und so viele von ihnen totschlug,
daz muoter nie kint getruoc	dass niemals eine Mutter ein Kind im Leibe trug,
daz in sô gar wære ein schûr,	das den Sarazenen ein solcher Hagelschauer
390 und sô süezer nâchgebûr	und allen Christen ein
den kristen wær über al.	so angenehmer Mitmensch gewesen wäre.
des besaz er des himels sal	Darum erhielt er einen Platz im Himmelssaal
und sitzet noch hiute dâ.	und sitzt dort noch heute.
solch fröud ist niender anderswâ.	An keinem anderen Ort herrscht solche Freude.
395 o wol im wart der fröuden tage	Wie angenehm war ihm der Freudentag,
daz er niemer mêre klage	als er dort für immer
ân ende dâ gehœret.	keinerlei Klagen mehr hörte!
daz êwic leit zestœret	Das ewige Leid ist für immer
ist im ân ende fürbaz mêr,	und alle Zeit von ihm genommen worden,
400 er gehœret nimmer herzesêr,	niemals mehr vernimmt er Herzensqualen,
weder sô noch sus:	in welcher Form auch immer.
des hilft im Altissimus,	Dazu verhilft ihm *Altissimus*,
der ist sîner fröuden salman:	er ist der Gewährsmann seiner Freude,
wan er im hôher êren gan.	weil er ihm hohes Ansehen gewährt.
405 **Nû** lâze wir die rede hie.	Nun wollen wir es aber bei diesen Worten belassen.
wir suln hin wider an die	Wir müssen wieder zu der Geschichte zurückkehren,
als ich si dâ vor liez.	von der ich vorhin abgelassen habe.
Marcellus ein pâbes hiez:	Marcellinus hieß damals der Papst.
in den selben jâren	Zu dieser Zeit gab es
410 zwên rîche künige wâren.	zwei mächtige Könige.
der eine was genant sus:	Der eine hieß
Dyoclêtiânus,	Diokletian,
der ander: Maxîmiân.	der andere Maximian.
in wârn diu rîche undertân.	Ihnen waren die Reichsteile untertan.
415 eins tages si dâ sâzen	Eines Tages saßen sie dort zusammen,
dâ sir gewalt mâzen,	wo sie die Fülle ihrer Macht ausloteten,
der was lanc unde breit:	die sich weit und breit erstreckte.

	nû seht wâ dort her reit	Nun seht, wie dort ein Bote
	ein bot, der was zuo in gesant	herbeiritt, der zu ihnen aus Griechenland
420	von Kriechen in latînschiu lant.	in die lateinischen Länder entsandt worden war.
	der seit in leidiu mære,	Der überbrachte ihnen die schlechte Neuigkeit,
	daz der Salneckære	dass der Salnecker
	wære entschumpfieret und entworht.	besiegt und vernichtet worden sei.
	daz tet ein ritter unervorht,	Das habe ein unerschrockener Ritter getan,
425	seit der bot in beiden.	sagte der Bote den beiden.
	er sprach ‚der helt ist ûz gescheiden	Er sagte: „Dieser Held hebt sich wahrlich ganz
	reht ûz andern helden gar	von allen anderen Rittern ab
	als ûz den vogeln der adelar.	wie der Adler von den anderen Vögeln.
	er ist semfter dan ein lämbelîn,	Er ist sanftmütiger als ein Lämmchen,
430	da enkegen als ein eberswîn	und andererseits dort wie ein wilder Eber,
	ist er, swâ man sîn bedarf:	wo man ihn braucht:
	friunden linde, vînden scharf.	sanft zu den Freunden, rau zu den Feinden.
	iu hât diu heidenschaft enboten,	Die Heidenschaft lässt Euch mitteilen
	und gesworen bî ir goten:	und hat bei ihren Göttern geschworen:
435	ir welt ez gâhes understân,	Ihr mögt ihm schleunigst Einhalt gebieten
	sîn gwalt muoz einen rûm hân	oder seine Herrschaft wird sich wahrlich
	reht über alle heidenschaft:	über die gesamte Heidenschaft ausbreiten,
	alsô grôz ist sîn kraft.'	so groß ist seine Macht."
	si hiezen boten swîgen.	Sie befahlen dem Boten zu schweigen.
440	der begunde in nîgen	Der verneigte sich
	und fuor ze herberge sâ.	und ging sogleich in seine Herberge.
	hie mit bereitten si sich dâ	Da besprachen sie sich
	und gebuten einen hof grôz,	und beriefen einen großen Hoftag ein
	daz si tæten widerstôz	mit dem Ziel, Georg von Palästina
445	Georien dem Palastîn.	Widerstand zu leisten.
	des wart sît manc Sarrazîn	Später wurden hierdurch viele Sarazenen
	durch gotes êre getoufet,	zu Ehren Gottes getauft
	in hôhe sælde gesloufet.	und in himmlischen Segen gehüllt.
	waz sol ich fürbaz sprechen mêr?	Was soll ich mehr darüber erzählen?
450	dar kom manic künic hêr,	Da kamen viele mächtige Könige herbei,
	der hof wart michel unde starc:	der Hoftag geriet groß und gewaltig.
	manic kristen sich dâ barc.	Viele Christen verbargen sich dort.
	dô stuont ûf und sprach sus	Da erhob sich Diokletian
	Dîoclêtiânus.	und sagte Folgendes:
455	‚**Ich** wil künigen, fürsten sagen,	„Ich will den Königen und Fürsten mitteilen,
	beide künden unde klagen,	verkünden und auch darüber klagen,
	und dar zuo allen mînen goten:	und dazu all meinen Göttern:
	uns hât der Salneckær enboten	Der Salnecker hat uns ausrichten lassen,
	wie er entschumpfieret sî:	dass er besiegt worden ist.

460	daz habe getân Georî,	Das habe Georg getan,
	ein margrâf ûz Palastîn,	ein Markgraf aus Palästina,
	und sô manigen Sarrazîn	und er habe so viele Sarazenen
	mit sîn eines hant erslagen	eigenhändig erschlagen,
	daz ichz niemer mac volsagen.	dass ich das gar nicht alles berichten kann.
465	ez mac vor im niht enwern:	Nichts kann gegen ihn bestehen:
	er sleht lewen unde bern,	Er erschlägt Löwen und Bären,
	trachen, lintwürme.	Drachen und Lindwürmer.
	er bristet in die stürme	Er prescht in den Kampf
	als ein starkiu wolkenbrust.	wie ein heftiger Wolkenbruch.
470	anders ist niht sîn gelust	Er begehrt nichts anderes
	wan slahen heiden, slahâ slach!	als Heiden zu erschlagen, Schlag um Schlag!
	er ist der kristen obedach	Er ist den Christen ein Obdach,
	und ir schirm und ir schilt:	ihr Schutz und ihr Schild.
	keiner freise in bevilt	Keine Angst ergreift ihn,
475	swâ er der heiden gæhten mac:	wo immer er der Heiden habhaft werden kann.
	er ist uns wol ein donerslac.	Für uns ist er wahrlich wie ein Blitzschlag.
	sol er keine wîle leben,	Sollte er noch länger am Leben bleiben,
	er begint die werlt überstreben.	wird er die ganze Welt bezwingen.
	mir enbôt der Salneckære	Mir hat der Salnecker mitteilen lassen,
480	daz ich gewis wære,	dass ich sicher sein könne:
	wir beschutten in enzît,	wenn wir ihn, den Salnecker, nicht rechtzeitig schützen,
	er mües im rûmn diu lant wît	wird er sein großes Land an ihn verlieren
	und geloubn an sînen got,	und an seinen Gott glauben müssen –
	alsus seite mir sîn bot,	genau so hat es mir sein Bote gesagt.
485	der heizt Jêsus von Nazarêt,	Derjenige, mit dem sich jetzt alle Welt abgibt,
	mit dem diu werlt nu umbe gêt:	heißt Jesus von Nazareth.
	dar zuo heizent sie in Krist.	Sie nennen ihn auch Christus.
	nu sul wir setzen unsern list,	Nun müssen wir einen Plan schmieden,
	wie wir den kristen widerstân.	wie wir uns der Christen erwehren können.
490	mîn gesell Maxîmiân	Mein Gefährte Maximian,
	der var ze Occidente,	der möge in den Westen fahren,
	und ich gein Oriente,	und ich gen Osten.
	swaz kristen dâ enzwischen sî,	Wo auch immer wir dort auf Christen treffen,
	daz wir den sô wonen bî	da werden wir ihnen dermaßen zusetzen,
495	daz ir gewalt nimmer wese	dass es mit ihrer Macht endgültig vorbei ist
	und ir keiner genese.'	und keiner von ihnen mit dem Leben davonkommt."
	er sprach zem künig Dâciân	Er sagte zu König Dacian:
	‚wir welln iu machen undertân	„Wir werden Euch alle Reiche
	alliu rîche und diu lant	und alle Länder untertan machen,
500	diu iezuo stênt in unser hant.	die sich jetzt in unserer Hand befinden.
	der sult ir pflegen siben jâr,	Die sollt Ihr sieben Jahre lang in Eure Obhut nehmen

und geheizn iu daz für wâr,	und fürwahr, wir versprechen Euch,
daz ir der hœhste nâch uns sît.	dass Ihr nach uns der Höchste sein werdet.
nu sult ir varn in kurzer zît	Nun sollt Ihr alsbald
505 ze Capadôci in daz lant:	nach Kappadokien ziehen.
dar wirt iu von uns gesant	Dorthin werden wir Euch
manic künic hôchgemuot,	viele edle Könige senden
von den heiden grôziu luot.'	und ein großes Heidenheer."
Dô sprach der künic Dâciân	Da sagte der König Dacian:
510 ,ich wil iu wesen undertân	„Ich werde Euch zu Diensten sein
und tuon swaz ir gebietet mir:	und alles tun, was Ihr mir befehlt.
entriuwen, jâ sule wir	Wahrlich, wir sollten ihm das
im des lenger niht vertragen.	nicht länger durchgehen lassen!
ir mügt mich lîhte zim gejagen:	Es ist leicht für Euch, mich auf ihn zu hetzen.
515 er nimt mir Capadôciâ,	Er raubt mir Kappadokien,
dann Allexandrînâ	von woher meine Frau Alexandrina,
mîn wîp diu künigin ist geborn:	die Königin, stammt.
mir ist von rehte ûf in zorn.'	Zu Recht bin ich auf ihn zornig."
hie wart geschrît diu hervart	Hierauf wurde die Heerfahrt ausgerufen
520 und niht lenger gespart.	und nicht länger aufgeschoben.
diz gie von mund ze munde.	Das wanderte von Mund zu Mund.
diu mære an der stunde	Die Neuigkeit verbreitete sich
wuohsen in der Spanjen lant.	beizeiten auch in Spanien.
dâ wart ez gâhes erkant	Rasch erfuhren dort
525 sant Georjen buolen beiden.	die beiden Brüder Sankt Georgs davon.
hie begunden sie sich scheiden	Hierauf verabschiedeten sie sich
von dem Spaniol zehant.	sogleich von dem Spanier.
der tet sîn tugent an in bekant:	An ihnen bewies er, wie tugendhaft er war.
er macht si beide rîche,	Er machte sie beide reich und
530 harte küniclîche	geradezu königlich
vertigt er si an den sê	stattete er sie zur Seefahrt aus
(waz sol ich iu sagen mê?)	(was soll ich Euch noch mehr davon erzählen?)
ze Marsilje in die habe:	im Hafen von Marseille.
dâ engêt ûf noch abe.	Dort steigt das Wasser weder auf noch ab.
535 **Sı** sprâchen zem marnære	Sie sagten zu dem Schiffsherrn:
,unser soumschrîn sint swære,	„Unsere Reisetruhen sind schwer,
dar inne silbers, goldes vil:	darin befindet sich viel Silber und Gold.
des nim rehte swaz du wil,	Nimm davon, so viel du willst,
und füere uns in Grêciâ.'	und bringe uns nach Griechenland!"
540 der marnære sprach dô sâ	Da antwortete der Schiffsherr sogleich:
,ich tuon swaz ir gebietet.	„Ich tu, was immer Ihr befehlt.
ich hân mich wol genietet	Ich habe mich schon sehr vertraut gemacht
der selben strâze ûf dem sê:	mit diesem Seeweg

	ich hân si ouch gevaren ê:	und habe ihn auch früher schon bereist.
545	ir sît mit mir unbetrogen.'	Ihr könnt Euch auf mich verlassen."
	die segel wurden ûf gezogen.	Die Segel wurden gehisst.
	hie fuoren si gein Kriechen,	Da fuhren sie nun nach Griechenland,
	si zwên gesunt siechen:	die beiden gesunden Kranken:
	des lîbes wârn si wol gesunt:	Körperlich waren sie durchaus gesund,
550	sô was daz slac unde punt,	doch das Leid, das auf ihrem Herzen lastete,
	diu leide diu in ir herzen lac,	das waren Lanzenstiche und Schwerthiebe
	diu aller suht widerwac.	und das wog so schwer wie alle Krankheiten zusammen.
	wan ich wæn ie würde	Denn ich glaube nicht,
	alsô swære bürde,	dass jemals jemand eine so schwere Bürde trug
555	sô der grôziu herzeleit	wie der, der großes Herzensleid
	in sînem herzen eine treit.	allein in seinem Herzen trägt.
	si sprâchen dicke ûf dem sê	Oft klagten sie, während sie auf dem Meer waren:
	,ach und iemer owê,	„Ach und immerzu o weh,
	lieber buole Georîs,	Georg, lieber Bruder,
560	ê dir werdeclîcher prîs	ehe dir dein edler Ruhm
	und dîn lant werde benomen,	und deine Länder genommen werden,
	waz zem tôde ê mac komen	was wird da zuvor an Rittern und edlem Volk
	ritter unde werder diet!	den Tod finden müssen!
	wan dîn lîp nie geschiet	Denn keine Schlacht hast du
565	von keime strîte wan mit sige:	je anders als siegreich verlassen.
	ê der nu under gelige,	Ehe du einmal unterliegst,
	daz beweint manc muoter barn,	wird manche Mutter ihr Kind beweinen müssen,
	den man mit fröude nu siht varn.'	das man jetzt noch freudig ausziehen sieht."
	DER nokelier sach daz lant.	Der Steuermann erspähte das Land.
570	dar nâch schrei er zehant	Sogleich rief er:
	,a la terre, a la terre!	„À la terre, à la terre!
	wir sîn hart unverre	Wir sind dem Land der
	dem lande ze Grêciâ.'	Griechen schon sehr nah."
	gar nâhen kôs er dô sâ	Ganz in der Nähe erkannte er alsbald
575	ein stat, diu was harte grôz,	eine Stadt, die sehr groß war
	dar an daz mer tet sînen stôz.	und gegen die das Meer brandete.
	er sprach zem marnære,	Er sagte zum Schiffsherrn,
	ob im iht kunt wære,	er möge ihm Auskunft geben,
	des solt er in bescheiden:	falls er etwas wisse:
580	,sint ez kristen oder heiden?'	„Sind es Christen oder Heiden?"
	der marnær sprach ,ich weiz sîn niht:	Der Schiffsherr sagte: „Darüber weiß ich nichts.
	mîn ouge dort ein barken siht	Ich sehe dort eine Barke
	vaste zuo uns gâhen,	schnell auf uns zueilen,
	diu wil uns enpfâhen	die will uns in Empfang nehmen –
585	in übel oder in güete:	in guter oder in schlechter Absicht.

got uns vor übel behüete.'	Gott möge uns vor Bösem bewahren."
diu barke kunde sich nicht sparn,	Die Barke ließ nicht lange auf sich warten,
si kom vil gâhes zin gevarn,	sie kam sehr rasch zu ihnen gefahren
und enpfie si minniclîche.	und empfing sie freundlich.
590 ‚wannen vart ir zuo dem rîche?	„Von woher kommt Ihr in dieses Reich?
des sult ir uns bescheiden.	Darüber sollt Ihr uns Auskunft erteilen.
sît ir kristen oder heiden?'	Seid Ihr Christen oder Heiden?"
der marnær sprach ‚nu sagt uns ê:	Der Schiffsherr sagte: „Sagt Ihr es uns zuerst!
wir sîn ellend ûf dem sê	Wir sind fremd in diesen Gewässern
595 und fürhten alle die der sint,	und fürchten uns vor allen, die hier sind.
dar zuo hât uns der wint	Obendrein hat uns der Wind
an geleit grôze nôt	in große Not gebracht,
und fürhten alle sampt den tôt.'	sodass wir allesamt den Tod fürchten."
er sprach ‚türret ir iuch an mich lân?'	Er sagte: „Wagt Ihr es, Euch mir anzuvertrauen?"
600 der marnær sprach ‚daz sî getân.'	Der Schiffsherr sagte: „Das will ich tun."
‚sô rât ich, sît ir heiden,	„So rate ich Euch, falls ihr Heiden seid:
sô sult ir hinnen scheiden:	Verschwindet von hier!
sît ir aber kristen,	Falls ihr aber Christen seid,
sô mügt ir wol gefristen	dann könnt ihr es euch hier
605 iuwern lîp in dirre stat:	in der Stadt gut gehen lassen.
ich heiz iu machn ein reine bat	Ich lasse euch ein schönes Bad bereiten
und zeige iu den besten wirt,	und zeige euch den besten Gastwirt,
der daz nimmer verbirt	bei dem ihr euch darauf verlassen könnt,
er lege iu solch êre an	dass er euch solche Ehrerbietung entgegenbringen wird,
610 der ein friunt dem andern gan.'	wie sie Freunde einander gewähren."
IR anker wurfens an den grunt	Sie warfen ihren Anker aus
und fuorten ûz an der stunt	und brachten sogleich
ros kleider silbr und golt,	Pferde, Kleider, Silber und Gold an Land,
des werden Spanioles solt.	den Lohn des edlen Spaniers.
615 man zeigte in hinz dem wirte dô,	Dann wies man ihnen den Weg zu dem Gastwirt,
des er und si sît wurden frô.	womit er und sie dann auch sehr zufrieden waren.
man tet in allen den gemach	Man bereitete ihnen allen den angenehmsten
der gesten ie odr ie geschach.	Aufenthalt, der Gästen jemals geboten wurde.
den wirt si frâgten mære	Sie baten den Wirt um Auskunft,
620 wer des landes herre wære.	wer denn der Herr des Landes sei.
er sprach ‚er heizet Tschofreit,	Er sagte: „Er heißt Tschofreit;
daz diu erde niht sô werdes treit,	auf der ganzen Welt gibt es keinen Edleren als ihn,
ân der margrâf von Palastîn:	abgesehen vom Markgrafen von Palästina:
der muoz ob allen herren sîn.	Der überragt alle anderen Herrscher!
625 der ist sô wert, sô tiure:	Er ist so edel, so vortrefflich –
alle ritters âventiure	alle ritterlichen *Aventiuren*
hât er mit sînem lîb erliten,	hat er durchgestanden

	und herter strît sô vil gestriten:	und viele gefährliche Kämpfe ausgefochten.
	er hât erliten in schildes ampt,	In seinem Ritterdienst hat er viel durchgemacht:
630	wære er vlins aller sampt,	Wenn jemand ganz aus Stein wäre
	oder von stahel her und dâ	oder rundherum aus Stahl,
	alsô grôz in Grêciâ	und außerdem so groß wie der Olymp
	Olympus ist, ein hôher berc:	in Griechenland, der hohe Berg,
	er möhte sîn als ein getwerc,	er wäre im Vergleich zu ihm ein Zwerg
635	und mit slegen sîn verbert	und von Hieben in Stücke gehauen worden,
	als daz in der sunne vert:	so klein wie Staubkörnchen im Sonnenlicht.
	im wont alliu tugent bî.	Der Markgraf von Palästina besitzt jedwede Stärke
	DER selben bruoder der sint drî:	und Tugendhaftigkeit. Es gibt da drei Brüder:
	einer heizt Theodôrus,	Einer heißt Theodorus,
640	der ander Demetrius,	der andere Demetrius,
	der dritte aver Georîs,	der dritte schließlich Georg;
	der dâ treit den hœhsten prîs	dieser wird am meisten gerühmt
	und die grœsten werdekeit,	und genießt das höchste Ansehen,
	als ich iu vor hân geseit.	wie ich Euch eben schon gesagt habe.
645	ez sint vaste fünf jâr	Es ist nun gut fünf Jahre her,
	daz sîne bruoder für wâr	dass seine Brüder von ihm fort
	von im fuoren über mer:	übers Meer fuhren.
	sît hat er sunder wer	In der Zwischenzeit hat er, ohne dass der es hätte
	mîn herrn den künic betwungen,	verhindern können, meinen Herren bezwungen,
650	von Salnecke den jungen.'	den jungen König von Salneck."
	si sprâchen ‚wirt, sagt fürbaz:	Sie sagten: „Herr, sprecht weiter!
	wir frâgen iuch sunder haz;	Wir fragen Euch in aller Freundschaft:
	sâht ir die drî bruoder ie?'	Habt Ihr die drei Brüder je gesehen?"
	‚nein, her, ich gesach si nie',	„Nein Herr, ich habe sie nie gesehen",
655	sprach er, ‚mir ist aver wol geseit	sagte er, „ich bin aber gut
	ir aller drîer glegenheit.	über alles unterrichtet, was die drei betrifft.
	ich hân doch niuwens daz vernomen,	Vor kurzem erst habe ich erfahren,
	der eine sî uns nâhen komen,	dass einer von ihnen, der junge Markgraf Georg,
	der junge margrâf Georî.	in unserer Nähe weilt.
660	er ist uns in der mâze bî,	Ich kann Euch berichten,
	als ich iuch hie bescheide,	wie weit er von uns entfernt ist,
	ûf drî tageweide:	nämlich drei Tagesreisen.
	er ist ze Millêne.	In Millene hält er sich auf.
	vart ir zuo im, ir zwêne,	Wenn Ihr zu ihm geht, ihr beide,
665	er bereit iuch alsô wol	wird er Euch so gut versorgen
	als man edel herren sol.'	wie es edlen Herren zusteht."
	DER mære wurden si sô frô,	Es freute sie sehr zu erfahren,
	daz ez sich hêt gefuoget sô.	dass sich alles so gefügt hatte.
	geruotiu ros si kouften sâ,	Sie kauften dort sogleich frische Pferde

670	und liezen diu müeden dâ.	und ließen die müden zurück.
	dem wirt wart sîner arbeit	Man hat mir gesagt, dass der Gastwirt
	wol gelônt, ist mir geseit.	für seine Mühen gut entlohnt wurde.
	er zeigte in die strâze:	Er zeigte ihnen den Weg.
	die ritens âne mâze	Auf dem ritten sie pausenlos
675	beide naht unde tac,	bei Tag und Nacht,
	daz ir enweder niht enpflac	ohne dass einer von ihnen
	slâfen, trinken, ezzen;	schlief, trank oder aß.
	des wart von in vergezzen.	Daran dachten sie gar nicht.
	an dem andern tage fruo	Früh am nächsten Morgen
680	kômen si der bürge zuo	kamen sie bei der Burg an,
	die drî tageweide.	die drei Tagesreisen weit entfernt lag.
	hie vergâzen sie ir leide:	Hier verschwand all ihr Kummer.
	si sâhen ûf dem anger breit	Sie sahen auf einem weitläufigen Feld
	stên manigen helt gemeit,	viele strahlende Helden stehen,
685	und ir bruoder under in.	unter ihnen ihren Bruder.
	ze solchen fröuden ist mîn sin	Mein Verstand ist zu schwach,
	ze kranc, und ze den mæren	um von solcher Freude zu berichten,
	wie frô si drî wæren.	wie sie die drei dort empfanden.
	Dô s'an ein ander sâhen,	Als sie einander erblickten,
690	dô wart manc umbevâhen	fielen sie einander in die Arme.
	tûsent stunt enpfangen,	Tausend Umarmungen wurden empfangen
	als dicke umbevangen. –	und ebenso oft erwidert.
	nu warte ûf die triuwe mîn:	Gib jetzt acht bei meinem Ehrenwort:
	her Heinrîch von Veldekîn	Herr Heinrich von Veldeke
695	und her Wolfram von Eschenbach	und Herr Wolfram von Eschenbach
	und der von Ou, die wærn ze swach	und auch der von Aue, die wären nicht in der Lage,
	daz si die fröude seiten hie	hier die Freude genau so zu schildern,
	ze rehte als si dort ergie.	wie sie sich dort ereignete.
	‚wer wîzt dirz denne, Reinbot?'	„Wer hat es dir denn beigebracht, Reinbot?"
700	niemen wîser, sam mir got.	Bei Gott, niemand, der besonders gelehrt ist.
	ez geschach nie solch fröude	Noch nie hat sich eine solche Freude
	menschlîcher beschöude	menschlichen Blicken gezeigt,
	ân die himelfröud dâ oben:	mit Ausnahme der Freude dort oben im Himmel.
	für alle fröud muoz man die loben:	Diese muss man höher rühmen als jede andere Freude.
705	diu loufet âne slege hin	Sie ist einfach da, ganz ohne Zwang,
	und reichet für des menschen sin.	und übersteigt den menschlichen Verstand.
	von reht si frô wâren:	Sie hatten allen Grund, froh zu sein:
	inner fünf jâren	Seit fünf Jahren
	gesâhen sie ein ander nie.	hatten sie einander nicht gesehen.
710	des jach man dort, nu hœrt ez hie.	Was sie dort besprachen, hört ihr jetzt hier.
	Sant Georien was vor geseit	Man hatte Sankt Georg schon von dem Hoftag berichtet,

	wie der hof wart ûf geleit:	der einberufen worden war.
	er enbarte sich sîns willen gar.	Er teilte ihnen mit, was er vorhatte.
	hie wurdn si beide missevar.	Da erbleichten die beiden.
715	als fröuden rîch si wâren ê,	Vorher waren sie voller Freude gewesen,
	da enkegen ist in nu sô wê.	nun hingegen empfanden sie großen Kummer.
	sus muoz immer trûren	Genau so muss stets
	daz süeze gên dem sûren,	das Süße dem Sauren weichen,
	daz honic gên dem angel,	der Honig dem Stachel,
720	der volle gên dem mangel,	der Überfluss dem Mangel,
	diu kelte gên der hitze,	die Kälte der Hitze,
	tumpheit gên der witze.	die Dummheit dem Verstand.
	ir liebe wil sich leiden	Ihre Freude verwandelt sich in Leid,
	dâ von: si welln sich scheiden.	nämlich dadurch, dass sie sich trennen werden.
725	in tet der Georîs kunt	Georg sagte, was er auf dem Herzen hatte
	und offent in sîns herzen grunt,	und verkündete ihnen,
	er wolt zes küniges hove varn	dass er, ohne noch länger zu warten,
	und ouch des niht lenger sparn.	an den Hof des Königs reiten wolle.
	des antwurt im dâ Dyometer.	Darauf antwortete ihm Demetrius:
730	,vervluochet sî des sturmes weter,	„Verflucht seien die Stürme dafür,
	daz ez uns niht ertrancte	dass sie uns nicht ertränkt haben
	und uns ze grunde sancte:	und auf den Meeresgrund sinken ließen!
	daz wær mîns herzen wille;	Das wünschte ich von Herzen.
	oder ich vor Sibille	Oder wäre ich doch vor Sevilla
735	in drîzic stürmen wær erslagen:	in dreißig Schlachten erschlagen worden.
	daz wolt ich nimmer geklagen.	Darüber würde ich bestimmt nicht klagen.
	ez wær mîn wille und mîn bet	Ich wollte und wünschte,
	daz wir beid vor Munilet	wir wären beide vor Munilet
	ze tôde wærn erstochen,	totgestochen worden,
740	dâ doch wart zerbrochen	wo doch so viele gewaltige Lanzen
	manc starkiu glævîn ûf uns,	an uns zerbrochen worden sind;
	oder daz wir beide sampt vor Gruns	oder dass wir alle beide vor Gruns
	wærn erschozzen oder ertreten,	erschossen oder zu Tode getrampelt worden wären,
	da in manne bluote wart geweten	wo man tief, bis über die Sporen,
745	vollecliche über die sporn.	in Menschenblut watete.
	daz ich dâ hêt den lîp verlorn,	Wäre ich doch dort gestorben –
	daz wær mir lieber denn dîn vart:	das wäre mir lieber als deine Reise,
	diu sticht mich mit des tôdes gart.	denn die durchbohrt mich mit dem Stachel des Todes.
	Ey buole, belîp durch mîne bet:	Ach Bruder, hör auf meine Bitte und bleib!
750	wan als vil ein schâchzabelbret	Denn ebensowenig wie man auf
	iemen zwispilden mac	jedes Feld eines Schachbretts das Doppelte legen
	und einen wilden donerslac	oder einen heftigen Blitzschlag einfangen kann,
	sunder schaden gevâhen	ohne Schaden zu nehmen,

	und den fênix ergâhen,	oder den Phönix erjagen,
755	der dâ in den lüften swebt	der durch die Lüfte fliegt
	und niht ander spîse lebt,	und von keiner anderen Speise lebt;
	und durchvar der erde gruft	ebensowenig, wie man sich durch die Erde bewegen
	und trîbe einn turn durch den luft	oder einen Turm durch die Luft emporwachsen
	daz er stôze unz an den eter,	lassen kann, sodass er am Äther anstößt,
760	dâ sich daz bitterlîche weter	wo sich die schrecklichen Unwetter
	mit den donerslegen hebt,	mit ihren Blitzschlägen bilden,
	dâ von sich allez daz entswebt	wodurch alles in Bewegung gesetzt wird,
	daz ûf der breiten erde lebt	das auf der weiten Erde lebt
	und in dem tiefen wâge swebt,	und auch das, was in den tiefen Fluten schwimmt,
765	und lâz mit zal durch die hant	oder wie man mit seinen Händen
	die sterne und allen den sant	die Sterne und den Sand abzählen kann,
	der lît an des meres drum,	der an den Ufern des Meeres liegt,
	und habe daz firmamentum,	oder das Firmament anhalten kann,
	daz ez von stete niender gê:	sodass es sich nicht mehr fortbewegt –
770	daz geschæhe allz sampt ê,	all das wäre noch wahrscheinlicher,
	ê mîn jâmer und mîn klage	als dass mein Schmerz und meine Klagen
	nâch dir zergienge unz ûf die tage	um dich ein Ende nehmen,
	daz ich niht mêr leben sol.	so lange ich auch lebe.
	wê der jæmerlîchen dol	O weh, welch fürchterlichen Schmerz
775	der ich Georî nâch dir hân!	verspüre ich, Georg, um deinetwillen!
	mahtu daz, buole, understân	Ich wünschte, Bruder, du würdest
	durch mînen willen, und belîp,	mir zuliebe darauf verzichten; bleib,
	süezer man, und vertrîp	süßer Mann, und erlöse mich
	von mir die grôzen swære mîn.	von meinem großen Kummer.
780	und sol ich ân dich lange sîn,	Wenn ich zu lange von dir getrennt bin,
	so geræt mîn sin verkêren sich.	dann verliere ich den Verstand.
	ja beginne ich nâch dir tœten mich:	Wahrlich, wenn ich mich deinetwegen umbringe,
	sô bin ich hie und dort verlorn.	dann bin ich hier wie dort verloren.
	sol ich zer helle sîn geborn	Ich hätte es nicht für möglich gehalten,
785	von dir, des wolt ich wænen niht:	dass ich deinetwegen zur Hölle verdammt sein könnte.
	dirre jæmerlîchen gschiht	Dass du etwas so Schreckliches tust,
	möht ich von dir niht trouwen.	hätte ich nicht von dir erwartet.
	werder helt, lâ schouwen	Edler Held, verleih dem alten
	daz alte wort al niuwe,	Sprichwort neue Geltung,
790	daz got geschouf nie triuwe	dass Gott nur dort Treue entstehen lässt,
	dâ enwære ein ander bî.	wo es auch Gegentreue gibt.
	wil du des wortes wesen frî,	Willst du diesem Sprichwort zuwiderhandeln?
	dâ bist du doch ze edel zuo.	Dafür bist du doch viel zu edel!
	nein, gemuoter fürste, tuo	Nein, mein lieber Fürst, handle so, wie es
795	nâch dîm gesläht, nâch dîner art	deinem Geschlecht und deiner Abstammung entspricht,

	und lâ durch mich dise vart.	und verzichte mir zuliebe auf diese Reise!
	Nu, wil du von mir scheiden,	Denn wenn du dich von mir trennst,
	so beginn ich mir sô leiden	dann werde ich mir selbst so verhasst sein,
	daz ich wirde niemer mê gemuot.	dass ich nie wieder froh sein werde.
800	und allez daz dâ heizet guot,	Und von allem, was als gut gilt,
	dâ wil ich mich von ziehen,	will ich mich lossagen
	und alle tugent vliehen.	und jegliche Tugend fliehen.
	ich gedien ouch gote niemer mê,	Ich werde auch Gott nie wieder dienen,
	durch den mir etswanne wê	für den ich oft mit Blut und Schweiß
805	von sweiz, von bluot was under helm,	Schmerzen litt, wenn ich den Helm trug
	und daz mich toupte sô der melm	und mich der Staub so benommen machte,
	daz ich dâ durch kûm gesach.	dass ich kaum noch sehen konnte.
	wê, immer mê wê und ach,	O weh, immerzu weh und ach,
	diz muoz mir allez leiden!	dies verleidet mir wirklich alles!
810	und wil du von mir scheiden:	Wenn du dich von mir trennst,
	dem aller leidest ie geschach,	dann wird das Leid desjenigen,
	des leit und des ungemach	dem das schlimmste aller Leiden widerfahren ist,
	mac dem mînen niht gelîchen;	kein Vergleich sein zu meinem Leid.
	des muoz mir fröude entwîchen,	Deshalb verlässt mich alle Freude
815	und trûren zuo mir hûsen.	und Kummer hält bei mir Einzug.
	in mînes herzen klûsen,	In der Zelle meines Herzens
	dâ wont solch jâmer inne	haust ein solcher Schmerz,
	daz mich wundert in dem sinne	dass es mich wundert,
	daz mîn herz dâ vor gestêt;	dass mein Herz dem überhaupt standhält.
820	wære ez grôz als mons Olvêt	Wäre es so groß wie der Ölberg
	und dar zuo von stâle,	und noch dazu aus Stahl,
	daz ez keine twâle	so könnte es doch nicht standhalten,
	mac gehaben ez zervar	sondern würde zerspringen
	und breche in solchiu stücke gar	und ganz und gar in Stücke brechen,
825	als daz in der sunne vert.	so klein wie Staubkörnchen im Sonnenlicht.
	wer hât im solche kraft beschert?	Wer hat dem Schmerz solche Kraft verliehen?
	waz kraft hât ez begriffen?	Von welcher Macht wurde das Herz ergriffen?
	solt man in tûsent schiffen	Wollte man solchen Schmerz
	solch jâmer füeren zeiner stunt,	in tausend Schiffen auf einmal befördern,
830	diu giengen sâ an den grunt.	würden diese auf der Stelle untergehen.
	sol denn mîn herze al eine tragen	Muss denn mein Herz allein tragen,
	dâ von die velse müezen wagen,	wovon Felsen erschüttert werden
	wazzer berge unde tal,	und ebenso Gewässer, Berge und Täler,
	und wirdet alliu grüene val?	und wovon alles Grüne fahl wird?
835	ouch verwandelt sich diu heide	Auch verwandelt sich die Heide
	von dem grôzen leide,	durch das große Leid,
	daz si lât ir liehten schîn,	sodass sie ihren hellen Glanz verliert;

	und swîgent ouch diu vogelîn.	und es verstummen auch die Vöglein.
	allez dinc sich verkêret	Jedes Ding verkehrt sich in sein Gegenteil
840	und wirdet trûrn gemêret	und in unseren Ländern
	über al ûf unser marke.	wächst überall die Trauer.
	unfride, urliuge starke	Zwietracht und schwere Fehden
	beginnet wahsen her und dâ.	breiten sich überall aus.
	Millêne und Capadôciâ,	Millene und Kappadokien,
845	ir mügt hinnen für wol klagen	von jetzt an werdet ihr
	nâch den fröudebæren tagen	um die freudvollen Zeiten klagen,
	der ir mit vollen pflâget,	in denen ihr alles in Hülle und Fülle hattet,
	und benamen obe lâget	und darin wahrhaft all eure
	allen iurn genôzen:	Standesgenossen übertraft.
850	iuwer leit beginnet grôzen,	Euer Leid wird größer werden
	und iuwer fröude kleinen.	und eure Freude kleiner.
	dîn vart beginnet weinen	Über deine Reise wird das
	daz kint daz in der muoter ligt.	Kind im Mutterleib weinen.
	daz dich daz sô ringe wigt,	Dass dich das so wenig berührt,
855	dâ lît ouch grôzer jâmer an.	auch das verursacht großen Schmerz.
	ach, du unsælic man,	Ach, du Unglückseliger,
	daz du zer werlde ie würde geborn!	dass du je das Licht der Welt erblickt hast!
	wie hâstu triuwe sus verlorn!'	Wie konntest du nur so treulos werden!"
	DER margrâf mit jâmer sprach	Betrübt sagte der Markgraf:
860	,dîn getriulîch ungemach,	„Dein Leid, das du, Bruder,
	den dû bruoder hâst von mir,	meinetwegen aufgrund deiner Treue empfindest,
	möht ich den ab gelegen dir,	wenn ich dich davon nur befreien könnte –
	dar umb wolt ich den lîp geben,	dafür würde ich mein Leben geben,
	daz ich daz êwige leben	wenn ich dadurch nicht
865	dâ mite niht verworhte:	das ewige Leben verspielte;
	wie wênc ich denne vorhte	wie wenig fürchtete ich dann
	den vil bitterlîchen tôt!	den bitteren Tod.
	der wære mir ein süeze nôt,	Der wäre mir eine süße Qual,
	dâ wolte ich dir lônen mit.	mit der ich mich bei dir revanchieren wollte.
870	und ist ouch gar wider den sit	Andererseits ist es ganz und gar ungehörig,
	daz iemen alsô werbe	dass jemand so handelt
	und für den andern sterbe.	und anstelle eines anderen stirbt.
	dîn klage ist nâch mir manicvalt,	Deine Klage um mich ist so groß,
	als du mir selbe hâst gezalt.	hast du mir doch selbst aufgezählt,
875	waz wunders ê ergienge,	welche wundersamen Dinge sich zuerst
	ê ze fröuden gevienge	ereignen müssten, ehe du dich freutest,
	dîn lîp nâch mîner verte:	nachdem ich fortgezogen bin.
	ich wæn ez würde ê herte.	Mir scheint, es wird ohnehin einmal schlimm werden.
	ich weiz wol, du wirst sus noch sô	Ich weiß genau, dass du dich so oder so

880	nâch mîner verte niemer frô:	niemals über meine Reise freuen wirst.
	da beganc doch eine mâze an	Mäßige dich doch in dieser Sache
	und gedenke sîst ein wîse man:	und bedenke, dass du ein vernünftiger Mensch bist.
	wir müezen doch ein ander lân,	Wir müssen ja doch einmal voneinander lassen,
	sô wir ein ander wolden hân	wenn wir auch noch so gerne
885	mit fröuden aller gernest,	in Freude beieinander blieben,
	daz uns der bitter ernest	weil uns doch der Tod einmal
	doch mit dem tôde scheidet	mit unnachsichtiger Strenge trennt
	und uns ein ander leidet.	und uns umeinander klagen lässt.
	DER scheidet alle die der sint,	Dieser trennt alle Lebenden.
890	er scheidet muoter unde kint,	Er trennt Mutter und Kind;
	die mâge von den mâgen,	Verwandte von Verwandten,
	die mit ein ander pflâgen	die in Lust und Freude
	fröude unde wünne,	miteinander lebten;
	er scheidet allez künne,	er entzweit jede Familie;
895	er scheidet ouch vil swinde	er trennt auch unversehens
	den vater von dem kinde,	den Vater vom Kind,
	den bruoder von der swester.	den Bruder von der Schwester.
	dîn muot sol wesen vester:	Nimm deinen ganzen Mut zusammen:
	wir lâzen alle ein ander.	Wir müssen alle voneinander lassen.
900	deiswâr ich erbander	Fürwahr, ich missbillige
	alsus grôzer ungehabe,	eine Klage von solchem Ausmaß,
	sît wir doch alle hin zem grabe	wo wir doch ausnahmslos alle
	sîn getermet über al.	für das Grab bestimmt sind.
	swer strebt gên des himels sal,	Wer nach dem Himmelssaal strebt,
905	der ist wîs und nieman mê,	der ist weise, und niemand sonst;
	dem wirt wol und niemer wê,	dem wird es gut ergehen und niemals schlecht,
	der hât dâ mêr wünne	der hat dort mehr Wonne,
	dann ieman sagen künne,	als man ausdrücken, und mehr Freude,
	und fröude über des menschen sin.	als der menschliche Verstand fassen kann.
910	dâ sul wir beide komen hin,	Dahin werden wir beide kommen,
	und des got wol trouwen	und hierin Gott ganz vertrauen,
	daz wir dâ müezen schouwen	dass wir dort sein süßes,
	sîn süezez antlütze klâr.	herrliches Antlitz erblicken dürfen.
	SWER daz siht, dem sint tûsent jâr	Für jeden, der dieses sieht, sind dort tausend Jahre
915	als hie mit fröud ein halber tac.	wie hier ein halber Tag in Freude.
	kein wîssag mohte noch enmac	Kein Prophet war und ist imstande,
	volsagen von den fröuden niht.	diese Freude vollständig in Worte zu fassen.
	wan swer daz antlütze siht,	Denn jeder, der dieses Antlitz sieht,
	der schouwet drinne wunders vil:	der sieht darin viel Wunderbares:
920	allez daz er brüeven wil	Alles, was er im Himmel und auf
	in himel und in erde,	der Erde erblicken will,

daz erkennet er mit werde;	das erkennt er dort in seiner Herrlichkeit;
in wâge, in lufte, in walde,	ob im Meer, in der Luft oder im Wald,
daz erkennt er allez balde.	das alles erfasst er unmittelbar.
925 durch alliu herzen er dâ siht,	In alle Herzen blickt er dort hinein,
vor im mac sich verbergen niht.	nichts bleibt ihm verborgen.
er verstêt ouch aller engel sanc	Er versteht auch den Gesang all der Engel
und hœret manigen süezen klanc,	und hört viele süße Klänge,
der ûz dem pardîs klinget.	die aus dem Paradies erschallen.
930 daz gesanc dâ fröude bringet:	Der Gesang stiftet dort Freude.
dise hie niden, jene dort oben	Diese hier unten, jene dort oben
beginnent den himelkünic loben	lobpreisen voller Freude wetteifernd
mit fröuden alle wider strît.	den Himmelskönig.
Dâ ein fröude tûsent gît,	Wo eine Freude tausend Freuden hervorbringt,
935 al dâ gêt hin unde her	da laufen viele süße Freuden
manic süeze fröude entwer.	hin und her, kreuz und quer.
dâ væhet fröude fröude dâ,	Da fängt eine Freude die andere.
solch fröude ist niender anderswâ,	Solche Freude gibt es nirgends sonst.
dâ füeret fröude fröude enbor:	Hebt dort eine Freude die andere Freude empor,
940 sô ist ein fröude noch dâ vor;	so ist auch darüber immer noch Freude.
dâ leget fröude der fröude stric,	Da bindet eine Freude die andere.
dâ ist der vil süeze blic	Da ist ein herrlich süßer Glanz,
der gêt an die klâren maget:	der die reine Jungfrau erfasst.
dâ von diu schrift uns wunder saget;	Davon berichtet uns die Schrift Wundersames:
945 des hern Ezechjels porte,	Von der Pforte des Propheten Ezechiel,
diu mit avê dem worte	die mit dem Wort *ave*
wart erzündet und erfiuhtet,	entzündet und benetzt wurde,
daz si die himel erliuhtet;	damit sie den Himmel erleuchte;
des hern Dâvîdis künigin,	von der Königin des Herrn David,
950 die er in die hœhe hin	die er in der Höhe zur
ze des keisers zeswen maz,	Rechten des Himmelskaisers bestimmte,
dâ si mit grôzen êren saz,	wo sie in großer Ehre saß
und sitzet doch noch hiute dâ.	und noch heute sitzt.
solch fröude ist niender anderswâ:	Solche Freude gibt es nirgendwo sonst:
955 diu ist aller fröuden frouwe.	Sie ist die Herrin aller Freuden.
als diu rôse in dem touwe	Wie sich die Rose im Morgentau
sich entsliuzet gên der sunne,	zur Sonne hin öffnet,
als fröut sich gên der wunne	so freut sich an dieser Wonne
allez himelischez her	die ganze Himmelsschar,
960 daz si die maget sunder wer	dass sie die Jungfrau
sulen schouwen unde sehen,	ungehindert anschauen und betrachten
und mit gesange lobes jehen.	und singend ihr Lob verkünden darf.
ALSÔ sitzt daz gotes trût,	So thront Gottes Gefährtin,

	des küniges tohter muotr und brût,	des Königs Tochter, Mutter und Braut;
965	sie ein maget, er ein degen.	sie eine Jungfrau, er ein Jüngling.
	solcher minn si künnen pflegen:	Auf solche Liebe verstehen sie sich:
	er fröut sich ir, si fröut sich sîn.	Er erfreut sich an ihr, sie erfreut sich an ihm.
	wart waz dâ wirt fröuden schîn!	Sieh doch, welch Freude sich dort offenbart!
	si habent die wâren minne.	Sie sind im Besitz der wahren Minne.
970	ez treit diu küniginne	Die Königin trägt anmutig
	ein wünneklîche krône	eine herrliche Krone
	vor dem keiser schône.	in Gegenwart des Kaisers.
	umb die krône ein schapel gêt:	Um die Krone läuft ein Blumenkranz:
	daz betiutet und verstêt	der zeigt an und gibt zu verstehen,
975	daz si ein magt ist sunder meil	dass sie eine unbefleckte Jungfrau ist
	und ein heil übr allez heil	und ein Heil über alles Heil hinaus
	und ein trôst übr allen trôst	und ein Trost über allen Trost hinaus
	und were für der helle rôst.	und ein Schutz gegen die Glut der Hölle.
	alle mägde, alle degen	Alle Jungfrauen, alle Jünglinge
980	künnen eines sanges pflegen:	singen gemeinsam einen Gesang,
	des pfligt ze himel nieman mêr;	niemand sonst pflegt das im Himmel zu tun.
	dâ mit si lobent die maget hêr	Damit preisen sie die herrliche Jungfrau
	und des hern Gabrjels botschaft,	und die Botschaft des Erzengels Gabriel,
	und singent von der liebe kraft	und sie singen von der Macht der Liebe,
985	die der künic zer künigin hât,	die der König für die Königin empfindet,
	und daz diu niemer zegât.	und dass diese niemals vergeht.
	nu sich, lieber bruoder mîn,	Nun sieh, mein geliebter Bruder,
	wer solt der fröuden âne sîn	wer würde auf diese Freuden verzichten,
	der ze himel ist sô vil	von denen es im Himmel so viele gibt,
990	daz ir nie man weiz endes zil,	dass sie niemand ermessen
	noch nieman volahten kan?	und niemand ganz aufzählen kann?
	der diuht mich niht ein wîse man.	Der schiene mir kein vernünftiger Mann zu sein.
	ich wil mînhalp dâ hin stegen	Ich will meinerseits dorthin streben,
	dâ ich den himelischen degen	wo ich den himmlischen Jüngling
995	sô minneklîchen vinde	in seinem Liebreiz vorfinde,
	mit sînem hofgesinde,	mit seiner Dienerschaft,
	mit sîner massenîe,	mit seinem Gefolge,
	und dâ diu magt Marîe	und wo die Jungfrau Maria
	gebluomet mit ir krône stê	geschmückt mit ihrer Krone neben ihm
1000	neben im, sitze unde gê,	steht, sitzt und geht,
	und in den zehen kœren	und wo in allen zehn Himmelschören
	die engel müezen hœren	die Engel einander im Wettstreit
	singen alle wider strît	davon singen hören,
	waz êren an der maget lît,	welcher Ruhm der Jungfrau gebührt,
1005	die got sô hât gekrœnet,	die Gott in solcher Weise ausgezeichnet

	über alle schœne geschœnet.	und schöner als alles Schöne gemacht hat.
	die engel singent her und dâ	Die Engel singen von allen Seiten her
	êpitalamitâ:	das Epithalamium.
	daz betiutet ‚hôhiu brûtliet';	Das heißt ‚Hohes Brautlied';
1010	und daz si got vor ûz geschiet	und sie singen, dass Gott sie allein,
	die maget sô gehiure	die überaus liebliche Jungfrau,
	ûz aller krêatiure	aus allen Geschöpfen erwählt hat,
	im ze muoter und ze kinde.	ihm zugleich Mutter und Kind zu sein.
	daz ich si alsô vinde	Möge ich sie doch in solcher Weise antreffen,
1015	diu gelieben beide!	die beiden Geliebten!
	dâ ist guot ougenweide	Das ist eine wahre Augenweide,
	und alsô gefloriertiu zît:	ein prächtiger Moment:
	wære allez loup birmît,	Selbst wenn alles Laub Pergament wäre,
	dar an möht man geschrîben niht	könnte man diese Freude nicht darauf aufschreiben,
1020	die fröud man an in beiden siht.	die der Anblick der beiden bereitet.
	daz ich dâ von sprechen sol,	Dass ich davon auch nur spreche,
	daz tuot mir baz denne wol.'	ist mir mehr als angenehm."
	Diz begunde allez merken,	Das alles prägte sich Demetrius
	und sich vil vaste sterken	sehr genau ein und er fand sich
1025	gên dirre rede Diometer.	durch diese Rede sehr gestärkt.
	als des süezen meien weter	So, wie das liebliche Maienwetter
	den abrellen hin legt	den April zur Ruhe bringt
	und manigen liehten bluomen regt,	und viele leuchtende Blumen erweckt,
	daz si von im entspringent	sodass sie davon sprießen
1030	und gên der hœhe ringent:	und in die Höhe streben,
	alsô wuohs sîn muot hinz got.	genau so wuchs sein Vertrauen in Gott.
	er sprach ‚swâ ist ein wol gerâten bot,	Er sagte: „Wo immer es einen vortrefflichen Boten gibt,
	den mac man kûm vergelten:	kann man diesen kaum angemessen entlohnen.
	man vint in aber selten.	Ein solcher ist aber schwer zu finden.
1035	mich hât des heiligen geistes kraft	Mich hat die Kraft des Heiligen Geistes
	und von dir sîn botschaft	und seine Botschaft, die du mir überbringst,
	alsô schier verkêret,	so rasch auf den rechten Weg zurückgeführt,
	daz des muoz sîn geêret	dass man seine Kraft
	sîn kraft und dîn zunge,	und deine Zunge deswegen ehren soll,
1040	daz diu wandelunge	weil sich an mir der Geisteswandel
	an mir so gâhes ist geschehen.	so schnell vollzogen hat.
	dâ bî mac man wol spehen	Daran kann man sehr gut sehen,
	daz got ist niht unmügelîch.	dass für Gott nichts unmöglich ist.
	ez ist für wâr niemen rîch	Niemand ist so reich an Hilfe
1045	in stiure dann der heiligeist	wie der Heilige Geist
	mit sîner gâbe volleist.	mit der Fülle seiner Gaben.
	als hât er mich gestiuret,	So hat er auch mir geholfen,

	in sînem namen getiuret.	mich in seinem Namen erhöht.
	waz touc burc unde lant,	Was nutzen Burgen und Ländereien,
1050	liute wâpen ors gewant	Gefolgsleute, Waffen, Pferde, Gewänder,
	edel gesteine silbr und golt,	edle Steine, Silber und Gold
	oder swer dem andern hie ist holt?	oder irdische Freundschaften?
	gemæchide unde liebiu kint,	Bequemlichkeit und liebe Kinder,
	swâ diu bî ein ander sint,	wo immer die beisammen sind,
1055	friunt mâge jene und die:	Freunde, Verwandte, diese und jene,
	diz müez wir allez lâzen hie;	das alles müssen wir hier zurücklassen,
	die swester ze dem bruoder.	die Schwester wie den Bruder.
	uns hât der tôt ein luoder	Der Tod hat uns eine Lockspeise
	geworfen ûf die erde nider:	auf die Erde herabgeworfen:
1060	swie sêr wir alle schiuhen wider,	wie sehr wir uns auch dagegen sträuben,
	wir müezen immer droufe,	wir müssen doch stets anbeißen
	ze jungist nemen die stroufe.	und zuletzt den Verlust erleiden.
	daz ist ein klag vor aller klage,	Das ist die größte aller Klagen,
	daz wir ie von tag ze tage,	dass wir immerzu, Tag für Tag,
1065	dâ gegen treten einen trit,	einen Schritt dagegen setzen
	und weder frist noch gebit	und es dennoch weder den geringsten Aufschub
	dar an ist niender umb ein hâr.	noch die geringste Verzögerung gibt.
	daz brüevet ie von jâr ze jâr,	Denkt immer daran, von Jahr zu Jahr
	und dâ bî von tag ze tage:	und auch von Tag zu Tag:
1070	hiute fröude, morgen klage.	Heute Freude, morgen Klage.
	swie wir den lîp zieren,	Wie sehr wir uns auch herausputzen,
	tanzen, buhurdieren,	tanzen, den Buhurt reiten,
	hœren singen unde sagen,	Gesang und Geschichten vernehmen,
	dar zuo rîchiu kleider tragen,	dabei prächtige Gewänder tragen,
1075	mit fröuden baneken den lîp,	uns freudig behaglicher Anstrengung hingeben,
	ahte haben ûf werdiu wîp:	aufmerksam sind gegenüber edlen Frauen:
	diz müez wir al ze jungist lân	von alldem müssen wir zuletzt doch lassen
	und sîn mit jâmer abe stân:	und schmerzlich darauf verzichten.
	diu werelt gît uns swachen lôn.	Geringen Lohn gewährt uns die Welt.
1080	ez spricht der wîse Salomôn	Vom weisen Salomo stammt
	einen jæmerlîchen spruch,	ein leidvoller Spruch.
	der ist geheizen „ach und uch,	Der lautet: ‚Ach und uch,
	dar zuo wê wî und och,	und auch oh, wehe und wie,
	daz nieman ist ûf erden doch	dass es doch auf Erden niemanden gibt,
1085	daz er sî vor tôde frî!"	der vom Tod verschont bleibt.'
	die fümf vocâles sint hie bî,	Alle fünf Vokale sind hier enthalten,
	und ouch mit jâmer, füre brâht	und zwar mit Wehklagen verbunden,
	dem wîsen herz daz ist verdâht.'	vorgetragen dem weisen, besonnenen Herzen."
	‚**GEORÎ**, lieber bruoder,	„Georg, lieber Bruder,

1090	nim in dîn hant daz ruoder:	nimm du das Steuer in die Hand.
	kêr ez hin oder her;	Wende es, wohin du willst,
	daz ist mînes herzen ger.	das wünsche ich mir von Herzen.
	ich tuon allez daz du wilt,	Ich folge dir in allem, was du vorhast,
	nihtes mich hinz dir bevilt.	nichts verdrießt mich an dir.
1095	ich wil stên ze dîm gebot,	Ich werde tun, was du gebietest,
	und wil mich rihten gegen got.'	und mich Gott zuwenden."
	(hie reitn an dirre stunde	Die Brüder sprachen in diesem Augenblick
	die bruodr ûz einem munde.)	mit einer Stimme.
	,DIOMETER, wârer helt,	„Demetrius, du wahrer Held,
1100	ich hân geteilt und gewelt,	ich habe geteilt und gewählt
	und mir daz wæger genomen:	und mir das Gewichtigere genommen.
	dâ wil ich nimmer von komen	Davon werde ich nicht mehr ablassen,
	ich anker vaste in die habe.	bis ich fest im Hafen verankert bin.
	der durch mich wart ein krippeknabe,	Der mir zuliebe ein Krippenknabe wurde,
1105	ich wil im wesen undertân	dem werde ich gehorsam sein
	und in sîner parte stân;	und auf seiner Seite stehen;
	der mac mich des ergetzen.	er kann es mir vergelten.
	er kan mich dâ hin setzen	Er vermag mich dorthin zu bringen,
	dâ fröude niemer ende wirt,	wo die Freude niemals ein Ende findet
1110	dâ ein fröude tûsent birt.	und wo eine Freude tausend weitere hervorbringt.
	durch den wil ich die werlt lân.	Seinetwegen will ich diese Welt zurücklassen.
	ez hât der künic Dâciân	König Dacian hat
	über al ein hof geboten,	überall im Reich einen Hoftag ausrufen lassen,
	daz man dâ opfer sînen goten:	auf dass man dort seinen Göttern opfern möge:
1115	swaz künige, fürsten, grâven sî,	Seien es Könige, Fürsten oder Grafen,
	er sî dienstman oder frî,	Dienstleute oder Freie,
	der hôhen und der werden	alle Hohen und Edlen,
	swaz ir sî ûf erden,	die es auf Erden geben mag,
	daz die alle komen dar	sie alle sollen dorthin kommen
1120	und schouwen die harnschar	und die Martern sehen,
	die den kristen sîn bereit.	die den Christen bevorstehen.
	ans küniges hof sint geleit	Am Hof des Königs sind
	hundert wîze über al;	hundert Folterstätten errichtet worden;
	dâ bî von heiden grôzer schal,	die Heiden machen dort großen Lärm,
1125	die schrîent her unde dâ	sie rufen allerorten:
	„wartâ, herre, wartâ, wâ	‚Schau an, Herr, schau an,
	sint nu die valschen kristen	wo sind nun die betrügerischen Christen
	mit ir trügelisten?	mit ihren Zauberkünsten?
	und lâzen sich hie schouwen	Und lassen sich hier blicken
1130	durch Marîn, ir frouwen,	für Maria, ihre Herrin,
	und durch Jêsum, ir got:	und für Jesus, ihren Gott?

die müezen lästerlîchen spot	Schimpf und Schande müssen sie erleiden
mit der marter lîden,	durch die Marter,
si welln sich danne rîden	es sei denn, sie vertrauten sich
1135 in unser gote hulde:	der Huld unserer Götter an:
so vergît man in ir schulde,	dann vergibt man ihnen ihre Schuld,
und macht si endelîche	und unser Herr, der König,
unser herre, der künic, rîche."	wird sie unverzüglich reich machen.'
daz widerrede ich, ob ich mac.	Dem möchte ich entgegentreten, wenn ich kann.
1140 gêrt sî diu wîle und der tac	Gepriesen seien die Stunde und der Tag,
dâ mich der selbe muot begreif,	als mich dieser Gedanke ergriff
dâ mir der welde süeze entsleif.	und mir die Süße der Welt entglitt.
mir hât ein mîn friunt enboten,	Mir hat einer meiner Freunde ausgerichtet,
er hab gesworn bî sînen goten	Dacian habe bei seinen Göttern geschworen,
1145 daz er mich welle tœten	dass er mich töten
und mit gewalte nœten	oder gewaltsam zwingen wolle,
daz ich werde ein heiden:	ein Heide zu werden.
jâ möhte er ê gescheiden	Ja, eher noch könnte er die Erde
die erde von dem centrum,	aus dem Zentrum rücken,
1150 daz ist ein ende und ein drum!	das doch Anfang und Ende in einem ist!
ich kum von dem kinde niht,	Ich kehre mich nicht ab von dem Kind,
dem man sô hôher tugent giht,	dem man so große Vollkommenheit zuspricht
daz sich martern durch mich liez	und das sich für mich martern ließ
und mich nâch im kristen hiez:	und mich nach ihm einen Christen nannte –
1155 von dem selben kum ich niht,	von diesem wende ich mich nicht ab,
swaz halt mir bî im geschiht.	gleich, was mir an seiner Seite auch geschieht.
mir ist vom künig ouch geseit,	Mir ist vom König auch berichtet worden,
wie er habe ûf geleit	dass er beschlossen habe,
er well mîn lant hin lîhen	er wolle mein Land als Lehen vergeben
1160 und mir reht verzîhen.	und mir mein Recht absprechen.
Ey, lieber bruoder Diometer,	Ach, Demetrius, lieber Bruder,
mir ist von strîte manic weter	viele Unwetter sind im Kampf durch übermächtige
von überlaste an gewât	Gegner über mich hereingebrochen und es sind auch
und manic starke ors verdrât	viele kräftige Pferde in meine Richtung gelenkt worden,
1165 mir ze vâr ûf mînen tôt:	da man mir nach dem Leben trachtete.
der und ouch ander nôt	Diese und auch andere Notlagen
bin ich iedoch erstanden	habe ich jedoch überstanden
und bliben bî mînen landen.	und habe meine Länder behalten können.
Dyometer, lieber bruoder mîn,	Demetrius, mein lieber Bruder,
1170 hab dir mîn lant ze Palastîn	nimm du mein Land in Palästina
gewalteclîche her und dâ:	ganz und gar in deine Gewalt:
sô hab im Capadôciâ	Mein Bruder Theodorus wiederum möge
mîn bruoder Theodôrus	Kappadokien in Besitz nehmen

Christenverfolgung und Wiedersehen

	und heiz nâch mir tribûnus.	und an meiner Stelle Tribun genannt werden.
1175	ich lâze iu stet und bürge vil,	Ich überlasse euch viele Städte und Burgen,
	die ich mit ritterlîchem spil	die ich mit ritterlichem Kampf
	etswâ sô hân gewunnen	hier und dort auf solche Weise errungen habe,
	daz von den heiden runnen	dass von den Heiden
	die güsse mit dem bluote	Ströme von Blut niederrannen
1180	und dors in dem vluote	und die Pferde in Fluten wateten,
	wuoten vaste über den huof.	die ihnen bis weit über die Hufe reichten.
	der spere krach, der heiden wuof	Das Krachen der Lanzen, der Jammer der Heiden
	unde der swerte hamern,	und das Hämmern der Schwerter,
	daz begunde alsô tamern,	das alles machte einen solchen Lärm,
1185	daz ez den luft niht vermeit	dass es auch die Luft nicht unversehrt ließ
	und mit galme dâ durchsneit,	und sie mit Krach so durchschnitt,
	daz berc und tal dar nâch dôz.	dass Berg und Tal erklangen.
	DIU sturmstimme was sô grôz,	Der Kampfeslärm war sehr groß
	wol in der wîse gestalt:	und folgenderweise beschaffen:
1190	wærn tûsent busûne erschalt,	Erklängen tausend Posaunen
	dar zuo des meres widervluz,	und käme noch das Branden des Meeres
	und des starken doners duz,	sowie kräftiger Donnerschlag hinzu,
	und bræst zesamen berc und tal,	und krachten Berg und Tal ineinander,
	und erschellet aller glocken schal:	und erklänge aller Glocken Klang –
1195	dise fümf stimme	von diesen fünf lauten
	lûte unde grimme,	und tosenden Geräuschen
	der hêt man eine niht vernomen	hätte man dort nicht ein einziges vernommen,
	dâ man sach zesamen komen	wo man mich und all meine Leute
	mich und all die mîne,	mit den Sarazenen
1200	und die Sarrazîne.	zusammentreffen sah.
	sô rîche wart der puneiz,	So prächtig geriet der Ansturm,
	daz in dem sturme wart sô heiz	dass es im Kampf
	von herticlîchem krache	von dem heftigen Zusammenstoß so heiß wurde,
	daz ein wilder trache	dass kein wilder Drache
1205	hêt des fiures niht sô vil	so viel Feuer besitzt,
	als man ze disem nîtspil	wie man während dieser Feindseligkeiten
	mit swerten ûz dem helm sluoc:	mit Schwertern aus dem Helm schlug.
	manc wâpenroc und zimier kluoc	So mancher Waffenrock und feiner Schmuck
	ûf helm, ob harnasch verbran.	verbrannte da auf dem Helm und über dem Harnisch.
1210	Dâ moht erholn sich ein man,	Dort hätte sich ein Mann, der sich zu Hause
	hêt er dâ heime sich verlegen,	‚verlegen' hatte, wieder ins rechte Licht setzen können,
	wolt er dâ ritterschefte pflegen.	sofern er dort Ritterschaft betrieben hätte.
	dâ wart ouch solch hurten	Da wurde in Kampfscharen überall
	ûf acker und in furten	auf Äckern und in Furten
1215	mit rotten her unde dar:	dermaßen aufeinander losgestürmt,

ê ich durchbræche der heiden schar,	dass die Erde davon erbebte,
daz sich diu erd dâ von erweget;	noch ehe ich die Schar der Heiden durchbrochen hatte;
und mit slegen dar geleget	und mit Schlägen wurde dort
ein gebot ûfz ander sô	ein Einsatz auf den anderen gelegt,
1220 des manic heiden wart unfrô,	wodurch so mancher Heide unglücklich wurde,
der dâ nider wart gevalt	der dort gefällt wurde
und sîn mit dem tôde enkalt.	und dafür mit dem Tod bezahlte.
diz riterspil galt niht wan den tôt.	Dieses Ritterspiel brachte nichts als den Tod ein.
in dem sturme was diu nôt	So groß waren die Not
1225 und alsô grôz der smerze:	und der Schmerz in diesem Kampf:
der juden vlinsherze	sogar das steinharte Herz der Juden
möht sich dâ von geweichen.	könnte sich davon erweichen lassen.
Daz hügelîch herzeichen	Die anspornenden Schlachtrufe
was ze bêder sît alsus:	lauteten auf der einen Seite Apoll,
1230 Apollô und Jêsus.	auf der anderen Jesus.
swenn daz iemer wart geschrît,	Wann immer diese Namen gerufen wurden,
hurtâ, wie denn der strît	he, wie sich dann das Kampfgetümmel
mit bitterlîchem nîde war	überall mit bitterem Hass
beide her unde dar.	ineinander schlang!
1235 dâ wurdn gerüeret diu lit	Dort regten sich die Arme so heftig,
alsô sêre daz nie smit	dass noch nie ein Schmied auf dem Amboss
fiures ûf dem anbôz	ein ebenso mächtiges Feuer
ûz îsen gesluoc sô grôz:	aus dem Eisen schlug.
lâzâ lâzâ tengeln!	Lass hämmern, lass hauen!
1240 dâ wart von den engeln	Von den Engeln wurden dort
manic sêle enpfangen,	viele Seelen in Empfang genommen,
ê der strît wære ergangen:	noch bevor der Kampf vorbei war.
daz beweinte manc amîe.	Darüber weinte so manche liebende Frau.
von wolken wart nie snîe	Nie brachten die Wolken Schnee
1245 alsô dicke sunder zal,	in so großer Menge hervor,
als beide ûf und ze tal	wie Engel und Teufel
der engel und der tiuvel vlugen	hinauf und hinab flogen,
die beide wider strît zugen	die beide im Widerstreit
die sêle her unde wider,	die Seelen hin und her zerrten,
1250 die eine ûf, die ander nider.	die eine aufwärts, die andere abwärts.
Der engel sanc was sô grôz,	Der Gesang der Engel war so gewaltig
und ûf erde des strîtes dôz,	und auch der Kampfeslärm auf der Erde,
dâ sich zesamen hielt der dôn,	dass dort, wo der Schall zusammentraf,
daz sîn erschrac gamâleôn,	Gamaleon davon erschrak,
1255 der siben mîl in lufte vert	der sieben Meilen hoch in der Luft fliegt
und sich nicht ander spîse nert.	und von keiner anderen Speise lebt.
diz geschach vor Capadôciâ.'	All das ereignete sich vor Kappadokien."

	‚lâ stên, her, lâ stên, lâ.'	„Lasst gut sein, Herr, lasst gut sein."
	‚daz ich dâ von sprechen sol,	„Dass ich davon sprechen muss,
1260	daz tuot mir wê unde wol:	das bereitet mir Freude und Leid:
	daz ein daz ich den sig gewan,	Das eine kommt daher, dass ich den Sieg davontrug,
	daz ander daz sô manic man	das andere daher, dass so viele Männer,
	in sînem dienst den lîp verlôs,	während sie ihren Dienst taten, das Leben ließen,
	der werlîchen ende kôs.	die für sich ein kämpferisches Ende gewählt hatten.
1265	alsus hân ich ertwungen,	Auf solche Weise habe ich gesiegt
	und über houpt gerungen.	und den Sieg doch teuer erkauft.
	WELT ir daz nu sanfte lân	Wollt ihr nun davon ablassen
	durch den künic Dâciân,	wegen König Dacian?
	dar zuo wært ir ze tiure,	Dafür seid ihr zu edel.
1270	sô manic âventiure	Viele ritterliche Unternehmungen
	ir bêde sampt habt erliten	habt ihr beide gemeinsam durchgestanden
	und dicke herticlîch gestriten	und manch ungleichen Kampf
	manigen strît ungewegen.	sehr hitzig ausgefochten.
	ir sult iuwer lande pflegen	Ihr solltet euch um eure Länder kümmern,
1275	nâch iuwer selbes êren:	wie es eurer herrscherlichen Würde entspricht.
	ich wil von iu kêren.	Ich werde euch verlassen.
	wert iuch, helde, der heiden:	Erwehrt euch, ihr Helden, der Heiden.
	ich muoz von iu scheiden,	Ich muss von euch gehen,
	als liep ich iu beiden sî.	wie sehr ihr mich auch liebt.
1280	sît den kristen samfte bî,	Seid milde zu den Christen,
	teilet mit in iuwer guot,	teilt euren Besitz mit ihnen,
	sît gên den heiden hôchgemuot:	seid tapfer gegen die Heiden,
	sô tragt ir hie der êren kranz	dann werdet ihr hier den Ehrenkranz tragen
	und schouwet dort der himel glanz	und dort den Glanz des Himmels erblicken
1285	und Altissimum den lewen starc,	und *Altissimus*, den mächtigen Löwen,
	vor dem sich der herre Âdam barc	vor dem sich im Anbeginn Adam
	von êrste in dem paradîs,	im Paradies verbarg,
	do er für sich hielt ein schamrîs.'	als er sich einen Zweig vor die Scham hielt."
	DIOMETER sprach zehant	Demetrius antwortete sogleich:
1290	‚ey bruoder, tuo mir daz bekant:	„He, Bruder, sag mir doch:
	wer was gên dir der houbetman,	welcher Heerführer stand dir gegenüber,
	der alsô wol strîten kan	der so gut kämpfen kann,
	daz er dich slege nôtte	dass er dich mit Schlägen in Bedrängnis brachte
	und uns sô vil ertôtte	und so viele unserer Verwandten
1295	beide mâge unde man,	und Gefolgsleute tötete,
	der ich hie niemen vinden kan?	von denen ich hier keinen sehen kann?
	mich wundert waz ez meinet	Ich frage mich, Georg, lieber Bruder,
	daz du sus bist vereinet,	was es bedeutet, dass du hier
	lieber bruoder Georîs.	ganz allein zurückgeblieben bist.

1300	wart werder wîbes âmîs	Wurde je der edle Geliebte einer Frau
	ie von dir geletzet	von dir verwundet
	und hinderz ors gesetzet,	und hinters Pferd gesetzt,
	des ist nu wol vergezzen:	so scheint das nun vergessen:
	dû hâst ez übermezzen,	Du hast es zu weit getrieben
1305	swie ez sich gefuoget habe,	was dir früher wohl anstand,
	daz dir sô sêre nu gêt abe.	daran mangelt es dir nun sehr.
	ich sach dich zeinen zîten	Ich sah dich doch einstmals
	doch mit den heiden strîten:	mit den Heiden kämpfen.
	dâ trüeg du ellens ruoder,	Da warst du der Steuermann der Tapferkeit,
1310	man hêt ein höuwes fuoder	man hätte eine Fuhre Heu
	nâch dir gefuort durch den strît:	hinter dir durch die Schlacht führen können.
	swâ enge was, dâ wart ez wît:	Wo es zuvor eng war, da wurde weiter Raum geschaffen.
	swer dir iemer kom ze jagen,	Jeder, den du erwischen konntest,
	der wart von dîner hant erslagen.	wurde von dir eigenhändig erschlagen.
1315	diz ist nû, jenez was dô:	So war es früher, jetzt ist es so:
	wie hât ez sich gefuoget sô?	Wie ist es dazu gekommen?
	des frâg ich dich der mære.'	Das möchte ich von dir erfahren."
	er sprach ‚der Salneckære,	Er sagte: „Der Salnecker,
	der unervorhte Grêzoys,	der furchtlose Grieche,
1320	der manigen ritter kurtoys	der versammelte viele höfische Ritter
	brâht für Capadôciâ,	vor Kappadokien,
	dann Allexandrînâ	woher Alexandrina,
	was geborn diu künigîn	die Königin, stammt
	(und anderhalp ein Franzôsîn):	(zur anderen Hälfte ist sie eine Französin) –
1325	die stat hêt ich besezzen;	diese Stadt hielt ich belagert.
	dar kom der helt vermezzen	Dorthin kam der verwegene Held
	und besaz mich her unde dâ,	und belagerte mich von allen Seiten,
	daz der künic Mênelâ	wie es selbst König Menelaos
	Troye nie sô gar besaz:	nicht mit Troja vermochte.
1330	des sît wart manc ouge naz.	Darum wurde später so manches Auge feucht.
	sîn her mit zal was unbekant:	Sein Heer war unermesslich groß.
	mîn kleinez herlîn was benant	Mein winziges Heer hingegen
	tûsent ze gereche	zählte genau tausend
	küene unde freche,	kühne und tapfere Ritter,
1335	dar zuo knappen, schützen,	dazu fünftausend oder mehr an
	die ich wol kunde nützen,	Knappen und Schützen,
	fümf tûsent oder mêr:	die ich gut brauchen konnte.
	daz was als der einen bêr	Das war, als ob jemand eine Fischreuse
	wirfet in den breiten sê.	in das weite Meer geworfen hätte.
1340	waz sol ich dâ von sprechen mê?	Was soll ich mehr darüber sagen?
	ich muose stæte sîn ze wer	Ich musste mich beständig gegen das innere

	gein innerm und gein ûzerm her:	und das äußere Heer zur Wehr setzen.
	da enzwischen leit ich grôze nôt.	Zwischen diesen litt ich große Not.
	dâ von wurden bluomen rôt	Dadurch wurden auf dem Kampfplatz
1345	wol getretet ûf den plân.	die roten Blumen zerstampft.
	avoy, wiez dâ wart getân!	Sieh doch, wie es da zuging!
	sunder kompanîe	Die Kampfscharen dort
	wart dâ diu malîe:	fanden nicht ihresgleichen.
	swer nider kom, der was tôt.	Wer zu Boden ging, der war tot.
1350	dâ wart der was von bluote rôt.	Rot färbte sich dort die Wiese vom Blut.
	ich wil dir für wâr jehen:	Es war, wie ich es dir sage:
	ez begund der fröuden künic sehen,	Der Freudenkönig sah dies
	und hiez den himel sich tuon ouf;	und befahl dem Himmel, sich zu öffnen;
	und schouwet wie der kleine touf	und er sah, wie die kleine Christenschar
1355	die grôzen heidenschaft bestuont,	die große Heidenschaft angriff,
	als si noch sît dicke tuont.	wie sie es seither noch oft getan hat.
	EIN engel sich von himel swanc:	Ein Engel schwang sich vom Himmel herab,
	ein banier fuort er, diu was blanc,	er führte ein Banner mit sich, das war weiß
	ein rôtez kriuz dâ durch gie.	und von einem roten Kreuz durchzogen.
1360	gên mînem her er sich lie	Zu meinem Heer ließ er sich herab
	und gruozte mich alsus zehant.	und grüßte mich sogleich folgendermaßen:
	„dise banier hât dir got gesant,	,Dieses Banner hat dir Gott gesandt,
	lieber friunt Georîs:	Georg, lieber Freund.
	beide sic unde prîs	Sieg und Ruhm
1365	soltu dâ mit hiut bejagen.	sollst du heute damit erringen.
	heiz die dîne niht verzagen:	Sag deinen Leuten, dass sie nicht verzagen sollen.
	swelcher wirt geletzet,	Jeder, der dort zu Schaden kommt,
	dem wirt ze himel gesetzet	dem wird im Himmel ein
	ein klâr hêrgestüele:	strahlender Thron errichtet.
1370	ze heiz noch ze küele	Dort ist es weder zu heiß noch zu kalt,
	ist dâ, nâch des wunsches zil.	sondern so, wie man es sich nur wünschen kann.
	ich enkan dir niht sô vil	Ich kann dir gar nicht alle Freuden aufzählen,
	von fröuden sagen sô dâ ist."	die es dort gibt.'
	der engel verswant an der frist.	Augenblicklich verschwand der Engel.
1375	dô wart ich frô und hôchgemuot.	Da wurde ich selig und froh.
	ich îlte ûf der heiden luot.	Ich eilte der heidnischen Schar entgegen.
	„Jêsus von Nazarêt" ich schrei:	,Jesus von Nazareth', rief ich.
	aldâ lac manic sper enzwei;	Da lag so manche Lanze in Stücken.
	„ruckâ für dich, Jêsus,	,Rücke vor, Jesus,
1380	starker Altissimus,	du mächtiger *Altissimus*,
	lewe unde lämbelîn:	Löwe und Lämmchen:
	wer mac dir hiute wider sîn?"	Wer könnte dir heute Widerstand leisten?'
	diu banier wart von mir gehurt,	Mit dem Banner stürmte ich so los,

	daz der vippern geburt	dass nicht einmal die Geburt der Viper
1385	nie wart alsô sûre:	je so grausam war:
	ich möhte durch ein mûre	Eine Mauer hätte ich
	lîhter gebrochen hân.	leichter durchbrechen können.
	hurtâ, wiez dâ wart getân	He, was aber tat da
	von dem stolzen Tschofrit.	der stolze Tschofreit?
1390	ob er mich mit strîte iht vermit?	Ob er dem Kampf mit mir auswich?
	nein, er weizgot noch entet.	Nein, weiß Gott, das tat er da noch nicht.
	dô wart an der selben stet	Es wurde dort
	hurteclîch gedrungen,	aufeinander zugeprescht
	nâch prîs alsô gerungen	und so um die Ehre gekämpft,
1395	daz sîn got immer êre hât	dass es noch immer den Ruhm Gottes mehrt,
	daz sîn reine hantgetât	weil seine makellosen Geschöpfe wegen ihm
	durch in durch êre lite die nôt	und um des Ansehens willen diese Not erlitten
	und den lîp büt in den tôt.	und ihr Leben aufs Spiel setzten.
	dâ was kranc daz schimpfen.	Da war es mit dem Spaßen vorbei.
1400	man sach daz her timpfen	Man sah – bestimmt vier Meilen weit –
	wol ûf vier mîle	die Dampfschwaden des Heeres,
	über walt und über zîle,	über Wäldern und Wegen,
	als ob ein heide brünne,	so, als ob eine Heide brennen würde,
	dicke und niht ze dünne.	und zwar nicht schwach, sondern heftig.
1405	der houbtman mir aldâ entran,	Dort entwischte mir der Heerführer
	und verlôs ich mâge unde man.	und ich verlor Verwandte und Gefolgsleute.
	der ist sît ze kristen worden	Dieser Heerführer ist später Christ geworden
	und komen in unsern orden.	und hat unseren Glauben angenommen.
	er hilft dir twingen wol diu lant:	Er hilft dir gewiss, die Länder zu beherrschen.
1410	er ist stæter denn ein adamant,	Er ist beständiger als ein Diamant
	wert als der rubîn.	und so wertvoll wie ein Rubin.
	er ist der ganzen êren schrîn,	Er ist ein Hort allen Ansehens
	mit tugenden gar volmezzen:	und vollkommen erfüllt von Tugendhaftigkeit.
	der wunsch hât in besezzen.	Die Vollkommenheit hat bei ihm Einzug gehalten.
1415	welt ir in ein hellen,	Wenn ihr euch zusammentut,
	sô mügt ir wol die schellen	dann könnt ihr den Ton angeben
	vor künigen, fürsten hin tragen:	vor Königen und Fürsten.
	ir sît beide alsô behagen	Ihr seid beide so vortrefflich,
	daz iu daz wær vil swære	dass es euch sehr unangenehm wäre,
1420	ob ieman tiurer wære.'	wenn ein anderer mehr Wertschätzung genösse."
	DYOMETER sprach dô sân	Demetrius erwiderte darauf sogleich:
	‚ich wil die vart mit dir hân:	„Ich will mit dir losziehen;
	ich kum übr ein von dir niht,	ich werde dich keinesfalls im Stich lassen,
	swaz halt mir bî dir geschiht.'	was auch immer mir widerfahren wird."
1425	Geori sprach ‚daz mac niht sîn:	Georg sagte: „Das geht nicht.

	und frieschen daz die Sarrazîn,	Würden die Sarazenen das erfahren,
	sô ritens aver in daz lant:	dann zögen sie erneut in das Land;
	diu vart wær niht wol bewant.	die Reise nähme kein gutes Ende.
	dû solt daz lant halten	Du musst das Land verteidigen
1430	und sîn mit kreften walten	und es machtvoll beherrschen,
	unz du sehst waz mir geschehe:	bis du siehst, was mit mir geschieht.
	als du des habst die wâren spehe,	Sobald du das mit Sicherheit weißt,
	dar nâch rihte dich zehant.	richtest du dich sogleich danach!
	mir ist für wâr daz bekant,	Ich weiß es genau,
1435	dar zuo kunt getân für wâr,	außerdem wurde mir glaubhaft erzählt,
	daz die künige siben jâr	dass die Könige sieben Jahre fernbleiben,
	sîn, ê si komen wider,	bevor sie zurückkehren,
	beide ûf unde nider	um die Christen landauf, landab
	die kristen twingen mit ir her:	mit ihrem Heer zu bedrängen.
1440	unze sult ir sîn mit wer.	Bis dahin müsst ihr euch zu verteidigen wissen.
	die wîl muoz ich gevangen sîn	Währenddessen muss ich ein Gefangener sein
	und wærlîch lîden grôzen pîn	und gewiss von König Dacian,
	von dem künig Dâciân,	gegen den ich aufbegehrt habe,
	gein dem ich mich erwegen hân.	großen Schmerz erleiden.
1445	ich wil benamen des endes varn:	Fürwahr, dorthin werde ich nun ziehen:
	got müez iuch und mich bewarn.'	Gott möge euch und mich behüten."
	si sprâchen an der stunde	Sie sagten da abermals
	aver ûz einem munde,	wie aus einem Mund,
	si tæten swaz er wolde.	sie täten alles, was er wolle.
1450	von gesteine und von golde	Er befahl, Saumtiere rasch
	hiez er soumær balde laden.	mit Edelsteinen und Gold zu beladen.
	nu hât diu marke immer schaden	Von nun an hat die Mark
	des werden margrâven hêr:	den herrlichen Markgrafen auf immer verloren;
	er beschout daz lant nimmer mêr	nie wird er das Land wiedersehen
1455	noch sîne bruoder beide.	und auch nicht seine beiden Brüder.
	dâ von wuohs hôch ir leide:	Dadurch schoss ihr Leid hoch auf;
	ir fröude begunde dorren	ihre Freude begann zu verdorren
	als wurzelôse storren.	wie wurzellose Stümpfe.
	ich wil ir leide hie gedagen:	Ich will hier von ihrem Leid schweigen;
1460	ich mac ir klage niht volsagen.	ihre Klage könnte ich nicht angemessen in Worte fassen.
	sehzic ritter wurdn bereit,	Sechzig Ritter wurden ausgestattet,
	ieclîchem drîer hande kleit	jeder mit drei Gewändern,
	daz niht bezzers moht gesîn,	die nicht besser hätten sein können,
	scharlachen, samît, baldekîn.	aus Scharlach, Samt und Seide aus Bagdad.
1465	ouch hiez der helt im machen	Zudem ließ der Held sich
	ein brûn scharlachen:	ein edles braunes Wollzeug machen;
	von golde kolben drûf geslagen	goldene Kolben waren hineingewoben.

	wurden. ouch hœr ich sagen	Auch höre ich erzählen,
	daz ie dem ritter wart benant	dass jedem Ritter zu seinem Gebrauch
1470	ein verlâzen ros ze sîner hant,	ein temperamentvolles Pferd zugeteilt wurde
	und ein soumær dâ mit,	und zudem ein Saumtier,
	als noch die werden habent sit.	wie es noch immer unter edlen Menschen üblich ist.
	ouch wart ir houptman bereit	Zudem wurde ihr Heerführer
	mit sô grôzer rîcheit	mit so großer Pracht ausgestattet,
1475	daz sîn kein armman	dass dies kein armer Mann
	nimmer volahten kan.	jemals vollständig benennen kann.
	HIE nam der helt urloup.	Hierauf verabschiedete sich der Held.
	daz lantvolc wart allez toup	Die Bewohner des Landes waren wie betäubt
	von trûren und von leide.	vor Trauer und Schmerz.
1480	zwô grôze tageweide	Zwei weite Tagesreisen
	sîn bruoder bêde mit im riten.	ritten seine beiden Brüder mit ihm.
	ob si jâmer dâ iht miten?	Ob sie dort an Kummer einen Mangel litten?
	nein, des was dâ sô vil	Nein, es gab dort so viel davon,
	daz diu mâze verlôs ir zil.	dass Maß und Ziel verloren gingen.
1485	uns tuot ir âventiure kunt:	Ihre *Aventiure* berichtet uns,
	si nâmen urloup tûsent stunt,	dass sie tausendfach Abschied nahmen
	und fuoren doch ie fürbaz.	und dennoch immer weiterritten.
	des wart ir drîer ougen naz.	Davon wurden allen dreien die Augen nass.
	hie müezen si sich scheiden	Jetzt müssen sie sich aber trennen
1490	mit unzällîchem leiden.	mit unermesslichem Leid.
	mir tuot ir scheiden für si wê:	Ihr Abschiedsschmerz tut auch mir weh.
	si gesehent ein ander nimmer mê.	Sie werden einander niemals wiedersehen.
	dô sprach der junge Georî	Da sagte der junge Georg:
	‚swer iuch frâge wer ich sî,	„Wer immer euch fragt, wer ich sei,
1495	sô sagt „ir wert sîn innen	dem sagt: ‚Ihr werdet es herausfinden,
	ê daz wir scheiden hinnen.'"	noch ehe wir von hier fortgehen.'"
	war umbe solt ichz lange sagen?	Warum sollte ich noch viele Worte machen?
	inner vierzehen tagen	Binnen vierzehn Tagen
	kom ze hove der helt balt.	kam der kühne Held an den Hof.
1500	manc busîn wart vor im erschalt,	Viele Posaunen wurden vor ihm zum Erklingen gebracht
	und vil manc schirmelle,	und sehr viele Schalmeien,
	manc windisch horn helle,	so manches hohe wendische Horn,
	floyten, tambûren vil	Flöten, viele Tamburine
	und aller hande seiten spil:	und allerhand Saiteninstrumente.
1505	daz begund zesamen dœnen	Die alle erklangen dort zusammen
	vor dem biderben, vor dem schœnen.	vor dem Tüchtigen, dem Schönen.
	bî der stat an daz velt	Auf dem Feld vor der Stadt waren
	was geslagen manc gezelt	ringsherum im Umkreis einer ganzen Meile
	al umb und umb ein raste:	viele Zelte aufgeschlagen worden.

1510	ez wart nie stat sô vaste	Nirgendwo hat es eine so stark befestigte
	und alsô dicke erbouwen.	und zugleich so dicht bebaute Stadt gegeben.
	daz begund er brüevn und schouwen.	Dies alles betrachtete er genau.
	Dô sprach der werde wîse	Da sagte der edle und weise Mann:
	‚nu sult ir zogen lîse,	„Nun sollt ihr leise
1515	mit guotem gelâze	und wohlgeordnet
	hin durch des heres strâze,	über die Heerstraße Einzug halten,
	niht zogt ze samft und niht ze streben:	reitet nicht zu zaghaft und auch nicht zu schnell:
	ie zwêne bî ein ander eben	stets zwei genau nebeneinander.
	soumær, ros trecket vort;	Saumtiere und Pferde bringt von hier weg
1520	und herbergt hin an ein ort	und nehmt an einem Ort Herberge,
	dâ wir den luft mügen hân.'	wo es ausreichend Platz gibt."
	si sprâchen ‚her, daz sî getân.'	Sie antworteten: „Herr, so sei es."
	lât zogen mit disem gedœne	Nun lasst den Blumenmann
	den bluomen manne schœne,	unter solchem Schall einziehen,
1525	lât zogen uns den degen fier,	wir wollen den stolzen Kämpfer einziehen lassen,
	den werden gotes soldier.	den edlen Söldner Gottes.
	sibenzic ros verdecket wol	Siebzig Schlachtrösser waren mit Eisen geharnischt,
	als man mit îsen decken sol,	wie es sich gehört,
	dar über ie ein baldekîn:	darüber jeweils eine Decke aus Bagdadseide.
1530	dâ mit liez er werden schîn	Damit gab er zu erkennen,
	daz er dâ heim hêt eteswaz,	dass er zu Hause etwas besaß,
	des er durch got gar vergaz.	worauf er Gott zuliebe verzichtete.
	diu ros vor im giengen.	Die Pferde gingen vor ihm her.
	die in dâ enpfiengen,	Mehr als genug Menschen
1535	der was vil und genuoc:	empfingen ihn dort.
	manic edel ritter kluoc,	Viele stattliche und edle Ritter,
	knappen und juncherrelîn	Knappen und junge Herren
	enpfiengen dâ den Palastîn	wetteiferten darin, den Herrn aus Palästina
	mit fröuden alle wider strît.	freudig zu empfangen.
1540	über al daz her wît	Die ganze Menge
	wart ein kapfen und ein sehen;	gaffte und schaute,
	wan dirre gezoc begunde brehen	denn dieser Zug strahlte
	als der klâre meie tuot,	wie der glänzende Mai,
	sô er bringt des sumers bluot.	wenn er die Blüten des Sommers hervorbringt.
1545	**VIL** dicke dâ gefrâget wart	Immer wieder wurde da gefragt:
	‚wer ist der künic von hôher art?'	„Wer ist der hochwohlgeborene König?"
	‚des werdet ir wol innen	„Ihr werdet es herausfinden,
	ê daz wir scheiden hinnen'	noch ehe wir von hier fortgehen",
	sprâchens an der stunde	sagten sie da alle auf der Stelle
1550	alle ûz einem munde.	wie aus einem Mund.
	sîn rîch gezelt wart ûf geslagen.	Sein prächtiges Zelt wurde aufgeschlagen.

für die wârheit hœr ich sagen	Man hat mir versichert,
ez gieng übr alliu diu gezelt	dass es tatsächlich alle Zelte,
diu geslagen wâren ûf daz velt,	die dort auf dem Feld standen,
1555 volleclîche wol ein gadem.	um ein ganzes Stockwerk überragte.
umb daz gezelt was der kradem	Um das Zelt herum war ein Lärm,
daz der markt ze Leine nie	dass weder der Markt in Leine
noch der dâ ze Werde hie	noch der hier in Wörth je ein solches
nie gewünne den braht noch gedranc.	Lärmen und Gedränge hervorgebracht haben.
1560 Gamurets gezelt von Zazamanc	Nicht einmal Gahmurets Zelt aus Zazamanc
wart nie sô schœne:	war so schön.
dâ mit ich ez niht hœne.	Damit will ich es nicht herabwürdigen.
die liut niht anders pflâgen	Die Leute taten nichts anderes
wan schouwen unde frâgen.	als zu schauen und Fragen zu stellen.
1565 der künic in selbe dâ enpfie,	Der König empfing ihn da persönlich.
in sîn gezelt er dâ gie,	In sein Zelt trat er ein,
mit im manc rîcher Sarrazîn,	gemeinsam mit vielen mächtigen Sarazenen.
die enpfiengen ouch den Palastîn.	Auch diese begrüßten den Mann aus Palästina.
der anvanc hêt grôzen schal.	Der Empfang geriet lautstark.
1570 manc guldîn kopf unde schal,	In vielen goldenen Bechern und Trinkschalen
dar in hiez man trinken tragen.	ließ man Getränke hereintragen.
der künic sprach ‚her, ruocht mir sagen	Der König sagte: „Mein Herr, mögt Ihr mir mitteilen,
von welhem land ir her sît komen:	aus welchem Land Ihr hergekommen seid?
daz ist hie noch unvernomen.'	Das ist hier noch unbekannt."
1575 er sprach zem künige ‚herre,	Er sagte zum König: „Herr,
dâ hin ist unverre:	es ist nicht weit dorthin.
ez nâhen oder verre sî,	Ganz gleich, ob es nah oder fern sei,
sô lât mich dirre frâge frî:	verschont mich mit dieser Frage,
wan ir wert sîn innen	denn Ihr werdet es herausfinden,
1580 ê daz ich scheide hinnen.'	noch ehe ich von hier fortgehe."
der künic sprach ‚daz sî getân:	Der König sagte: „So sei es.
ich wil ez sunder frâge lân.'	Ich werde nicht weiter fragen."
er schoute her unde dar	Er sah sich um
und bruofte sîn gesinde gar:	und betrachtete Georgs ganzes Gefolge.
1585 daz dûhte in klâr unde kluoc.	Das erschien ihm schön und stattlich.
nû was gebiten dâ genuoc.	Nun hatte man sich dort lange genug aufgehalten.
der künic nam urloup und fuor dan.	Der König verabschiedete sich und ging.
manc künic frâgen in began	Viele Könige fragten ihn,
wer der künic wære.	wer dieser König sei.
1590 er sprach ‚der selben mære	Er sagte: „Diese Auskunft hat er mir
wolt er für wâr niht ensagen:	leider nicht geben wollen
dô wolte ich in niht verrer jagen.'	und dann wollte ich ihn auch nicht weiter bedrängen."
Dô sprach der margrâf zehant	Da sagte der Markgraf sogleich:

	‚marschalc, nu tuo daz bekant:	„Marschall, mache nun Folgendes bekannt:
1595	swer ezzen, trinken welle hie,	Jeder, der hier essen oder trinken will,
	ez sîn dise jene oder die,	wer auch immer es sei,
	die komen für mîn hôch gezelt.'	der möge vor mein großes Zelt kommen."
	diz ruoft man dâ übr al daz velt,	Dies verkündete man vor
	und ouch dar zuo in der stat:	wie auch in der Stadt.
1600	vlîzeclîche man si bat	Eifrig warb man darum,
	daz si in heime suochten	dass alle, die es wünschten,
	alle die sîn geruochten.	ihn in seiner Bleibe aufsuchten.
	diz werte unz an den ahten tac,	Acht Tage lang betrieb er
	daz er der hœhsten koste pflac.	diesen überaus großen Aufwand.
1605	die sîne hiez er heim varn	Seinen Leuten befahl er heimzureisen
	und bat si alle got bewarn.	und bat Gott darum, dass er sie beschützen möge.
	er sprach ‚nu sagt den bruodern mîn,	Er sagte: „Berichtet nun meinen Brüdern,
	ich welle al eine hie sîn,	ich wolle hier allein sein,
	ich und mîn schrîbære;	nur ich und mein Schreiber.
1610	und saget in diu mære	Und berichtet ihnen alles genau so,
	als ir si hie habt gesehen.	wie ihr es hier gesehen habt.
	ir sult für wâr von mir jehen	Ihr sollt ihnen wahrheitsgemäß von mir ausrichten,
	daz si mir lieber sîn dan ich,	dass sie mir lieber sind als mein eigenes Leben,
	und sagt in ouch daz ich mich	und sagt ihnen auch, dass ich mich
1615	gein dem künige habe erwegen.	gegen den König aufgelehnt habe.
	got müez iur mit sælden pflegen.	Gott möge euch schützen und bewahren.
	mîn gezelt füert mînen bruodern hin.'	Und bringt mein Zelt zu meinen Brüdern."
	niun ros gap er in:	Neun Pferde gab er ihnen,
	daz zehent behielt er dô sâ,	das zehnte behielt er für sich,
1620	daz bevalh er sînem knappen dâ,	und vertraute es seinem Knappen an, ebenso
	und harnasch schilt unde swert:	seinen Harnisch, seinen Schild und sein Schwert.
	sîn lîp eht niht wan strîtes gert.	Er sehnte sich nach nichts anderem als nach Kampf.
	hie begunden si sich scheiden	Da trennten sie sich voneinander
	mit tûsent tûsent leiden.	unter abertausend Klagen.
1625	nu begund man sprechen über al	Nun sagte man sich überall:
	‚hie ist des unerkanten schal	„Der Lärm des Unbekannten hat sich gelegt,
	gelegen: er ist entwichen	er ist fortgegangen,
	ân urloup hin gestrichen.'	hat sich ohne Abschied davongeschlichen."
	der margrâf beleip die naht:	Der Markgraf aber blieb über Nacht.
1630	ûf ruo hêt er niht grôze aht.	Auf Erholung legte er keinen großen Wert.
	des andern morgens vil fruo,	Sehr früh am nächsten Morgen
	dô bereit er sich dar zuo	machte er sich bereit,
	daz er ze hove wolde varn.	an den Hof zu reiten.
	er sprach ‚nu solt du wol bewarn	Er sagte: „Nun sollst du gut für mein Pferd,
1635	mîn ros harnasch unde schilt:	meinen Harnisch und meinen Schild sorgen.

dâ wirt ein tjost lîht ûf gezilt.	Gut möglich, dass auf diesen eine Tjost gerichtet wird.
durch got wil ich den halten vor,	Den möchte ich vor mich halten, Gott zuliebe,
im senden mîne sprîzn enbor	um ihm meine Splitter hinaufzusenden
von mînes speres krache,	mit dem Krachen meiner Lanze,
1640 den heiden zungemache.	den Heiden zum Verdruss.
brinc harnasch ros unde sper,	Bring meinen Harnisch, mein Pferd und meine Lanze,
mîn helm unde schilt her:	meinen Helm und meinen Schild her.
ich trage selbe wol mîn swert.'	Mein Schwert trage ich selbst."
sîn muot ot niht wan strîtes gert.	Er hatte nur den Kampf im Sinn.
1645 **HIE** gêt der stolze jungelinc	Hier geht jetzt der stolze Jüngling und stellt sich
stên an des keisers rinc.	zu den im Kreis um den Kaiser Versammelten.
dô hôrt er lûte schrîen	Da hörte er laut ausrufen:
‚alle die Marîen	„Alle, die sich auf die Seite von Maria
und Jêsu ir sun welln gestân,	und von Jesus, ihrem Sohn, schlagen wollen,
1650 die suln an disen rinc gân,	die sollen in diesen Kreis treten
und reden ez offenlîche	und es hier öffentlich
al hie vor dem rîche;	vor dem ganzen Reich bekennen.
unde schouwen ouch dâ bî	Sie werden dann auch sehen,
waz wîze an dem hove sî:	wie das an diesem Hoftag bestraft wird:
1655 die müezen alle sampt doln.	Allesamt müssen sie die Strafe erleiden.
man beginnt si ræsten ûf den koln.'	Man wird sie über Kohlen rösten."
‚ûf gnâde bin ich komen her:	„Im Vertrauen auf euer Wohlwollen bin ich hergekommen.
nu gewert mich, herre, des ich ger.'	Nun gewährt mir, Herr, worum ich bitte."
der künic sprach ‚daz sî getân.'	Der König sagte: „So sei es."
1660 ‚herre, sô sol fride hân	„Herr, dann soll meinem Knappen,
mîn knappe, der daz ros dort hât.	der dort das Pferd hält, nichts geschehen.
sunder fride ir mich lât:	Ich aber brauche Euren Schutz nicht.
keins frids wert ir von mir gebeten.'	Ich werde Euch nicht um Sicherheit bitten."
er begunde in den rinc treten	Er trat in den Kreis
1665 vor den künigen allen.	vor alle Könige hin.
den mantel liez er vallen,	Er ließ den Mantel fallen
und die suckenî alsam:	und auch den Überrock.
man vant den der si beide nam.	Jemand nahm beides an sich.
sînen schilt iesch er zehant:	Sogleich verlangte er nach seinem Schild.
1670 der wart im in den rinc gesant.	Dieser wurde ihm in den Kreis gebracht.
der wart von im entecket	Der Schild wurde von Georg enthüllt
und harte gâhes enplecket.	und sehr behände präsentiert.
der schilt der was tiuwer:	Der Schild war kostbar.
von zwein varwen niuwer	Genau zwei Farben zierten ihn:
1675 was er, rôt unde wîz;	Rot und Weiß.
nû sît gewiss daz Feirefîz	Nun seid gewiss, dass Feirefîz nie einen
gewan nie schilt so rîchen,	so prächtigen Schild in seinen Besitz gebracht hat,

	der disem moht gelîchen.	der mit diesem zu vergleichen gewesen wäre.
	diser schilt was geberlde,	Dieser Schild war solchermaßen mit Perlen besetzt,
1680	daz man in der werlde	dass man nirgends auf der Welt
	so spæhes werkes nie gesach:	je ein so raffiniertes Meisterwerk erblickt hat.
	des man an dem ringe jach.	Das sagten alle, die dort im Kreis versammelt waren.
	ein rôtes kriuz dâ für gie,	Darauf befand sich ein rotes Kreuz,
	daz des schildes ort bevie:	das sich über den gesamten Schild erstreckte.
1685	daz kriuze was wol spanne breit,	Das Kreuz war eine Spanne breit,
	zwei hundert rubîn drîn geleit,	zweihundert Rubine waren dort eingesetzt,
	ieglîcher als ein halbez ei.	jeder so groß wie ein halbes Ei.
	er sprach ‚swer Jêsu und Marîen schrei	Er sagte: „Wer die Namen ‚Jesus' und ‚Maria' ruft,
	in ze spotte oder ze schaden,	um sie zu verspotten oder ihnen zu schaden,
1690	der sî in disen rinc geladen:	der möge in diesen Kreis treten.
	wan ich mit im strîten muoz,	Mit dem will ich kämpfen.
	wil er zors oder ze fuoz,	Ob zu Pferd oder zu Fuß,
	wil er gewâpent oder blôz:	ob ungeschützt oder in Waffen,
	dar gein ist niht mîn sorge grôz,	das ist mir gleich,
1695	getar mich ieman hie bestân.	falls jemand wagt, gegen mich anzutreten.
	ich binz ein ritter kristân:	Ich bin ein christlicher Ritter.
	bring ich den schilt sus hinnen ganz,	Wenn ich meinen Schild in einem Stück von hier fortbringe,
	sô vliust der hof sîn êrenkranz.'	dann verliert der Hof den Kranz der Ehre."
	Dô sprach der künic Dâciân	Da sagte Dacian, der König:
1700	‚und hête dise rede getân	„Eine übermütigere Rede
	der markîs Geori von Palastîn,	hätte auch der Markgraf Georg aus Palästina
	si möht niht hôchvertiger sîn.'	nicht schwingen können!"
	‚der margrâf Georî, daz bin ich,'	„Der Markgraf Georg, das bin ich",
	sprach der wîgant, ‚welt ir mich,	sagte der Krieger, „sucht Ihr mich,
1705	ir vindet mich hie sunder wanc.'	dann findet Ihr mich hier, und ich bin standhaft."
	der künic gâhes ûf spranc:	Eifrig sprang der König auf.
	er begunde in hôhe enpfâhen	Er bereitete ihm einen ehrenvollen Empfang
	und dicke umbevâhen,	und umarmte ihn viele Male.
	er hiez in willekomen sîn.	Er hieß ihn willkommen.
1710	‚o wol mich, her von Palastîn,	„Wohl mir, mein Herr aus Palästina,
	daz mir diu sælde ist geschehen	dass mir das Glück widerfahren ist,
	daz iuch mîn ougen hânt gesehen.	Euch mit eigenen Augen gesehen zu haben!
	ir vindet an mir swes ir gert.	Ich gewähre Euch alles, was Ihr wünscht.
	gebt mir schilt unde swert:	Reicht mir Schild und Schwert,
1715	des wil ich kameræere sîn.	dann werde ich euer Kämmerer sein.
	ez gewan nie kein Palastîn	Nie gewann einer aus Palästina
	sô rîchen kameræere,	einen so vornehmen Kämmerer,
	geloubet mir der mære.'	das könnt Ihr mir glauben."
	Hie wânte Geori und Dâciân,	Da meinten sowohl Georg als auch Dacian,

1720	ir ietweder, den andern hân	den anderen überzeugen
	und in bringen an sîn ê:	und zum eigenen Glauben bekehren zu können.
	jâ möhte man den Kiemsê	Eher könnte man aber den Chiemsee
	geleiten oben ûf den Seten,	auf den Septimer hinaufleiten,
	ê Dâciân sîn Mahmeten	als dass Dacian seinen Machmet
1725	und Georî sînen Jêsus	oder Georg seinen Jesus
	durch den andern lieze sus.	für den anderen aufgegeben hätte.
	er hiez sîn ros behalten	Der König befahl, Georgs Pferd in Obhut zu nehmen
	und sîn mit vlîze walten,	und sich gut darum zu kümmern.
	er bat in zuo im sitzen nider:	Er bat ihn, sich neben ihn zu setzen.
1730	ir gehôrtet ê noch sider	Nie zuvor und auch nie danach
	alsô süeze rede nie,	hättet ihr süßere Worte hören können
	als ûz des küniges munde gie:	als die, die aus dem Mund des Königs flossen:
	er teilt im für rîchiu lant,	Er werde ihm mächtige Länder verleihen,
	diu solden dienen sîner hant,	die ihm dienen sollten;
1735	er gæb im guots den vollen,	er werde ihm Besitz in Hülle und Fülle geben,
	dar umb daz er Apollen	auf dass er Apoll,
	solte opfern, sînem got,	seinem Gott, opfere
	und ouch stên ze sîm gebot.	und sich seiner Herrschaft unterwerfe.
	GEORÎ sprach dô ‚herre,	Georg sagte darauf: „Herr,
1740	nu bitet mich niht verre;	bittet mich nicht länger,
	wan swaz all die künige hânt	denn alles, was die Könige besitzen,
	die an disem ringe stânt,	die in diesem Kreis versammelt sind,
	daz mich daz immer solte wern:	damit wird man mich nicht kaufen können;
	des wolt ich alles sampt enbern	ich will darauf ganz und gar verzichten,
1745	durch Jêsum von Nazarêt,	Jesus von Nazareth zuliebe,
	des stuol sô hêrlîche stêt	dessen Thron so herrlich dasteht,
	als in Ezechiêl sach	wie ihn Ezechiel sah
	und Johannes der dâ vil von sprach.	und auch Johannes, der viel davon sprach.
	dâ wider ist Apoll, iur got,	Dagegen ist Apoll, euer Gott,
1750	aller kristenliute spot.	das Gespött aller Christenmenschen.
	pfî der swachen stunde	Pfui über diese üble Stunde,
	daz ich ûz mînem munde	in der ich seinen Namen
	den ôren hân ze hœren brâht:	auch nur in den Mund genommen habe.
	wie was ich sô unverdâht!'	Wie konnte ich so unaufmerksam sein!"
1755	der künc sprach: ‚owê dirre nôt:	Der König sagte: „O weh, welch Elend.
	edel ritter, ir sît tôt.'	Edler Ritter, Ihr seid des Todes!"
	er hiez balde gâhen,	Er befahl, den Markgrafen
	den margrâven vâhen.	rasch gefangen zu nehmen. Er mochte
	er tet im ungerne wê,	ihm ungern Schmerzen zufügen; stattdessen
1760	er wolte in baz versuochen ê:	wollte er ihn noch stärker in Versuchung führen.
	er hiezn in einen turn legen.	Er befahl, ihn in einem Turm gefangenzusetzen.

	daz begund in sînem herzen regen	Was ihm auch bisher an Leid geschehen war, dies hier
	swaz im ze leide ie geschach.	erzeugte in seinem Herzen das schlimmste Leid.
	er sprach ,wê, immer wê und ach:	Er sagte: „Weh, immer weh und ach,
1765	waz wolt der margrâve her,	was wollte denn der edle Markgraf,
	der mit schilde und mit sper	der mit Schild und Lanze
	manigen prîs hât bejaget?	großen Ruhm erkämpft hat?
	wê daz der tac ie betaget	O weh, dass je der Tag anbrach,
	daz ich von im nam sîn swert:	da ich sein Schwert an mich nahm –
1770	des muoz ich immer sîn unwert;	deswegen werde ich für immer entehrt sein –
	und ouch sînen rîchen schilt:	und dann auch noch seinen prächtigen Schild!
	des ist solch schande ûf mich gezilt	Dadurch ist mir eine solche Schande entstanden,
	die nieman von mir bringen mac	dass sie bis zum letzten Tag
	biz an den jungisten tac.'	niemand von mir nehmen kann."
1775	den margrâven fuort man hin,	Man führte den Markgrafen fort,
	in starke riemen bant man in.	und band ihn mit starken Fesseln.
	man legt den degen mære	Man legte den vortrefflichen Helden
	in den karkære,	in den Kerker und auf ihn
	ein fuodermæzec bloch ûf in.	ein Holzbrett, so schwer wie eine Wagenladung.
1780	zwelf knappen behuotten in:	Zwölf Knappen bewachten ihn.
	die kêrten im daz antlütz nider,	Sie drehten ihn mit dem Gesicht zur Erde
	und giengen gâhes von im wider.	und gingen rasch von ihm fort.
	der süeze Jêsus kom zehant	Auf der Stelle kam der gütige Jesus dorthin,
	dâ er den margrâven vant.	wo sich der Markgraf befand.
1785	er sprach ,pax tîbî,	Er sagte: „*Pax tibi*,
	lieber friunt Geôrî,	Georg, mein lieber Freund,
	der edeln liute herre,	Herr aller edlen Menschen,
	du getrûwest mir vil verre.	du setzt großes Vertrauen in mich!
	Geôrî, friunt, kum von mir niht:	Georg, mein Freund, bleibt mir treu.
1790	o wol dir des her nâch geschiht.'	Oh, wie gut wird es dir später ergehen!"
	biz er daz wort vol gesprach,	Bis er seine Rede beendet hatte,
	der zwelver einer niht gesach,	erblickte ihn keiner der Zwölf,
	die des margrâven huotten:	die den Markgrafen bewachten.
	ze hant si alle wuotten.	Jetzt aber begannen sie alle zu toben.
1795	in der bürge wart daz glesten,	In der Burg erstrahlte ein Glanz,
	dem diu sunn niht moht gebesten:	den die Sonne nicht hätte übertreffen können.
	daz liut wart gar von glaste toup.	Das Gefolge kam von dem Glanz ganz von Sinnen.
	der fröuden künc nam urloup.	Der Freudenkönig nahm Abschied.
	des wart der süeze Geôrî frô:	Das machte den süßen Georg froh
1800	er neic dem himelkünige dô.	und er verneigte sich vor dem Himmelskönig.
	DEM keiser kômen mære	Den Kaiser erreichten Nachrichten,
	daz in dem karkære	es habe in dem Kerker
	ein glast sô sêr erlûhte	ein Glanz so hell gestrahlt,

	daz alle die dûhte	dass es allen, die sich
1805	die in dem turne lâgen	in dem Turm aufgehalten und Sankt Georg
	und sant Georjen pflâgen,	beaufsichtigt hätten, so vorgekommen sei,
	daz der turn wære enbrunnen;	als ob der Turm in Flammen stünde,
	und sîn her ab entrunnen.	woraufhin sie von dort geflohen seien.
	Der keiser sprach ‚nu îlet dar	Der Kaiser sagte: „Nun eilt dorthin
1810	und nemet dirre geschihte war.	und seht nach, was geschehen ist.
	ir sult mir Georjen bringen,	Bringt mir Georg her,
	der mit zouberlîchen dingen	der mich mit solchen Zauberkunststücken
	mit mir umbe gêt alsus.	behelligt.
	sînen herren Jêsus	Jesus, seinen Herrn,
1815	wil ich an im unêren	werde ich an ihm schänden
	und in niuwe marter lêren.'	und ihm neue Qualen beibringen."
	jâ sprungen dar vil schiere	Da sprangen sogleich vier
	starker knappen viere	kräftige Burschen dorthin
	al nâch ir herrn des keisers ger	– ganz nach dem Willen ihres Herrn, des Kaisers –
1820	und brâhten sant Georjen her.	und führten Sankt Georg herbei.
	als in der keiser an sach,	Als ihn der Kaiser betrachtete,
	in sînem spotte er dô sprach	da sagte er höhnisch:
	‚her Geori, ir sît ze hof geladen,	„Herr Georg, Ihr seid zum Hoftag geladen worden,
	mich dünket sêre, ûf iuwern schaden.	und das, wie ich doch meinen will, zu Eurem Schaden.
1825	waz liehts habt ir gemachet,	Was habt Ihr für ein Licht erzeugt,
	daz dâ von erwachet	dass davon alle erwacht sind,
	swaz in der wîten bürge was,	die sich in dieser großen Burg befanden,
	und ûf mînem palas	und dass niemand in meinem Palast glaubte,
	vor glast trût nieman genesen?	dieses Leuchten zu überleben?
1830	ir habt karacterschrift gelesen,	Ihr habt Zauberschrift gelesen
	und beswert den tiuvel umb den glast.'	und beschwört nun den Teufel für diesen Glanz."
	‚nein, her, mir kom ein ander gast,'	„Nein, Herr, dorthin, wo ich lag",
	sprach sant Georî, ‚dâ ich lac:	sagte Sankt Georg, „kam zu mir ein anderer Gast.
	den grôzen boum er ab mir wac,	Er nahm das Gewicht des großen Holzstücks von mir,
1835	der wol foudermæzic was,	das gewiss so schwer wie die Ladung eines Karrens war,
	und half mir daz ich genas:	und verhalf mir dazu, mein Leben zu behalten.
	der hât mich, herre, hie erlôst.	Der hat mich, Herr, hier erlöst.
	er heizet hilfe unde trôst,	Er verheißt Hilfe und Trost,
	er ist wunne ob aller wunne,	er ist die allerhöchste Wonne,
1840	sîn schœne ist bî der sunne	seine Schönheit verhält sich zur Sonne
	als diu sunne ist bî dem mânen.	wie die Sonne zum Mond.
	der sich sîn muoz ânen,	Wer seiner entbehren muss,
	ach dem wirt nimmer leides buoz:	ach, der wird niemals von seinem Leid erlöst;
	die helle er immer bûwen muoz.	der wird auf ewig in der Hölle wohnen.
1845	ich wil iu, her, für wâr sagen:	Ich sage Euch, Herr, fürwahr:

	kein heiden ouge mac vertragen	Kein heidnisches Auge kann den Glanz ertragen,
	der glast der von im glestet.'	der von ihm erstrahlt."
	,jâ wer hât iuch gemestet?'	„Doch wer hat Euch verköstigt?"
	in sînem zorn der künic sprach.	sagte der König in seinem Zorn.
1850	,daz ist mir harte ungemach	„Es ist mir sehr unangenehm,
	daz ir mit wirtschaft lâget	dass Ihr dort mit guter Bewirtung nächtigtet
	und grôzer schoie pflâget	und dass Ihr Euch mit Speis und Trank
	mit trinken und mit ezzen:	dort großem Pläsier hingabt:
	der wirt ein teil vergezzen;	Die Strafe wurde Euch da erleichtert.
1855	iu schînet an kein hungers mâl.'	Kein Zeichen des Hungers erkennt man an Euch."
	er sprach ,nu nemt in sunder twâl.	Er sagte: „Nun nehmt ihn unverzüglich gefangen.
	beide mit stecken und mit staben	Mit Stöcken und auch mit Stangen
	sult ir in ze hûse haben,	sollt ihr ihn im Arrest halten;
	und slaht im den kelz ûz:	prügelt seine Prahlerei aus ihm heraus.
1860	sô muoz Jêsus den strûz	So wird dann Jesus den
	gên Apollen lâzen,	Zank gegen Apoll
	sîn hôchvertigez grâzen.'	und sein anmaßendes Verhalten sein lassen."
	ZWÊN stecken wurden balde brâht,	Zwei Stöcke wurden rasch herbeigebracht,
	als im der keiser hêt gedâht:	wie es sich der Kaiser gedacht hatte.
1865	dâ hiez er in slahen mit	Er gab den Befehl, ihn damit ganz so zu schlagen,
	rehte nâch der buoben sit.	wie es bei Spitzbuben Sitte ist.
	vil klein was doch des fürsten schal.	Der Fürst aber gab keinen Ton von sich.
	sâ viel er en kriuzestal,	Als ihm die Marter dort zusetzte, da fiel er
	dô in diu marter ruorte dâ.	in Kreuzesform mit ausgebreiteten Armen zu Boden.
1870	er rief in senfter lûte sâ	Mit sanfter Stimme rief er:
	,hôher künic Altissimus,	„*Altissimus*, hoher König,
	Marîen kint Jêsus,	Jesus, Marias Kind,
	sterke mîn gemüete	festige meinen Willen
	mit dînes geistes blüete.	mit der Blüte deines Geistes.
1875	hilf daz ich an dir bestê.	Hilf mir, an dir festzuhalten.
	ich ahte niht und ist mir wê	Es kümmert mich nicht, wenn ich Schmerzen erleide
	(daz ist mir ein lindez tou:	– das kommt mir vor wie sanfter Tau,
	kein marter mich noch nie gerou)	keine Marter hat mich je bekümmert –
	in sibenthalbem jâre:	in den kommenden sechseinhalb Jahren.
1880	daz weist du wol zewâre,	Das weißt du ganz gewiss,
	sît du durch diu herze sihst	wo du doch in die Herzen hineinblickst
	und dem rehten nâch gihst.'	und den Rechtschaffenen unterstützt."
	diu gotes stimme sprach im zuo.	Die Stimme Gottes sagte da zu ihm:
	,Georî, lieber friunt, nu tuo	„Georg, lieber Freund, nun handle so,
1885	al nâch dînes herzen ger,	wie dein Herz es wünscht,
	bis an mir hin als her,	bleibe bei mir wie bisher
	und aht ûf keine marter niht:	und lass dich durch keine Marter davon abbringen.

	o wol dir des her nâch geschiht:	Oh, wie gut wird es dir später ergehen:
	der êwigen fröuden bis gewis.'	Sei dir der ewigen Freude gewiss!"
1890	‚glôriâ in excelsis	„Gloria in excelsis
	dêô et in terrâ.'	deo et in terra."
	alsus dankt er gote sâ.	Mit diesen Worten dankte er Gott.
	DER keiser hiez zwelif man	Der Kaiser befahl zwölf Männern,
	daz si den tribûn fuorten dan	den Tribun
1895	in ein alsô armez hûs,	in ein so ärmliches Haus fortzuschaffen,
	dâ diu katze noch diu mûs	dass darin weder Katz noch Maus
	sich niender inne moht ernern.	etwas zu beißen gehabt hätten.
	des muosen si vil tiure swern	Sie mussten es hoch und heilig
	bî ir got Apollen,	bei ihrem Gott Apoll schwören,
1900	dazs im keinen vollen	dass sie ihm rein gar nichts
	gæbn an keiner spîse.	von irgendeiner Speise geben würden.
	‚herre, ir sît unwîse:'	„Herr, Ihr seid töricht",
	sprach sant Georî zehant,	sagte Sankt Georg,
	‚jâ wart von himel gesant	„es wurden doch wahrlich einst vom Himmel herab
1905	einem ganzen here fümf brôt:	einer großen Menschenmenge fünf Brote gesandt.
	die überwunden dâ ir nôt,	Diese beseitigten da die Not der Menschen,
	daz man in allen gap genuoc,	indem man ihnen allen reichlich davon gab,
	und doch mit korben von in truoc.	und dennoch viele Körbe forttrug.
	swaz sô mir von iu geschiht,	Was auch immer mir von Euch angetan wird,
1910	ir mügt mich hungers tœten niht:	Ihr könnt mich nicht aushungern lassen.
	der Daniêlen spîset,	Derjenige, der Daniel speiste,
	der selbe mich ouch wîset.'	der wird sich auch meiner annehmen."
	HIE fuorten sie in in die stat	Hierauf führten sie ihn in die Stadt
	als si der künic selbe bat.	und folgten damit der Bitte des Königs.
1915	nu was ein man niuwes tôt,	Nun war gerade ein Mann verstorben,
	des wîp hêt vleisch, milch noch brôt:	dessen Frau weder Fleisch noch Milch noch Brot hatte.
	dâ fuorten si den fürsten hin.	Dorthin brachten sie den Fürsten.
	in starke riemen bundens in,	Mit starken Fesseln banden sie ihn
	und behuotten dô daz hiuselîn.	und bewachten das Häuschen.
1920	alter met und klârer wîn,	An reifem Met und reinem Wein,
	vische und wiltbræte	Fisch, Wildbret
	und ander guot geræte	und anderen kostbaren Speisen
	dem hûse allez sampt gebrast,	mangelte es in diesem Haus völlig,
	swie halt ein fürst dâ wære gast.	wenngleich dort ein Fürst zu Gast war.
1925	blâmenschier was dâ tiuwer.	*Blamentschier* war dort nicht zu haben.
	vil selten queckez fiuwer	Nie brannte dort ein munteres Feuer
	von lign alôê dâ verbran.	aus *lignum aloe*.
	wê, wes spott ich tumber man,	O weh, worüber spotte ich törichter Mensch
	als der oven tuot des slâtes?	wie der Ofen über den Schlot?

1930	ich hân doch solches râtes	Ich habe doch selbst keine solchen Güter
	dâ heime niht in mînem wesen,	zu Hause in meinem Besitz,
	man möht vor mînem spot genesen.	mein Hohn kann also niemandem etwas anhaben.
	mîner armuot wil ich hie gedagen,	Von meiner Armut werde ich hier schweigen
	und mêr von sant Georjen sagen.	und weiter von Sankt Georg berichten.
1935	ze dem sprach des hûses wirtin	Zu diesem sagte die Herrin des Hauses:
	‚ouwê, lieber herre, ich bin	„O weh, lieber Herr, ich bin
	ein witwe alsô verarmet,	eine so arme Witwe,
	daz mich daz erbarmet,	dass es mich erbarmt,
	daz ir her komen sît:	dass Ihr hierher gekommen seid!
1940	ir mügt gewinnen lange zît.'	Die Zeit könnte Euch hier lang werden."
	die rede si kûme brâhte für,	Kaum hatte sie diese Worte gesprochen,
	si îlte sâ gên der tür.	eilte sie sogleich zur Tür.
	vorhticlîch si wider sach.	Furchtsam blickte sie zurück.
	DER tribûn guotlîche sprach	Der Tribun sagte gütig:
1945	‚ey sælec wîp, fürht ir mich?'	„Sagt, selige Frau, fürchtet Ihr mich etwa?"
	‚ja, lieber herre, sô tuon ich.'	„Ja, lieber Herr, das tue ich."
	‚bin ich sô eislîch getân?'	„Bin ich denn von solch schrecklicher Gestalt?"
	‚herre, dâ sult irz niht für hân.'	„Herr, so war das nicht gemeint."
	‚waz fürht ir danne, sælic wîp?'	„Was fürchtet Ihr dann, selige Frau?"
1950	‚herre, dâ hât iuwer lîp	„Herr, euer Körper glänzt
	alsô minniclîchen schîn,	so lieblich,
	ir mügt ez wol ein engel sîn.	dass Ihr wahrlich ein Engel sein könntet.
	sît ir aber von menschen art,	Seid Ihr aber von menschlicher Natur, so glaube ich,
	sô wæn ie lîp sô schœne wart,	dass es nie einen so schönen Menschen gegeben hat,
1955	alsô helf Apollô mir.'	darum möge Apoll mir beistehen."
	‚frou, an wen geloubet ir?	„An wen glaubt Ihr, Herrin?
	daz sult ir mich wizzen lân.'	Sagt mir das bitte!"
	‚herre, zwêne got ich hân:	„Herr, ich habe zwei Götter:
	Erculem und Apollen.'	Herkules und Apoll."
1960	‚daz ir niht guots den vollen	„Dass Ihr keinen großen Besitz habt,
	habt, daz ist billîch:	das ist recht und billig.
	ir werdet von in nimmer rîch:	Sie werden Euch niemals reich machen,
	ir enweder iu gehelfen kan.'	keiner von ihnen vermag Euch zu helfen."
	hie schiet si von im dan.	Hierauf ging sie von ihm fort.
1965	‚starker got Erculem,	„Herkules, mächtiger Gott,
	hilf mir daz ich ein brôt entnem	hilf mir, dass ich ein Brot
	mînem schœnen gaste:	für meinen schönen Gast erhalte.
	ich wæne, er noch vaste.'	Mir scheint, er hat heute noch nichts gegessen."
	NU sitzt der fürste reine	Der reine Fürst sitzt nun
1970	in dem swachen hûs al eine:	allein in dem ärmlichen Haus.
	dâ vor er hêrlîcher baz	Zuvor saß er viel prächtiger

in sîner houptstete saz,	in seiner Hauptstadt,
ze Millên ûf sînem palas,	in seinem Palast zu Millene,
dâ manic fürste vor im was.	wo sich viele Fürsten vor ihm versammelten.
1975 si sprâchen an der stunde	Sie sagten damals
alle ûz einem munde	allesamt wie aus einem Munde:
‚tribûn von Capadôciâ,	„Tribun von Kappadokien,
dû solt mit uns in Grêciâ:	du sollst mit uns nach Griechenland kommen,
dâ hab wir, ellenthafter helt,	dort haben wir, kühner Held,
1980 dich zeinem houbtkünige erwelt,	dich zum obersten König erwählt
und solt al dâ die krône tragen.'	und dort sollst du auch die Krone tragen."
daz begund er in vil gar versagen	Er aber schlug ihnen diesen Wunsch gänzlich aus,
und gab in sâ urloup	verabschiedete sie und nahm
und zôch sich in diz leben toup.	diese kümmerliche Lebensweise an. Mit dieser Würde
1985 der wirde sitzt er ungelîch.	steht sein jetziges Dasein nicht mehr im Einklang.
waz danne? er wirt noch fröuden rîch,	Was soll's? Er wird noch voller Freude sein
und muoz diu fröude immer sîn.	und diese Freude wird ewig währen.
NU kom der engel Cherubîn,	Nun kam der Engel Cherubin,
sîn friunt, und trôst in aver dô.	sein Freund, und tröstete ihn da von Neuem.
1990 ‚Geori, herre, nu bis frô	„Georg, Herr, sei nun froh
und gedenc an dîne edelkeit.	und bedenke, von welcher Vornehmheit du bist.
jâ ist ze himel dir bereit	Im Himmel steht doch schon
dîn stuol, dâ du sitzen solt,	der Ehrensitz für dich bereit, auf dem du sitzen wirst,
und ist dir got bî namen holt:	und Gott ist dir auch gewiss gewogen:
1995 er enbiut dir wâre sigenumft.	Er verheißt dir einen wahrhaftigen Triumph.
jâ fröut sich gegen dîner kumft	Ja, es sieht wahrlich das ganze Himmelsvolk
allez daz ze himel ist.	deiner Ankunft freudig entgegen.
ey süeze fruht, wie sælic du bist!	Ach, du süße Frucht, wie selig bist du doch!
welch marschalc herbergt dich hie?	Welcher Marschall beherbergt dich hier?
2000 der geherbergt keinen fürsten nie.	Der hatte noch nie einen Fürsten zu Gast.
diu herberge ist dir ze swach:	Diese Unterkunft ist deiner nicht angemessen.
stant ûf, mach dir ein ander dach.	Steh auf, mach dir ein anderes Dach.
du grîf an des virstes sûl.	Greife an die Säule des Dachfirsts.
waz dâ von und ist si fûl?	Was soll's, wenn sie faulig ist?
2005 dîn hant diu hât solche kraft,	Deine Hand verfügt über solche Macht,
daz si wirt sâ berhaft	dass die Säule sogleich von vielen verschiedenen
von maniger bluomen underscheit.	Blüten bewachsen sein wird.
dîn ezzen ist ouch bereit:	Auch steht dein Essen bereit.
daz ist guot für des hungers nôt:	Das hilft gegen die Qualen des Hungers.
2010 sê hin, nim daz himelbrôt,	Sieh hin, nimm das Himmelsbrot,
und wizze, dâ hêt sunder wer	und sei gewiss, dass daran mühelos
an genuoc ein ganzez her.	eine ganze Heerschar genug hätte.
got müez dîn, edel ritter, pflegen	Gott möge sich deiner annehmen, edler Ritter,

	und habe dich in sînem segen:	und dir seinen Segen zuteil werden lassen.
2015	ich mac belîben hie niht mêr.'	Ich kann hier nicht länger verweilen."
	DER fürste neic dem engel hêr	Der Fürst verneigte sich vor dem herrlichen Engel
	und umbevienc die sûl sâ,	und umfasste die Säule,
	als in der engel lêrte dâ,	wie es ihm der Engel geraten hatte,
	mit sînem starken arme blanc:	mit seinem starken weißen Arm.
2020	mêr den zwelf ellen lanc	Mehr als zwölf Ellen hoch
	wuohs diu sûl mit esten breit	wuchs die Säule mit ausladenden Ästen
	und wart ein boum sô wol gekleit,	und wurde zu einem so schön bekleideten Baum,
	daz der mei ze keiner zît,	dass der Mai niemals,
	weder vor noch sît,	weder vorher noch später, einen Baum
2025	keinen boum gekleite nie:	so eingekleidet hatte. Das berichtete man dort,
	des jach man dort, nu gichs ouch hie.	nun sage auch ich es hier:
	der boum was des hûses dach,	Der Baum war dem Haus ein solches Dach,
	daz man sîn dâ vor niht sach:	wie man es zuvor nie gesehen hatte,
	wan er umbevienc ez gar	denn er umschloss es ganz und gar,
2030	mit maniger bluomen lieht gevar.	mit vielen leuchtend hellen Blüten.
	dô der tribûn ob im sach	Als der Tribun über sich
	sîn sô schœnez meiesvarwez dach,	sein derart schönes, maifarbenes Dach sah,
	dô sach er ûf und sprach sus.	da blickte er hinauf und sagte:
	,ey vil süezer Jêsus,	„Ach, allerliebster Jesus,
2035	wie du mit mir wunderst,	welch Wunder treibst du doch mit mir,
	daz du mich alsô sunderst	dass du mich in solcher Weise
	ûz aller krêatiure leben,	vor allen anderen Geschöpfen auszeichnest,
	daz du mir, herre, hâst gegeben	indem du mir, Herr, deine Gnade
	dîn gnâde sô manicvalt.	in so vielfältiger Weise gewährt hast.
2040	iezuo valwet der walt,	Der Wald verliert gerade seine Farbe
	und ist rehte in der zît	und es ist genau die Zeit,
	sô daz holz wider gît	in der die Bäume gezwungen sind,
	sîn loup dem winder durch getwanc	dem Winter ihr Laub zurückzugeben
	und ouch diu vogelîn ir sanc:	wie auch die Vöglein ihren Gesang.
2045	sô macht dîn gotlîche kraft	Und doch macht deine göttliche Kraft
	ein dürre sûl wol gesaft:	eine dürre Säule schön saftig;
	diu blüejet unde loubet hie.	diese erblüht und ergrünt hier.
	ey süezer got, wâ tæt du ie	Ach, süßer Gott, wie kamst du nur je dazu,
	sô grôziu wunder durch mich?	meinetwegen so große Wunder zu wirken?
2050	dar umbe kan ich, herre, dich	Darum kann ich, Herr,
	nimmer volloben gar,	mit meinem Lob für dich kein Ende finden,
	wan einz: ich hân geleget dar	nur eines bleibt mir: Ich habe dir
	lant, liute unde leben.	mein Land, mein Volk und mein Leben zu Füßen gelegt.
	dannoch hân ich dir mê gegeben:	Und noch mehr habe ich dir gegeben:
2055	mîne bruoder, die ich durch dich lie.	Meine Brüder, die ich deinetwegen zurückließ.

sô werder ritter der wart nie	Seit Adams Zeiten wurden keine
sît Adâmes zîten her geborn:	so edlen Ritter geboren.
die hân ich, her, durch dich verlorn,	Die habe ich, Herr, deinetwegen verloren.
ich tet von in ein scheiden.	Ich habe von ihnen Abschied genommen.
2060 wærn juden kristen heiden	Herrschte ich über Juden, Christen und Heiden –
mîn, die hêt ich ê verlân.	auf die hätte ich eher verzichtet.
swaz mich der künic Dâciân	Ganz gleich, welchen Martern mich König
marter hât an gelegt,	Dacian unterzogen hat,
diz mir mêr jâmers wegt,	so wiegt doch der Kummer schwerer,
2065 dô ich von mînen bruodern schiet,	dass ich von meinen Brüdern fortging,
wan kristen man nie baz geriet.	denn nie hat es unter Christen bessere Männer gegeben.
daz sî dir, herre got, gegeben:	Das alles sei dir, Herr und Gott, geschenkt.
waz touc ditze kurze leben?'	Wozu taugt dieses kurze Leben?"
HIE mit gie er zehant	Hierauf ging er sogleich dorthin,
2070 dâ er eine tavel vant,	wo er eine Tafel erblickte,
ein wîze tweheln drûf geleit,	mit einem weißen Tischtuch darauf.
und vant sîn ezzen al bereit:	Dort fand er seine Mahlzeit fertig vor.
daz was niht wan ein himelbrôt,	Es war nichts anderes als Himmelsbrot,
daz im der engel dâ vor bôt.	so wie es ihm der Engel zuvor verkündet hatte.
2075 dô kom des hûses frouwe	Da kam die Hausherrin
und sprach ‚herre, ich schouwe	und sagte: „Herr, ich sehe,
in mînem hûse wunder hie,	nachdem ich heute von Euch fortging,
sît ich hiute von iu gie.	hat sich Wundersames in meinem Haus zugetragen.
der snê mit kreften dûze lît:	Draußen liegt tiefer Schnee,
2080 so ist hinne ein süeze meien zît.	doch hier drinnen herrscht die süße Maienzeit.
ein boum stêt hie wunniclîch,	Hier steht ein herrlicher Baum,
der ist loubes unde bluomen rîch:	der reich ist an Laub und Blüten.
der boum was mîn virstsûl,	Dieser Baum war die Säule meines Dachfirsts,
und was dürre unde fûl;	und er war dürr und morsch.
2085 dar ûf singent vogelîn.	Nun singen darauf die Vöglein.
wie möhte wunder grœzer sîn?	Kann es ein größeres Wunder geben?
ir sît bî namen ein starker got.'	Ihr seid wahrhaftig ein mächtiger Gott."
diz was sant Georjen spot.	Sankt Georg nahm das im Scherz auf.
er lachte sêre unde sprach	Er lachte laut und sagte:
2090 ‚frou, ich wære gar ze swach	„Herrin, ich bin viel zu gering,
daz ich solte sîn ein got:	als dass ich ein Gott sein könnte.
ich bin sîn kneht und sîn gebot.'	Vielmehr bin ich Gottes Diener und Bote."
DER tribûn sprach aver dô	Der Tribun sagte überdies:
‚mich dünket, frou, ir sît unfrô:	„Mir scheint, Herrin, Ihr seid unglücklich.
2095 gêt her, ezzt, ich tuon iu abe	Kommt her, esst, ich nehme
alle die ungehabe,	Euch alle Last ab,
der ir pfleget ie zuo hie.'	mit der Ihr hier bislang zu leben hattet."

	sîn wirtin neic im unde gie,
	biz er gesprach vol daz wort,
2100	und saz an der tavel ort.
	hie was daz obez zîtic nuo,
	daz blüet des selben morgens fruo,
	und begund si bêde spîsen.
	ez îlte balde rîsen
2105	von dem boume ûf den tisch.
	ez wære vasant oder visch,
	môraz, wîn oder met,
	sirôpel oder clâret:
	solch art hêt daz obez und brôt,
2110	sô man ez ze munde bôt,
	swes der man erdenken kunde,
	daz hêt er in dem munde.
	sus hêten si dâ wirtschaft
	von des heiligen geistes kraft.
2115	dô si in gâzen genuoc,
	diu frouwe von dem tische truoc
	mêr denn dâ vor wære.
	si sprach ‚der lieben mære
	fröuwe ich mich von iu wol.
2120	mîn herze daz ist leides vol:
	nu gebt ir mir den süezen trôst,
	daz ich von iu des werde erlôst.
	ich bin frömder leide rîch.
	mîn leit ist sô schæmlîch
2125	daz ichz iu kûme tar gesagen.
	her, ein kint hân ich getragen,
	daz ist drîer mânde alt,
	als ich im rehte hân gezalt:
	daz wart blint unde krump.
2130	nu bin ich leider alsô tump,
	sît ich muoz sîn der liute spot,
	daz ich deheinen mînen got
	dar umbe hân geêret sît.
	vervluochet sî diu selbe zît
2135	dar in mîn kint wart geborn.
	den goten was dô ûf mich zorn:
	die fuogten mir die lûne.'
	dem werden tribûne
	viel diu frouwe an den fuoz.

Seine Gastgeberin verneigte sich vor ihm und ging, kaum dass er diese Worte zu Ende gesprochen hatte, und setzte sich an den Kopf der Tafel. In der Zwischenzeit war all das Obst reif geworden, das früh am selben Morgen noch in der Blüte gestanden hatte, und speiste sie nun beide. Es beeilte sich sogleich, vom Baum auf den Tisch zu fallen. Ob Fasan oder Fisch, Moraz, Wein oder Met, Siropel oder Claret: Das Obst und das Brot waren von solcher Beschaffenheit, dass jeder genau das in seinem Mund hatte, woran er dachte, während er es zum Mund führte. Auf diese Weise hatten sie dort ein Festmahl durch die Macht des Heiligen Geistes. Als sie reichlich gegessen hatten, da trug die Hausherrin noch mehr vom Tisch fort, als sich zuvor darauf befunden hatte. Sie sagte: „Über diese frohe Kunde freue ich mich dank Euch sehr. Mein Herz ist voller Kummer. Nun spendet Ihr mir den süßen Trost, dass ich durch Euch davon erlöst werde. Ich bin reich an außergewöhnlichem Leid. Mein Leid ist so beschämend, dass ich es vor Euch kaum auszusprechen wage. Herr, ich war mit einem Kind schwanger, das nun drei Monate alt ist, wenn ich richtig gezählt habe. Das kam blind und mit verdrehten Gliedmaßen auf die Welt. Nun bin ich leider so töricht, dass ich keinem meiner Götter mehr gehuldigt habe, seitdem ich zum Gespött der Leute geworden bin. Verflucht sei die Stunde, in der mein Kind geboren wurde. Damals waren die Götter auf mich zornig. Die haben mir diese Laune des Schicksals bereitet." Die Frau fiel vor dem edlen Tribun auf die Knie.

2140	‚stêt ûf, ich tuon iu leides buoz,'	„Steht auf, ich befreie Euch von Eurem Leid",
	sprach der fürst von Palastîn,	sagte da der Fürst aus Palästina,
	‚gebt mir her daz kindelîn.'	„bringt mir das Kindlein her!"
	DES wart daz arme wîp vil frô,	Darüber freute sich die arme Frau sehr
	und bôt im daz kindel dô.	und sie reichte ihm das kleine Kind.
2145	daz legt der fürst ûf sîniu bein.	Das legte der Fürst auf seinen Schoß.
	er sprach ‚durch den der sterne schein	Er sagte: „Derjenige, für den der Stern leuchtete,
	der wîst die drî künige hêr,	der den drei edlen Königen den Weg wies,
	der büez dir, kint, dîn herzesêr.'	der nehme dir, Kind, dein großes Leid."
	biz er daz wort vol gesprach,	Kaum hatte er diese Worte ausgesprochen,
2150	daz kint gehôrte und gesach	da konnte das Kind hören und sehen
	und was mit alle gesunt.	und war ganz und gar gesund.
	ez kust den fürsten an den munt,	Es küsste den Fürsten auf den Mund,
	al spilnde was sîn fröude grôz.	war überaus heiter und sehr vergnügt.
	diu muoter zucte imz ab der schôz,	Die Mutter zog es von seinem Schoß
2155	vil balde si von im lief	und lief sogleich davon,
	in die stat si lûte rief	in die Stadt, und rief laut:
	‚lobt und êret all den got,	„Preist und ehrt alle diesen Gott,
	des genâde und sîn gebot,	dessen Gnade und dessen Wille,
	des sterke und des wîsheit	dessen Macht und dessen Weisheit
2160	kan büezen alliu herzeleit.	alles Herzeleid von einem nehmen kann.
	daz schout an mînem kinde hie:	Seht das hier an meinem Kind:
	dem kunden mîne gote nie	Meine Götter waren überhaupt nicht imstande,
	gehelfen niht umb ein grûz.'	ihm auch nur ein bisschen zu helfen."
	daz volc zôch allez ûz	Das ganze Volk kam herbei
2165	und schouten daz kint dâ.	und betrachtete dort das Kind.
	dar nâch huoben si sich sâ	Danach begaben sie sich sogleich
	ze dem hûse dâ der fürste lac.	zu der Behausung, in der der Fürst sich aufhielt.
	ez wart nie süezer meien tac,	Nie gab es einen so lieblichen Maientag wie den,
	denn al umb daz hûs was.	der das Haus umgab.
2170	da entsprungen bluomen unde gras,	Da sprossen Blumen und Gras,
	swie in der zît lac der snê;	obgleich zu dieser Jahreszeit Schnee lag;
	liljen vîol rôsen klê,	Lilien, Veilchen, Rosen und Klee,
	dâ mit daz hûs was beströut;	damit war das Haus übersät.
	manc vogel mit sange sich dâ fröut,	Viele Vögel freuten sich dort mit ihrem Gesang
2175	der was dâ vil sunder zal.	und es gab unzählige davon.
	nu was der künic ûf sînen sal	Nun war der König mit der Königin
	gegangen mit der künigin.	in seinen Saal gegangen.
	er sprach ‚frou, nu schouwet hin:	Er sagte: „Meine Dame, nun schaut dorthin:
	seht ir daz volc und hœrt ir dôz?	seht Ihr das Volk und hört Ihr den Lärm?
2180	dâ ist wundr und wunder grôz.	Wunder ereignen sich dort, große Wunder.
	seht ir den boum, der dâ stât,	Seht Ihr den Baum, der dort steht,

	der loubes vil und bluomen hât?	der so viel Laub und Blüten trägt?
	sich hât ein got dâ nider lân:	Ein Gott hat sich dort niedergelassen.
	anders moht ez niht ergân;	Es kann gar nicht anders sein;
2185	daz ist bî namen Tervigant.'	das ist gewiss Tervigant."
	er nam die künigin bî der hant.	Er nahm die Königin bei der Hand.
	ER sprach ,frou, wir sulen dar	Er sagte: „Meine Dame, wir müssen dort hin,
	und nemen ouch des wunders war.'	um ebenfalls das Wunder zu betrachten."
	jâ was in beiden dâ hin gâch.	Ja, dorthin zu kommen hatten es beide eilig.
2190	daz gesinde zôch in allez nâch.	Der ganze Hofstaat folgte ihnen.
	manc busûn wart vor in erschalt.	Viele Posaunen ließ man da vor ihnen erklingen.
	er wære junc oder alt,	Ob Jung oder Alt,
	daz zôch allez sampt dar	sie zogen allesamt dorthin
	und nâmen des boumes war.	und betrachteten den Baum.
2195	waz sol ich sagen mêr?	Was soll ich noch mehr erzählen?
	dar kômen sibenzic künige hêr	Es kamen siebzig edle Könige dorthin,
	all mit sunder sprâche.	ein jeder mit seiner eigenen Sprache.
	umb den stuol ze Âche	Um den Thron zu Aachen
	wart solch gedrenge nie	entstand nie ein solches Gedränge
2200	al umb sant Georjen hie.	wie hier um Sankt Georg.
	DÔ daz gedranc ein ende nam,	Als das Gedränge nachließ,
	der künic ze dem tribûn kam	kam der König zu dem Tribun
	und begund in frâgen mære,	und erkundigte sich bei ihm,
	wâ von daz wunder wære,	wie es zu diesem Wunder gekommen sei,
2205	daz der mei mit sîner kraft	dass der Mai mit seiner Macht
	und von solcher hêrschaft	und mit solcher Herrlichkeit
	hêt sô wunniclîchen schîn	sich hier so freudig zeige
	und sungen ouch diu vogelîn	und auch die Vöglein freudig
	mit fröuden alle wider strît:	um die Wette sängen.
2210	,und ist des januâres zît,	„Denn es ist doch Januar,
	diu was ie kalt und sûre.	der sonst stets kalt und bitter zu sein pflegt.
	ez hât diu stark natûre	Es hat die mächtige Natur
	ir êre und ir kraft verlorn.	ihre Geltung und ihre Macht verloren.
	ein mîn got hât lîht erkorn	Einer meiner Götter hat sich gewiss
2215	ein stat in disem hûse hie:	einen Platz in dieser Herberge auserwählt.
	ich kan niht erdenken wie,	Etwas anderes kann ich mir
	wâ von ez anders möht gesîn.'	wirklich nicht vorstellen."
	dô sprach der fürst ûz Palastîn	Da sagte der Fürst aus Palästina:
	,herre, hinne ist ein got	„Herr, hier drinnen ist ein Gott,
2220	des gewalt und sîn gebot	dessen Macht und dessen Befehl
	Lazarum hiez ûf stên	Lazarus aufstehen
	und Moysen durch daz mer gên:	und Mose durch das Meer gehen hieß.
	der machet diesen meien hie.	Der bewirkt hier diesen Maientag.

	ein engel sich von himel lie:	Ein Engel kam vom Himmel herab.
2225	der hiez die vogel singen,	Der befahl den Vögeln zu singen,
	ein dürre sûl bringen	und einer dürren Säule befahl er,
	este bluomen loubes vil	reichlich Äste, Blüten und Laub zu tragen,
	mir ze fröuden und ze spil.	mir zur Freude und zum Vergnügen.
	der selbe klâre engel sprach	Dieser strahlende Engel sagte,
2230	ez wær ze bœse und ze swach	die Herberge sei zu schlecht und zu gering
	diu herberg mînem hôhen namen,	für mein hohes Ansehen –
	iuwer marschalc möht sich immer schamen;	euer Marschall möge sich für immer schämen;
	und begunde si sâ zieren,	und sogleich fing er an, sie zu verschönern
	mit bluomen florieren,	und mit Blumen zu schmücken,
2235	als ir, herre, selbe seht.	wie Ihr, Herr, selbst seht.
	swes ir nu dar über jeht,	Gleich, was Ihr darüber nun behauptet,
	daz stê als ez stê:	das sei, wie es sei:
	niht fürbaz wil ich sprechen mê.'	ich werde nichts weiter sagen."
	Dô sprach der künic Dâciân	Da sagte König Dacian:
2240	‚edel ritter, welt ir hân	„Edler Ritter, wollt Ihr das als ein Wunder
	diz wunder von mînen goten,	meiner Götter akzeptieren,
	iu wirt solch êre hie erboten	dann wird Euch hier eine größere Ehre erwiesen
	diu nie geschach fürsten mêr.	als je einem Fürsten zuvor.
	ich schaff daz sibenzic künige hêr	Ich sorge dafür, dass siebzig hohe Könige
2245	iu müezen vallen an den fuoz	Euch zu Füßen fallen müssen
	und dar nâch ieglîcher muoz	und dass Euch danach jeder von ihnen
	iu geben prîsande	immerzu, Jahr für Jahr,
	von ir selber lande	Geschenke aus seinem Land
	iemer mêr von jâr ze jâr:	überreichen muss.
2250	daz mach ich iu, her, allez wâr,	Das werde ich, Herr, alles wahr werden lassen,
	daz ir sîn ungesorget sît	sodass Ihr Euch darüber bis zu Eurem
	unz an iuwer endes zît;	Lebensende nicht zu sorgen braucht.
	und wert der hœhste nâch mir.	Und Ihr wärt nach mir der Höchste.
	geschiht ez, waz ich und ir	Wenn das geschieht, wieviel Freude
2255	suln mit ein ander fröuden pflegen!	werden wir beide dann miteinander haben!
	bekêrt iuch, ellenthafter degen.	Bekehrt Euch, tapferer Held!
	ir sult ze mînen goten stân.	Ihr sollt Euch auf die Seite meiner Götter schlagen.
	ich mach iu, herre, undertân	Ich unterstelle, Herr, fürwahr
	fürwert al latînschiu lant.	alle lateinischen Länder Eurer Herrschaft.
2260	da beginnet aver iuwer hant	Abermals wird Eure Hand dann wieder
	schildes rant verhouwen	um der Liebe edler Damen willen
	durch minne werder frouwen.	Schildränder zerhauen.
	ir vindet ritterschefte stat,	Ihr werdet Gelegenheit zu ritterlichen Taten finden
	und werdet ouch dâ strîtes sat:	und nach Herzenslust kämpfen können:
2265	sol iu sîn iemer werden buoz,	Und habt Ihr irgendwann genug davon, so behält

	ez gilt ie doch der wîbe gruoz.'	doch der Gruß der Frauen noch immer seinen Wert."
	dô sprach der fürste wîse	Da sagte der weise Fürst:
	‚nâch wîbes lôn, nâch prîse	„Um Frauenlohn und Ruhm
	wirt von mir niht mêr gestriten:	werde ich keinen Kampf mehr führen.
2270	ich hân selten ê erliten	Ich habe auch zuvor nur selten
	durch si nôt und arbeit.	ihnen zuliebe Not und Mühsal erlitten.
	der durch mich den esel reit	Der meinetwegen auf dem Esel ritt
	und lie ein ros von Spanjen hôch	und dafür ein stolzes spanisches Ross zurückließ,
	und sich ze der diemuot zôch,	der sich solcher Erniedrigung preisgab,
2275	durch den hân ich mich ergeben	für den habe ich mich geopfert
	und gezogen in diz kranke leben.	und dieses kärgliche Leben auf mich genommen.
	dem wil ich der âventiure jehen,	Dem spreche ich das Wunder zu,
	diu in disem hûse ist geschehen,	das in diesem Haus geschehen ist;
	und wert ir des wol innen,	Ihr werdet es gewiss herausfinden,
2280	ê daz ir scheidet hinnen.'	noch ehe Ihr von hier fortgeht."
	Dô sprach der künic Dâciân	Darauf antwortete König Dacian:
	‚mügt ir für daz hûs gân,	„Bitte geht vor das Haus
	und bescheidet mich der wunder hie.'	und erklärt mir die Wunder, die hier geschehen sind."
	der fürste für daz hûs gie:	Der Fürst trat vor das Haus.
2285	dô geswigen die vogel sâ,	Da verstummten die Vögel sofort,
	die mit fröuden sungen dâ,	die dort freudig gesungen hatten,
	und begunde rîsen daz loup,	und das Laub rieselte herab,
	und wart al zehant toup	und auf der Stelle verdorrten
	beide bluomen unde gras	die Blumen und das Gras
2290	und swaz gezierde ê dâ was.	und alle Pracht, die sich dort zuvor befunden hatte.
	diz was dem keiser swære.	Das betrübte den Kaiser.
	‚ein hövescher zouberære,'	„Ein höfischer Zauberer",
	sprach er, ‚daz ist Jêsus,	sagte er, „das ist Jesus,
	der diz hât gemachet sus.	der das hier bewirkt hat.
2295	er wundert ûf der erde vil.	Er treibt viele Wunderdinge auf der Erde.
	dar engegen tuot swaz er wil,	Demgegenüber tut Apoll mit der Sonne
	Apollô mit der sunne.	alles, was er will.
	werder helt, erkunne	Edler Held, nun erkenne
	sîne gotlîche kraft,	seine göttliche Macht
2300	dar zuo sîne hêrschaft;	und auch seine Herrlichkeit.
	die êre mit dem opfer dîn.'	Erweise dieser mit deinem Opfer die Ehre."
	dô sprach der werde Palastîn	Da sagte der Edle aus Palästina:
	‚ich opfer der sunne got	„Dem Sonnengott werde ich opfern,
	durch sîn êr, durch iur gebot,	um ihn zu ehren und weil Ihr es befehlt,
2305	ob unser kriec müg geligen.	wenn dadurch unser Streit beigelegt wird.
	nu ist diu sunne gesigen,	Mittlerweile ist die Sonne untergegangen,
	daz si niht mêr liehtes gît,	sodass sie kein Licht mehr gibt

	und ist für diu opfers zît:	und die Zeit, in der man Opfer darbringt, vorüber ist:
	des pflegt man niht bî der naht.	Das macht man nicht in der Nacht.
2310	hât Apollô nu die maht	Wenn nun Apoll solche Gewalt hat,
	als ir herre von im jeht,	wie Ihr, mein Herr, von ihm behauptet,
	sîne kraft ir wol geseht:	dann könnt Ihr erkennen, wie mächtig er ist:
	er heiz die sunne wider gân	Er möge der Sonne befehlen, wieder aufzugehen
	und mit schîne ob uns stân;	und strahlend über uns zu stehen.
2315	sô bring ich im daz opfer mîn.	Dann bringe ich ihm mein Opfer dar.
	mac des aver niht gesîn,	Falls das nicht möglich ist,
	sô wil ich doch in êren:	so will ich ihm dennoch Ehre erweisen:
	er muoz mich verkêren,	Entweder bringt er mich von meinem Weg ab
	oder ich verkêre aver in.	oder ich ihn.
2320	unser einer ziuht den andern hin,	Einer von uns wird den anderen auf seine Seite ziehen,
	als uns kumt der morgen,	sobald der Morgen anbricht,
	der ie zuo ist verborgen.'	der uns jetzt noch verborgen ist."
	DER mære wart der keiser frô.	Über diese Nachricht freute sich der Kaiser.
	zehant viel er nider dô	Er fiel sofort zu Boden
2325	und kust den fürsten an den fuoz.	und küsste dem Fürsten den Fuß.
	er sprach ,nu ist mir worden buoz	Er sagte: „Nun ist alles Leid von mir genommen worden,
	swaz ich leides ie gewan.	das mir jemals widerfahren ist.
	ey, du vil süezer man,	Ach, du süßer Mann,
	waz dir sælden ist beschert!	welches Glück ist dir bestimmt!
2330	solch êre wirt ûf dich gewert,	Eine solche Ehre wird dir erwiesen,
	diu keiser, künige nie geschach.	wie sie Kaisern und Königen nie zuteil wurde.
	wol mich daz ich dich ie gesach,	Was für ein Glück, dass ich dich,
	Georî, her von Palastîn!	Georg, Herr von Palästina, je erblickt habe.
	nu sul wir immer mêre sîn	Von nun an werden wir einander für immer
2335	zwêne liebe genozzen.	treue Gefährten sein.
	swaz lande ist beslozzen	Alle Länder,
	in gebirge und ûf dem sê:	ob im Gebirge oder im Meer,
	die mir niht dienen wolden ê,	die mir bislang nicht dienen wollten,
	die sol ich mit dir twingen,	die will ich mit dir bezwingen,
2340	daz si müezen bringen	sodass sie für ihr Land
	den zins von ir landen.	Tribut leisten müssen.
	du hâst mit dînen handen	Du hast mit eigener Hand
	vester lande vil erstriten,	viele standhafte Länder erkämpft
	und dicke hurteclîch geriten	und bist oft mit voller Wucht
2345	durch manic starke rotte grôz.	durch so manche große Schar hindurchgeritten.
	ez wart nie smides anbôz	Nie wurde auf den Amboss eines Schmieds
	sô vil getengelt als ûf dich.	so häufig eingehämmert wie auf dich.
	ez sî slac oder stich,	Ob Schwerthieb oder Lanzenstoß,
	des ist sô vil ûf dich getân,	so viele wurden davon auf dich gerichtet,

2350	daz ich daz für wunder hân,	dass ich es für ein Wunder halte,
	wie ez erwern moht dîn lîp.	dass du dich ihrer erwehren konntest.
	Avoy, wie manic werdez wîp	Ach, wie viele edle Frauen
	dich noch dar umbe grüezet	entbieten dir deswegen noch immer ihren Gruß
	und dir dîn senen büezet!	und lindern deine Sehnsucht!
2355	dîn vil süezer anblic	Dein überaus lieblicher Anblick
	kan legen wîbes ougen stric,	vermag Frauenaugen zu bestricken,
	daz du si drinne væhest,	so dass du sie dadurch fängst,
	swenn du dich zuo in næhest;	wann immer du dich ihnen näherst.
	al dâ wirt aller sorgen mat.	Alle Sorgen werden dort matt gesetzt.
2360	zuo slîchet dir gelückes rat	Das Rad der Fortuna kommt dir entgegen
	und setzet dich ûf sich enbor,	und setzt dich obenauf,
	als ez tet hie bevor	wie es dies zuvor
	den milten Allexander.	mit dem großzügigen Alexander tat.
	du bist ez reht der ander:	Du bist wahrlich ein zweiter Alexander:
2365	sô grôze milte an dir ist.	Eine solche Großzügigkeit zeichnet dich aus.
	Apollô, got, wie starc du bist,	Apoll, Gott, wie mächtig du bist,
	daz du des ie gedæhte,	dass du je auf den Gedanken kamst,
	daz du den werden bræhte	den Edlen zu meiner Freude
	mir ze fröuden in daz lant!	in dieses Land zu führen!
2370	Ercules und Tervigant,	Herkules und Tervigant,
	Jupiter und Mahmet,	Jupiter und Machmet,
	ich êre iuch immer mit gebet,	ich werde Euch auf ewig mit meinem Gebet dafür ehren,
	daz ir den werden Palastîn	dass ihr den Edlen aus Palästina
	brâht habt in den gwalt mîn:	in meine Gewalt gebracht habt.
2375	iur kraft ich dar an schouwe.	Daran erkenne ich Eure Macht.
	ez wart nie juncfrouwe	Kein edles Fräulein war je
	alsô semft und alsô guot,	derart sanftmütig und edel;
	und treit doch des lewen muot.	und doch besitzt er zugleich die Kühnheit eines Löwen.
	in fürhtet allez daz dâ lebt,	Ihn fürchten alle Lebewesen,
2380	âne daz in lüften swebt;	nur die nicht, die fliegen können;
	und sît gewis, hêt er gevider,	und seid gewiss: Wenn er Federn hätte,
	daz müeste ouch zuo im her nider.	dann zwänge er auch diese zu sich herab.
	beide ûf wazzer und in plân	Nichts gibt es auf dem Wasser noch auf ebener Erde,
	mac im niht widerstân,	was sich ihm widersetzen kann,
2385	er twinge ez al gemeine,	nichts, was er nicht schließlich ganz bezwänge,
	ân mîn gote al eine.'	nur einzig meine Götter nicht."
	der mære der fürste lachte,	Über diese Worte lachte der Fürst so sehr,
	daz sîn herze erkrachte.	dass sein Herz in der Brust fast zerbrach.
	dar nâch er mit zühten sprach	Anschließend sagte er gefasst:
2390	‚herre, vart an iurn gemach,	„Mein Herr, geht nun Ihr und auch meine Herrin,
	und mîn frou, diu keiserin.	die Kaiserin, in Eure Gemächer.

welt ir, ich var mit iu hin,	Wenn Ihr wollt, werde ich Euch begleiten,
oder heizet mîn mit huote pflegen.'	lasst mich sonst von Euren Wächtern beaufsichtigen."
ZEHANT nam er den werden degen	Sogleich nahm Dacian den edlen Helden bei der Hand
2395 und bevalch in der keiserin.	und gab ihn in die Obhut der Kaiserin.
‚frou, nu sult ir êren in	„Herrin, ich will,
immer durch den willen mîn:	dass Ihr ihn ehrenvoll behandelt.
er hât erliten grôzen pîn	Er hat auf meinen Befehl hin große Qualen
von mir durch sînen Jêsus.	wegen seines Jesus erleiden müssen.
2400 edel frouwe, êrt in sus,	Edle Herrin, ehrt ihn so,
als ez zuo im sî gewant:	wie es ihm zusteht:
nemt den werden an die hant	Nehmt den Edlen bei der Hand
und füeret in ûf iuwern sal.	und führt ihn in Euren Saal.
sô heize ich schrîen über al	Währenddessen lasse ich überall den Sieg
2405 mîner gote hêrschaft,	meiner Götter ausrufen,
daz si habent solche kraft	dass sie nämlich über solche Macht verfügen,
daz si den werden kristân	dass sie sich den edlen Christen
in habent gemachet undertân.	unterworfen haben.
sîn opfer er in bringen wil	Er ist bereit, ihnen zu opfern
2410 und wil si immer êren vil:	und er wird sie allezeit sehr verehren.
er wil stên ze ir gebot	Er will sich ihrem Befehl unterstellen
und ouch verkiesen sînen got.'	und auch seinem Gott abschwören."
hie ruoft man nâch des keisers ger	Daraufhin rief man auf Wunsch des Kaisers
beide hin unde her	allerorts aus,
2415 daz junc und alt über al	dass alle, Jung und Alt, von überall her
kœmen ûf des keiser sal	am Morgen in den Saal des Kaisers
des morgens, sô diu sunne ûf schîn,	kommen mochten, sobald die Sonne aufginge,
und bræhtn ir opfer ouch dâ hin:	und dass sie auch ihr Opfer dorthin mitbringen sollten.
dâ wolt der fürste ûz Palastîn	Auch der Fürst aus Palästina wolle dort
2420 bringen ouch daz opfer sîn	zu Ehren ihres Gottes Apoll
ir got Apollen zêren	sein Opfer darbringen
und wolte sich verkêren.	und sich bekehren.
daz gie von mund ze munde.	Das verbreitete sich von Mund zu Mund.
NU erhôrte ez an der stunde	Bald vernahm es dann auch
2425 sîn hûsfrou, daz arme wîp.	seine Hauswirtin, die arme Frau.
diu verquelte sêre ir lîp,	Das war ihr eine große Qual,
und lief gên dem palas	und sie lief zu dem Palast,
dâ sant Georî inne was;	in dem sich Sankt Georg aufhielt;
der saz bî der keiserin.	dieser saß bei der Kaiserin.
2430 dô sprach si ‚lieber herre, ich bin	Da sagte sie: „Lieber Herr, ich bin
durch wunder zuo iu her komen:	wegen seltsamer Geschichten her zu Euch gekommen.
in der stat hân ich vernomen	In der Stadt habe ich von den Gerichtsboten
von des keisers frôneboten	des Kaisers erfahren,

	daz ir, her, den abgoten
2435	iuwer opfer bringen welt:
	des entuot niht, mærer helt,
	und verkêret iuch niht sus.
	gedenket, her, waz Jêsus
	durch iuch wunders hât getân:
2440	des sult ir in geniezen lân.
	wie zieret er daz hûs mîn,
	wie sungen dâ diu vogelîn,
	wie blüet mîn dürre sûl dâ,
	swie lac der snê doch anderswâ,
2445	wie blüet der mei mit krefte,
	wie was der wirtschefte,
	diu iu der engel brâhte,
	und von iu wider gâhte;
	wie was getân mîn liebez kint.
2450	jâ was ez krump unde blint:
	nu ist ez worden wol gesunt;
	des was bot iuwer munt
	ze dem, den diu maget truoc
	und den man an daz kriuze sluoc.
2455	den welt ir nu verkiesen,
	iuch selben gar verliesen:
	des muoz gunêrt sîn iuwer lîp.'
	dô wolte man daz arme wîp
	mit stecken geslagen hân.
2460	daz begund der fürste understân,
	und half ir mit fride hin.
	dar zuo sprach diu künigin
	,ir sult si mit gemache lân.
	mîn her Geori, nu sul wir gân
2465	in mîne kemenâten.
	wær diu nu wol berâten,
	des wære ich durch iuch harte frô.'
	ze hant nam si den fürsten dô
	aver mit ir blanken hant
2470	und fuorte in hin, dâ er vant
	vil manic klâre frouwen.
	si sprach ,ich lâz iuch schouwen
	heldes ougenweide,
	und dâ von sendiu leide
2475	gar verswindet und zergêt

	dass Ihr, mein Herr, den Abgöttern
	Euer Opfer darbringen wollt.
	Tut das nicht, teurer Held,
	und lasst Euch nicht vom rechten Weg abbringen!
	Denkt daran, Herr, welche Wunder
	Jesus um Euretwillen gewirkt hat.
	Dafür steht Ihr in seiner Schuld.
	Wie er mein Haus schmückte,
	wie da die Vöglein sangen,
	wie dort meine dürre Dachsäule erblühte,
	obwohl doch überall sonst Schnee lag;
	wie der Mai mit aller Kraft erblühte,
	was es doch an Bewirtung gab,
	die Euch der Engel brachte,
	der dann wieder von Euch eilte.
	Wie stand es doch um mein geliebtes Kind:
	Es war ja gelähmt und blind,
	und jetzt ist es völlig gesund!
	Für all das war Euer Mund ein Bote,
	geschickt zu dem, mit dem die Jungfrau schwanger war
	und den man an das Kreuz geschlagen hat.
	Dem wollt Ihr nun entsagen
	und Euch selbst ganz verloren geben:
	Dafür soll Schande über Euch kommen."
	Daraufhin wollte man die arme Frau
	mit Stöcken traktieren.
	Der Fürst verhinderte das
	und half ihr, ungehindert gehen zu dürfen.
	Auch die Königin sagte:
	„Lasst sie in Frieden!
	Georg, mein Herr, nun wollen wir
	in meine Kemenate gehen.
	Ich wäre Euretwegen sehr froh,
	falls dort jetzt alles schön hergerichtet sein sollte."
	Sogleich nahm sie da den Fürsten
	erneut bei ihrer weißen Hand
	und führte ihn dorthin, wo er
	viele strahlend schöne Damen antraf.
	Sie sagte: „Ich zeige Euch etwas,
	woran sich Heldenaugen laben
	und wodurch sehnsuchtsvolles Leid
	ganz verschwindet und vergeht

	unde fröude an in gestêt.'	und sich Freude bei dem einstellt, der es erblickt."
	MIT der red si giengen	Mit diesen Worten gingen sie dorthin,
	dâ in mit fröude enpfiengen	wo ihn viele strahlend schöne
	manic frouwe liehtgemâl.	Damen freudig empfingen.
2480	diu künigin nam in sunder twâl	Die Königin zögerte nicht,
	und sezt in ûf ir hêrgesidel.	ihn auf ihren Thron zu setzen.
	dô wart ein wälhische videl	Eine französische Fiedel
	gerüeret nâch ir süezem sit:	wurde dort nach feiner Art gespielt.
	dâ êrte si den werden mit.	Damit ehrte sie den edlen Gast.
2485	ein juncfrou mit der videl sanc.	Eine junge Dame sang zur Begleitung der Fiedel.
	ir liet sagte Apollen danc,	Ihr Lied dankte Apoll dafür,
	daz er des hêt hinz in gedâht	dass er sie auf solche Weise bedacht
	und in den ritter dar hêt brâht.	und den Ritter zu ihnen gebracht hatte.
	diu keiserin saz zuo im nider.	Die Kaiserin setzte sich zu ihm.
2490	ez geschach ê noch sider	Weder vorher noch nachher
	nieman êre alsô grôz.	wurde jemandem eine so große Ehre zuteil.
	ein knappe, der im daz wazzer gôz,	Der Knappe, der ihm das Waschwasser eingoss,
	daz was ein juncfrouwe klâr:	war eine schöne junge Dame.
	diu gap imz sunder vâr.	Sie reichte es ihm ohne böse Absicht.
2495	zehant, dô er im getwuoc,	Als er sich gewaschen hatte,
	der künigin swester dar truoc	trug die Schwester der Königin sogleich
	ein kopf, der was ein rubîn.	einen Pokal herein, der aus einem Rubin gefertigt war.
	‚trinket, her von Palastîn,'	„Trinkt, mein Herr aus Palästina",
	sprach diu keiserinne dô,	sagte dann die Kaiserin,
2500	‚ir sult des trinkens wesen frô	„dieser schöne Mundschenk soll Euch
	durch disen klâren schenken.'	das Trinken angenehm machen."
	daz kint begund sich lenken	Das junge Mädchen kniete
	nâch dem kopfe ûf diu knie.	mit dem Pokal nieder.
	der keiser ouch nâch in gie,	Ihnen nach kam auch der Kaiser
2505	und sprach ze sînem gaste	und sagte zu seinem Gast:
	‚nu sult ir ezzen vaste.	„Nun sollt Ihr fleißig essen.
	sich mac wol fröuwen iuwer lîp,	Ihr könnt Euch glücklich schätzen,
	daz iu diu keiserin mîn wîp	dass meine Frau, die Kaiserin,
	sitzet alsô nâhen;	so nah bei Euch sitzt.
2510	daz solt mir wol versmâhen:	Das sollte mir gewiss missfallen,
	dâ êret sie iuch, herre, mit.	doch erweist sie Euch, mein Herr, damit die Ehre.
	ez ist der Franzoiser sit,	Es ist ein Brauch aus Frankreich,
	dann ist mîn frouwe her geborn:	woher meine Ehefrau stammt.
	anders wære ez mir zorn.'	Andernfalls würde ich deswegen zornig werden."
2515	vil schimpfrede dâ geschach.	Da wurde viel gespottet und gescherzt.
	sant Geori der iesâ wider sprach	Da erwiderte Sankt Georg sogleich:
	‚herre, ez ist alsô getân:	„Herr, es ist doch so:

	swaz ir mit mir welt begân,	Gleich, was Ihr und auch meine Herrin,
	und mîn frou diu keiserin,	die Kaiserin, mit mir tun wollt –
2520	daz ich des underhœric bin	ich bin Euch ergeben
	und sol ez von iu dulden	und werde es freudig
	ze gnâden und ze hulden.'	und treu ertragen."
	DER künic nam urloup und gie dan	Der König verabschiedete sich und ging
	als ein fröudenrîcher man.	hocherfreut davon.
2525	manic juncherre kluoc	Viele aufmerksame Pagen trugen
	sîn kerzen vor im ûz truoc.	ihre Kerzen vor ihm her.
	dô si mit fröuden gâzen	Nachdem sie vergnügt gegessen hatten
	und dar nâch gesâzen,	und noch beisammen saßen,
	diu keisrin frâgt in mære,	fragte die Kaiserin Georg,
2530	wie ez geschaffen wære	was es mit Juden, Christen
	umb juden kristen heiden:	und Heiden auf sich habe.
	des solt er si bescheiden.	Darüber möge er sie aufklären.
	er sprach ,frou, diu frâg ist grôz.	Er sagte: „Herrin, das ist eine große Frage.
	jâ tuot si swinden widerstôz	Einem Ungelehrten, der seine Ausführungen
2535	einem ungelêrten man,	nicht zielgerichtet darzulegen versteht,
	ders niht eben leiten kan.	versetzt sie allzu leicht einen plötzlichen Rückstoß.
	diu frâg ist wild: ich sol si zamen.	Es ist eine wilde Frage; ich muss sie bändigen.
	got hât maniger hande namen.	Gott hat viele Namen.
	sîn êrster name heizet sô:	Sein erster Name lautet so:
2540	schepfær, alphâ et ô.	Schöpfer, *alpha et omega*.
	dîn fröude an dir einen lac,	In dir allein lag deine Freude,
	ê daz erschine ie kein tac:	noch ehe der erste Tag angebrochen war.
	du wære ouch dîn selbes frô,	Auch erfreutest du dich an dir selbst
	und ordentst mit dir selben dô	und richtetest damals aus eigener Kraft
2545	diu dinc, diu sît sint geschehen	die Dinge ein, die seither geschehen sind
	und wir ouch alle tage sehen.	und die wir an jedem einzelnen Tag sehen können.
	frouwe, diser gotheit nam	Herrin, dieser Name Gottes
	der ist iu ie zuo worden zam.	ist Euch jetzt vertraut geworden.
	dar nâch nennet man in sus.	Als nächstes nennt man ihn so:
2550	hôher künic Altissimus,	Höchster König, *Altissimus*,
	du bist vater unde kint,	du bist Vater und Kind,
	in dir drî natûre sint:	in dir vereinen sich drei Naturen:
	sterke, wîsheit, güete,	Stärke, Weisheit, Güte,
	dar in dîn gotheit blüete.	darin erblühte deine Göttlichkeit.
2555	GOT ist ein wunderære:	Gott ist ein Wundertäter:
	sîner wunder mære	Niemand vermag seine herrlichen Wunder
	mac nieman gahten an ein zil.	vollständig aufzuzählen.
	ein lützel ich doch sprechen wil	Dennoch will ich ein klein wenig
	von sînen wundern ein teil,	von seinen Wundern sprechen,

2560	diu er tet durch der werlde heil.	die er zum Heil der Welt gewirkt hat.
	vier wunder huoben sich hie an.	Vier Wunder sind hier auf Erden geschehen.
	ez gebar ein maget einen man:	Eine Jungfrau gebar einen Mann,
	da gebar der man hin wider sî.	der dann wiederum sie gebar.
	dâ sult ir wunder brüeven bî:	Das Wunder könnt Ihr daran erkennen,
2565	er truoc si âne muoter.	dass er sie ohne Mutter zur Welt brachte.
	ey süezer fürste guoter,	Ach, süßer, edler Himmelsfürst,
	wie erdæhte du dir ie	wie hast du dir je das Wunder
	des hie wunders an ergie?	ausdenken können, das hier geschah?
	der gebürte noch zwô sint:	Zwei weitere Geburten gibt es:
2570	ein wîp von einem man ein kint	Wenn Frauen auf natürliche Weise
	gebirt von natûre:	das Kind eines Mannes zur Welt bringen,
	daz wirt ir vil sûre,	dann ist das für sie sehr schmerzhaft
	und tuot dem manne niht dâ bî,	und fügt dem Mann keinen Schaden zu,
	swie halt daz kint ir beider sî;	obgleich es doch ihr beider Kind ist.
2575	ein maget ouch ein kint gebar,	Nun gebar eine Jungfrau ebenfalls ein Kind,
	daz wonet in der engel schar	das in der Schar der Engel lebte
	und kom vom himel gevarn	und vom Himmel herabkam
	und wart der selben maget barn	und zum Sohn derselben Frau wurde,
	die ez geschaffen hêt dâ vor.	die es zuvor erschaffen hatte.
2580	ez kom durch ir beslozzen tor	Durch ihre verschlossene Pforte
	in ir wîngarten hêr.	betrat es ihren herrlichen Weingarten.
	diu selbe vart nie mêr	Ein solcher Gang wurde niemals
	wart derloubet keinem man;	wieder einem Mann gestattet.
	hie geschach daz vierde wunder an.	Damit vollzog sich das vierte Wunder.
2585	DIRRE gebürte wunder	Das Wunder dieser Geburten
	zerlœs ich iu besunder.	will ich Euch im Einzelnen darlegen.
	diu erde hie vor was ein maget,	Die Erde war zu Beginn noch jungfräulich,
	als uns diu wâre schrift saget,	wie uns die wahre Schrift berichtet,
	wan si was unberüeret,	denn sie war unberührt
2590	mit nihte zefüeret,	und ganz unverletzt,
	dar zuo unerbouwen	zudem war sie noch nicht angetastet
	mit riuten noch mit houwen,	durch Holzfällen und Rodung.
	und truoc doch manigen sâmen;	Und doch trug sie vielerlei Samen;
	dar zuo gebars Adâmen.	außerdem gebar sie Adam.
2595	dô truoc ouch Adâmes lîp	Adams Körper wiederum
	ein rippe, dar ûz wart ein wîp:	enthielt eine Rippe, aus der entstand eine Frau.
	diu muoste Adâmes tohter sîn,	Das war dann Adams Tochter –
	âne muoter, daz wart schîn.	und das, wie sich zeigte, ohne Mutter.
	si was sîn tohtr und wart sîn brût	Sie war seine Tochter und wurde seine Braut,
2600	und wart im sît alsô trût	und sie wurde ihm dann
	al von der natûre spil,	durch den Lauf der Natur so vertraut,

	daz si gewunnen kinde vil:	dass sie viele Kinder bekamen.
	diu truoc si von im, und er niht,	Die trug sie von ihm, er aber trug keine,
	als man noch von wîben siht.	wie es noch heute bei den Frauen so ist.
2605	EIN geburt ist nu diu vierde,	Nun ist eine weitere Geburt die vierte,
	der drîer ein gezierde	die Zierde der drei anderen
	und gar ein übergulde:	und die allerhöchste von ihnen,
	wan froun Êven schulde	denn Frau Evas Schuld
	wart dâ mit geheilet:	wurde durch sie gesühnt.
2610	dar zem tôde wart geveilet	Dem Tode war das
	daz vil wunderbære kint,	wundervolle Kind geweiht,
	daz dâ wæjen heizt den wint	das den Wind
	beide her unde wider,	nach allen Richtungen wehen lässt,
	daz er die boume brichet nider	sodass er die Bäume umstürzt
2615	und hât den krach und den sûs,	und ein solches Krachen und Sausen erzeugt,
	daz sich erschüttet manic hûs,	dass so manches Haus in sich zusammenfällt,
	und in doch nieman mac gesehen:	ohne dass ihn doch jemand sehen könnte.
	hie mügt ir wunder an spehen.	Hieran könnt Ihr ein Wunder erkennen.
	daz kint tuot die erde wegen,	Das Kind bewegt die Welt
2620	türne unde velse regen,	und auch Türme und Felsen.
	dem kinde niht gelîchen mac:	Nichts kommt diesem Kind gleich.
	daz kint die sunne heizt den tac	Das Kind befiehlt der Sonne,
	liuhten unde bringen,	den Tag hervorzubringen und erstrahlen zu lassen.
	daz kint den ursprungen	Das Kind zeigt den Quellen
2625	zeigt ir ganc und ir vluz;	ihren Lauf und ihre Richtung.
	himels blicke, doners duz	Himmelsblitze und Donnerschläge
	kan daz kint wol machen;	vermag das Kind zu machen.
	ez zilt ouch allen sachen	Es entscheidet aus sich heraus
	mit selpkür ordenunge.	über die Ordnung der Dinge.
2630	ez enmac kein zunge	Kein Mund vermag die unermessliche Fülle
	volsagen sîner wunder zil.	seiner Wunder vollständig in Worte zu fassen.
	daz kint tuot rehte swaz ez wil	Das Kind tut wahrlich in allen Erdteilen
	über al in den rîchen,	genau das, was es will.
	dem kint mac niht gelîchen	Keiner kommt diesem Kind
2635	weder dirre noch jener,	gleich, weder dieser noch jener.
	daz kint hât in sînem tener	In seiner Hand hält das Kind
	alliu dinc beslozzen;	alle Dinge umschlossen.
	daz kint hât niht genozzen:	Das Kind hat niemanden, der ihm ebenbürtig wäre.
	dâ von heizt er der fênix,	Deshalb nennt man ihn auch den Phönix,
2640	den diu dêi genitrix	den die *dei genitrix*
	sunder natûre truoc,	ohne den Akt der Zeugung austrug,
	dâ von her Dâvîd genuoc	und von dem König David
	an sîner schrifte sprichet,	in seiner Schrift ausführlich berichtet.

daz die juden stichet	Das sticht die Juden
2645 an ir herze als ein dorn;	wie ein Dorn ins Herz;
dâ von si alle sint verlorn.	deswegen sind sie alle verloren.
daz kint ist einvaltec,	Dieses Kind ist so arglos
und nie sô gewaltec,	und niemals mit solcher Macht versehen,
weder sô wîse noch sô starc,	weder derart weise noch so kräftig,
2650 noch sô kreftic noch sô karc,	weder derart gewaltig noch so klug,
daz ez iht müg liegen	dass es jemals lügen
oder ieman betriegen.	oder jemanden betrügen könnte.
ich weiz daz kint daz krenker ist,	Ich weiß wohl, dass ein schwächeres Kind
daz liugt und triugt ze maniger frist.	manches Mal lügt und betrügt.
2655 daz kint hêt im erwelt ein vaz,	Dieses Kind hatte sich ein Gefäß erwählt,
dâ ez mit êren inne saz:	worin es sich mit Anstand aufhalten konnte:
daz vaz ist diu selbe maget;	Dieses Gefäß ist ebendiese Jungfrau,
dâ von uns künic Dâvîd saget.	von der uns König David berichtet.
vor ir gebürte manic jâr	Schon viele Jahre vor ihrer Geburt
2660 sach er die küniginne klâr	sah er die reine Königin
sitzen wunniclîche	in Herrlichkeit
bî got in sînem rîche,	zur Rechten Gottes
an sîner zeswen sîten.	in seinem Reich sitzen.
ir kleider lûhten wîten,	Ihre Kleider leuchteten weithin,
2665 als man vint geschriben dâ:	wie man es dort geschrieben findet:
astitit regînâ	*Adstitit regina*
â dextris tûis:	*a dextris tuis*.
edel künigin, du bis	Edle Königin, du bist
gekleidet wunniclîche,	herrlich gekleidet,
2670 spæhe unde rîche.	wunderschön und prächtig.
WAZ sol ich iu, frou, sagen mêr?	Was soll ich Euch, Herrin, noch sagen?
diu vierde geburt ist sô hêr,	Die vierte Geburt ist so erhaben,
daz alle prophêten	dass alle Propheten
dâ von ze reden hêten,	von ihr berichten mussten,
2675 wie diu gotheit würd sô zam,	wie die Gottheit sich den Menschen so vertraut machte,
daz si menschen fruht ie nam	dass sie zu ihrer Aussaat
ir ze sægeræere;	menschliche Leibesfrucht annahm;
ouch dûht si wunderbære	auch wunderten sich die Propheten
sô wildiu geselleschaft,	über eine so ungewöhnliche Verbindung, nämlich die
2680 daz vleisch ze der gotes kraft.	des menschlichen Fleisches mit der göttlichen Macht.
frou, nu kumt mir aver zuo,	Herrin, kommt noch einmal zu mir,
als uns kum der morgen fruo;	wenn der Morgen heranbricht,
sô wil ich iu bescheiden	dann werde ich Euch Auskunft erteilen
umb juden, kristen, heiden.	über Juden, Christen und Heiden.
2685 die kristen sint ûz gelesen	Die Christen sind auserwählt

als der weize ûz den vesen:	wie der Weizen beim Dreschen;
heiden, juden ist der stoup.	Heiden und Juden sind die Spreu.
frou, nu gebt mir urloup,	Herrin, nun lasst mich gehen
und lât mich ein lützel ruon:	und lasst mich ein wenig ausruhen.
2690 der frâge sol ich ir reht tuon	Dieser Frage werde ich morgen –
morgen sô ich beste kan.'	so gut ich kann – gerecht werden."
hie mit schiet mîn frouwe dan.	Hierauf ging meine Herrin davon.
MAN bett im ûf des küniges sal.	Man bereitete ihm ein Bett im Saal des Königs.
manic guldîn kerzestal	Viele goldene Leuchter
2695 wart vor im dar ûf getragen.	wurden ihm dorthin vorausgetragen.
von dem bette hôrt ich sagen	Über das Bett hörte ich sagen,
daz daz sô gehêret was,	dass es so herrlich gemacht war,
daz des grâles herre Anfortas	dass Anfortas, der Herr des Grals,
dehein sô rîchez nie gewan.	nie ein so prächtiges besaß.
2700 wan für wâr niht enkan	Wahrlich, weder
mîn munt noch mîn zunge	mein Mund noch meine Zunge
von sô hôher handelunge	kann von so edler Behandlung berichten
gesagen, noch die werdekeit,	noch von der Ehre,
diu an den helt wart geleit.	die dem Helden erwiesen wurde.
2705 dô sprach der fürste wolgeslaht	Da sagte der edle Fürst:
‚nu sult ir varn ze guoter naht,	„Nun sollt ihr zu Bett gehen,
kamerær, juncherrelîn:	Kämmerer und junge Herren,
ich wil eine hinne sîn.'	ich will hier drinnen allein sein."
DAZ gesind gie allez wider:	Das gesamte Gefolge entfernte sich.
2710 er wolt sich doch niht legen nider,	Er wollte sich jedoch nicht schlafen legen,
swie hêrlîch daz bette was.	wie prächtig das Bett auch war.
er sparte zuo den palas	Er verriegelte die Tür zum Palas
und viel nider an sîn knie.	und fiel nieder auf seine Knie.
er sprach ‚ich hôrte sagen ie,	Er sagte: „Ich hörte stets sagen, dass
2715 swer guoten boten sende,	derjenige seine Angelegenheit schnell zu Ende bringt,
sîn gewerf er gâhes ende.	der einen guten Boten entsendet.
ein boten hân ich mir erkorn,	Einen Boten habe ich mir erwählt, den
der ist von der hœhsten tugent erborn.	die höchste Vollkommenheit selbst hervorgebracht hat.
der bot hât vier und zweinzec namen,	Dieser Bote trägt vierundzwanzig Namen,
2720 die enein hellent zesamen,	die harmonisch ineinander klingen,
swaz ie der bote wirbet,	und nichts von dem, worum der Bote sich bemüht,
daz daz niht verdirbet.	nimmt einen schlechten Ausgang.
die namen sint alle einer,	Die Namen gehören alle zu einer Person,
daz nieman wart sô reiner	sodass es niemals jemand so Vollkommenen gab,
2725 âne die drîvalticheit,	mit Ausnahme der Dreifaltigkeit,
der ebenmâz nie wart geleit.	der nie jemand gleichen kann.
ein wîssagen hât ie der bot,	Von jeher wurde dieser Bote prophezeit,

	den ich dâ senden wil ze got,	den ich zu Gott senden will.
	daz bist du, reine maget, al ein	Dieser Bote bist du allein, reine Jungfrau,
2730	DER unverhoun Danjêlis stein,	der unversehrte Stein Daniels,
	hôhe pfalenz frône,	erhabener göttlicher Palast,
	hern Salomônis trône,	der Thron des Herrn Salomo,
	du touwic Gêdeônis vel:	du taubenetztes Vlies Gideons,
	in der hœhe ist dîn lop sô hel,	in himmlischer Höhe ertönt dein Preis so klar,
2735	sô ez die engel singent,	wenn ihn die Engel singen,
	daz die himel erklingent.	dass die Himmel davon erklingen.
	du übervlüzzec brunne:	Du bist ein überquellender Brunnen,
	wan über alle wunne	da deine Gnade
	dîn gnâde alsô vliuzet	so überaus freudig fließt,
2740	daz dîn lop ze himel diuzet.	dass dein Lobpreis im Himmel ertönt.
	du würde grüene als ein klê	Nach dem Feuer wurdest du wieder
	nâch dem viure reht als ê,	grün wie der Klee, genau wie zuvor,
	du Moyses stûde, diu dâ bran	du Dornbusch Moses, der da brannte
	und schiet doch âne schaden dan.	und dennoch ohne Schaden blieb.
2745	du frône wîngarte,	Du herrlicher Weingarten,
	in dir mit süezem zarte	in süßer Anmut erwuchs in dir
	wuohs der lebendic troube,	die lebendige Traube,
	dâ von sich der geloube	durch die der Glaube sich
	sît begunde zweien;	danach zu entzweien begann.
2750	der wîngart wart geheien	Der Weingarten wurde
	mit sô starker klârheit,	mit so großer Herrlichkeit gehegt,
	der ebenmâz nie wart geleit.	dass dieser nie etwas gleichkam.
	du Aarônis ruote,	Du Stab Aarons,
	du blüetst mit liehtem bluote	du erblühtest in strahlendem Blütenschmuck
2755	als ein süeze meien rîs.	wie ein süßer Maientrieb.
	du lebendic holz ûz paradîs.	Du lebendiger Baum aus dem Paradies,
	du Ezechiêls porte,	du Pforte Ezechiels!
	mit âvê, dem worte,	Mit dem Wort *ave*
	würd enzündet und erviuhtet,	wurdest du entzündet und benetzt,
2760	daz dîn gnâde erliuhtet	sodass deine Gnade sowohl den Himmel
	beide himel und erde	als auch die Erde
	in dem hœhsten werde.	in höchstem Ruhm erleuchten lässt.
	du hôchgelopter küniges sal.	Du hochgelobter Tempel des Königs,
	du wenderin der werlde val.	du Erlöserin vom Sündenfall.
2765	Êvâ sluoc die sælde nider,	Eva machte das göttliche Heil zunichte;
	du, Âvê, rihtest sie ûf wider:	du, *Ave*, richtest es wieder auf.
	du sælic umbekêrtez wort,	Du selig umgedrehtes Wort,
	an dir lît aller sælden hort	du bist Glückseligkeit in ganzer Fülle
	und aller fröuden anvanc;	und Ursprung aller Freude.

2770	des lobt dich der engel sanc.	Dafür rühmt dich der Gesang der Engel.
	Du süeze lûcerne,	Du süße Laterne,
	du drîer künige sterne,	du Stern der drei Könige,
	du ûf gênder morgenrôt,	du aufsteigende Morgenröte,
	du hamît für den êwigen tôt,	du Zuflucht vor dem ewigen Tod,
2775	du tûbe sunder gallen.	du Taube ohne Galle!
	jâ muost du wol gevallen	Wahrlich, du musst gewiss
	aller krêatiure:	allen Geschöpfen gefallen –
	du bist alsô gehiure,	so lieblich bist du,
	du süeze warte von Syôn.	du süßer Turm Zions.
2780	ob balsamîte sî dîn lôn?	Ob dein Lohn wohl Balsam ist?
	nein, bezzer hundert tûsent stunt:	Nein, einhunderttausendmal besser!
	dich mac volloben nimmer munt,	Kein Mund vermag deinen Ruhm voll und ganz
	alsô rîche ist dîn lôn;	auszusprechen, so prächtig ist dein Lohn.
	des klinget dir der engel dôn	Dafür erklingt dir der Gesang der Engel
2785	und sprechent zuo dir süeziu wort.	und sie sprechen mit süßen Worten zu dir.
	du tiurer merz, du himelhort,	Du kostbares Kleinod, du Schatz des Himmels,
	aller tugende gruntveste,	du Fundament aller Tugend!
	jâ bist du diu beste,	Du bist wahrlich die Beste,
	sô rein und sô gehiure,	reiner und anmutiger
2790	über alle krêatiure.	als jedes andere Geschöpf.
	du süezer trêmontâne,	Du süßer Nordstern –
	jâ vert er nâch wâne,	es ist wahrlich derjenige ziellos unterwegs,
	der dich ze wîsel niht enhât:	der auf dein Geleit verzichten muss:
	des wec ze der vinster gât.	dessen Weg führt in die Finsternis.
2795	gewer mich, frouwe, des ich ger.'	Gewähre mir, Herrin, worum ich dich bitte."
	IN des gie diu küngin her,	Indessen war die Königin herbeikommen
	und bat sich balde în lân.	und bat darum, bald eintreten zu dürfen.
	daz wart al zehant getân.	Das wurde ihr auf der Stelle gewährt.
	er enpfie si vil suoze	Er empfing sie sehr zärtlich
2800	mit minneclîchem gruoze.	mit liebevoller Begrüßung.
	dô sprach der süeze Georî	Der süße Georg sagte:
	‚dir wont der heiligeist bî	„Vollkommene Königin,
	und diu wâre minne,	in dir wohnen der Heilige Geist
	reine küniginne.	und die wahre Liebe.
2805	got der ist mit sampt dir.	Gott ist mit und bei dir.
	frouwe, nu sulen wir	Herrin, wir sollten nun
	heizen komen ûf den sal	die Fürsten und Könige
	künige, fürsten über al:	in den Saal kommen lassen.
	sô bringe ich Apollen wol,	Dann bringe ich gewiss auch Apoll dorthin,
2810	dem ich hiute opfern sol	dem ich heute opfern muss.
	ich dûht mich etswenn sô hêr,	Ich hielt mich stets für so erhaben,

	daz ich für wâr nie mêr	dass ich wahrlich noch nie
	gopfert keinem abgot noch;	irgendeinem Abgott geopfert habe;
	swie in der künic von Maroch	mag der König von Marokko ihnen auch
2815	opfer und êre mit gebet	in seiner Stadt Munilet
	in sîner stat ze Munilet,	Opfer und Ehrerbietung entgegenbringen,
	daz versmâhte doch mir armen man:	so habe ich geringer Mensch das bisher verachtet.
	hiut beginn ich des ich nie began.'	Heute werde ich etwas tun, was ich zuvor noch nie tat."
	al lachend sprach diu küniginn	Mit strahlendem Lachen sagte die Königin:
2820	‚iuwer rede mac wol wâr sîn,	„Ihr sagt gewiss die Wahrheit.
	ez ist niht ein sagemære:	Es ist kein Lügenmärchen,
	ir sît wol zahtbære,	dass Ihr viel zu ehrenhaft seid,
	daz ir iemer sunder spot	als dass Ihr im Ernst
	opfert keinem abgot.	irgendeinem Abgott opfern würdet.
2825	ich tuon swaz ir gebietet.	Ich erfülle Euch alles, was Ihr wünscht.
	ich hân mich wol genietet	Ich bin der verfluchten Abgötter
	der vervluochten abgot,	wirklich überdrüssig geworden.
	ich wil stên von ir gebot.	Ich will mich aus ihrer Macht befreien.
	ich weiz wol wie ez umb si stêt.	Ich weiß genau, wie es sich mit ihnen verhält:
2830	daz süeze lamp von Nazarêt,	Das herrliche Lamm von Nazareth,
	daz minne ich für alliu dinc:	das liebe ich mehr als alles andere.
	daz ist aller sælden ursprinc	Das ist der Ursprung aller Glückseligkeit
	und aller tugende kerne.	und der Mittelpunkt aller Tugendhaftigkeit.
	Georî, leitsterne,	Georg, Leitstern,
2835	toufe mich in sînem namen:	taufe mich in seinem Namen.
	der abgot wil ich mich schamen.'	Der Abgötter will ich mich schämen."
	Als si daz wort vol gesprach,	Als sie diese Worte ausgesprochen hatte,
	einen nebel si ob ir sach,	sah sie eine einzelne Nebelwolke
	der swebet ob ir houbt al ein.	über ihrem Kopf schweben.
2840	dar in ein klâre lieht erschein,	Darin erschien ein reines Licht
	noch liehter denn ein donerblic.	noch heller als ein Blitzstrahl.
	an ir herze kom ein schric,	Ein Schreck fuhr ihr so tief ins Herz,
	daz si dâ vor kûm gesaz.	dass er sie beinahe umgeworfen hätte.
	si sprach ‚herre, waz ist daz?	Sie fragte: „Herr, was ist das?
2845	Georî, lieber herre mîn,	Georg, mein lieber Herr,
	ich fürht mir,' sprach diu küniginn.	ich fürchte mich", sagte die Königin.
	er sprach ‚liebe frouwe,	Er sagte: „Liebe Herrin,
	mit des heiligen geistes touwe	mit dem Tau des Heiligen Geistes
	wil dich got hiut begiezen.	wird Gott dich heute begießen.
2850	er lât dich des geniezen,	Er lässt es dir zum Vorteil gereichen,
	daz du dich sô hâst erkant,	dass du dich so entschieden hast
	und beide, burc unde lant,	und beides, Burg und Land,
	durch sîn hulde hie wilt lân	um seiner Huld willen hier und jetzt zurücklassen

	und in sîner parte stân.'	und dich auf seine Seite stellen willst."
2855	HIE begund der nebel rîsen	Hierauf begann der Nebel
	ûf die klâren wîsen.	auf die Strahlende und Kluge herabzusinken.
	‚ey, guote, sage sunder spot	„He, mein Guter, sag mir mal im Ernst,
	von Durne lieber Reinbot:	lieber Reinbot von Durne,
	wer wart gevater dâ,	wer war denn dort ihr Pate,
2860	dâ Allexandrînâ	als Alexandrina
	den heiligen touf enpfie?'	die heilige Taufe empfing?"
	‚daz sag ich iu, wiez ergie.'	„Das kann ich Euch sagen, wie das geschah."
	‚sô sag, wer segent den brunnen?'	„Dann sag, wer segnete das Taufbecken?"
	‚daz tet der der sunnen	„Das tat der, der der Sonne
2865	zeigt ir strich und ir ganc,	ihre Richtung und ihre Bahn zuweist
	in ir zirk den umbeswanc.'	und auch ihre Bewegung im Kreis."
	‚wer sazt die künegin 'nglouben?'	„Wer unterrichtete die Königin im Glauben?"
	‚dez tet der die touben	„Das tat der, der die Taube
	ûz der arke sante,	aus der Arche entsandte
2870	und der wol bekante	und der Moses Gebet verstand,
	Moyses gebet, der doch niht sprach,	obwohl der nicht laut sprach,
	und erz doch hôrte unde sach.	und er hörte und sah es dennoch.
	ez wirt ouch von mir, Reinbot,	Auch von mir, Reinbot,
	genant gevater unde tot:	wird er Gevatter und Pate genannt.
2875	bî der toufe sich niht barc	Bei dieser Taufe verbarg sich
	von himelrîch der lewe starc:	der starke Löwe aus dem Himmelreich nicht.
	daz semfte lamp von Nazarêt	Das sanfte Lamm von Nazareth
	bî dem starkem lewen stêt,	steht neben dem starken Löwen,
	daz ez keine vorhte hât,	ohne dass es sich vor ihm fürchtet,
2880	wand ez gerne bî im stât.	denn es steht sehr gerne bei ihm.
	der segent den toufbrunnen	Der segnete das Taufwasser
	und zeigt ir louf der sunnen,	und wies der Sonne ihren Lauf,
	der Moyses gedanke sach	er, der Moses Gedanken kannte und ihm
	und in wert des er niht jach,	gewährte, was er gar nicht ausgesprochen hatte,
2885	die künigin sazt englouben	der unterrichtete die Königin im Glauben
	und daz ölzwî die touben	und ließ die Taube
	hiez füeren in die arke,	den Ölzweig auf die Arche bringen –
	der himellewe starke,	der mächtige Himmelslöwe,
	den man sach bî der toufe stân,	den man der Taufe beiwohnen sah,
2890	daz lamp, daz kriuz hêt in den klân:	das Lamm, das das Kreuz in seinen Klauen trug;
	dise wilde geselleschaft	diese sonderbare Gemeinschaft
	mit einem lîbe hêten kraft:	bezog die Macht aus einer gemeinsamen Wesenheit,
	wan ez was ein einic got.	denn dies war ein einziger Gott.
	er wart gevater und tot,	Er war der Gevatter und der Pate,
2895	der die künigin toufte,	der die Königin taufte

in hôhe sælde sloufte.	und sie in höchste Seligkeit hüllte.
zweier krône ist gewehselt hie,	Zwei Kronen wurden hier getauscht
und wil iu bescheiden wie:	und ich will Euch sagen, wie:
si wil dise ûf der erde lân	Die eine will sie hier auf der Erde zurücklassen,
2900 und jene dâ ze himel hân.'	die andere dort im Himmel tragen."
Dô sprach der werde Georîs	Da sagte der edle Georg:
,edel küniginne wîs,	„Edle, weise Königin,
got wunder durch dich hât getân.	dir zuliebe hat Gott Wunder gewirkt.
heilic frou, nu sult ir gân	Nun sollt Ihr, heilige Frau,
2905 zem künige, und sagt niht über ein	zum König gehen, ihm jedoch kein Wort
daz wunder daz uns hie erschein.	von dem Wunder berichten, das uns hier widerfuhr.
heizt in gebieten ûf den sal	Tragt ihm auf, die Könige und die Fürsten
künigen, fürsten über al,	allesamt in den Saal kommen zu lassen,
heizet schrîen in die stat,	und lasst überall in der Stadt ausrufen, ich würde
2910 ich leist des mich der künic bat.'	das erfüllen, worum mich der König gebeten hat."
diu künigin gâht von im zehant	Die Königin eilte von ihm sogleich dorthin,
dâ si den wirt, den keiser, vant,	wo sie den Herrn, den Kaiser, fand,
dâ im ein juncfrou wazzer bôt.	als ihm gerade ein Edelfräulein das Wasser reichte.
si sprach ,gebt mir daz botenbrôt:	Sie sagte: „Gewährt mir den Botenlohn:
2915 der markîs ie zuo leisten wil	Der Markgraf will jetzt endlich
als ir in bâtet, ûf daz zil.'	alles erfüllen, worum Ihr ihn gebeten habt."
die künigin sazt er zuo im dâ.	Er ließ die Königin neben sich Platz nehmen.
den marschalc hiez er bringen sâ,	Den Marschall ließ er sogleich herbeiholen,
daz er die herren hieze komen,	damit er die Fürsten kommen lasse,
2920 als des âbents wær vernomen.	so wie es am Abend verkündet worden war.
diz geschach. si kômen alle	Das geschah. Sie kamen alle
mit fröudenrîchem schalle.	in freudigem Jubel herbei.
nu hœret wie manz ane vie.	Nun hört, was sich dort zutrug:
ieglîcher künic gekrônet gie,	Jeder König trug seine Krone,
2925 daz man dâ bî sæhe	auf dass man daran erkennen möge,
daz man sîn ze künige jæhe.	dass man ihm die Königswürde zugestand.
der keiser und diu keiserîn	Auch der Kaiser und die Kaiserin
wolden ouch gekrônet sîn.	wollten unter der Krone gehen.
Hie sprach der keiser sâ zehant	Hierauf sagte der Kaiser:
2930 ,her margrâf, nu sît gemant	„Herr Markgraf, nun erinnert Euch an das,
als ir nähten lobtet mir:	was Ihr mir gestern Abend gelobt habt.
geschiht daz, waz ich und ir	Wie werden wir beide uns gemeinsam
suln mit ein ander fröude hân!	freuen können, wenn das geschieht!
wer möht uns denne widerstân?	Wer könnte uns dann noch etwas entgegensetzen?
2935 ir lobt daz ir Apollen	Ihr habt versprochen, dass Ihr
êren wolt envollen	Apoll uneingeschränkt huldigen
und iuwer opfer bringen:	und ihm euer Opfer darbringen wollt.

	daz wil ich an iuch dingen.'	Das erwarte ich jetzt von Euch."
	in semfter lût der markîs sprach	Mit ruhiger Stimme sagte der Markgraf Georg:
2940	‚swaz rede ie bî der naht geschach,	„Nächtliche Reden werden gerne
	diu gert muotwillic sîn:	allzu leichtfertig dahergesagt.
	entriuwen, daz ist niht diu mîn:	Wahrlich, auf meine Worte trifft das nicht zu.
	ich hêt ie in mîner aht,	Ich achtete immer genau darauf, das,
	swaz ich gelobte bî der naht	was ich nachts versprochen habe, am nächsten
2945	daz leist ich gerne bî dem tage.	Tag bereitwillig zu erfüllen. Sollte jemandem
	swem daz an mir missehage	das an mir missfallen, dann soll er nach größerer
	der vind ein bezzerz, wizze er iht:	Tugend Ausschau halten, wenn ihm das gelingt.
	ich kum von mînem site niht.	Ich werde von meiner Gewohnheit nicht abweichen.
	ich lobt Apolln, der heiden got,	Ich schwor Apoll, dem Gott der Heiden,
2950	ich opfert im durch iur gebot;	ich würde ihm auf Euer Geheiß ein Opfer darbringen;
	des wil ich im niht abe stân:	das will ich ihm nicht versagen.
	heizt in her in den sal gân	Lasst ihn in diesen Saal kommen
	oder bitet in zuo uns vliegen,	oder bittet ihn, zu uns herzufliegen,
	ob wir unserm kriegen	damit wir unserem Streit
2955	ein ende mügen machen	durch unwiderlegbare Tatsachen
	mit bewærten sachen.	ein Ende machen können.
	ez ist reht daz ich in êre	Es ist richtig, dass ich ihm huldige
	und mich an in kêre,	und mich zu ihm bekehre,
	sît er der sunne hât gewalt,	da er doch über die Sonne gebietet,
2960	der louf mit wunder ist gezalt.	deren Lauf auf wundersame Weise bestimmt ist.
	an ir hœhe von ir îlen	Auf ihrer hohen Bahn überläuft sie
	in vier und zweinzec wîlen	mit ihrem eiligen Gang
	überloufet si gelîche	Erde und Meer gleichermaßen
	wâge und ertrîche	in vierundzwanzig Abschnitten,
2965	die mâz ze kurz noch ze lanc.	die das rechte Maß haben, weder zu kurz noch zu lang.
	ez enreicht niht menschen gedanc.'	Das entzieht sich dem menschlichen Verstand."
	DER künic sprach ‚habt für wâr	Der König sagte: „Glaubt mir,
	daz diu liehte sunne klâr	dass die helllichte Sonne so scheint,
	schînet als Apollô wil:	wie es Apoll will.
2970	er wîst si an ir âbents zil;	Er zeigt ihr das abendliche Ziel ihres Laufs,
	sô wirt ez anderhalben tac.	sodass es auf der anderen Seite Tag wird.
	daz macht ein breit wildez hac,	Das bewirken ein großer, wundersamer Garten,
	ein hôch gebirg, daz nordenmer,	das Nordmeer und ein hohes Gebirge,
	daz dâ reichet sunder wer	das sich dort
2975	ebentrâhteclîche	gleichermaßen unbehindert über
	über wâge und ertrîche	Wasser und Erde
	niun mîl die hœhe enbor,	neun Meilen in die Höhe erhebt,
	als ez mit wârheit hie vor	wie es wahrheitsgemäß vor langer Zeit von Sibylle,
	Sibille in dem gestirne maz,	die hierin nichts übersah,

2980	diu dâ nihtes an vergaz.	im Gestirn erkannt wurde.
	der planêten siben sint,	Sieben Planeten gibt es,
	der ieglîcher underbint	von denen ein jeder in Verbindung
	mit einem gote sunder hât.	zu einem eigenen Gott steht.
	diu sunne in hœhstem werde stât	Die Sonne steht in allerhöchstem Ansehen
2985	mit schœn, mit schîn envollen:	durch ihre Schönheit und ihr vollendetes Strahlen.
	dar umb sol man Apollen	Deswegen soll man auch Apoll
	ouch ze dem hœhsten êren,	als den Höchsten verehren
	an sîne helfe kêren:	und sich hilfesuchend an ihn wenden.
	er mac uns wol wesen frum.	Er kann uns gewiss von Nutzen sein.
2990	nu gê wir in daz templum,	Lasst uns nun in den Tempel gehen,
	dâ er in einer siule stât	wo er sich in einer Säule befindet
	und manic grôz gezierde hât,	und prächtig geschmückt ist,
	und opfern im alle dâ.'	und lasst uns alle ihm ein Opfer darbringen."
	dô sprach der margrâve sâ,	Daraufhin sagte der Markgraf,
2995	der edel ritter reine gemuot,	der edle Ritter von reiner Gesinnung:
	‚keiser hêr, mich dünket guot	„Mächtiger Kaiser, ich fände es gut,
	ir heizt Apollen zuo uns gân:	wenn Ihr Apoll zu uns kommen ließet.
	sô sul wir schône vor im stân	Wir werden dann vor ihm stehen, wie es ihm gebührt,
	und bringen im daz opfer sâ.'	und ihm das Opfer darbringen."
3000	DAZ erhôrt sîn hûsfrouwe dâ,	Das hörte seine Wirtin,
	dâ er ê gevangen was:	bei der er zuvor gefangengehalten worden war:
	diu stuont an dem palas.	Sie hielt sich bei dem Palast auf.
	in heller stimme si dô schrei	Da rief sie mit lauter Stimme:
	‚owê unde heiâ hei,	„O weh und immer weh,
3005	werder Geori von Palastîn,	edler Georg aus Palästina,
	hiut zergêt diu êre dîn.'	heute wird dein Ansehen zugrunde gehen."
	dô si der markîs hôrte,	Als der Markgraf sie hörte,
	mit bet er sich erbôrte	wandte er sich bittend
	ze dem künig und bat si în lân.	an den König und bat darum, sie herein zu lassen.
3010	daz wart al zehant getân.	Das wurde sofort getan. Um ihren Vorwurf
	umb ir gewerf, umb ir dinc	und ihr Anliegen zu vertreten, drängte sie sich
	dranc si vaste in den rinc:	entschlossen in den Kreis der Versammelten.
	si kunde harte wol ir ampt.	Sie wusste sehr genau, was sie zu tun hatte.
	si sprach ‚ich wæn iemen sampt	Sie sagte: „Ich kann mir nicht vorstellen,
3015	bî ein ander ûf der erde	dass es irgendwo auf der Welt
	in sô hôhem werde	an einem Ort so viele gekrönte Häupter
	sô manic krône alsô hie:	in so hohem Ansehen gibt wie hier –
	daz gehôrt ich sagen nie.	davon habe ich zumindest nie gehört.
	ez ist êre und rîcheit	Mit Ansehen und Macht wurde
3020	ûfen disen hof geleit.	dieser Hoftag ausgestattet.
	HIE stêt manic klâre jugent,	Hier stehen viele makellose junge Menschen,

	dem gelîch daz ir tugent	die den Eindruck erwecken, dass ihrer Tugendhaftigkeit
	würd nie verschert umb ein hâr.	nie auch nur ein Haar gekrümmt werden könnte.
	dâ bî brüevet daz für wâr:	Nun schaut, ob ich Euch die Wahrheit sage:
3025	der guote spîse machet,	Wenn jemand ein gutes Essen zubereitet
	und si dar nâch swachet,	und es danach verdirbt,
	daz er leit vergift dar în:	indem er etwas Giftiges hineinmischt –
	diu muoz al zehant sîn	dann wird dieses Essen sofort und unvermeidlich
	ungæbe und unreine.	schlecht und unrein sein.
3030	daz machet diu gemeine	Das liegt an der schlechten Zutat,
	dâ mit si ist gemischet:	mir der es vermischt wird;
	dâ von ir güete erlischet;	dadurch wird sein Nutzen zunichte,
	wan si ist lüppic unde riech.	denn dann ist es giftig und bitter.
	bœser gsellen wirt man siech.	Durch üble Gefährten wird man krank.
3035	alsô verliust diu ritterschaft	Genau so verliert die Ritterschaft
	von bœsem gsellen hie ir kraft.	hier und jetzt durch einen üblen Gefährten ihre Stärke.
	reint iuch, held, tuot in her dan:	Reinigt Euch, tapfere Kämpfer, schafft ihn fort!
	er ist ein triuwelôser man,	Er ist ein treuloser Mann,
	gemischet gar mit kunterfeit.	ganz von Falschheit durchsetzt.
3040	er swuor gester manigen eit	Gestern hat er viele Eide geschworen,
	bî ritters triuwen ûf sîn sêl,	bei der Treue eines Ritters, auf seine Seele,
	daz er ein got ûz Israhêl	dass er einen Gott aus Israel
	wolt minnen unde meinen,	lieben und ehren wolle
	und ander got deheinen,	und keinen anderen Gott
3045	wan den Marîa sider truoc	als den, mit dem Maria später schwanger wurde
	und den man an ein kriuze sluoc:	und den man an ein Kreuz geschlagen hat;
	hiute hât er zwêne got.	heute hat er zwei Götter.
	des muoz er sîn iur aller spot.	Dafür soll ihn Eure Verachtung treffen.
	ich meine dort den Palastîn.	Ich meine diesen hier, den aus Palästina.
3050	waz touc sîn mänlîcher schîn,	Was nützen sein männliches Aussehen
	und reide goltvar sîn hâr,	und sein gelocktes, goldfarbenes Haar
	und sîn antlütze klâr?	und sein schönes Gesicht?
	dar an lît allez grôziu vlust.	Das sind alles Zeichen großen Verderbens.
	waz touc sîn starkiu wîtiu brust?	Was nützt seine starke und breite Brust?
3055	eins hasen herz ist drin gejagt,	Man hat dort das Herz eines Hasen hineingetrieben,
	sît er an dem ist verzagt	da er dem nicht mehr vertraut,
	der im solch êre hât erboten,	der ihm so große Ehre zuteil werden ließ,
	und opfern wil den abgoten.	und da er vorhat, den Götzen zu opfern.
	her markîs, iu sî widerseit.	Herr Markgraf, von jetzt an sind wir Feinde!
3060	iuwer wirde diu ist hin geleit.	Euer Ansehen liegt am Boden.
	gein stæt wart nieman lazzer,	Es gibt niemanden, der sich um Treue so wenig schert;
	ir rehte wisewazzer,	Ihr seid eben ein laues Wässerchen,
	ir abetrünn, ir wankelbolt.	ein Verräter, ein wankelmütiger Feigling!

	man sol iu nimmer werden holt.	Man soll Euch niemals mehr vertrauen.
3065	iuwer lîp bî namen veiget.	Ihr seid zweifelsfrei dem Tod geweiht.
	swâ ir daz wazzer zeiget,	Wo auch immer Ihr Wasser anbietet,
	da versehe man sich fiures.	da muss man sich vor Feuer hüten.
	ich enwesse niht sô tiures	Ich kannte nichts Kostbareres als Euch:
	als iuch: daz ist nu gar verlorn.	All das ist nun ganz und gar verloren. Man möge
3070	man blâs nâch iuwer wird ein horn.	das Horn blasen, zum letzten Gruß für Euren Anstand!
	wê daz iuch ie gebar kein wîp:	Ach, dass Euch jemals eine Frau geboren hat –
	verlorn ist sêl und iuwer lîp.	verloren sind Eure Seele und Euer Leben.
	Got tet durch iuch wunders vil:	Gott hat um Euretwillen viele Wunder gewirkt;
	er brach der natûre zil.	er veränderte den Lauf der Natur.
3075	in disem kalten winder,	In diesem kalten Winter
	dâ wart ez verre linder	wurde es in meinem Haus
	in mînem hûs denn ie der tac	weit wärmer als je an einem Tag,
	des der mei mit zarte pflac,	den der Mai liebevoll umsorgte,
	von bluomen gedrange,	mit sprießenden Blumen
3080	und mit der vogel sange,	und dem Gesang der Vögel,
	daz was süeze unde zart.	das war lieblich und fein.
	mîn sûl ze einem boume wart:	Mein Dachfirst wurde zu einem Baum,
	diu hêt von bluote liehten schîn.	der hell strahlte vor lauter Blüten.
	ein tavel, was ein rubîn,	Auf einem Tisch – das war ein Rubin,
3085	die zwêne engel brâhten dar,	den zwei Engel dorthin brachten –
	dar ûfe moht man nemen war	konnte man das sehen,
	daz man dâ heizet wirtschaft;	was man ein Festmahl zu nennen pflegt.
	des hêt man dâ die vollen kraft.	Alles hatte man dort in Hülle und Fülle.
	disiu gotes tougen	Mit eigenen Augen sah ich
3090	sach ich mit mînen ougen:	diese göttlichen Wundertaten,
	dâ von bin ichs jehende.	deshalb mache ich sie hier bekannt.
	mîn kint daz wart gesehende;	Mein Kind erhielt sein Augenlicht.
	ez was krump, und ist gereht,	Es war bucklig und steht nun aufrecht,
	dar zuo schœne unde sleht.	außerdem ist es schön und makellos.
3095	daz geschach reht in des namen,	Das geschah im Namen desjenigen,
	der Êvam und Adamen	der Eva und Adam
	ûz der erde machte	aus der Erde formte
	und den tiuvel swachte.	und den Teufel erniedrigte.
	an den geloub ich über ein:	An diesen Gott glaube ich ganz und gar.
3100	sîn lieht ie nâch der vinster schein,	Sein Licht leuchtete stets gegen die Finsternis, sodass
	sô brâht diu sunne aber den tac.	die Sonne immer wieder den neuen Tag gebracht hat.
	swaz mir der künic getuon mac,	Ganz gleich, was dieser König mir antun wird,
	des ergetzet mich der künic oben;	der König oben im Himmel wird mich dafür belohnen.
	den wil ich für Apollen loben.'	Den – und nicht Apoll – will ich lobpreisen."
3105	**Der** künic der hiez gâhen,	Der König ließ

	daz arme wîp vâhen.	die arme Frau eilends gefangen nehmen.
	er sprach ‚si ist ein kristen,	Er sagte: „Sie ist eine Christin,
	ir sult si niht mêr fristen:	ihr dürft sie nicht länger leben lassen,
	setzt si balde ûf ein rat.'	bindet sie gleich auf ein Rad."
3110	der margrâf mit vlîze bat	Der Markgraf bat den König
	den künic daz ers lieze	mit großem Einsatz darum, es nicht zu tun
	und ir fride gehieze.	und ihr seinen Schutz zu gewähren.
	Dô sprach der margrâve hêr	An sie gewandt sagte der edle Markgraf:
	‚frouwe, mir wart nie mêr	„Verehrte Frau, noch nie hat mir
3115	gesprochen alsô sêre	jemand so heftig
	an mîn mänlîche êre:	meinen Anstand als Mann abgesprochen.
	daz sî iu allez sampt vergeben.	Das sei Euch voll und ganz vergeben.
	lât mich, sælic wîp, noch leben:	Lasst mich, selige Frau, noch einmal davonkommen.
	waz ob ich lîhte noch kum wider?	Könnte es nicht sein, dass ich umkehren werde?
3120	nu gêt von mir bald hin nider:	Brecht nun rasch von mir auf, geht hinab,
	heizet iuwern sun ûf stân	sagt Eurem Sohn, dass er aufstehen
	und balde her zuo mir gân.'	und sogleich zu mir kommen soll."
	des wart daz arme wîp vil frô.	Darüber freute sich die arme Frau sehr.
	si huop sich sâ dannen dô	Sie brach sogleich von dort auf,
3125	dâ si ir kint ligende vant	dorthin, wo ihr Kind lag,
	als siz in die wiegen bant.	ganz so, wie sie es in die Wiege gebunden hatte.
	al lachend sie ez an sach.	Über das ganze Gesicht strahlend sah sie es an.
	hin zim si muoterlîche sprach	Sie sagte zu ihm, so, wie es Mütter tun:
	‚wol ûf, lieber sun mîn,	„Steh auf, mein lieber Sohn,
3130	dîn herre, der grâve ûz Palastîn,	dein Herr, der Graf aus Palästina,
	enbiut du sülest zuo im komen.	will, dass du zu ihm kommst.
	daz hân ich von im vernomen.'	Das hat er mir gesagt."
	daz kint sprach ‚maht du mir sagen,	Das Kind sagte: „Kannst du mir auch sagen,
	solt du mich muoter zuo im tragen?'	ob du, Mutter, mich zu ihm tragen sollst?"
3135	si sprach ‚er hiez dich selbe gân.'	Sie sagte: „Er will, dass du selbst gehst."
	daz kint sprach ‚daz sî getân:	Das Kind sagte: „So soll es sein.
	odr enbôt er mir dar vliegen,	Selbst wenn er von mir verlangte, dorthin zu fliegen,
	des wil ich nieman liegen,	dann würde ich das sicherlich tun,
	daz tæt ich wol,' sprach der knabe,	das ist mein voller Ernst", sagte der Junge,
3140	‚swie ich doch niht vedern habe.	„auch wenn ich keine Federn habe.
	sage, frou, gebôt er mirz?	Sag, Frau Mutter, hat er mir zu kommen befohlen?
	sô springe ich dar als ein hirz.'	Dann springe ich dorthin wie ein Hirsch."
	hie mit begund si machen	Nach diesen Worten begann sie sogleich damit,
	ûz sînem lîlachen	aus seinem Betttuch
3145	ein hemed an der stunde	ein Hemd zu machen,
	sôs allerbeste kunde.	so gut sie es konnte.
	lât gân uns den lôsen knaben,	Nun wollen wir den fröhlichen Jungen laufen lassen,

	der sich ze dienst hât ûz erhaben.	der sich zum Dienst aufgemacht hat.
	an der selben stunde	Genau in diesem Moment
3150	sîn hemde sich begunde	fing sein Hemd an,
	verwandeln in der selben zît.	sich rasch zu verwandeln.
	ez wart ein liehter samît,	Es bestand nun aus einem strahlenden Brokatstoff,
	der was im eben wol gesniten,	der sehr passend auf den Jungen zugeschnitten war,
	doch schære, nâdel dran vermiten.	ohne dass Schere und Nadel dafür gebraucht wurden.
3155	ûf sînem houpt truoc er für wâr	Auf seinem Kopf trug er – das ist wahr –
	von berlîn ein schapel klâr.	einen glänzenden Kranz aus Perlen.
	daz kint gie ûf in den sal.	Das Kind ging hinauf in den Saal.
	grôz kapfen wart dâ über al	Dort machten alle große Augen
	und umb ez ein solch gedranc,	und veranstalteten um ihn herum ein solches Gedränge,
3160	ez wær ze sagen al ze lanc.	dass es zu lange dauern würde, davon zu erzählen.
	Dô der knab kom durch den rinc,	Als der Junge in den Kreis gekommen war,
	dô frâgt der lôse jungelinc	da fragte der unbekümmerte Jüngling
	die künig alle der mære	die Könige allesamt danach,
	wâ sîn herre wære,	wo sein Herr sei,
3165	der margrâf von Palastîn.	der Markgraf von Palästina.
	den zeigten si dem kindelîn.	Den zeigten sie dem kleinen Kind.
	daz lie sich für in an ein knie.	Das kniete vor ihm nieder.
	sîn red ez sus ane vie.	Seine Rede begann es folgendermaßen.
	ez sprach ‚lieber herre,	Es sagte: „Lieber Herr,
3170	nâhen unde verre	nach Nah und Fern
	mügt ir mich wol senden:	könnt Ihr mich gern schicken,
	ich trûwe wol geenden	ich traue mir zu, alle Eure
	alle iuwer botschaft	Botschaften gut auszurichten
	mit des heilgen geistes kraft;	mit Hilfe des Heiligen Geistes,
3175	wan der wont iu nâhen bî.	denn der ist bei Euch.
	daz ist an mir schîn worden hie.	Das hat sich hier an mir gezeigt.
	daz grîfet hœret unde seht,	Berührt mich, hört und seht,
	ob ir mir der wârheit jeht.	auf dass Ihr eingesteht, dass es wahr ist.
	nu schout ez sunder lougen:	Seht nun, es ist keine Täuschung:
3180	mîn hende, füez und ougen,	Meine Hände, Füße und Augen,
	daz was an mir verdorben:	das alles konnte ich nicht gebrauchen.
	daz habt ir mir erworben,	Ihr habt dafür gesorgt,
	daz ich bin gar wol gesunt.	dass ich ganz und gar gesund geworden bin.
	iuwer herz und ouch der munt	Euer Herz und auch Euer Mund
3185	was des volleist unde bot	gewährten ihre Hilfe und brachten die Botschaft
	ze Jêsu, dem süezen got;	zu Jesus, dem süßen Gott.
	des sî genâde iu geseit	Dafür sei Euch
	und sîner drîvaltekeit.'	und seiner Dreifaltigkeit gedankt."
	Dô sprach der margrâf zehant	Daraufhin sagte der Markgraf:

3190	‚knab, uns ist daz wol bekant	„Mein Junge, wir wissen genau,
	daz got tuot allez daz er wil,	dass Gott alles vollbringt, was er möchte,
	ez sî lützel oder vil.	es sei wenig oder viel.
	nû stêt ûf, lieber knabe,	Steht nun auf, lieber Junge,
	und gêt balde dort hin abe	und geht rasch dort
3195	in daz schœne templum.	in den schönen Tempel hinab.
	sagt Apollen daz er kum	Sagt Apoll, er solle herkommen im Namen des Gottes,
	bî dem gewîssagten got:	der prophezeit wurde.
	well er niht tuon durch daz gebot,	Sollte er nicht tun wollen, was ihm befohlen wird,
	mit hôchvart wider muoten,	und sich aus Überheblichkeit widersetzen,
3200	sô nemt hin die ruoten	dann nehmt diese Rute mit
	und tuot im einen slac dâ mit:	und versetzt ihm damit einen Schlag,
	sô muoz er sunder gebit	dann muss er unverzüglich
	harte balde zuo uns gân	eilends zu uns kommen
	und getar ez nimmer verlân.'	und wird sich dem nicht zu widersetzen wagen."
3205	‚daz tuon ich,' sprach daz kleine kint,	„Das mache ich", sagte das kleine Kind,
	‚alle die ûf der erde sint	„es gibt keinen Menschen auf der Welt,
	möhten daz niht understân.'	der das verhindern könnte."
	Dô sprach der künic Dâciân	Da sagte König Dacian: „Mein Junge,
	‚knab, an iu lît wunders vil,	Ihr seid zum Schauplatz großer Wunder geworden,
3210	daz ir der natûre zil	indem Ihr den Lauf der Natur
	alsô fruo brechet,	so jung schon durchbrecht,
	daz ir gêt und sprechet	indem Ihr geht und sprecht,
	als ob ir hêtet grâwen loc:	als wenn Ihr graue Locken hättet.
	ir sît ez lîht ein abetroc.	Ihr seid doch wohl ein Trugbild!
3215	wont aver iu iht guotes bî,	Bringt Ihr aber etwas Gutes,
	ob daz in iuwern hulden sî,	würdet Ihr uns das dann mitteilen,
	welt ir uns daz wizzen lân?'	wenn Euch das recht und genehm ist?"
	Dô sprach daz kindel wol getân	Darauf sagte das schöne Kind:
	‚her, ich bin niht ein abetroc.	„Herr, ich bin kein Trugbild.
3220	der den Israhêls gezoc	Der, der die umherziehende Schar der Israeliten
	mit fünf brôten spîset,	mit fünf Broten ernährte,
	der selbe mich ouch wîset,	eben der macht mich
	daz ich rede unde gên	reden und gehen
	und alle sprâche wol verstên.'	und lässt mich alle Sprachen verstehen."
3225	DAZ kindel von dem künige gie.	Das Kind entfernte sich vom König.
	jene, dise unde die	Sie alle, hier wie dort,
	hêten umb ez grôz gedranc:	veranstalteten um den Knaben ein großes Gedränge.
	hin durch si tet ez den swanc.	Er stürmte mitten durch sie hindurch.
	man hêt ez für wâr ertreten,	Wahrlich, man hätte ihn totgetreten,
3230	wan daz zuo im was geweten	hätte sich nicht ein Engel
	ein engel, daz im niht geschach,	zu ihm gesellt, sodass ihm nichts geschah,

wan ez durch si alle brach	denn er drängte sich durch sie alle hindurch,
als ez ein hanif wære.	als ob es ein Hanffeld wäre.
der knabe wunderbære	Der Junge, an dem das Wunder geschehen war,
3235 gie nâch des margrâven gebot	ging in den Tempel zum Gott der Sonne,
in den tempel ze der sunne got.	wie es ihm der Markgraf aufgetragen hatte.
dô ez die sûl ane sach,	Das Kind sah die Säule an
daz kint guotlîche sprach	und sagte freundlich:
‚Apollô, hâst du mich vernomen?	„Apoll, hast du mich gehört?
3240 du solt in dirre siule komen	Du sollst in dieser Säule
ûf des rîchen keisers sal:	in den Saal des mächtigen Kaisers kommen.
dâ wartent dîn über al	Dort warten viele hellglänzende
manic krône lieht gevar.	Kronen auf dich.
du solt îlen balde dar,	Beeile dich, damit du bald dort bist.
3245 fürder dich in allen wîs:	Mach dich auf, mit allem, was dazu gehört,
daz enbiutet dir der markîs,	das gebietet dir der Markgraf,
tribûn von Capadôciâ;	der Tribun von Kappadokien.
der wartet dîn mit opfer dâ,	Der erwartet dich dort mit Opfergaben,
dar zuo manic künic hêr:	außerdem viele edle Könige.
3250 du solt dich niht sûmen mêr.'	Du darfst nicht länger zögern."
Apollô der sweic stille,	Apoll, der blieb still und stumm,
wan dar was niht sîn wille.	denn dorthin wollte er nicht gehen.
Dô sprach daz kleine kindelîn	Da sagte das Kindlein:
‚hie enmac kein bite sîn,	„Von Bitten kann hier keine Rede sein!
3255 Apollô: des wart ûf mich;	Apoll, pass gut auf,
wan ich beswere rehte dich	denn ich beschwöre dich geradewegs
bî dem kinde solcher art	im Namen eben des Kindes,
daz sunder natûre wart,	das ohne den Akt der Zeugung geschaffen wurde;
daz Sibillâ nant der tugende kint,	das Sibylle das Kind der Tugend nannte;
3260 ob dem der esel und daz rint	über dem der Esel und der Ochse
âzen beid ir fuoter,	beide ihr Futter fraßen,
dô ez kom von der muoter.'	nachdem es von der Mutter geboren worden war."
VON dem wort Apoll erschrac	Diese Worte erschreckten Apoll so,
als in ein scharfer donerslac	als würde ihn ein heftiger Blitzschlag
3265 slüeg ze tûsent stücken.	in tausend Stücke hauen.
daz abgot begund sich smücken	Der Abgott begann, sich eng in die
in die schœnen siule	schöne Säule zu schmiegen,
als bî dem tag diu iule.	so wie es tagsüber die Eule tut.
daz abgot alsô lûte,	So laut war der Abgott,
3270 daz sich der tempel erschutte:	dass der Tempel erbebte.
diu liute begunden vliehen	Die Menschen begannen zu fliehen
und sich von im ziehen.	und sich von ihm zu entfernen.
daz templum sunder liute wart,	Menschenleer wurde der Tempel,

	wan al eine Ritschart,	abgesehen von Ritschart,
3275	Georjen schrîbære,	Georgs Schreiber,
	der uns diu starken mære	der als Einziger dessen außergewöhnliche Geschichte
	von im sunderlîche schreip:	für uns aufgeschrieben hat;
	anders nieman dâ beleip.	sonst blieb niemand dort.
	DAZ abgot sprach zehant	Der Abgott sagte dann:
3280	‚kint, wer hât dich her gesant?'	„Kind, wer hat dich hierher geschickt?"
	ez sprach ‚daz hât mîn herre.'	Er sagte: „Mein Herr hat das getan."
	daz abgot sprach ‚wie verre	Der Abgott sagte: „Wie weit
	der künige swert snîdet,	reicht doch das Schwert der Könige,
	daz ez mich niht mîdet!'	dass es mich nicht verschont!"
3285	daz kint sluoc mit der ruoten dar.	Das Kind schlug mit der Rute zu.
	dô wart balde dâ en var	Schon bald setzten sich dort
	diu sûl und daz abgot	die Säule und der Abgott in Bewegung,
	al nâch des kindes gebot	ganz nach dem Befehl des Kindes,
	als ein slite in dem winder.	wie ein Schlitten im Winter.
3290	daz kint gie dar hinder	Das Kind ging hinter ihm her
	und treip daz abgot ûf den sal.	und trieb den Abgott hinauf zum Saal.
	dô wart grôz kapfen über al.	Dort wurden überall große Augen gemacht.
	DER keiser viel die venige dar.	Der Kaiser fiel nieder auf die Knie.
	er sprach ‚nu nemt alle war	Er sagte: „Schaut jetzt alle her und seht,
3295	wie starke kraft Apollô hât,	wie groß die Macht Apolls ist,
	daz er âne füeze gât.'	dass er ohne Füße gehen kann."
	dô sprâchen an der stunde	Darauf sagten
	die künige ûz einem munde	die Könige einstimmig,
	daz si dort noch hie	dass sie weder hier noch anderswo
3300	gesâhen solcher wunder nie:	je ein solches Wunder gesehen hätten: das Wunder
	daz wunder umb daz kindelîn,	nämlich, das sich an dem kleinen Kind zeigte,
	daz möht niht grœzer gesîn;	das könnte größer nicht sein;
	und daz diu sûl gienge,	und dass die Säule lief
	und die sô hôhe enpfienge	und dass sie so ehrenvoll empfangen wurde
3305	der künic mit sîner venige	vom König mit seinem Kniefall
	mit aller sîner menige,	und im Beisein seines gesamten Hofstaats,
	und si hêt für einen got,	und dass er sie für einen Gott hielt,
	daz was ir sumelîcher spot.	darüber spotteten viele von ihnen.
	Dô sprach der künic Dâciân	Da sagte König Dacian:
3310	‚mîn her Georî, seht ir stân	„Mein Herr Georg, seht Ihr
	die siule wunneclîche?	die herrliche Säule hier stehen?
	allersuntäglîche	Jeden Sonntag
	spricht dar ûz der sunne got.	spricht aus ihr der Gott der Sonne.
	nu opfert im durch mîn gebot	Nun opfert ihm auf meinen Befehl hin
3315	und dar zuo durch mîne bet,	und auch, weil ich darum bitte,

den der starke Mahmet	ihm, den der mächtige Machmet
hât für êre unde prîs.'	ehrt und lobpreist."
Dô sprach der süeze markîs	Da sagte der süße Markgraf:
‚her, ich tuon ez gerne.	„Herr, das tue ich gerne.
3320 Apoll! durch den der sterne	Apoll! Im Namen dessen, der den Königen
ze wîsunge den künigen schein,	den Stern als Wegweiser leuchten ließ,
bî anders nieman über ein	und ganz bestimmt bei keinem anderen
wil ich hiut beswern dich,	will ich dich heute beschwören,
daz du hie berihtest mich	damit du mir hier Auskunft gibst
3325 und uns sagest waz du sîst,	und uns sagst, was du bist,
nu du der sunne alsô gîst	da du die Sonne auf solche Weise scheinen lässt,
ir schîn, daz man dâ von gesiht,	dass man bei ihrem Licht sehen kann,
als mîn herre, der keiser, giht.'	wie es mein Herr, der Kaiser, behauptet."
HIE begund daz abgot ruofen	Hierauf begann der Abgott zu schreien
3330 und in der siule wuofen,	und in der Säule zu jammern,
daz rîche und arm ûf dem sal	sodass sich im Saal die Mächtigen
tâten ze der erde val.	und das einfache Volk zu Boden warfen.
ez schrei vil lût ‚Altissimus,	Er schrie ganz laut: „*Altissimus*,
wie hâst du mich entêret sus,	warum hast du mich dermaßen erniedrigt,
3335 daz du mich hâst verstôzen	dass du mich
mit allen mîn genôzen	mit allen meinen Getreuen
von dem himelrîche:	aus dem Himmelreich verstoßen hast?
in helle, ûf ertrîche	In der Hölle und auf Erden
marterst du uns aver mêr.	quälst du uns immerzu.
3340 wîlen wâr wir engel hêr:	Einst waren wir herrliche Engel,
nû heiz wir tiufel unde wiht.	nun heißen wir Teufel und Dämonen.
iedoch hab mir mit iu pfliht,	Dennoch haben wir Euch gegenüber eine Verpflichtung,
swie kranc wir sîn worden;	ganz gleich, wie schwach wir geworden sind:
undr aller hande orden	Aus allen Ständen
3345 wirt uns der liute ie ein teil.	bekommen wir stets einen Teil der Menschen.
des selben wil ich wesen geil.	Darüber werde ich immer froh sein! Um den
ez stêt ze helle sô der hof:	Hofstaat der Hölle ist es folgendermaßen bestellt:
er heize künic, bischof,	Ob sie nun König oder Bischof genannt werden,
die müezen uns dienen dâ.	sie alle müssen uns dort dienen.
3350 uns bringet dar Superbiâ	Der Hochmut bringt uns
herzogen, grâven, frîen	Herzöge, Grafen und Freie
undr ir danc, Marîen;	gegen ihren Willen – heilige Mutter Gottes! –,
küster, prîor, appet,	dazu Küster, Prioren und Äbte,
daz wirt dâ zuns entlappet.	die dort von uns entkleidet werden.
3355 wir künnen wol gerâten:	Es mangelt uns an nichts:
ûz allen prelâten	Von allen Prälaten
hab wir amptliute dâ.	haben wir Dienstleute bei uns.

Beschwörung Apolls und erstes Martyrium

diz füeget uns Superbiâ.	Dies erledigt für uns der Hochmut.
ouch dienet uns dâ zaller zît	Zudem dienen uns dort beständig
3360 überminne unde gît.	Wollust und Geiz.
uns dienet vil nâch nieman baz	Uns dient niemand annähernd so gut
denne nît unde haz.	wie Neid und Zorn.
In den dritten himel ich var:	Ich begebe mich in den dritten Himmel,
dâ nim ich rehte inne war	dort nehme ich alles genau zur Kenntnis,
3365 swaz man von den liuten reit:	was man über die Menschen sagt.
ie nâch der gelegenheit,	Mein Handeln mache ich dann davon abhängig,
dâ rihte ich mich denne nâch.	wie es um sie steht.
sô ist mir ze der erde gâch,	Dann habe ich es eilig, auf die Erde zu kommen,
dâ der priester singet,	wo der Priester von Dingen singt,
3370 daz liut ze banne bringet;	die die Menschen ins Verderben führen.
sô stên ich vor der kirchen tür,	Da stehe ich dann vor der Kirchentür,
als der selbe gêt her für,	wenn eben jener hinausgeht.
zehant des underwind ich mich	Sogleich nehme ich ihn in meine Gewalt
und lege an in mîn gerich.	und verhänge über ihn meine Strafe.
3375 ich füeg den liuten zaller zît	Ständig sorge ich dafür,
daz maniger jâmerlîche lît	dass es vielen Menschen jämmerlich ergeht,
dâ er den lîp verliuset,	wenn sie das Leben verlieren
und Jêsum verkiuset:	und Jesus verleugnen;
sô wirt er mîn geselle,	auf diese Weise werden sie zu meinen Gefolgsleuten
3380 und füer in ze der helle.	und ich führe sie in die Hölle.
die rede ich ûf si werbe,	Ich ziehe sie zur Rechenschaft,
daz si von mînem erbe	damit sie meinem Erbe
immer sint gescheiden	für immer fern bleiben,
mit unzällîchen leiden,	mit unermesslichem Leid,
3385 von unserm stuol alsô klâr,	fern von unserem so herrlichen Thron,
dâ sô kurz sint diu jâr.	wo die Jahre so angenehm vergehen.
Georî, ich hân dir geseit	Georg, ich habe dir berichtet
von der mîn gelegenheit.	wie es um mich steht.
dâ bî solt du gelouben mir	Deshalb musst du mir glauben,
3390 des ich hie swere dir	was ich dir hier schwöre,
bi dem mânen, bî der sunne	bei dem Mond, bei der Sonne
und bî der kœre wunne	und bei den Freuden der Chöre des Himmels
und bî dem abgründe,	und bei dem tiefen Schlund,
dar inne ich hân künde,	in dem ich zuhause bin
3395 dâ mich der eltist hitzet;	und wo mir der Älteste einheizt.
ich swer bî dem der sitzet	Ich schwöre bei dem,
in dem niunden himel oben,	der oben im neunten Himmel sitzt,
den dîn munt sô hôch kan loben,	den dein Mund in höchsten Tönen zu loben weiß,
und bî dem urteillîchen tage,	und bei dem Jüngsten Gericht,

3400	dâ sich fröude unde klage	wo Freude und Klage
	des selben tages zweiet,	noch am selben Tag aufgeteilt werden,
	daz dich nieman heiet	dass dich niemand vor mir schützt
	vor mir wan der alte,	als allein der Alte,
	der mich mit gewalte	der mich gewaltsam
3405	von dem himelrîche stiez	aus dem Himmelreich hinauswarf
	und sich nâch mir zer erde liez:	und sich später, wegen mir, auf die Erde begab.
	ich zerbræch dich alsô kleine	Ich würde dich derart zermalmen
	als von dem mülsteine	wie es der Mühlstein
	wirt rocke unde weize;	mit Roggen und Weizen tut.
3410	ich tæt dir alsô heize	Ich würde dir so einheizen,
	daz von der elementen art	dass niemandem, der aus den vier Elementen besteht,
	nie niemen alsô heize wart:	je so heiß geworden ist.
	der alte ez allez wendet,	All das verhindert der Alte,
	der uns dâ hât geschendet.'	der uns einst erniedrigt hat."
3415	**Dô** sprach der margrâve hêr	Darauf sagte der edle Markgraf:
	‚ich gebiute daz du sagest mêr,	„Ich verlange, dass du noch mehr berichtest
	und dar zuo daz lâzest sehen,	und außerdem enthüllst,
	wie dir ze himel sî geschehen.	wie es dir im Himmel ergangen ist.
	hâst du engelischen schîn	Strahlst du im Glanz der Engel
3420	von dem kôre Cherubîn?	von dem Chor Cherubin?
	oder ist swarz dîn gevider?	Oder ist dein Gefieder schwarz?
	sô bist du von den kœren nider	Dann bist du gemeinsam mit Luzifer
	mit Lûcifer gevallen,	von den Chören herabgestürzt
	sô muost du immer wallen	und dann musst du,
3425	in dem êwigen fiure,	du schrecklicher Drache,
	du trache ungehiure.'	für immer in dem ewigen Feuer umherziehen."
	als er die rede vol gesprach,	Als er das alles gesagt hatte,
	daz wiht man ûf der siule sach.	sah man den Dämon auf der Säule erscheinen.
	daz schrei vil lûte ‚scharfer got,	Laut schrie er: „Unerbittlicher Gott,
3430	daz du alsô dînen spot	dass du mich hier derart
	ûz mir hie sô rihtest	zum Gegenstand deines Spottes machst
	und mich sô gar entnihtest!	und mich so ganz und gar vernichtest!
	du bist gên mir zornes vol.	Du bist mir gegenüber voller Zorn.
	jâ bekenne ich dich wol:	Ich kenne dich doch genau:
3435	du kanst mich sêre pînen,	Du weißt mich arg zu quälen
	und wilt den leimînen	und willst meinen Thron
	mîn hêrstuol behalten.	für die Lehmlinge freihalten.
	dâ von wil ich si schalten.	Von dem will ich sie vertreiben!
	ICH bin edel und tiure	Ich bin von hohem Stand und edlem Wesen,
3440	von lufte und von fiure:	aus Luft und aus Feuer,
	sô ist der mensch unwerde	der Mensch dagegen ist minderwertig,

	gemachet ûz der erde;	aus Erde geformt.
	wan sô daz weter ane gât,	Wenn nämlich Wind und Wetter losbrechen,
	der mennisch ûf der erde stât:	steht der Mensch auf der Erde,
3445	wan diu ist diu muoter sîn.	denn die ist seine Mutter.
	al dâ wirt unser adel schîn:	Genau daran zeigt sich unser hoher Stand:
	ez enwirt uns nie sô sûre,	Uns trifft nie solch bitteres Schicksal.
	wir varen von natûre,	Es liegt in unserer Natur, unserer Wesensart,
	von art, mit hôhem gufte	dass wir uns frohgemut
3450	ze fiure und ze lufte	im Feuer und in der Luft bewegen,
	dâ si mit wazzer kriegent.	wo diese mit dem Wasser kämpfen.
	sô si zesamen vliegent,	Wenn die Elemente aufeinander krachen,
	dâ wirt ein sô herter stôz,	dann führt das zu einem derart harten Aufprall,
	alsô egeslîche grôz,	so schrecklich heftig,
3455	sô bitter und sô grimme,	so qualvoll und so grausam,
	daz dehein stimme	dass kein Mund
	gesagen mac den vollen.	das vollständig darlegen kann.
	dar umb man mich Apollen	Deshalb nennt man mich Apoll,
	nennet, daz ich dâ muoz sîn.	weil ich dort sein muss.
3460	daz kumt von der sunne schîn,	Das ist so wegen der Helligkeit der Sonne,
	diu alles fiures muoter ist,	die die Mutter jeden Feuers ist,
	als man von natûre list.	wie man es aus der Natur lernen kann.
	dâ von heiz ich der sunne got.	Deshalb nennt man mich den Gott der Sonne.
	si tuot ab niht durch mîn gebot,	Sie bewegt sich aber nicht im Kreis, weil ich das so will,
3465	wan daz ich heize nâch ir sus.	sondern ich werde nach ihr so genannt.
	einer, heizt Zodîacus,	Es gibt einen, der heißt Zodiac,
	der ist als ein rat gemâlet:	der wird in Form eines Rades dargestellt,
	der selbe niht entwâlet	der lässt unaufhörlich
	er ziehe umb daz himelrat	das Himmelsrad kreisen
3470	und bring hin wider an ir stat	und hört nicht auf, die Sonne zum Jahresende
	die sunne ze des jâres zil.	zurück an ihren Ort zu bringen.
	ich künde dir gesagen vil	Viel könnte ich dir erzählen
	von den planêten,	von den Planeten,
	waz si krefte hêten,	über welche Kräfte sie verfügen,
3475	und von der sternen umbevart,	und von ihrem Umlauf,
	von ir louft und umb ir art.	von ihrer Bahn und ihrer Wesensart.
	Ich muoz durch mînen meister sîn	Ich muss wegen meines Meisters
	ze sumer dâ der sunne schîn	im Sommer dort sein, wo die Strahlen der Sonne
	vihtet gein dem winde:	gegen den Wind ankämpfen.
3480	dâ von varent swinde	Daraus entstehen schnell
	die egeslîchen sprîzen	jene furchtbaren Splitter,
	die man ûf erd siht glîzen,	die man auf der Erde aufflammen sieht,
	und ein solch gestüppe	und ein solcher Blitzschauer,

dâ für dehein lüppe	gegen den keine Arznei hilft
3485 ist weder nütze noch frum,	oder Rettung bringt.
ez vert durch daz centrum	Der Blitzschauer bewegt sich mitten hindurch
in daz itwæge;	hinein in den Gewitterwirbel.
und ob ûf ein ander læge	Und türmten sich tausend Berge
tûsent berg als Lybanus:	wie der Libanonberg übereinander,
3490 dâ hêt ez den rûm sus	da würde sich der Schauer trotzdem Platz schaffen,
ze glîcher wîse durch und durch	in gleicher Weise und mitten hindurch
als ûf der erde durch ein furch.	wie durch eine Furche auf der Erde.
mit dem weter var ich:	Mit diesem Wetter ziehe ich umher.
an den liuten rich ich mich;	und räche mich an den Menschen,
3495 wan ich daz weter füere	indem ich das Ungewitter dorthin lenke,
dâ ez den menschen rüere:	wo es dem Menschen schadet.
der ist al zehant tôt,	Der ist auf der Stelle tot
und muoz lîden grôze nôt.	und muss große Qualen erleiden.
Nu brüeve rehte, Georîs:	Du wirst eingestehen müssen, Georg:
3500 ich hân dir in allen wîs	Ich habe dir in vollem Umfang
mîns gevertes verjehen.	über mein Dasein berichtet.
dar zuo lâz ich mich dich sehen.	Außerdem lasse ich zu, dass du mich siehst.
dîn got hât mich geschaffen	Dein Gott hat mich
als einen huntaffen,	wie einen Hundsaffen gestaltet,
3505 wan des einen: ich hân vlüge,	mit einem Unterschied: Ich habe Flügel,
dâ mit ervliug ich manige vlüge.	mit denen ich so manchen Flug unternehme.
wil du dîn opfer bringen	Wenn du mir opferst,
mir, sô wil ich dingen	dann werde ich davon ausgehen,
daz du mich habst für einen got;	dass du mich für einen Gott hältst und ich werde mich
3510 und leiste ein jâr mîn gebot:	ein Jahr lang an mein Versprechen halten.
ich füeg dir hôhe minne.	Ich werde dir edle Liebe verschaffen!
ez ist kein küniginne	Es gibt keine Königin, von der
ich trû si wol erwerben dir.	ich mir nicht zutrauen würde, sie dir zu beschaffen,
daz solt du gelouben mir.	das kannst du mir glauben.
3515 ich füeg dir êren alsô vil	Ich verhelfe dir zu so großem Ansehen,
als du selbe wünschen wil,	wie du es selbst dir nur wünschen kannst.
opfer mir, ritter klâr;	Opfere mir, strahlender Ritter,
ich mach dir dise rede wâr.'	und aus meinen Worten lasse ich Wirklichkeit werden."
Dô sprach der grâve ûz Palastîn	Darauf sagte der Graf aus Palästina:
3520 ‚ich bringe dir daz opfer mîn.	„Ich bringe dir mein Opfer dar.
dar zuo lâz ich schouwen	Außerdem lasse ich die Kaiserin,
die keiserin mîn frouwen,	meine Herrin, dabei zusehen,
und den keiser ouch dar zuo,	wie ich heute mit dir verfahre,
waz ich hiute mit dir tuo,	und zudem auch den Kaiser
3525 und dise künig übr al den rinc.'	und alle die Könige hier in dieser Versammlung."

	einen guldîn pfenninc	Einen goldenen Pfennig
	nam er ûz dem biutel sîn	nahm er aus seinem Beutel
	(ich enweiz wer in legt dar în).	(ich weiß nicht, wer ihn dort hineingelegt hat).
	sâ gie er gên der sûl.	Sogleich ging er zu der Säule.
3530	er sprach ‚du verschamter gûl,	Er sagte: „Du unverschämtes Ungeheuer,
	êrlôsez trügevaz!	ehrloser Lügensack!
	wan dîn got hie vor vergaz	Gott hat dich längst vergessen,
	dâ von: du bist ein âgez gotes,	weil du nämlich ein Gottverlassener
	ein widerwarte sîns gebotes.	und ein Feind seines Gesetzes bist.
3535	du wiht ungehiure,	Du schrecklicher Dämon,
	vervluochte krêatiure,	verfluchte Kreatur!
	var in daz verworhte hol,	Verschwinde in das verdammte Loch,
	daz ist der verworhten vol.'	das voll ist von Verdammten!"
	als er die rede vol gesprach,	Als er zuende gesprochen hatte,
3540	daz wiht die sûl gar zebrach	zerbrach der Dämon die Säule vollständig
	mêr denn ze tûsent stücken.	in mehr als tausend Stücke.
	ez begunde sich dâ tücken	Schnell verkroch er sich heimwärts,
	heime in sîn künde,	dorthin, wo er zu zuhause war,
	in daz abgründe.	in den Abgrund.
3545	**Hie** wart in dem wîten sal	Hierauf erhob sich in dem großen Saal
	starc gebrähte, grôzer schal.	lauter Krach und großer Lärm.
	des wart der keiser schamrôt.	Das trieb dem Kaiser die Schamesröte ins Gesicht.
	ein stille er dar nâch gebôt.	Da befahl er zu schweigen.
	‚iu, herren, sî gekleit	„Euch, Ihr Herren, sei geklagt,
3550	daz mit solcher kunterfeit	dass der Markgraf mir
	der markîs mit mir umbe gât,	mit einem solchen Betrug kommt
	und hie vor dem rîche stât	und hier vor dem Reich steht
	und giht er sî ein kristen.	und bekennt, er sei ein Christ.
	mit sînen trügelisten	Mit geschickten Betrügereien
3555	hât er Apollen vertriben,	hat er Apoll vertrieben
	und ist an sîner stat beliben	und an seiner Stelle ist ein
	ein abgot, ein hellewiht,	Abgott zurückgeblieben, ein Dämon der Hölle,
	des er mir ze gote giht,	den er als meinen Gott ausgibt,
	als ir alle habt gesehen.'	wie ihr ja alle gesehen habt."
3560	‚wir müezen zwâre eines jehen,'	„Eines müssen wir tatsächlich eingestehen",
	sprâchen an der stunde	sagten alsbald
	die künig ûz einem munde,	die Könige einhellig:
	‚und ist daz wâr des daz wiht	„Wenn es stimmt, was der Dämon
	von im selben hie vergiht,	hier über sich selbst bekennt,
3565	sô ist ez niht von zouber;	dann ist er kein bloßes Zauberwerk,
	sô ist Apollô touber	dann ist Apoll schwächer
	denn Jêsus von Nazarêt,	als Jesus von Nazareth,

	der in dem gestirne stêt	der sich im Himmel befindet,
	selpwahsen prophête,	ein Prophet, der sich selbst geschaffen hat
3570	der niht vaters hête.	und keinen Vater hatte.
	ir entweder hab wir niht für got.'	Einer von beiden ist für uns kein Gott."
	,nu sult ir leisten mîn gebot,'	„Tut nun, was ich von Euch fordere",
	sprach der künic Dâciân,	sagte König Dacian:
	,ir sult alle her gân	„Ihr sollt alle herkommen und schwören, dass Ihr
3575	und lobt, swaz ir von im seht,	ihm, was auch immer Ihr von ihm zu sehen bekommt,
	daz ir im iht nâch jeht.	nicht beistimmen werdet.
	lât in iuch niht verkêren	Lasst Euch, bei Eurem königlichen Ansehen,
	bî küniclîchen êren.'	nicht von ihm bekehren."
	diz lobten si dem künige dâ.	Dies schworen sie dem König.
3580	**ALLEXANDRÎNÂ**,	Alexandrina,
	diu stuont ûf unde sprach	die stand nun auf und sagte:
	,sît man in dem gestirne sach	„Als man in den Sternen
	Jêsum von Nazarêt,	Jesus von Nazareth sah,
	daz er dâ selpwahsen stêt:	dass er dort steht, aus sich selbst heraus geschaffen,
3585	wer was sîn schepfære dô?	wer war da sein Schöpfer?
	sô ist ez Alphâ et Ô,	Ja, der ist das Alpha und das Omega,
	ân angenge, sunder ende,	ohne Anfang, ohne Ende,
	und hât in sîner hende	und umschließt mit seinen Händen
	alliu dinc beslozzen,	alle Dinge.
3590	und hât niht genozzen	Niemand kommt ihm gleich,
	ân fênix al eine,	abgesehen vom Phönix.
	reiner denne reine,	Reiner als rein,
	wol fruoter denne fruot,	weiser als weise,
	verre bezzer denne guot,	weit besser als nur gut,
3595	aller tugende ursprinc,	der Ursprung aller Tugenden,
	sæliger denne sælic dinc,	heiliger als geheiligte Dinge,
	daz aller sæligist ie wart,	das Allerheiligste, das es je gab,
	ein stein edel übr alle art.'	ein Stein, von größerem Adel als alles andere."
	Dô sprach der künic Dâciân	Darauf sagte König Dacian:
3600	,sagt, frouwe, welt ir hân	„Sagt, liebe Frau, wollt Ihr
	Jêsum für einen got?	Jesus für einen Gott halten?
	sô welt ir laster unde spot	Dann würdet Ihr Euch selbst
	ûz iu selben machen,	zum Gegenstand von Hohn und Spott machen,
	iuwer hôch geslähte swachen.'	würdet Euer bedeutendes Geschlecht erniedrigen."
3605	er begund die künigin strâfen	Er fing an, die Königin zu beschimpfen,
	und schrei vil lûte ,wâfen!	und schrie lautstark: „O weh!
	wê dir, valscher markîs,	Sei verflucht, hinterhältiger Markgraf,
	daz du mir mîn hôhen prîs	dass du mir mein großes Ansehen
	sô tiefe nu wilt neigen.	nun so tief herabsetzen willst.

3610	des muost du von mir veigen:	Deswegen werde ich dich vernichten;
	ich tuon bî namen dir den tôt;	wahrlich, ich werde dich umbringen!
	und müezt ir einen mânôt,	Und Ihr, Kaiserin, Ihr werdet einen Monat lang
	keiserinne, ân mich ligen.	allein im Bett liegen.
	ich getrû wol an gesigen	Ich traue mir wahrlich zu,
3615	dem valschen zouberære.	den falschen Zauberer zu besiegen.
	wê der leiden mære,	Ach! was für ein Unglück,
	wê êren unde lîbes,	Ach! mein Ansehen, mein Leben,
	owê mîns lieben wîbes.	o weh, meine geliebte Frau!
	sol ich dich sus verliesen,	Muss ich dich auf diese Weise verlieren,
3620	durch Jêsum verkiesen:	wegen Jesus auf dich verzichten?
	wan ich benim dir den lîp;	Wenn ich dir das Leben nehme,
	sô weiz ich niender kein wîp	dann weiß ich nicht eine einzige Frau,
	die ich an dîner stat neme,	die ich an deiner Stelle nehme
	diu mînem hôhen namen zeme.	und die meinem Rang entsprechen würde.
3625	daz rich ich an dir, markîs,	Dafür werde ich mich an dir rächen, Markgraf,
	sô mir êre unde prîs.'	so wahr ich Ruhm und Ansehen habe!"
	DER künic gebôt unde bat	Der König wünschte und befahl,
	daz man in vlæhte in ein rat	dass man ihn in ein Rad flechte,
	in siben lüppigiu swert.	zwischen sieben vergiftete Schwerter.
3630	er sprach ‚dâ muoz der degen wert	Er sagte: „Dort wird der edle Held
	schrîen unde wuofen,	schreien und jammern,
	an sînen got ruofen,	seinen Gott anrufen,
	den man heizet Jêsum.	den man Jesus nennt.
	der moht im selben kein frum	Der konnte sich doch nicht einmal
3635	iedoch hinz der marter sîn:	bei seinem eigenen Martyrium helfen;
	daz wirt ouch hiut an Georjen schîn.'	das wird sich auch heute an Georg zeigen."
	sîn marschalc wâpent sich sâ	Sein Marschall rüstete sich dort sogleich
	mit siben rittern dâ.	zusammen mit sieben Rittern.
	si gebuten Georjen mit in gân.	Sie befahlen Georg, mit ihnen zu kommen,
3640	daz wart al zehant getân.	was auch sogleich geschah.
	hie mit kom er ze dem rade.	Hierauf kam er zu dem Rad.
	dâ lac ein starc michel lade:	Dort lag ein großes und schweres Brett,
	dâ solte man dem werden mit	damit sollte man dem Edlen
	zebrechen âder unde lit.	Sehnen und Knochen zerschlagen.
3645	**DER** margrâf viel an diu knie.	Der Markgraf kniete nieder.
	er sprach ‚herre got, ich hân hie	Er sagte: „Gott, mein Herr, ich habe hier
	keinen friunt wan dîn eines:	keinen Freund außer dir allein.
	ich ger ouch mê deheines	Ich möchte jetzt auch niemanden sonst
	ze helfe an dirre zît,	als Helfer,
3650	sît diu kraft an dir lît,	da du die Macht hast,
	die uns Davît machte kunt:	von der uns David berichtet hat:

	dixit et facta sunt;	*Dixit et facta sunt* –
	biz du gesprechest daz wort,	ehe du das Wort gesprochen hast,
	êz an der buochstaben ort	noch bevor du zum letzten Buchstaben gelangst,
3655	kum, daz ez sî geschehen.	ist das Ausgesprochene schon geschehen.
	himelkünic, ich wil jehen	Himmelskönig, mit meinem Eid
	in mîner bîht ûf mînen eit:	will ich in meiner Beichte bekennen:
	swaz ich noch strîte ie gestreit	In jedem Kampf,
	durch dîn gotlîch êre,	den ich je für dein göttliches Ansehen bestritten habe,
3660	daz ich der widerkêre	habe ich nie aus Feigheit mit dem Gedanken
	vor zageheit nie gedâhte,	an einen Rückzug gespielt,
	wan daz ich immer gâhte,	sondern bin immer dorthin geeilt,
	hin, dâ ich die vînde sach.	wo ich die Feinde sah.
	fuoct mir daz iender ungemach,	Selbst wenn mir das Mühen bereitet hat –
3665	wie wênc mich des gên dir verdrôz.	nie hat mich das doch gegen dich aufgebracht.
	ez wart nie sturmschar sô grôz,	Nie war eine Kriegsmeute so groß,
	ich strebet immer dâ hin durch,	dass ich nicht mitten hindurch wollte,
	ez wær eben oder furch,	sei es auf Wiesen oder Äckern.
	durch dich schouwen den plân,	Um deinetwegen wollte ich sehen,
3670	wier anderhalben wær getân.	wie der Erdboden von der andern Seite aussieht.
	enkalt sîn ie kein Sarrazîn,	Kam dafür je ein Sarazene
	daz er mit tôde lite pîn,	mit tödlicher Qual zu Schaden,
	des solt du mich geniezen lân,	dann sollst du mir das zugutehalten,
	daz ich müez an dir bestân.	auf dass ich an deiner Seite bleiben darf.
3675	ALTISSIMUS, keiser hêr,	*Altissimus*, hoher Kaiser,
	ich gich in mîner bîhte mêr	ich bekenne in meiner Beichte
	der schulde, diu mir ist ze grôz.	noch mehr von der Schuld, die zu groß für mich ist.
	neit ich keinen mîn genôz, –	Wenn ich nie einen mir Ebenbürtigen gehasst habe –
	niuwer durch sîn werdekeit	einzig um seine Vortrefflichkeit,
3680	umb anderz ich mit im niht streit, –	um nichts anderes wetteiferte ich mit ihm –,
	twanc mich iender hôher muot,	wenn mich jemals kämpferische Hochstimmung packte,
	brâht swert durch helm ie daz bluot,	wenn Schwerter je Blut durch Helme fließen ließen,
	kleit sich mit sprîze ie der luft,	wenn sich je die Luft in Holzspäne gehüllt hat,
	geschach daz ie durch keinen guft	wenn je in ritterlichem Überschwang
3685	daz würde dürkel schildes rant,	Schildränder zerhauen wurden,
	brâht solche tjoste ie mîn hant	wenn meine Hand je einen solchen Lanzenkampf
	daz grüener wase würde rôt	geführt hat, dass sich die grüne Wiese rot färbte
	und al zehant kœme der tôt,	und augenblicklich der Tod eintrat,
	kom ich mit hurt ie sô gevarn:	wenn ich mich je derart in den Kampf geworfen habe –
3690	daz solt du niht der sêle sparn,	dann sollst du das der Seele nicht zum Schaden
	sît diu marter vor mir lît,	anrechnen, da nun die Marter vor mir liegt,
	diu mir hie râche gît.	mit der ich hier bestraft werde.
	entlîp mir keiner marter niht:	Verschone mich vor keinen Qualen:

	ich enruoch wie wê mir geschiht,	Wieviel Leid mir auch zugefügt wird,
3695	daz ot ich an dir bestê;	ich will doch an dir festhalten.
	sô aht ich niht und ist mir wê:	Das kümmert mich nicht, und wenn ich auch leide:
	des sol mich niht gein dir beviln.'	das wird mich nicht gegen dich aufbringen."
	hie mit nâmen si den diln	Hierauf nahmen sie den Holzblock
	und zestiezen im übr ein	und zerschmetterten ihm völlig
3700	rücke, arme unde bein.	den Rücken, die Arme und die Beine.
	dar nâch huobens in dâ ouf,	Danach hoben sie ihn auf das Rad
	und sprâchen ‚waz hilft iu der touf	und sagten: „Was helfen Euch die Taufe
	und Jêsus, Marîen kint:	und Jesus, der Sohn Marias?
	diu zwei al ze lange sint.	Die beiden lassen lange auf sich warten.
3705	kœmens iu, des wær iu nôt:	Würden sie zu Euch kommen, Ihr hättet es nötig:
	iuwer puneiz zilt ûf den tôt,	Euer Lanzenstoß zielt auf Euren eigenen Tod,
	den ir tuot ze dem rade.	den Ihr nun auf dem Rad erleiden werdet.
	iu wære niht gewesen schade,	Ihr wärt unbeschadet geblieben,
	wært ir dem künic Dâciân	wenn Ihr Euch dem König Dacian
3710	hiut gewesen undertân.'	heute unterworfen hättet."
	vil balde si dô gâhten	Gleich darauf beeilten sie sich dann,
	daz si den werden vlâhten	den Edlen
	zwischen diu siben swert,	zwischen die sieben Schwerter zu flechten,
	als sîn der keiser hêt gegert.	wie es der Kaiser verlangt hatte.
3715	daz rat was mit listen	Man hatte das Rad mit Scharfsinn
	gemachet ûf die kristen:	für die Christen konstruiert.
	als man ez immer ane liez,	Wann immer man es in Bewegung setzte,
	her und dar ez vaste stiez	kreiste es heftig
	reht alsam ein wintsprût.	wie ein Wirbelsturm.
3720	dar inne lac der gotes trût.	Darin lag der Liebling Gottes.
	swederhalp der wint wât,	Wo auch immer der Wind hinweht,
	dar nâch daz rat umbe drât.	dorthin dreht sich das Rad.
	ob in diu swert hân vermiten,	Ob ihn wohl die Schwerter verfehlt haben
	oder deheinez in gesniten?	oder ob ihn eines geschnitten hat?
3725	jâ, für wâr, alle siben.	Ja, wahrlich, alle sieben taten das!
	dar nâch begund diu erde biben,	Danach erbebte die Erde
	und diu wolken ûf gân,	und die Wolken zogen auf,
	diu sunne ouch ir schîn verlân.	auch hörte die Sonne auf zu leuchten.
	Hie bruoft der markîs an der stet	Hieran erkannte der Markgraf sofort,
3730	waz wunders got durch in tet.	welch Wunder Gott ihm zuliebe wirkte.
	in semfter lût ze got er schrei	Mit schwacher Stimme schrie er zu Gott:
	‚vater, herre, elî elei!	„Vater, Herr, *Eli, Eli*!
	sus ruoftest du dîn vater ane:	So flehtest du deinen Vater an.
	des selben ruofes ich dich mane,	Mit denselben Worten erinnere ich dich daran,
3735	daz ich dîn iht verlougen,	dass ich dich nicht verleugne,

durch alliu diu tougen	angesichts all der Wundertaten,
diu du ie begienge.	die du je vollbracht hast.
ich man dich daz du hienge	Ich erinnere dich daran,
zwischen zwein dieben.	dass du zwischen zwei Dieben hingst.
3740 der ein begund dir lieben:	Einen von denen hast du liebgewonnen.
biz er gesprach driu wort,	Nachdem er nur drei Worte gesprochen hatte,
dô gæb du im dîn rîche dort	gabst du ihm dein Reich
und zeigtst im dînes vater sal	und zeigtest ihm den Palast deines Vaters
und dîn engel über al.	und alle deine Engel.
3745 du gæb im väterlîchen trôst.	Du gabst ihm väterlichen Trost.
als hilf mir daz ich werd erlôst.'	So hilf auch mir, dass ich erlöst werde."
ALS er daz wort vol gesprach,	Als er die Rede beendet hatte,
einen engel er gâhen sach	sah er einen Engel zu ihm
gein im, der gruozte in zehant.	eilen, der grüßte ihn sogleich:
3750 ‚got hât mich her zuo dir gesant.	„Gott hat mich her zu dir gesandt.
der enbiut dir wâre sigenumft,	Er lässt dir wahren Triumph verkünden
und daz sich von dîner kumft	und dass sich über dein Kommen
fröut allez himelischez her.	alle himmlischen Heerscharen freuen.
jâ fröut sich gein dir sunder wer	Ja, es freuen sich auf dich ohne Vorbehalt
3755 er selbe und diu muoter sîn.	er selbst und seine Mutter.
lieber friunt ûz Palastîn,	Lieber Freund aus Palästina,
du hôher marteræere,	du großer Märtyrer,
ich sag dir liebiu mære:	ich bringe dir gute Neuigkeiten:
die engel suln dich krœnen.	Die Engel werden dich krönen.
3760 jâ mac man michel dœnen	Ja, man wird von jetzt an
ie zuo von dir hœren	in den zehn Chören viele Gesänge
in den zehen kœren.	über dich hören können.
die lobent got wider strît	Die lobpreisen Gott um die Wette
der êren, diu an dir lît.	wegen des Ansehens, das du besitzt.
3765 si lobent ouch die stunde	Sie lobpreisen auch die Stunde,
daz er dîn ie begunde.	in der er dich erschuf.
ouch enbiutet dir der süeze got	Auch lässt dir der süße Gott verkünden
(des bin ich von im wârer bot):	(für die Wahrheit der Botschaft stehe ich selbst ein):
swer dich dirre marter mane,	Wer auch immer dich an dieses Martyrium erinnert
3770 bî disem gebet ruofe ane,	und dich sodann im Gebet inständig bittet,
den wil er durch dich gewern	dem will er deinetwegen all das zugestehen,
swes du hin zuo im wilt gern.'	was du ihm gewähren willst."
GEORÎ, süezer herre,	Georg, süßer Herr,
nu man ich dich vil verre:	nun bitte ich dich eindringlich um Folgendes:
3775 sît dir daz got enbôt	Da dir Gott durch einen Boten sagen ließ,
daz er angest unde nôt	dass er Bedrängnis und Not
durch dich welle wenden	um deinetwillen abwenden

Beschwörung Apolls und erstes Martyrium

und dar enkegen senden	und stattdessen
sælden unde fröuden vil	viel Heil und Freude schicken wolle,
3780 swem du in der werlde wil:	allen auf der Welt, denen du das zugestehst:
lâ dir enpfolhen sîn	Lass den Herzog und die Herzogin
den herzogn und die herzogîn.	deiner Obhut anvertraut sein.
du solt hie sprechen gotes wort,	Sprich hier das Wort Gottes,
der gît dir sîn rîche dort.	er gewährt dir dort sein Reich.
3785 er seit got und dem engel danc.	Georg dankte Gott und dem Engel.
nu hêt daz rat sînen swanc,	Nun drehte sich das Rad,
daz ez den müete der ez sach:	sodass es einen jeden quälte, der es sah.
brüeft, wie wê dem geschach	Führt Euch vor Augen, wie schlimm es erst dem erging,
der enmitten drinne lac.	der in seiner Mitte lag.
3790 hie mit ende hêt der tac	Damit endete der Tag, wie es
nâch sînem sit, und kom diu naht	seiner Gewohnheit entsprach, und es kam die Nacht.
der helt hêt verlorn sîn maht:	Der Held hatte all seine Kraft eingebüßt.
zehant er dar nâch entslief.	Bald darauf schlief er ein.
swie bald daz rat umbe lief,	Wie schnell das Rad sich auch drehte
3795 und swie grôz was sîn galm:	und wie groß auch sein Lärm war,
er lac als in einem twalm.	er lag da wie in einem tiefen Schlaf.
swie sêr daz rat wuotte,	Wie sehr das Rad auch wütete,
ein engel sîn doch huotte,	behütete ihn doch ein Engel,
daz im leides niht enwar.	sodass ihm kein Leid geschah.
3800 der keiser hiez sehen dar:	Der Kaiser befahl, dort nachzusehen,
dô kômen im diu mære	und es erreichte ihn die Nachricht,
daz er verscheiden wære.	dass Georg gestorben sei.
DES morgens, dô der tac erschein,	Am Morgen, als der Tag anbrach,
dô wart der keiser des enein,	da entschloss sich der Kaiser dazu,
3805 daz die künige kœmen wider	dass sich die Könige dort einfinden sollten,
dâ man den margrâven nider	wo man den Markgrafen
lieze ze der erde,	auf die Erde herablassen wollte,
daz man in in hôhem werde	um ihn mit großer Würde zu bestatten,
bestatte nâch der fürsten sit.	wie es sich für einen Fürsten gehört.
3810 dâ solte man in êren mit.	Damit wollte man ihm Ehre erweisen.
die künige kômen alle dâ	Die Könige kamen alle
und giengen mit dem keiser sâ:	und gingen sogleich mit dem Kaiser los.
dennoch der margrâve slief.	Zu dieser Zeit schlief der Markgraf noch.
über in man vil gâhes swief	Über ihn breitete man hastig
3815 ein rîchez deckelachen.	ein prächtiges Betttuch.
hie mit begund er wachen.	Hierdurch erwachte er.
er sach ûf und sprach sus.	Er sah auf und sagte dann:
‚hôher künic Altissimus	„Großer König *Altissimus*,
in dem niunden himel oben,	der du oben im neunten Himmel bist,

3820	ich kan dich, herre, niht volloben	ich kann dich, Herr, nie genug loben,
	nâch dîner wird envollen.	so wie es deiner Würde ganz entspräche.
	war umb? daz ich Apollen,	Warum das so ist? Dass ich Apoll,
	dem abgot, hân an gesigt,	den Abgott, besiegt habe,
	daz mir mêr fröude wigt	das bringt mir mehr Freude,
3825	denn daz ich worden bin gesunt,	als wieder gesund zu sein,
	und was von siben swerten wunt	obwohl ich doch von sieben Schwertern verletzt
	und in ein rat geseilet:	und in ein Rad gebunden worden bin;
	des bin ich gar geheilet.'	davon bin ich ganz und gar genesen."
	Ez gie nâch dem keiser sâ	Gleich darauf folgte die Königin
3830	diu künigin Allexandrînâ.	Alexandrina dem Kaiser.
	ir gestüele hiez si mit ir tragen.	Ihren Thron ließ sie sich hinterhertragen.
	si gruozt die künige wol behagen,	Sie grüßte vergnügt die Könige
	und dar zuo den markîs.	und auch den Markgrafen.
	si sprach ,gewunnet ir ie hôhen prîs,	Sie sagte: „Habt Ihr je großes Ansehen erlangt
3835	gesâzt ir werdiclîche ie:	und ehrenvoll als Herrscher gethront,
	des ist wol vergezzen hie;	das ist hier und jetzt vergessen.
	ze Millên ûf iuwerm palas,	In Millene in Eurem Palast,
	dâ manic krône vor iu was,	da standen viele gekrönte Häupter vor Euch,
	die iuwer gerten zeinem vogt.	die Euch als ihren Herrscher begehrten.
3840	grôz krancheit hie ob iu brogt.'	Hier seid Ihr schutzlos ausgeliefert."
	Dô sprach der fürste reine	Darauf sagte der tadellose Fürst:
	,frou, ez ist ze kleine	„Herrin, es genügt noch nicht,
	daz ich lîde hie durch got:	was ich hier für Gott leide.
	in des keisers gebot	Ich muss auf diesem Rad liegen,
3845	muoz ich ûf disem rade ligen:	weil der Kaiser es gebietet. Doch ich glaube
	ich trû ze jungest doch gesigen.'	fest daran, dass ich am Ende siegen werde."
	dô sprach der künic Dâciân	Da sagte König Dacian:
	,von wem welt ir den lîp hân,	„Wer, glaubt Ihr, hat Euch das Leben geschenkt,
	oder dises wunders jehen,	und wem wollt Ihr dieses Wunder zuschreiben,
3850	daz an iu hie ist geschehen?'	das heute an Euch vollbracht wurde?"
	Dô sprach der margrâf zehant	Darauf entgegnete der Markgraf:
	,den tuon ich iu bekant,	„Diesen offenbare ich Euch; ich offenbare,
	wer mir half und wer mich nert,	wer mir half und wer mich am Leben erhält,
	wer er ist und wie ez umb in vert.	wer er ist und wie es sich mit ihm verhält. Dieser hat
3855	den selbn gebar nie man noch wîp,	sein Leben nicht von einem Mann oder einer Frau,
	und hât doch sêle unde lîp.	dennoch hat er eine Seele und einen Leib.
	ez ist niht, den hie vor	Es ist nicht der, den einst
	Nâbuchôdonôsor	Nebukadnezar
	ane bette für ein kalp:	in Form eines Kalbs angebetet hat.
3860	er ist himelsippe vaterhalp,	Väterlicherseits stammt er vom Himmel,
	muoterhalp von erde hie.	mütterlicherseits von der Erde.

ich wil iuch bescheiden wie.	Ich werde Euch das erklären:
von dem vater wart ein wort	Von dem Vater wurde ein Wort
von himel gesant: er bleip dort.	vom Himmel ausgesandt; er aber blieb dort.
3865 daz wort ûf erd zer magt sich lie;	Das Wort begab sich herab auf die Erde zur Jungfrau;
den sun si von dem wort enpfie.	den Sohn empfing sie durch das Wort.
dannoch was der vater doben:	Auch dann noch war der Vater dort oben;
den begunden sîne engel loben	den lobten damals seine Engel,
ze glîcher wîse alsam ê.	so wie sie es immer getan haben.
3870 daz frühtic wort hiez âvê,	Das fruchtbare Wort lautete *ave*;
daz brâhte drî genende.	das brachte drei Personen hervor.
DER sun hât in der hende	Der Sohn hält in der Hand
alliu dinc belochen,	alle Dinge umschlossen;
die helle gar zebrochen,	er hat die Hölle ganz zerstört,
3875 die himel al erliuhtet,	alle Himmel erleuchtet,
daz ertrîch erfiuhtet,	das Erdreich befeuchtet,
daz ez manigen sâmen birt,	sodass es vielerlei Samen trägt,
der der werlt ze nutze wirt.	die der Welt Nutzen bringen.
ouch tuot mêr noch sîn kraft	Und mehr noch bewirkt seine Macht:
3880 würze, boume ouch, gesaft;	Wurzeln und auch Bäume stehen in vollem Saft.
swaz in luft, in wazzer vert,	Was auch immer sich in der Luft und im Wasser bewegt –
sîn kraft daz allez nert;	seine Macht erhält alles am Leben;
ez loufe, krieche oder gê	ob es läuft, kriecht oder geht,
ûf bû odr in dem wilden sê,	auf dem Feld oder in dem unbändigen Meer,
3885 sîn kraft daz allez weidet;	seine Macht weidet das alles.
heide und walt er kleidet	Er kleidet Heide und Wald
mit sehser hande varwe schîn;	mit dem Glanz der sechs Farben.
er tuot singen diu vogelîn	Er lässt die Vögelchen
in maniger hande stimme.	in vielerlei Stimmen singen.
3890 er ist den valschen grimme,	Er ist den Bösen ein Feind
und dâ bî den guoten guot:	und zugleich ist er den Guten wohlgesinnt;
die macht er edel unde fruot.	die erhöht und adelt er.
er gît mêr denn man künne gern,	Er gibt mehr, als man begehren kann,
und kan vil gâhes des gewern	und er kann das Begehren rasch
3895 mit rîcher prêsente.	mit herrlichen Geschenken stillen.
diu vier elemente	Für die vier Elemente
bewart er mit den vieren,	trägt er Sorge mit diesen Vieren:
mit vier kleinen tieren:	mit vier kleinen Tieren,
den gît er ie den genist	denen er stets ihren Raum so zuweist,
3900 als ez von natûre ist.	wie es natürlich ist.
dâ mit bewaret er diu dinc.	Auf diese Weise sorgt er für die Dinge.
wazzers lebt der hærinc;	Der Hering lebt vom Wasser;
ouch spîset sich daz ander	daneben ernährt sich das andere Tier,

	mit fiure, salamander;	der Salamander, vom Feuer;
3905	talpâ sich der erde nert:	der Maulwurf ernährt sich von der Erde;
	zaller zît er drinne vert;	darin bewegt er sich stets;
	gamâleôn des luftes lebt,	das Chamäleon, das sieben Meilen über der Erde
	der siben mîl ob erde swebt.	schwebt, lebt von der Luft.
	DIU elemente er spîset,	Die Elemente nährt er,
3910	daz gestirn er allez wîset:	alle Sterne lenkt er.
	in sînem zirk ez umbe gât,	In seinem Zirkel kreisen sie.
	durch in ez louft unde stât.	Er ist der Grund, dass sie sich bewegen und stillstehen.
	die himel er hât besezzen,	Die Himmel hält er in Besitz
	und ir hœhe ouch gemezzen,	und hat ihre Höhe abgemessen,
3915	dar zuo daz abgründe nider,	und auch den tiefen Abgrund,
	die wîte her unde wider,	die ganze Strecke hin und zurück,
	die lenge und die breite:	in ganzer Länge und Breite –
	daz hât sîn antreite	das hat sein ordnendes Wirken
	ervahtet biz an den grunt.	bis ins Kleinste erzwungen.
3920	er geschuof der erde ein punt:	Er hat der Erde einen Mittelpunkt geschaffen,
	daz heizet ouch ir centrum.	der auch ihr Zentrum genannt wird.
	gein dem firmamentum	Es gehört zu seinem Wesen,
	ez von natûre strebt.	in Richtung Firmament zu streben.
	daz ertrîch dar an klebt	Das Erdreich haftet daran
3925	als îsen an dem magnêt.	wie das Eisen am Magnet.
	in mitten ez dar inne stêt:	Das Zentrum befindet sich in der Mitte der Erde:
	als vast diu erde swæret nider,	So stark, wie die Erde durch ihre Schwere hinabdrückt,
	als sêr ziuht ez ze berge wider	so heftig zieht es dagegen hinauf
	und habt sich an daz ärzet,	und heftet sich an das Erz,
3930	dâ mit ez ist gehärzet,	womit es geharzt ist,
	daz ez niender wenket,	sodass es keinesfalls schwankt,
	hin noch her sich lenket.	sich weder hin noch her bewegt.
	IEDOCH schütet ez mit sîner kraft	Dennoch schüttelt es der Himmelskönig
	der himelkünic als einen schaft:	mit seiner Kraft, als wäre es ein Stab.
3935	da erzeigt er sîne sterke an,	Auf diese Weise macht er seine Stärke deutlich
	und daz er kan daz nieman kan.	und dass er etwas kann, was sonst keiner kann.
	steine, würze unde krût	Steine, Wurzeln und Blattwerk
	underscheit der engel trût;	hat der Liebling der Engel voneinander unterschieden;
	als tuot er dœne unde wort,	das Gleiche tut er mit Gesang und Worten,
3940	von hell unz an des himels ort:	von der Hölle bis an die Grenzen des Himmels:
	die tiefen schrîent all „owê;"	Die in der Tiefe schreien nämlich alle ‚O weh!';
	die hœhsten singent „âvê	die in der Höhe singen ‚Ave
	Marîa, süeze gimme;"	Maria, herrlicher Edelstein.'
	sô ist der erde stimme	Auf der Erde hingegen
3945	ouch verwandelîche hie.	erklingen verschiedene Stimmen.

dise frô, sô trûrent die,	Die einen sind glücklich, andere trauern;
dise weinent, dise lachent,	die einen weinen, die andern lachen;
die slâfent, dise wachent.	die einen schlafen, die andern sind wach.
ze himel, ze helle slæft man niht.	Im Himmel und in der Hölle schläft man nicht.
3950 die einn hânt vinster, die andern lieht.	Die einen stehen im Dunkeln, die andern im Licht.
die engel lûte singent:	Die Engel singen laut:
der maget lop si bringent.	Sie bringen der Jungfrau ihr Lob dar.
hinz der gât alsô unser lût:	Zu ihr gelangt auch unsere Stimme:
„gotes gemähel unde trût,	‚Braut und Gemahlin Gottes,
3955 gotes muoter und ouch kint,	Gottes Mutter und Kind zugleich,
alle die noch lebendic sint,	von allen, die leben und gelebt haben,
ûz den bist du gefrîet,	bist du die, die erlöst ist
sô hôch gebenedîet.	und aufs Höchste gebenedeit.
ûf gênder morgenrôt,	Aufsteigende Morgenröte,
3960 für den êwigen tôt	gegen den ewigen Tod
bist du, frouwe, ein hamît.	bist Du, Herrin, ein Schutz.
waz genâde an dir lît!"	Welch Gnade dir doch gegeben ist!'
HER keiser, ich hân iu gesaget	Herr Kaiser, ich habe Euch gesagt,
daz komen ist von der maget	dass der Höchste im Himmel
3965 der hœhste der ze himel ist,	von dieser Jungfrau geboren wurde,
und der dâ gît genist	derjenige, der hier auf Erden
aller krêatiure,	alle Geschöpfe nährt,
gehiur und ungehiure.	die Zahmen und die Wilden.
alsô grôz ist sîn gewalt;	So groß ist seine Macht:
3970 wær daz griez gar gezalt,	Wären alle Sandkörner gezählt,
daz bî allen wazzern lît,	die an den Ufern aller Gewässer liegen,
und wær daz allez pirmît,	und wäre jedes dieser Sandkörner aus Pergament,
und ie dar zuo wære	und wäre zudem
ein stern ein schrîbære:	jeder Stern ein Schreiber –
3975 die möhten von der gotes kraft	von Gottes Macht
noch von sîner geschaft	und von seiner Schöpfung
und wie ez in dem himel sî	und davon, wie es im Himmel ist
und wer dem keiser wone bî,	und wer sich beim Kaiser befindet,
wie fiures zirke umb in gât	wie ein Feuerkranz ihn umfasst
3980 und waz der antlütze hât,	und was für ein Antlitz er hat,
wie schœne sî diu künigîn,	wie schön die Königin ist,
die dâ lobent Cherubîn	die dort die Cherubim lobpreisen
und ander kœre über al,	und weitere Chöre überall,
wie schœne sî des himels sal: –	wie schön die Himmelshalle ist –
3985 diu himelischen wunder	diese himmlischen Wunder
kan nieman besunder	kann niemand im Einzelnen
volahten noch geschrîben;	vollständig angeben oder aufschreiben;

dâ von lâz ichz belîben.	deshalb lasse ich es sein.
er heizt von himel Altissimus,	Sein himmlischer Name ist *Altissimus*,
3990 und von der erde Jêsus:	sein irdischer Name ist Jesus.
swer in minnt, der ist genesen	Jeder, der ihn liebt, der ist gerettet,
und sol bî im hân daz wesen.'	und wird seine Heimstatt bei ihm haben."
Dô sprach der künic Dâciân	Darauf sagte der König Dacian:
‚ich kan mich rehte niht verstân	„Ich kann diesen seltsamen Geschichten
3995 dirre wilden mære	nicht ernsthaft Glauben schenken,
von dem zouberære,	von diesem Zauberer,
den die gelêrten wîssagen	den die gelehrten Propheten
sâhen lange vor den tagen	lange vor der Zeit sahen,
ê er ie würde geborn.	zu der er geboren wurde.
4000 er muost in Galilê den dorn	Er musste in Galiläa Dornen
tragen für ein krône,	tragen als Krone.
er muoste tragen schône	Er hat ganz duldsam auf seinem Rücken
ûf sînem rücke ein starkez bloch:	ein schweres Brett tragen müssen.
dran begunde man in henken doch	Und dann hat man ihn auch noch
4005 zwischen zwêne diebe.	zwischen zwei Dieben daran gehängt.
ey, nu brüve, liebe:	So, nun sag an, liebe Frau:
solt ich den hân für einen got,	Soll ich den als einen Gott ansehen?
daz müest wol sîn der liute spot.	Damit würde ich gewiss zum Gespött der Leute.
ich lougen niht: ez ist wâr,	Ich leugne es nicht, es ist wahr:
4010 Jêsum truoc ein maget klâr:	Jesus wurde von einer reinen Jungfrau geboren.
daz geschach durch ein wunder,	Das geschah durch ein Wunder,
daz er al ein besunder	dass er allein als Einziger
sunder natûre wart.	nicht auf natürliche Weise entstand.
von der selben wilden art	Auf die gleiche, ungewöhnliche Art und Weise
4015 tuot er daz zouber hiute:	bewirkt er hier und heute Zauberei.
dar umb suln in die liute	Deshalb dürfen ihn die Leute
niht für einen got hân	nicht als einen Gott ansehen
und im niht wesen undertân.	und sich ihm nicht unterwerfen.
die wîssagen jâhen	Die Propheten haben berichtet,
4020 daz si Jêsum sâhen	dass sie Jesus
zwischen zwein vihen ligen:	zwischen zwei Tieren liegen sahen.
mit im trû ich niht gesigen.	Mit ihm habe ich keine Hoffnung auf den Sieg.
er kom ze swachlîche	Er kam zu machtlos
ûf daz ertrîche.	auf die Erde.
4025 er solt her abe sîn gevarn	Er hätte herabstürmen sollen
mit sînen geflorierten scharn,	mit seinen geschmückten Heerscharen,
mit manigem liehten engel klâr,	mit vielen herrlichen, strahlenden Engeln,
sô sæh man wol daz gar wâr	dann würde man gewiss die ganze Wahrheit erkennen
wær sîn kraft und sîn maht,	hinsichtlich seiner Stärke und seiner Macht,

4030	und daz er schiede tac und naht;	und dass er Tag und Nacht voneinander trennt.
	er solte hêrlîche	Er hätte so, wie es einem Herrn gebührt,
	sîn komen in disiu rîche:	hierher in diese Reiche kommen sollen,
	daz wære gelîch der wârheit.	dann könnte man alldem Glauben schenken.
	kleiniu bluot kleine treit,	Kleine Blüten tragen kleine Früchte,
4035	ez milwet steine grôziu brunst,	große Fluten zermalmen Steine,
	grôziu wazzer, wîte runst.'	große Flüsse haben ein breites Flussbett."
	Dô sprach der margrâf zehant	Darauf entgegnete der Markgraf:
	,ich tuon iu allen daz bekant,	„Ich kann Euch allen jetzt schon sagen,
	daz ich iuch überrede hie.	dass ich Euch hier und heute widerlege.
4040	daz hœren jene, dise und die.	Das werden diese hier und auch alle anderen hören.
	iu ist daz allen wol bekant,	Ihr alle wisst ganz genau,
	daz man brante alliu lant	dass man alle Länder verbrennen könnte
	mit einem solhem fiure	mit einem einzigen Feuer
	als grôz als ein siure,	so groß wie eine Milbe,
4045	daz vieng man an ein zunder.	das man an einem einzigen Zunder entfacht.
	als wart al ein besunder	So wurde einzig und allein
	diu maget vil gehiure	die herrliche Jungfrau
	mit des heiligen geistes fiure	mit dem Feuer des Heiligen Geistes
	enpfenget und enzündet,	angefacht und entzündet,
4050	do in ir der engel kündet.	als der Engel ihn ihr verkündete.
	er quicket âvê, daz wort,	Er belebte *ave*, das Wort,
	daz dâ von hie unde dort	sodass dadurch hier und dort
	grôz gewalt wuohs über al,	und überall große Macht erwuchs,
	von helle ûf erde in himels sal.	von der Hölle über die Erde bis hinauf zum Himmelssaal.
4055	diu rôse ist in dem touwe	Die Rose bietet im Tau
	ein liehte anschouwe,	einen strahlenden Anblick,
	swenn si entsliuzt der sunne schîn	wann immer sie den Sonnenstrahlen
	ir vil süezez kamerlîn;	ihr so süßes Kämmerchen aufschließt.
	dar zuo smecket si vil wol:	Zudem duftet sie sehr angenehm.
4060	ir stam der ist dorne vol,	Ihr Stengel ist voller Dornen;
	ir obez ist bœse, daz si birt;	die Frucht, die sie hervorbringt, ist dürftig;
	ein swache hiefe dar ûz wirt.	daraus erwächst eine armselige Hagebutte.
	da enkegen hât korn unde wîn	Demgegenüber blühen Korn und Wein
	an bluote vil kranken schîn,	ohne jeden Glanz,
4065	und ist iedoch von solher art	und doch sind sie von solcher Beschaffenheit,
	daz nie niht sô süezes wart	dass es nie etwas so Süßes gab,
	des ûz der erde springet	was der Erde entspringt
	und gên dem lufte dringet.	und zum Himmel drängt.
	von dem bluote werdent driu	Aus diesen Blüten werden drei Dinge,
4070	diu wil ich nennen iu.	die ich Euch aufzählen möchte:
	si berent brôt unde wîn,	Sie bringen Brot und Wein hervor,

	daz niht bezzers möhte sîn.	nichts Besseres kann es geben.
	dar ûz wirt daz gotes bluot;	Daraus wird das Gottesblut,
	daz ist bezzer denne guot,	das noch besser ist als nur gut;
4075	der sîn ze rehte bekort,	wer es auf die rechte Art und Weise kostet,
	daz ist der ewige hort.	dem ist es ein immerwährender Schatz.
	KORNES, wînes blüete	Die Blüten des Korns und des Weins
	kumt mit diemüete.	treten demütig auf.
	als blüet ûf erd daz wünschelrîs,	Genauso blühte auf der Erde der ersehnte Zweig,
4080	des himels löu, in lambes wîs.	der Himmelslöwe, in der Gestalt eines Lamms.
	Altissimus der krippeknabe	*Altissimus*, der Krippenknabe,
	kom uns mit senfte her abe,	kam sanftmütig zu uns herab,
	daz gewîssagt himelkint:	das vorhergesagte Himmelskind:
	ob im âz esel unde rint.	Über ihm aßen Esel und Rind.
4085	daz kint in diemüete	Das Kind blühte in Demut
	als wîn, korn blüete	wie der Wein und das Korn,
	und wol ervollet hête	und erfüllte so,
	daz der prophête	was der Prophet
	von im gesprochen hêt dâ vor,	zuvor über es gesagt hatte.
4090	und kom durch Ezechiêlis tor,	Und der Knabe kam durch Ezechiels Tor,
	und nâch der wîssag blüete,	und er erblühte, wie es geweissagt worden war,
	und in diu marter müete:	und es quälte ihn die Marter;
	sâ er dô die helle brach,	gleich darauf durchbrach er die Hölle,
	dâ grôziu fröude von geschach.	wodurch große Freude hervorgerufen wurde.
4095	dô fuor er küniclîche	Da zog er wie ein König
	in sînes vater rîche.	in das Reich seines Vaters.
	da enpfienc man in vil schône	Dort empfing man ihn mit allen Ehren
	zeinem patrône,	als einen Schirmherrn,
	ze künic und ze keiser dô	als König und als Kaiser,
4100	und wâren sîn ze sehen frô.	und man freute sich, ihn zu sehen.
	HERRE künic Dâciân,	Herr, König Dacian,
	nu hân ich iu kunt getân,	nun habe ich Euch verkündet,
	daz diu hôchvart sîget	dass der Übermut herabsinkt
	und diu diemuot stîget.	und die Demut emporsteigt.
4105	der mir gestêt, der ist genesen	Wer mit mir ist, der ist gerettet
	und sol ze himel hân daz wesen.	und wird im Himmel leben.
	die mir hie welln gestên,	Diejenigen, die hier mit mir sein wollen,
	die suln zuo ein ander gên	die sollen sich sammeln
	und recken die hende ouf:	und die Hände emporstrecken:
4110	den kumt von himel sâ der touf.'	zu denen kommt vom Himmel sogleich die Taufe."
	HIE mit giengen si zesamen	Hierauf versammelten sie sich
	und gerten sîn in gotes namen.	und wollten im Namen Gottes mit ihm sein.
	der wâren zwelf tûsent dâ,	Von ihnen gab es dort zwölftausend,

	und wurden ouch getoufet sâ	und sie wurden dort auch sogleich
4115	mit des himels touwe dô;	mit dem Tau des Himmels getauft;
	des si sît wurden frô,	deshalb wurden sie später glücklich;
	und dâ liten grôze nôt;	hier aber erlitten sie großes Leid,
	wan der keiser sâ gebôt	denn der Kaiser befahl sogleich,
	daz man si slüege sam diu swîn	dass man sie wie die Schweine erschlage,
4120	mit axen: daz muoste sîn.	mit Äxten – und so geschah es.
	DER markîs spranc ab dem rade.	Der Markgraf sprang vom Rad herab:
	‚all die ich ze himel lade,‘	„Ich rufe all diejenigen in den Himmel",
	sprach er ‚die hie ligen tôt,	sagte er, „die hier getötet liegen,
	und vrîe si vor aller nôt.‘	und ich befreie sie von allem Leid."
4125	diu manslahte was sô grôz,	Das Gemetzel war so groß –
	daz dâ von bluotes vlôz,	was da an Blut floss,
	ez hêt ein mülrat getriben.	das hätte ein Mühlrad antreiben können.
	daz wart sâ an geschriben	Das wurde sogleich von Ritschart
	von Ritschart an ein buoch.	in einem Buch niedergeschrieben.
4130	dar umbe tet vil manigen vluoch	Deshalb verfluchte die Kaiserin
	diu keiserin dem keiser.	den Kaiser wortreich.
	ez was worden heiser	Ihre frauenhafte Stimme
	ir wîplîche stimme.	war heiser geworden.
	si rief in zornes grimme	Sie schrie, wütend vor Zorn:
4135	‚owê leides des ich sihe,	„Weh über das Leid, das ich sehe,
	daz man diu liute als ein vihe	dass man die Leute wie Vieh
	martert unde mürdert,	martert und mordet
	und sô zem tôde fürdert	und so viele schöne Menschen
	sô manigen wætlîchen lîp,	auf diese Weise tötet,
4140	beide man unde wîp,	Männer wie Frauen,
	emerâl und amazûr.	Emire wie Almansure!
	und wærn ez allez gebûr,	Und selbst wenn es nur Bauern wären,
	daz hie liutes ist erslagen,	was hier an Leuten erschlagen wurde, könnte ich
	ich möht si nimmer verklagen:	mit meiner Klage um sie nie an ein Ende kommen,
4145	dennoch wære ir ze vil.	denn es wären trotzdem zu viele.
	dar umb ich nimmer komen wil	Deshalb will ich nie wieder
	an des keisers bette.	in das Bett des Kaisers kommen.
	ez muoz werden wette	Zwischen uns beiden wird es
	zwischn uns der friuntschefte.‘	keine Gemeinschaft mehr geben."
4150	**MIT** getriulîcher krefte	Mit großem Selbstbewusstsein
	si begund in sêre strâfen,	fing sie an, ihn heftig zu beschimpfen,
	über in schrei si wâfen.	und erhob Klage über ihn.
	in ir leide si dô sprach	Da sagte sie in ihrem Leid:
	‚owê daz ich iuch ie gesach.	„Weh mir, dass ich Euch jemals erblickt habe!
4155	wê daz ir ie wurt geborn:	Weh, dass Ihr überhaupt geboren wurdet!

sêl und lîp habt ir verlorn.	Seele und Leib habt Ihr verloren.
nu seht ir doch diu wunder	Dabei seht Ihr doch die Wunder,
diu got all besunder	die Gott einzig
durch den margrâven tet:	dem Markgrafen zuliebe wirkte.
4160 der ist nu an dirre stet	Der ist nun hier
ûz dem rat gesprungen,	von dem Rad herabgesprungen,
und ist im wol gelungen:	und es ist ihm leichtgefallen:
sîne wunden die sint heil	Seine Wunden, die sind geheilt,
âne mâsen, sunder meil;	ohne Makel, ohne Narben.
4165 ouch hât er iuch überreit	Außerdem hat er Euch in Grund und Boden geredet
mit der ganzen wârheit.	mit unwiderlegbaren Beweisen.
dâ kêret ir iuch lützel an,	Das aber interessiert Euch überhaupt nicht,
ir winnender hundes zan.	Ihr tollwütiger Hundezahn
ir ungetoufter mordes guft,	mit Eurer unchristlichen Mordgier!
4170 von iu entwindet sich der luft	Vor Euch scheut sogar die Luft zurück,
daz er zer erde niht engât	sodass sie nicht zur Erde kommt
und von iu widerkêre hât.	und sich von Euch abwendet.
ir senefrîcher biterolf,	Ihr grausamer Biterolf,
ir tuot alsam der wolf,	Ihr verhaltet Euch wie der Wolf,
4175 der sprichet „lamp", swaz ieman tuot;	der immer ‚Lamm' sagt, ganz gleich, was man tut.
alsô stêt ouch iuwer muot:	Genauso seid auch Ihr:
diu red ist üppec,	hochmütige Worte sprecht Ihr
und iuwer zunge lüppec:	und eine giftige Zunge habt Ihr.
dâ wæt von der gæhe tôt	Von dort her weht der jähe Tod
4180 und wæhset nôt über nôt,	und türmt sich Not auf Not –
êwiger helleval.	ein ewiger Fall in die Hölle.
ALLER grüene derresal,	Eine Dürre für Wald und Wiesen,
væric als der slange,	hinterlistig wie die Schlange;
unheiles wâre zange,	ein wahrer Zangenbiss des Unheils,
4185 gellic als diu vipper,	gallig wie die Viper,
Lûcifers kipper	Luzifers unritterlicher Geselle
und dar zuo sîn scherge,	und dabei auch noch sein Lakai.
ir abgründes verge,	Ihr Höllenfährmann,
ir tarandes rücke,	ihr Tarantelrücken,
4190 valsche hellebrücke	trügerische Höllenbrücke
ungetriuwes râtes,	treuloser Ratschläge,
valscher Pilâtes,	unredlicher Pilatus!
driaces houbet unde zagel.	Kopf und Schwanz des Skorpions!
ir sît der getouften hagel,	Ihr seid den Getauften ein Hagelschlag,
4195 der ungetriuwen schermschilt.	ein Schutzschild der Treulosen.
deheiner freise iuch bevilt,	Mordgierig wie Herodes,
mordic als Herôdes.	ist Euch kein Verderben zu groß.

ir sît des êwigen tôdes.	Zum ewigen Tod seid Ihr bestimmt.
ich aht iuch ze gelîcher wîs	Vor Euch habe ich so viel Achtung
4200 ze dem wurme aspîs	wie vor der Aspis-Schlange
und ze dem basiliscus.	und dem Basilisken.
der art ist beider sampt sus:	Mit ihrer Natur verhält es sich so:
der einen smeckt, den andern siht,	Wer den einen riecht, den anderen sieht,
der enweders mac genesen niht.	der kann in keinem Fall am Leben bleiben.
4205 ir Jûdas, ir Phâraô:	Ihr Judas, Ihr Pharao,
jâ geschiht iu alsô	ja, Euch wird es genauso ergehen,
als ouch geschach den beiden.	wie es auch diesen beiden ergangen ist.
iuch beginnet zuo in kleiden	Apoll wird Euch wie sie
Apoll in drîer hande wât,	in dreierlei Stoffe hüllen,
4210 diu iu immer wol an stât;	die Euch auf ewig gut kleiden werden,
von dem fuoz unz an den gebel	vom Fuß bis zum Schädel,
in fiure, beche unde swebel:	in Feuer, Pech und Schwefel
dâ müezt ir ûz und innen	müsst Ihr außen und innen
immer inne brinnen;	für immer brennen;
4215 iu gelingt als in gelanc.'	Ihr werdet das Gleiche erreichen wie sie."
VIL gâhes er dô ûf spranc:	Da sprang er blitzschnell auf,
wan im sô leide nie geschach;	weil er noch nie so verletzt worden war.
die krône er ir abe brach,	Die Krone schlug er ihr vom Kopf,
er wolte si ertôtet hân.	er hatte vor, sie zu töten.
4220 daz begunnen die künig understân.	Das verhinderten die Könige.
mit fuoge nâmens in her dan.	Höflich nahmen sie ihn zur Seite.
er sprach ‚ach, ich fröuden armer man,	Er sagte: „Ach, ich freudloser Mann,
daz ich ie wart geborn!	dass ich überhaupt geboren wurde!
wie hân ich êr und wîp verlorn!	Wie habe ich mein Ansehen und meine Frau verloren!
4225 wê der leiden mære	O weh, das sind schlimme Neuigkeiten,
daz mir der zouberære	dass mir der Zauberer
mîn wîp sô hât verkêret	meine Frau so abspenstig gemacht
und mich alsô gunêret!	und mich so erniedrigt hat!
wê daz der tac ie betaget	O weh, dass je der Tag angebrochen ist,
4230 daz ûz Galilê diu maget	dass die Jungfrau aus Galiläa
den zouberære ie gebar,	den Zauberer geboren hat,
von dem ich her unde dar	von dem ich überall
leides hân alsô vil	so viel Leid erfahre,
daz ichs niender weiz endes zil.	dass ich nicht weiß, wie es enden wird!
4235 daz wil ich rechen bî namen,	Das will ich wahrlich rächen,
daz sichs diu keiserin muoz schamen.'	sodass sich die Kaiserin wird schämen müssen."
SÂ hiez er gâhen	Dann befahl er, die heilige Dame
die heilgen frouwen vâhen,	sofort gefangen zu nehmen
und balde dar zuo rüsten,	und sich zügig darauf vorzubreiten,

4240	daz man si bî den brüsten	sie an den Brüsten
	ûf solde henken.	aufzuhängen.
	er sprach ‚si kan wenken	Er sagte: „Sie ist imstande,
	wîplîcher triuwen.	das Treuegebot der Frauen zu brechen,
	daz muoz si hiut geriuwen.'	das wird sie noch heute bereuen."
4245	hie fuorte man die künigin	Hierauf führte man die Königin
	von dem künige balde hin.	sogleich vom König weg.
	bî den brüsten hienc man sie:	An den Brüsten hängte man sie auf,
	daz kund erwenden nieman hie.	das konnte dort niemand verhindern.
	DIU künigin bî den brüsten hienc,	Als die Königin an den Brüsten hing,
4250	die rede si sus ane vienc.	begann sie folgendermaßen zu reden:
	‚got herre, listmachære,	„Gott, mein Herr und Schöpfer,
	du ie und ie wære	du warst von Ewigkeit zu Ewigkeit
	und immer bist ân ende,	und wirst immer sein, ohne Ende.
	dînen trôst mir sende,	Sende mir deinen Trost,
4255	daz ich mich iht verkêre,	sodass ich standhaft bleibe,
	durch die grôzen êre,	wegen des großen Ansehens,
	daz sich dir biegent alliu knie,	da sich vor dir alle Knie beugen,
	ze himel ze hell ûf erde hie	im Himmel, in der Hölle, hier auf Erden,
	und alle zungen lobes jehent,	und alle mit ihren Zungen dein Lob bekennen,
4260	die dîne grôzen wunder sehent.	die deine großen Wunder sehen.
	gewîssagt kint ûz Israhêl,	Prophezeites Kind aus Israel,
	ich bevilh dir hiute mîne sêl,	ich übergebe dir heute meine Seele,
	daz si dich dâ müeze sehen	damit sie dich dort sehen wird,
	dâ dir die engel lobes jehen.	wo die Engel dich rühmen.
4265	BLÜENDE gerte von Jessê,	Blühende Wurzel des Jesse,
	gedenke daz mir sî vil wê:	vergiss nicht, dass ich große Schmerzen erleide;
	dâ wil ich doch niht ahten ouf,	doch die sollen mich nicht kümmern,
	sît mir worden ist der touf.	da mir die Taufe zuteil wurde.
	swer des toufes niht enhât,	Wer nicht getauft ist,
4270	des mac nimmer weden rât.	kann auf keinen Fall gerettet werden.
	dâ sult ir all gedenken an,	Das müsst ihr euch alle klar machen,
	ez sî wîp oder man,	gleich, ob Frau oder Mann,
	und wizzet daz diu heidenschaft	und ihr sollt wissen, dass die Heidenschaft
	ze himel hât kleine kraft:	im Himmel machtlos ist,
4275	wan dâ enkumts ot nimmer hin.	denn da kommt sie sowieso nicht hin.
	gedenket alle, habt ir sin,	Denkt doch alle darüber nach, wenn ihr bei Verstand
	durch iuwer heil, durch mîne bet:	seid, eures Heils und meiner Bitte wegen:
	ez sprach der valsche Mahmet,	Der betrügerische Machmet sagte,
	dô er an sînem tôde lac	als er im Sterben lag
4280	und des lebens sich verwac,	und mit dem Leben abschloss,
	dô man in frâgte mære	als man ihn da um Auskunft bat,

	wiez geschaffen wære	was es auf sich habe,
	umb juden kristen heiden,	mit Juden, Christen und Heiden
	des solt er si bescheiden;	– das sollte er ihnen erläutern –
4285	swie ez wær des tiuvels mort,	und obwohl er damit am Teufel Verrat beging,
	alsô was sîn jüngstez wort:	waren das seine letzten Worte:
	„mit wazzer muoz man genesen;	‚Mit Wasser muss man gerettet werden;
	anders mac ez nimmer wesen."	anders kann es nicht geschehen.'
	dâ meinet er den reinen touf,	Damit meinte er die reine Taufe,
4290	dâ der tugent kint în slouf;	in die das vollkommene Kind hineintauchte;
	ich mein den himelischen degen,	ich meine den himmlischen Kämpfer,
	der alliu dinc kan rehte wegen.'	der alle Dinge auf die rechte Weise zu beurteilen weiß."
	diu künigin ûf ze himel sach,	Die Königin sah auf zum Himmel;
	mit süezer güete si dô sprach	gütig und liebenswert sagte sie dann:
4295	‚ey touft iuch, edeln heiden.	„Kommt, edle Heiden, lasst euch taufen!
	ich muoz von iu scheiden.	Ich muss euch verlassen.
	enruocht waz iu der keiser tuo:	Kümmert euch nicht darum, was euch der Kaiser antut.
	hie enzwischn und morgen fruo	Bis dahin, bis morgen früh,
	bereit ich iu die wirtschaft	richte ich für euch ein Gastmahl aus,
4300	diu von der toufe hât die kraft	das von der Taufe seine Macht hat,
	daz si mit fröuden immer wert;	sodass es mit Freuden ewig währt, während
	wan diz leben ist kûm ein vert.'	dieses Leben kaum mehr ist als eine kurze Reise."
	HIE tuot uns diu schrift kunt:	An dieser Stelle berichtet uns die Schrift,
	sich touft an der selben stunt	dass sich sogleich danach
4305	sehs tûsent und zwei hundert.	sechstausend und zweihundert Menschen tauften –
	wan mich des immer wundert,	wobei es für mich stets ein Wunder sein wird,
	wer in den touf bereitte dâ.	wer für sie dort die Taufe vollzog.
	ein nebel viel ûf si sâ:	Sogleich legte sich ein Nebel über sie;
	dar zuo sprach der Palastîn	dazu sagte der aus Palästina
4310	diu wort, diu dâ solden sîn,	die Worte, die dafür nötig sind,
	diu zuo der toufe hôrten,	die zur Taufe gehörten,
	die heidenschaft zerstôrten.	mit denen das Heidentum hinweggenommen wurde.
	DER keiser hiez si vâhen,	Der Kaiser befahl, sie zu ergreifen,
	stechen, slahen, hâhen,	zu erstechen, zu erschlagen, zu erhängen,
4315	sieden, brâten, rœsten,	zu kochen, zu braten, zu rösten,
	die besten ze den bœsten.	die Edelsten gemeinsam mit den Geringsten.
	dar nâch schrei er lûte sâ	Danach schrie er sogleich laut:
	‚ey Allexandrînâ,	„Ach, Alexandrina,
	daz du ie geboren würde!	dass du je geboren wurdest!
4320	sô schädelîche bürde	Derart schadenbringende Last
	wart von muoter nie getragen.	wurde nie von einer Mutter getragen.
	jâ beginnet man dîn kunter sagen	Ja, man wird von deiner Widerwärtigkeit erzählen,
	her von oriente	vom Osten

	unz hin an occidente,	bis hin in den Westen,
4325	in den rîchen her und dâ,	überall in den Königreichen,
	als von der künigin Helenâ,	wie von der Königin Helena,
	der valschen Kriechinne,	der treulosen Griechin,
	diu êre unde minne	die ihrem edlen Mann
	ir werden man enpfuorte,	Ansehen und Liebe entwendete,
4330	dâ von die erde ruorte	weshalb sich viele breite Ströme aus Blut
	manc güsse von bluote grôz:	über die Erde ergossen;
	diz wil werden jens genôz;	dies hier wird jenem ebenbürtig sein! Deshalb
	sô muoz man immer mêre sagen	wird man auf ewig von der Treulosigkeit erzählen,
	den valsch den du gên mir kanst tragen,	die du mir gegenüber zu zeigen imstande bist,
4335	daz du Apollen wilt verliesen,	dass du Apoll aufgeben
	und Jêsum erkiesen	und in Jesus
	für einen gwaltigen got;	einen mächtigen Gott erkennen willst;
	daz mac wol sîn der werlde spot.	darüber wird die ganze Welt lachen!
	Jêsus muost daz kriuze tragen,	Jesus musste das Kreuz tragen,
4340	dar an er selbe wart geslagen.	an das er geschlagen wurde.
	wan man in dar an tôtte;	Man hat ihn nämlich daran getötet;
	mit gwalt man in des nôtte:	mit Gewalt hat man ihn dazu gezwungen:
	gewalts moht er niht abe stân.	der Gewalt konnte er sich nicht entziehen.
	solt ich den für einen got hân,	Sollte ich den für einen Gott halten,
4345	daz wæren kranke sinne.'	dann wäre ich nicht ganz bei Verstand."
	dô sprach diu küneginne	Darauf sagte die Königin:
	‚nu sag mir, keiser, sunder spot:	„Jetzt sage mir, Kaiser, ganz im Ernst:
	lebt ieman der âne got	Gibt es jemanden außer Gott,
	driu dinc müge geben:	der diese drei Dinge zu schenken vermag:
4350	lîp, sêle unde leben?'	Leib, Seele und Leben?"
	Dô sprach der keiser sâ ze hant	Darauf antwortete der Kaiser sogleich:
	‚mir ist daz von der schrift bekant,	„Ich weiß das aus den Schriften,
	daz der gote siben sint	dass es sieben Götter gibt
	und ieglîcher underbint	und jeder von ihnen
4355	mit sîner kraft sunder hât.	mit seiner Macht eine eigene Zuständigkeit hat.
	ich sag dir wiez dar umbe stât.	Ich sage dir, was es mit ihnen auf sich hat:
	der planête der sint siben,	Es gibt sieben Planeten
	und stêt von in dâ geschriben	und es steht über sie geschrieben,
	daz si aller geschaft	dass sie allen Geschöpfen
4360	von natûre gebent kraft.	auf natürliche Weise Kraft geben.
	ieglîches sternen pfligt ein got,	Für jeden Planeten ist ein Gott zuständig, durch
	der tuot und lât durch sîn gebot.	sein Gebot ruht er und wird er in Bewegung gesetzt.
	dem himel si widerstrebent,	Sie bewegen sich gegenläufig zum Firmament.
	dem menschen si daz leben gebent:	Den Menschen schenken sie das Leben;
4365	daz muoz leben nâch ir art	die müssen auf ihre Weise so leben,

als ie diu lûne hât die vart.	wie die Sterne gerade zueinander stehen.
ich hân sîn fürbaz niht gelesen,	Ich habe nirgendwo gelesen,
wie ez anders möhte wesen.'	dass es sich anders verhalten könnte."
Dô sprach diu süeze künigin	Darauf sagte die liebliche Königin:
4370 ‚alle die nu haben sin,	„Alle, die hier bei Verstand sind,
die brüeven rehte waz ich sage.	die mögen genau erwägen, was ich sage:
ob ieman hiut bî disem tage	Wenn heute, an diesem Tag,
uns seite – daz daz würde wâr, –	jemand uns etwas sagen würde – sodass das einträfe –,
daz geschæhe über drîzic jâr:	was in über dreißig Jahren passiert,
4375 wolt ir dem gelouben iht?'	würdet Ihr demjenigen nicht Glauben schenken?"
‚jâ, ich hêt mit im die pfliht,'	„Ja, das wäre ich ihm schuldig",
sprach der künic, ‚des muoz ich jehen.'	sagte der König, „das muss ich eingestehen."
‚herre, sô ist ez geschehen,'	„Herr, genau das ist passiert",
sprach diu küniginne sâ.	antwortete die Königin.
4380 ‚jâ vindet man geschriben dâ	„Ja, man findet es geschrieben
in dem buoch Jeremîas,	in dem Buch des Jeremia
der vor manigem jâre was,	der vor vielen Jahren lebte,
vor dem kint ûz Israhêl.	vor dem Kind aus Israel.
er sprach „der lîp unde sêl	Er sagte: ‚Der, der uns Leib und Seele gibt
4385 uns gît, und dar zuo daz leben,	und zudem das Leben,
der wirt ze dem tôde gegeben:	der wird in den Tod geschickt:
als ein ungemeilet lämbelîn	Wie ein makelloses Lämmchen
tuot er niht ûf den munt sîn."	öffnet er seinen Mund nicht.'
ich hân an disen stunden	Ich habe vor kurzer Zeit
4390 den wâren heilant funden,	den wahren Heiland gefunden,
der prophêten tugentkint,	das Tugendkind der Propheten,
des diu rîche alliu sint;	dem alle Reiche unterstehen;
wan die sâhen in für wâr	die nämlich haben ihn wahrhaftig
vor sîner gbürte tûsent jâr.	tausend Jahre vor seiner Geburt schon gesehen.
4395 über ein kum ich von im niht,	Von ihm werde ich mich nicht abwenden,
swie wê mir von im geschiht.	ganz gleich, wie viele Schmerzen ich wegen ihm erleide.
der marter sol mich durch in zemen.'	Ihm zuliebe soll mir die Folter gefallen."
der keiser hiez si abe nemen	Der Kaiser befahl, sie loszumachen,
und hiez die brüste ir snîden abe.	und ließ ihr die Brüste abschneiden.
4400 grôz was sîn ungehabe.	Er war außer sich.
er schrei vil lûte ‚wâfenô!	Er brüllte: „O weh,
Apollô her, wie tuost du sô,	edler Apoll, zu Hilfe! Warum tust du das,
der sunne got von arte hêr!	Gott der Sonne aus edlem Geschlecht!
bedenke mînes herzen sêr.	Denk an das Leid in meinem Herzen.
4405 ach, ich fröuden armer man,	Ach, ich freudloser Mensch –
daz ich daz leben ie gewan!	dass ich je geboren wurde!
dâ sehen mîne gote zuo:	Meine Götter haben dafür gesorgt,

	ich bin entêret al ze fruo;	dass ich mein Ansehen viel zu schnell verloren habe;
	des wolt Apoll mir gunnen.'	Apoll hat gewollt, dass mir das geschieht."
4410	er viel hin unversunnen.	Er fiel ohnmächtig zu Boden.
	DER markîs nam die keiserîn	Der Markgraf nahm die Kaiserin
	und druht si an den lîp sîn.	und drückte sie an sich.
	er sprach ‚ey heilge frouwe,	Er sagte: „Ach, heilige Herrin,
	fröu dich der anschouwe,	freu dich über den Anblick,
4415	die du in dem himel hâst,	den du im Himmel genießen wirst,
	sô du frôlîchen stâst	wenn du fröhlich
	vor der tugende kinde.	vor dem Kind der Tugend stehst.
	sîn klâr hofgesinde	Sein strahlender Hofstaat
	empfâht dich alsô schône.	wird dich sehr ehrenvoll empfangen.
4420	dâ sihest ûf dem trône	Dort wirst du auf dem Thron
	all der engel frouwen;	die Herrin all der Engel sehen;
	die maht du gerne schouwen.	die kannst du mit Freuden betrachten.
	enruoch waz dir der keiser tuo:	Kümmere dich nicht darum, was dir der Kaiser antut;
	dar umbe gêt dir fröude zuo.	du wirst dafür Freude empfangen.
4425	ahte niht waz dir geschehe:	Achte nicht darauf, was dir geschieht:
	dîner klâren ougen sehe	Der Blick deiner klaren Augen
	beginnet dir noch hiute spehen	wird dir noch heute etwas zeigen,
	des du ze fröuden wol maht jehen.'	was du gewiss als Glückseligkeit bezeugen wirst."
	diu künigin wart der mære frô.	Die Königin freute sich über diese Botschaft
4430	si begund dem helde nîgen dô.	und verneigte sich vor dem Helden.
	daz bluot ir von den brüsten vlôz,	Das Blut floss von ihren Brüsten,
	daz ez ir kleider gar begôz.	sodass es ihre Kleider ganz überströmte.
	DER markîs ûf ze himel sach.	Der Markgraf sah zum Himmel hinauf
	ob den brüsten er dô sprach	und sagte, die Brüste segnend:
4435	‚du solt nimmer bluoten.	„Hör auf zu bluten!
	ich beswer dich bî der ruoten	Ich beschwöre dich bei dem Stab,
	die Moyses in daz mer sluoc,	den Mose in das Meer stach,
	diu in mit heil dâ durch truoc:	der ihn dort unversehrt hindurchführte.
	als müezest du werden heil,	Ganz so sollst du, heilige Herrin, geheilt werden,
4440	heilic frouwe, sunder meil.'	ohne dass ein Makel bleibt!"
	von dem wort der jungen	Durch diese Worte traten bei der jungen Frau
	sâ die brüste entsprungen,	sogleich die Brüste hervor,
	der süezen und der klâren,	der Liebreizenden und Reinen,
	als si von zwelf jâren	ganz so, als wären sie ihr im Alter von zwölf Jahren
4445	wærn gewahsen, und niht mê;	– und keinem Jahr mehr – gewachsen,
	und was heil reht als ê.	und sie waren ganz so unversehrt wie zuvor.
	hie stuont mîn frou, diu keiserîn,	Hierauf stand meine Herrin, die Kaiserin,
	als ein mûzersprinzelîn,	da wie ein Sperbermännchen, das sich gemausert hat,
	sô ez in vollem kropfe stât	wenn sein Kropf gut gefüllt ist

4450	und niht hungers mâle hât,	und es keine Zeichen des Hungers zeigt
	und eben wol geslihtet.	und ganz glattes Gefieder hat.
	von ir schœne wær berihtet	Mit ihrer Schönheit hätten Herrscherinnen
	drîzic lande frouwen:	aus dreißig Ländern geschmückt werden können,
	des sult ir wol getrouwen.	das könnt ihr getrost glauben.
4455	**Diz** wunder sach der keiser an,	Dieses Wunder betrachtete der Kaiser
	und dar zuo manc hôher man.	und mit ihm so mancher angesehene Mann.
	die sprâchen an der stunde	Die sagten alsbald
	alle ûz einem munde	alle wie aus einem Mund:
	‚ez ist von zouber geschehen.'	„Das war Zauberei!"
4460	des begund der keiser ouch jehen,	Dem stimmte der Kaiser zu
	und sprach al zehant dâ	und sagte dort sogleich:
	‚ey Allexandrînâ,	„Ach, Alexandrina,
	keiserinne hôchgeborn,	hochgeborene Kaiserin,
	sol ich dich nu hân verlorn	habe ich dich nun verloren
4465	durch Jêsum von Nazarêt	wegen Jesus von Nazareth, und das
	umb anders niht wan daz er stêt	nur deshalb, weil er, das Kind der Jungfrau,
	in dem gestirn, der maget kint?	sich im gestirnten Himmel befindet?
	suln nu alle die der sint	Sollen darum nun alle Menschen
	dâ von im undertân wesen?	ihm untergeordnet sein?
4470	der buoche hân ich niht gelesen.	Solche Bücher habe ich nicht gelesen.
	dâ für ich in hête,	Ich halte ihn
	daz er ein prophête	für einen Propheten,
	wær muoterhalp ûz Israhêl:	der mütterlicherseits aus Israel stammt.
	daz er lîp unde sêl	Dass er Leib und Seele
4475	geschüefe, des enmac niht sîn.	geschaffen hat, das kann nicht sein!
	die der planêten schîn	Diejenigen, die sich um die leuchtenden Planeten
	mit ir starken loufte pflegent	mit ihrem gewaltigen Umlauf kümmern
	und elliu dinc ze rehte wegent	und alle Dinge auf die rechte Art und Weise festsetzen
	und sie ouch underscheident,	und sie auch voneinander unterscheiden,
4480	heid und boume kleident:	Wiesen und Bäume bekleiden –
	allen dingen gebent si kraft,	allen Dingen geben sie Kraft,
	alle würze sint von in gesaft,	alle Wurzeln haben ihren Saft von ihnen,
	allez daz ûf der erde lebt	allem, was auf der Erde lebt
	odr in dem wilden wâge swebt,	oder in den wilden Fluten schwimmt,
4485	dem gebent si wîlsælde	dem geben sie das ihm bestimmte Schicksal
	und formentz mit gemælde.	und verleihen ihm die äußere, bildliche Form.
	si widerstênt dem himel klâr.	Sie widerstreben dem strahlenden Himmel.
	sô riht diu Sunne daz jâr:	Es legt die Sonne das Jahr fest.
	als si hât von erde vluht,	Wenn sie von der Erde flieht,
4490	des erserwet alliu fruht	dann welkt davon alle Frucht dahin
	und wirt trûric und unfrô.	und wird traurig und ist unglücklich.

	sô waltet Saturnô	Es herrscht Saturn
	der kalten, bitterlîchen zît,	über die kalte, bittere Zeit,
	diu niht hügender fröude gît.	die keine behagliche Freude gewährt.
4495	Vênus pfligt der minne	Venus kümmert sich mit feuriger Gesinnung
	mit fiuwerîchem sinne.	um die Liebe.
	diu Lûnâ der unstæte pfligt,	Die Luna kümmert sich um den Wankelmut,
	dar an daz grœste wandel ligt.	mit dem die größte Unbeständigkeit einhergeht.
	der sternen sint dennoch drî.	Noch drei weitere Sterne gibt es.
4500	die sint sô starker krefte frî,	Die verfügen über keine so starken Kräfte
	und hânt doch manigen wilden ganc.	und vollziehen dennoch so manchen wilden Lauf.
	daz wær ze sagen al ze lanc,	Es würde viel zu lange dauern, das zu erzählen, nur eines sei gesagt: Apoll herrscht uneingeschränkt darüber.
	wan daz sîn walt Apollô gar.	
	des nim du an der sunne war,	Das kannst du an der Sonne erkennen,
4505	wie diu die werlt erliuhtet.	daran, wie sie die Welt erleuchtet.
	swaz daz wazzer fiuhtet	Alles, was vom Wasser befeuchtet
	und Saturnus keltet,	und von Saturn zum Erkalten gebracht wird –
	diu sunn die mâze heltet,	die Sonne hält das richtige Maß,
	daz diu erd die fruht birt,	damit die Erde die Pflanzen hervorbringt,
4510	die über al geliebet wirt.	über die sich jeder freut.
	der sunne tugent ist manicvalt:	Die Sonne hat vielerlei gute Kräfte,
	der hât Apollô gar gewalt.	über diese kann Apoll uneingeschränkt verfügen.
	sît diu sunne, der planêt,	Weil die Sonne, der Planet,
	in der hœhsten wirde stêt,	das höchste Ansehen genießt,
4515	sô muoz Apoll der hœhste sîn:	muss Apoll der Höchste sein.
	da gedenke an, frou künigîn,	Sei dir dessen bewusst, Frau Königin,
	und hab in ouch zem hœhsten got;	und erkenne auch du ihn als höchsten Gott an!
	tuo und lâ durch sîn gebot:	Sein Wille bestimme, was du tun und lassen sollst.
	der maget kint, Jêsum,	Jesus, dieses Jungfrauenkind,
4520	der mac dir niht wesen frum.'	der bringt dir keinen Nutzen!"
	Dô sprach diu keiserin ze hant	Darauf sagte die Kaiserin sogleich:
	,die zwêne got sint mir bekant.	„Diese beiden Götter sind mir bekannt.
	ich wil des für wâr jehen:	Ich gestehe es gerne ein:
	ich hân si beide gesehen.	Ich habe sie beide gesehen.
4525	Apolln ich ûf der siule sach,	Apoll sah ich auf der Säule;
	des vil manic zunge jach	viele Menschen haben bezeugt,
	daz si nie krêatiure	dass sie nie eine so schreckliche Kreatur
	gesæhen ungehiure.	gesehen hätten.
	dô er ûf der siule saz,	Als er auf der Säule saß,
4530	zeinem affen ich in maz,	habe ich ihn für einen Affen gehalten,
	wan daz er hête einen zagel.	nur, dass er einen Schwanz hatte.
	Georius was dâ sîn hagel.	Georg war dort sein Verderben.
	der schuof daz diu sûl brast	Der sorgte dafür, dass die Säule zersprang

	und im entran der himel gast	und dass der Himmelsfremdling vor ihm davonlief,
4535	in die helle, dâ er nu ist wirt,	in die Hölle, wo er nun Hausherr ist,
	den elliu tugent gar verbirt.	er, der jeglicher Tugend entbehrt.
	dâ sach ich ouch der maget kint,	Dort sah ich auch das Kind der Jungfrau,
	des diu rîche alliu sint,	dem alle Reiche untertan sind
	und daz den himel an liez	und das das Firmament in Bewegung setzte
4540	und daz die planêten hiez	und das den Planeten befahl,
	daz si an louf im widerstân,	dass sie diesem mit ihrem Lauf widerstreben,
	daz er sül die mâze gân	sodass es sich nicht übereilt
	an sînem zirke an loufte.	beim Durchlaufen seiner Kreisbahn.
	dô mich der markîs toufte,	Als mich der Markgraf taufte,
4545	do erschein mir got alsô klâr,	da erschien mir Gott so strahlend hell,
	daz ich brüeve wol für wâr:	das halte ich für die reine Wahrheit: Wenn es
	ob der sunne wæren siben,	die Sonne, von der Erstaunliches geschrieben steht,
	von der wunder ist geschriben,	sieben Mal gäbe, hätten diese sieben Sonnen
	die hêten niht sô liehten schîn.	zusammen keinen so strahlenden Glanz.
4550	daz mac der wâre got wol sîn.	Das muss der wahre Gott sein.
	er ist ez rehte sunder wân.	Er ist es wirklich, ohne Zweifel!
	ein lamp, daz kriuz hêt in den klân,	Ein Lamm, das das Kreuz in den Klauen hielt,
	daz sach ich, und den lewen starc:	das sah ich, und den starken Löwen.
	der enwederz sich vor mir enbarc.	Keines von beiden verbarg sich vor mir.
4555	daz lieht, der löu, daz lämbelîn,	Das Licht, der Löwe, das Lämmchen,
	diu müezen mir ein got sîn,	die sind für mich zwingend ein Gott,
	der elliu dinc geschaffen hât,	der alle Dinge geschaffen hat,
	er einer, doch diu trinitât.	er allein und zugleich als Trinität.
	pfî Apollô, bœse wiht,	Pfui, Apoll, böser Dämon,
4560	du schaffest an mir hie niht.	auf mich hast du hier keinen Einfluss!
	her keiser, iu sî widerseit;	Herr Kaiser, hiermit sage ich mich von Euch los,
	und habt daz ûf mînen eit	und nehmt es bei meinem Eid,
	daz wir uns müezen scheiden:	dass wir uns trennen werden.
	kristen unde heiden	Christen und Heiden
4565	mac niht bî ein ander sîn.	können nicht zusammen sein.
	her keiser, nemt diz vingerlîn,	Herr Kaiser, nehmt diesen Ring,
	daz was unser mahelschaz,	der war unser Brautschatz,
	der sazt der ê den êrsten saz.	der gab der Ehe das erste Unterpfand.
	nemt hin die krôn und iuwer lant:	Behaltet die Krone und Euer Land,
4570	daz gib ich ûf mit mîner hant,	die gebe ich aus freien Stücken auf,
	dar zuo stete, bürge vil,	außerdem Städte, viele Festungen,
	der ich niht mê haben wil.'	auf die ich verzichten will."
	Dô der keisr erhôrte daz,	Als der Kaiser das hörte,
	dô wurden im die ougen naz,	da wurden ihm die Augen feucht,
4575	daz si den kriec sô vaste hielt	weil sie den Streit so ausdauernd durchhielt

	und der niuwen ê wielt.	und dem neuen Glauben anhing.
	er sprach ‚nu hœrt, ir herren.	Er sagte: „Hört nun, Ihr Herren:
	nâhen unde verren	Nah und fern
	mügen disiu mære geschellen	mögen diese Neuigkeiten verkündet werden
4580	und sô ze schaden hellen,	und so den Schaden zu Gehör bringen,
	daz ein zweiunge wirt,	dass eine Entzweiung stattfindet,
	der uns vil lîht her nâch geswirt;	die uns bestimmt später noch schmerzen wird,
	wan swaz die hôhen ane gânt,	denn was auch immer die Oberen anfangen,
	die nidern in des bî gestânt.	dem leisten die Niederen Folge.
4585	dar nâch râtet swaz ir welt,	Beschließt in dieser Sache, wie Ihr wollt.
	sît ich dem schaden bin geselt,	Da ich diesem Schaden ausgeliefert bin,
	des unser gote laster hânt,	und weil sie das nicht verhindern,
	daz si daz niht understânt.'	tragen unsere Götter Schande davon."
	Dô rietens an der stunde	Da rieten sie sogleich
4590	gelîch ûz einem munde,	ganz einhellig,
	er solt die künigin tœten:	dass er die Königin töten solle.
	er möht si niht genœten	Er könne sie ja doch nicht dazu zwingen,
	daz si wær ein heidenin.	eine Heidin zu sein.
	dô hiez er si füeren hin.	Da befahl er, sie abzuführen.
4595	er begund vor leide wüeten.	Vor Schmerz begann er zu toben.
	‚ir sult ir sêre hüeten,	„Gebt gut auf sie acht,
	dazs iu iht entrinne;	damit sie Euch nicht entkommt;
	daz si mit zoubers sinne	damit sie nicht etwa der Markgraf
	iht hin füer der markîs,	mit Zauberlist entführt,
4600	als von Troye Pârîs	so wie es Paris von Troja
	Helenam von Kriechen tet.'	mit Helena von Griechenland tat."
	sâ an der selben stet	Auf der Stelle sprangen
	sprungen riter, knappen dar	Ritter und Knappen herbei
	und nâmn der keiserinne war.	und nahmen die Kaiserin in Gewahrsam.
4605	er sprach ‚nu bringt ir houbet wider.'	Er sagte: „Bringt mir ihren Kopf!"
	weder ê noch sider	Weder zuvor noch danach habt Ihr je gehört,
	gefriescht ir nie von liutes site,	dass sich zwei Menschen
	der sich sô sêre undersnite.	so sehr voneinander unterschieden.
	trûric was des keisers lîp:	Der Kaiser war traurig.
4610	sich fröut diu keiserin, sîn wîp.	Die Kaiserin aber, seine Frau, die freute sich.
	hie velschet sich daz alte wort,	Hier erweist sich der alte Ausspruch als falsch
	daz wart missemeilic dort,	– er verlor dort seine Geltung –,
	daz ein man und sîn wîp	dass ein Mann und seine Frau
	solden haben einen lîp.	ein Fleisch sein sollen.
4615	ir fröude und sîn herzeleit	Ihre Freude und sein Herzensleid
	gelîcher wîs zesamen sneit	waren auf gleiche Weise zusammengeflickt
	und kund sich rehte machen	und passten genau so zueinander

	als ein rôt scharlachen	wie ein roter Scharlach
	ze einem gelwen fritschâl.	zu einem gelben Fritschal.
4620	diu küngin klâr lieht gemâl	Die Königin, die strahlte und glänzte,
	diu was nâch der rôsen var:	hatte die Farbe einer Rose.
	sô brüeve ich den keiser dar	Der Kaiser hingegen kommt mir vor
	ze der gelwen schôten,	wie eine gelbe Schote –
	geformet nâch den tôten.	so wie ein Toter.
4625	HIN fuorten si die keiserin.	Sie führten die Kaiserin weg.
	si sprach ‚süezer got, ich bin	Sie sagte: „Süßer Gott,
	dîn vil arme hantgetât:	ich bin dein elendes Geschöpf.
	schaffe daz mîn werde rât,	Mach, dass mir Hilfe zuteil wird,
	aller tugent orthabe;	Ursprung aller Tugend.
4630	füege, sô ich kum ze grabe,	Wenn ich sterbe, dann sorge dafür,
	daz ich iht bidmende stê,	dass ich nicht um Gnade bitten muss,
	sô diu urteil ergê,	wenn das Urteil gefällt wird;
	swenn daz antlütze dîn	wenn du leibhaftig
	mit einem swerte fiurîn	mit einem flammenden Schwert
4635	ist geformet an dem tage	an dem Tag auftrittst,
	dâ sich fröude unde klage	an dem sich Freude und Klage
	zweiet an der selben zît,	voneinander scheiden, dann,
	dar an kein barmunge lît.'	wenn es kein Erbarmen mehr gibt."
	Dô kom diu gotes stimme sâ.	Da ertönte die Stimme Gottes.
4640	‚Allexandrînâ,'	„Alexandrina",
	sprach si, ‚nu gehab dich wol:	sagte sie, „sei nun froh!
	du bist des heilgen geistes vol.	Du bist vom Heiligen Geist erfüllt.
	der latt dich in den himel klâr.	Der lässt dich hinein in den strahlenden Himmel.
	dâ sint dîniu fröuden jâr	Dort wird die Zeit deiner Freude
4645	ân ende fürbaz immer mê:	für immer andauern. Vom heutigen Tag abgesehen
	ân hiute wirt dir nimmer wê.	wirst du keinen Schmerz mehr erleiden.
	danke, frou, dem markîs:	Danke, edle Frau, dem Markgrafen.
	der hât êre unde prîs	Er hat sowohl Lob als auch Ehre
	behertet beide, dir und im.	für dich und für sich selbst errungen.
4650	urloup du, frouwe, von im nim	Edle Dame, nimm Abschied von ihm
	und nîc im, daz ist wol gewant.'	und verneige dich vor ihm. So ist es angemessen."
	der engel mit der rede verswant.	Mit diesen Worten verschwand der Engel.
	DES wart diu keiserinne frô	Hierdurch wurde die Kaiserin von Freude ergriffen
	und neic dem margrâven dô.	und verneigte sich vor dem Markgrafen.
4655	si viel im gâhes an den fuoz,	Eilig fiel sie vor ihm nieder
	und sprach ‚der himelische gruoz,	und sagte: „Der himmlische Gruß
	der hât mich getrôstet wol,	hat mir wahrlich Trost gespendet,
	und daz ich iu danken sol	und mir gesagt, dass ich Euch
	der vil grôzen arbeit,	für die große Mühe danken soll,

4660	die ir an mich habt geleit,	die Ihr Euch meinetwegen gemacht habt,
	grôzen pîn und ungemach.'	für Euren großen Schmerz und Kummer."
	zehant si dô ûf sach.	Sogleich sah sie nach oben.
	dô sach si in den himel klâr.	Da blickte sie hinein in den strahlenden Himmel.
	dar inne bruofte si für wâr	Sie sah darin wahrhaftig
4665	zwei hêrgesidel wunniclîch,	zwei herrliche Throne
	und dâ bî zwô liehte krône rîch,	und auch zwei glänzende, prächtige Kronen
	die niht schœner mohten sîn.	wie sie nicht schöner hätten sein können.
	si sprach ‚fröu dich, herre ûz Palastîn:	Sie sagte: „Freu dich, Herr aus Palästina!
	dîn hêrstuol ist gesetzet.	Dein Thron steht schon bereit.
4670	du bist wol ergetzet	Für deine Marter und die Trennung von deinen Brüdern
	dîner marter und der bruoder dîn:	wirst du gewiss entschädigt:
	got gît dir daz rîche sîn.	Gott gewährt dir sein Reich.
	und wizze daz ze wâre:	Und wisse dies wahrhaftig:
	inner sibenthalbem jâre	Noch sechseinhalb Jahre lang
4675	kan dich mit keinen nœten	kann dich – auch unter noch so großen Mühen –
	nieman ertœten.	niemand töten.
	wir müezen uns hie scheiden:	Hier trennen sich unsere Wege.
	got der gnâd uns beiden.'	Gott sei uns beiden gnädig!"
	HIE viel sie ir venige	Hierauf fiel sie vor all den Leuten
4680	undr aller der menige.	auf die Knie.
	an gote wolt si niht verzagen:	Sie wollte nicht an Gott zweifeln.
	daz houbet wart ir ab geslagen.	Man schlug ihr den Kopf ab und es
	und kom ein schîn und ein glast	verbreiteten sich ein Strahlen und ein heller Schein,
	daz der kunde und der gast	sodass davon Einheimische und Fremde
4685	unversunnen lâgen	besinnungslos zu Boden sanken
	und niht witze pflâgen.	und das Bewusstsein verloren.
	der glast was zweier engel schîn,	Dieser Glanz kam vom Strahlen zweier Engel.
	die fuorten hin die künigîn	Diese nahmen die Königin mit sich
	und wîsten si des himels wege	und führten sie in den Himmel.
4690	unde hêtens in ir pflege	Sie nahmen sich ihrer an,
	als si sider hêten	so wie sie es später auch
	die süezen Margarêten.	mit der heiligen Margarethe taten.
	dem keiser kômen mære	Dem Kaiser wurde berichtet,
	wie ez ergangen wære.	was sich zugetragen hatte.
4695	er sprach zem boten ‚sæhe duz?'	Er sagte zu dem Boten: „Hast du es selbst gesehen?"
	‚jâ, ich gesach nie bogenschutz	„Ja, nie habe ich gesehen,
	alsô snelle gevarn,	dass ein Pfeil so schnell abgeschossen wurde,
	als ich zwêne fiurîn arn	wie ich zwei feurige Adler
	sach varn ze der keiserin.	auf die Kaiserin zufliegen sah.
4700	die fuorten sie ouch bêde hin.	Diese beiden nahmen sie mit sich.
	si seit dem Palastîn für wâr,	Dem aus Palästina sagte sie wahrhaftig,

	ez müez ê sibenthalp jâr	es müssten noch sechseinhalb Jahre
	endelîche hin komen,	vollständig vorübergehen,
	ê im der lîp werde benomen.'	ehe ihm das Leben genommen werde."
4705	Dô sprach der keiser zehant	Der Kaiser sagte daraufhin sogleich:
	‚sam mir liute unde lant	„Bei meinem Land und meinen Leuten
	und alle mîne gote hêr,	und all meinen erhabenen Göttern –
	er arnet al mîn herzesêr:	er wird für meinen großen Kummer büßen!
	des kan im nieman gewegen.'	Niemand wird ihn davor bewahren können."
4710	er hiez in vil gâhes segen	Er befahl, ihn eilends
	sâ ze vier stücken.	in vier Stücke zu zersägen.
	er sprach ‚diu sol man drücken	Er sagte: „Die soll man
	in einen fûlen pfuol.	in einer stinkenden Mistgrube versenken!
	er hât mir mînen küniges stuol	Er hat meinen Königsthron
4715	lästerlîch gesetzet:	lächerlich gemacht.
	des wirt er hie geletzet,	Das wird ihm hier vergolten,
	daz er im noch Jêsum	sodass er weder sich selbst noch Jesus
	nimmer mê wirt kein frum,	jemals wieder von Nutzen sein wird.
	und ouch diu künigin hât niht wâr	Und auch die Königin soll nicht recht behalten,
4720	umb daz sibenthalbe jâr.'	was die sechseinhalb Jahre angeht."
	diz gebôt er, und geschach.	Er befahl es und es geschah.
	ze vier stücken man in brach	Man zerteilte ihn mit einer starken Knochensäge
	mit einer starken hornsege;	in vier Stücke.
	diu stücke hêtens in ir pflege	Diese Stücke bewachten sie,
4725	unz man si für den keiser truoc.	bis man sie zum Kaiser gebracht hatte.
	er sprach ‚er hât sîn genuoc.	Er sagte: „Das ist genug für ihn.
	nu werft in in die pfütze:	Werft ihn nun in die Grube.
	er ist mir und im unnütze.	Er nützt weder mir noch sich selbst.
	dâ mit var wir enbîzen sâ,	Und nun wollen wir zum Essen gehen,
4730	und lige er in dem pfuole dâ.'	während er dort in der Kloake liegt."
	diz geschach als er gebôt.	Es geschah, wie er es befohlen hatte.
	vische, vleisch, wîn und brôt,	Der Tisch wurde mit Fisch, Fleisch,
	dâ mit der tisch gerihtet wart.	Wein und Brot gedeckt.
	nu liez abe niht sîn vart	Cherubin und Michael aber
4735	Cherubîn und Michahêl;	verzichteten nicht darauf, herbeizukommen.
	die brâhten die reinen sêl	Sie vereinten die reine Seele
	wider ze dem lîchnamen,	wieder mit dem Leichnam
	und sprâchen ‚du maht dich wol schamen,	und sagten: „Schämst du dich nicht,
	werder Geori von Palastîn,	edler Georg von Palästina –
4740	swaz von dir diu keiserîn	soll das denn nicht die Wahrheit sein,
	sprach, sol daz niht wesen wâr:	was die Kaiserin über dich gesagt hat?
	wol ûf, edler ritter klâr,	Frisch auf, edler und strahlender Ritter,
	bî got und durch uns zwêne,	mit Gottes Willen und unser beider Hilfe,

	als du ze Millêne	so wie du in Millene
4745	wær in dîner besten tugent,	in deiner schönsten Vollkommenheit warst
	in den kleiden, in der jugent.'	an Kleidung und jugendlichem Aussehen."
	ALS si gesprâchen vol daz wort,	Sobald sie diese Worte gesprochen hatten,
	dô stuont der margrâve dort	stand der Markgraf da,
	als er ein meije wære.	als wäre er der Mai selbst.
4750	ân nâdel, sunder schære	Ganz ohne Nadel und ohne Schere
	wurden im diu kleit bereit;	wurden seine Kleider gefertigt.
	diu pflâgen solcher rîcheit	Sie waren so kostbar,
	daz künige, keiser wære	dass nicht einmal Könige oder Kaiser
	ze gelten al ze swære;	sie hätten bezahlen können;
4755	wan ez was engelischiu wât,	es war nämlich Engelskleidung,
	weder geweben noch genât.	weder gewebt noch genäht.
	lieht reide was sîn hâr,	Blondgelockt war sein Haar.
	von gestein dar ûf ein schapel klâr.	Darauf saß ein edelsteingeschmückter Kranz.
	er hête nie sô liehten schîn,	Wieviel strahlender Glanz von ihm auch ausging,
4760	er müeste iedoch mänlîch sîn,	war er doch ganz wie ein Mann,
	zen brüsten wît, mitten kranc.	mit breiter Brust und schmaler Taille.
	ein gürtel in zesamen twanc,	Ein Gürtel umfasste ihn,
	diu was rîch und tiure,	der edel und kostbar war,
	gevar nâch dem fiure	außerdem rot wie Feuer
4765	von edeln rubînen,	von edlen Rubinen.
	die sach man dar ûz schînen.	Die sah man daraus hervorstrahlen.
	avoy, wie was er hie gestalt!	Seht, wie schön er zurechtgemacht war!
	daz ist von mir ungezalt,	Ich könnte das nicht beschreiben,
	und hêt ich Salomônes sin;	selbst wenn ich Salomos Klugheit besäße.
4770	iedoch wil ich brüeven in.	Dennoch will ich ihn in Augenschein nehmen.
	Dô er sich selben ane sach,	Als er sich selbst betrachtete,
	er behagt im wol, unde sprach	da gefiel ihm sein eigener Anblick und er sagte:
	,geêret sîst du, herre got.	„Geehrt sollst du sein, Herr und Gott.
	geêret sî dîn hôch gebot,	Geehrt soll auch dein vornehmer Bote sein,
4775	der engel fürste Michahêl,	der Engelsfürst Michael,
	der mir wider brâht die sêl.	der mir meine Seele zurückgebracht hat.
	nu hât diu keiserinne wâr,	Nun hat die Kaiserin Recht behalten,
	diu seite mir sunder vâr,	die mir – ohne zu lügen – gesagt hat,
	man möht mich niht verderben,	dass man mich nicht zugrunde richten
4780	mit keiner nôt ersterben.'	und mit keiner Anstrengung töten könne."
	,ey, guote, sage sô dir got	„He, mein lieber Reinbot von Durne,
	von Durne lieber Reinbot:	sage uns mit Gottes Hilfe:
	sol allez dinc daz ie wart	Wenn jedes Ding, das je existiert hat,
	gelîchen rehte sîner art,	demjenigen gleicht, von dem es abstammt,
4785	sô muoz diu liehte rôse sîn	dann muss die leuchtende Rose

muoter des von Palastîn.'	die Mutter des Mannes aus Palästina sein."
‚der sunne der vater ouch dar zuo.	„Und dazu noch die Sonne der Vater.
swenn er an dem morgen fruo	Wenn sie früh am Morgen
sunder allez wolken stât	am wolkenlosen Himmel steht
4790 und alsô brehende ûf gât,	und solchermaßen flammend aufgeht,
sô bricht sîn klâr liehter schîn	dann brechen ihre hellen, leuchtenden Strahlen
in der rôsen kämerlîn;	in das Kämmerlein der Rose hinein.
dâ brüet der sâme inne	Dort drinnen entzündet sich der Samen
von ir zweier minne:	durch ihrer beider Liebe.
4795 der sâme ist balsam, liljen bluot.	Der Samen ist Balsam, Lilienblüte.
dar ûz wart der degen fruot,	Daraus entstand der tapfere Held,
der ûzerkoren markîs.	der vortreffliche Markgraf.
dem sint zwei lobes rîs	Zwei junge Triebe des Ruhms
alsô hôch gestôzen:	sind ihm hoch aufgesprossen:
4800 daz im kan niht genôzen	Zum einen kann ihm
ûf der breiten erde;	auf der weiten Welt niemand gleichkommen.
so ist er in solhem werde	Zum anderen ist es um sein Ansehen
in dem klâren himel oben:	im leuchtenden Himmel wie folgt bestellt:
dâ muoz in mit gesange loben	Dort müssen ihm die zehn Chöre
4805 die zehen kœre über al	und alle, die im Palast des Himmels sind,
und swaz ist in des himels sal.'	ihr Loblied singen."
‚wie ist daz rôsen kint gezogen?	„Wie wurde das Rosenkind aufgezogen?
hât ez wîbes brust gesogen?'	Wurde es an der Brust einer Frau gestillt?"
‚nein, niht, des mac niht sîn:	„Nein, das nicht, das kann nicht sein.
4810 muskâtbluot und nägelîn,	Muskatblüten und Nelken
daz was diu spîse die er âz;	waren die Speisen, von denen er sich ernährte.
sîn trinken was der vîol wâz.'	Sein Trank war Veilchenduft."
‚ob man in niht an brüsten züge	„Wenn man ihn nicht an der Brust gestillt hat
und hêt er denne zwêne vlüge,	und wenn er dann auch noch zwei Flügel hätte,
4815 ich wolt in für ein engel hân.'	dann hielte ich ihn für einen Engel."
‚nein, ir sult ez sus verstân.	„Nein, Ihr sollt es wie folgt verstehen:
dô er in dem turne lac,	Als er in dem Turm gefangen lag
und got den boum ab im wac	und Gott das Holz von ihm nahm
und im in sîner kreft erschein:	und ihm in seiner Macht erschien –
4820 sît wart krêatiure dehein	seitdem gab es kein Geschöpf,
diu ie von menschen frühtic wart,	das von Menschen gezeugt wurde,
diu sô schœne und sô zart	das so schön und so anmutig war
wær nâch wunsch in allen wîs	und so vollkommen in jeder Hinsicht
als Georî was der markîs;	wie Georg, der Markgraf.
4825 daz sult ir wizzen sunder wân.'	Da könnt Ihr sicher sein."
Nu sol der minneclîche gân	Nun soll der Liebenswerte losgehen,
al hin, dâ der keiser saz,	dorthin, wo der Kaiser saß

	dâ er vil hôhe sich vermaz,	und in seinem Hochmut davon ausging,
	nu der markîs wære tôt,	er könne nun,
4830	sô wolt er füegen grôze nôt	da der Markgraf tot sei,
	sînen bruodern beiden:	dessen zwei Brüdern großes Leid zufügen.
	er wolt si gâhes scheiden	Alsbald wollte er ihnen Palästina,
	von ir lande ûz Palastîn;	ihr Land, nehmen;
	daz mües ot sunder were sîn.	das müsste ja nun ohne Verteidigung sein.
4835	diz hiez er künden über al.	Das ließ er überall verkünden.
	in des gie in den sal	Währenddessen betrat der Markgraf den Saal
	der markîs, und hôrte daz.	und hörte dies.
	er gie hin dâ der künic saz:	Er ging dorthin, wo der König saß.
	umbe in wart ein solch gedranc,	Um ihn herum entstand ein solches Gedränge,
4840	daz wær ze sagen al ze lanc.	dass es zu lange dauern würde, es zu beschreiben.
	ALLER wunder wunder	Das Wunder aller Wunder
	bruoften die besunder	nahmen diejenigen wahr,
	die sînen tôt sâhen.	die seinen Tod gesehen hatten.
	zehant si dô jâhen	Da taten sie sogleich kund:
4845	‚er was gevierteilet:	„Er ist geviertelt worden.
	der in dâ hât geheilet,	Der, der ihn geheilt hat,
	daz ist der gewaltigære,	das ist der, der alle Gewalt hat,
	von dem diu starken mære	über den die Weissager
	die wîssagen hânt gesaget,	erstaunliche Geschichten erzählt haben, derjenige,
4850	den truoc ûz Galilê diu maget:	mit dem die Jungfrau aus Galiläa schwanger ging.
	wir gloubn an keinen got mêr.	An keinen anderen Gott glauben wir.
	keiser, künic, vater hêr,	Kaiser, König, erhabener Vater,
	hilf uns ûf dirre erden	sorge hier auf Erden dafür,
	daz wir getoufet werden.'	dass wir getauft werden."
4855	hie begôz si der heilge geist	In diesem Moment begoss sie der Heilige Geist
	und wart ir bete volleist.	und so wurde ihre Bitte erfüllt.
	zwelf tûsent der wâren.	Zwölftausend waren es.
	der hiez der keiser vâren;	Der Kaiser befahl, sie zu ergreifen
	mit wunderlîchen nœten	und sie mit unvorstellbaren Peinigungen
4860	hiez er si alle tœten.	allesamt zu töten.
	ER sprach zem margrâven sâ	Sogleich sagte er in Richtung des Markgrafen:
	‚ey, Allexandrînâ,	„Ach, Alexandrina,
	dîn rede mac wol wesen wâr!	es scheint, als würden deine Worte wahr!
	ez muoz ê sibenthalb jâr	Es müssen erst sechseinhalb Jahre
4865	nâch ir zal hin komen,	auf den Tag genau vergehen,
	ê iu der lîp werde benomen.	ehe Euch, Georg, das Leben genommen wird.
	welt ir bî mir belîben sus,	Wollt Ihr bei mir bleiben,
	unz Dîoclêciânus	bis Diokletian
	und sîn gesell Maximiân	und sein Gefährte Maximian,

Erweckung der Toten

4870	(ich bin ir beider undertân),	deren beider Untertan ich bin,
	unz si komen in daz lant?	hierher in dieses Land kommen?
	ich behalt iuch schône, sunder bant.	Ich werde Euch gut beherbergen, ohne Ketten.
	diz lobt ûf ritterlîchen eit.	Gelobt mir dies mit einem ritterlichen Eid.
	dâ bî sî iu doch geseit:	Eines sei Euch aber gesagt:
4875	als sich diu lûne wandelt,	Sobald sich der Mond wandelt,
	sô werdet ir gehandelt	werdet Ihr aufs Neue
	mit niuwer marter, sunder wân:	gefoltert, verlasst Euch darauf.
	des getar ich niht verlân.'	Das wage ich nicht zu unterlassen."
	Dô sprach der margrâf zehant	Sogleich antwortete der Markgraf:
4880	‚sît iu got ist niht bekant,	„Da Ihr Gott nicht erkennt
	und welt niht sîniu wunder spehen,	und seine Wunder nicht schauen wollt,
	diu ir an mir habt gesehen,	die Ihr an mir habt geschehen sehen,
	diu urteil ist übr iuch getân:	ist das Urteil über Euch schon gefallen.
	ir mügt sîn niht abe stân.	Ihr könnt ihm nicht entgehen.
4885	nu des niht rât wesen mac,	Da es nicht anders sein kann, will ich Euch
	sô wil ich loben ûf den tac	einen Schwur leisten, der bis zu dem Tag gilt,
	als uns beschiet diu künigin,	den uns die Königin verkündete,
	dô si die engel fuorten hin.'	als die Engel sie fortführten."
	des hêt er sîne sicherheit	Darauf leistete er Sicherheit
4890	ûf sînen ritterlîchen eit.	mit seinem ritterlichen Eid.
	‚ân daz eine lâz ich vor,	„Nur das eine bedinge ich mir aus,
	daz mir offen sîn diu tor,	dass die Tore für mich geöffnet bleiben,
	ob ir welt ze Palastîn:	wenn Ihr nach Palästina ziehen wollt.
	dâ wil ich die bruoder mîn	Dort will ich meine Brüder
4895	behüeten, des ich iemer mac.	beschützen, so gut ich kann.
	ich kan noch den alten slac,	Ich beherrsche noch den alten Schlag,
	den ich dâ vor hân geslagen:	den ich früher zu führen wusste.
	kunder mir doch niht bejagen,	Auch wenn ich damit für mich nichts erreiche,
	so erzeict ich doch den willen mîn.	würde ich so doch meinen Willen ausdrücken.
4900	ich muoz et aver in Palastîn:	Dann muss ich eben wieder nach Palästina,
	dâ kan ich noch den alten slich;	dort kenne ich noch die alten, kaum bekannten Wege;
	dâ ich mit hurte manigen stich	dort habe ich viele wuchtige Lanzenstöße gesehen,
	von mînen bruodern hân gesehen.	die meine Brüder vollbrachten.
	alsô mac ez noch geschehen.	Genau so kann es sich wieder zutragen.
4905	ich kum von iu niht, zwâre,	Wahrhaftig, ich werde in den nächsten
	inner sibenthalbem jâre:	sechseinhalb Jahren nicht von Euch fortgehen.
	gebt mir schilt unde sper,	Gebt mir Schild und Lanze,
	harnasch unde ros her;	Harnisch und Pferd
	und mîn swert lieht gemâl,	und mein strahlendes Schwert!
4910	daz eische ich hie sunder twâl:	All das verlange ich hier und jetzt.
	daz nâmt unritterlîche ir,	Das habt Ihr mir, Herr, unritterlich

	herre, mit gewalt mir.	und mit Gewalt genommen.
	Nu sît gewis, herre mîn:	Seid Euch gewiss, mein Herr:
	ê iu mîn buoln ûz Palastîn	Eher werden meine Verwandten
4915	werden gescheiden,	Euch aus Palästina vertreiben;
	ez geræt ê manc heiden	eher werden viele Heiden
	gescheiden von dem lîbe,	das Leben verlieren,
	ê man si vertrîbe;	bevor man sie vertreibt.
	ê man die helde umbe tuo,	Bevor man die Helden überwindet,
4920	ez möhte sorge hân dar zuo,	könnten selbst Berge aus hartem Fels
	berge von herten vlinsen,	in Sorge sein, zu Körnchen
	und kleinen nâch den linsen	oder kleiner noch als Staub
	oder kleiner denne mel:	zermalmt zu werden:
	sus künnen si die helde snel	Sie nun, die starken Helden, können
4925	nâch valken duzze stechen,	wie jagende Falken zustoßen,
	mit hurt die schar brechen.	die Reihen mit ihrer Wucht durchbrechen.
	ê man in die girde verhabe,	Ehe man ihre Jagdlust bändigte,
	geloubet, herre, daz dar abe	glaubt mir, Herr, würden
	vil maniges amîe	die Freundinnen vieler Männer
4930	lûte wâfen schrîe.	deswegen laut klagen.
	Und kumen wir drî noch zesamen,	Und wenn wir drei jemals wieder zusammenkommen,
	dâ wirt in Jêsus namen	dann wird in Jesu Namen
	der banier sûsen alsô grôz,	die Heerfahne so laut im Wind knattern,
	daz ez wol tuot widerstôz	dass sie es wohl mit dem Donner
4935	dem doner von dem lufte;	in der Luft aufnehmen kann.
	ich red ez niht von gufte.	Ich sage das nicht, um zu prahlen.
	mîn bruoder werent sô ir balc,	Meine Brüder wehren sich solchermaßen ihrer Haut,
	daz man möhte einen kalc	dass man Kalk
	von den trunzûnen brennen.	mit den Lanzensplittern brennen könnte.
4940	der si kan erkennen,	Wer sie kennt, der kann bestätigen,
	der giht mir der wârheit.	dass ich die Wahrheit sage.
	von in der luft treit noch diu kleit,	Dazu noch hüllt sich die Luft ihretwegen in ein Gewand
	mit galme und von fiure,	aus Lärm und Feuer,
	des man giht zâventiure.	was man für außergewöhnlich hält.
4945	ez werdent von ir zweier hant	Zu zweit werden diese beiden
	die poinder alsô noch zertrant,	die angreifenden Reiterscharen so aufmischen,
	daz sich die rotte werrent,	dass die Heeresteile in Unordnung geraten
	und ros von stiche kerrent,	und die Pferde von den Stichen laut wiehern
	und schrît der man „owê und ach,	und die Gefolgsmänner schreien: ‚Weh und ach,
4950	daz ich die reise ie gesach."	warum nur bin ich bei diesem Kriegszug dabei?'
	sô mîne bruoder beide	Wenn meine beiden Brüder
	durch strît komnt ûf die heide	zum Kampf auf die Heide kommen
	und diu bein gedrücket	und die Beine fest ans Pferd drücken

	und die helme rückent:	und die Helme zurechtrücken – sie, die die
4955	si schüttent als der pfâ den zagel;	Schwerter schwingen, wie der Pfau sein Rad schlägt –
	sô wart von wolken nie der hagel	dann kam von den Wolken nie ein Hagelschauer herab,
	der sô mit hurte kœme dar.	der mit solcher Wucht niedergeprasselt wäre.
	si zerrent swinde noch die schar,	Ungestüm spalten sie die Schar.
	si künnen touben noch daz velt,	Sie schaffen es, das ganze Feld zu vernichten,
4960	dâ die bluomen sint entrelt;	sodass die Blumen zermalmt sind;
	die müezen sich zer erde legen.	die legen sich dann flach auf die Erde.
	dâ künnen ouch si wol enkegen	An ihrer Stelle
	kleiden daz gevilde	schmücken sie das Feld mit vielen
	mit manigem klârem schilde	glänzenden Schilden,
4965	als ez allez rôsen trage;	als ob es voller Rosen stünde;
	und daz diu heide wirt enwage	und sie können die Heide in Bewegung versetzen
	als louber von dem winde,	wie der Wind das Laub,
	und wirt der strît sô swinde	und der Kampf nimmt solche Fahrt auf,
	daz der sun den vater lât,	dass der Sohn den Vater zurücklässt,
4970	sô er mit tôde umbe gât,	wenn er mit dem Tod Bekanntschaft macht,
	und der vater lât daz kint.	so wie auch der Vater sein Kind zurücklässt.
	VERKÊR dich, keiser, und erwint	Besinne dich, Kaiser, und lass ab
	dirre herverte:	von diesem Feldzug!
	jâ wirt ez dâ sô herte,	Ja, dort wird es so hart zugehen,
4975	daz des basiliscus smac,	dass man ebenso gut
	den nieman erlîden mac,	den Hauch des Basilisken aushalten könnte,
	als samft ze lîden wære.	den doch niemand ertragen kann.
	des weiz ich wâriu mære	Von der Tapferkeit meiner Brüder
	von mîner bruoder ellen,	und ihrer Gefährten
4980	und ouch von ir gesellen.	weiß ich viel Wahres zu berichten.
	des rîches sult ir walten:	Herrscht Ihr über dieses Reich
	lât sie ir lant behalten;	und lasst sie ihr Land behalten!
	des ist in ze lützel doch.	Das ist ihnen dennoch zu klein.
	wær daz rîche von Marroch	Würde ihnen beiden das Reich von Marokko gehören,
4985	ir beider, da ist vil guotes:	wo es große Reichtümer gibt –
	si habent sô vil muotes,	sie sind von so hoher Gesinnung,
	ob ir muot und diu rîcheit	dass, wenn ihre Gesinnung und der ganze Reichtum
	würd ûf ein wâge geleit,	gegeneinander aufgewogen würden,
	die helde sint in solcher kür	die Helden so vortrefflich sind,
4990	daz ir muot slüege für.	dass ihre Gesinnung schwerer wöge.
	mîdet si, her, daz ist mîn rât:	Geht ihnen aus dem Weg, Herr, das ist mein Rat!
	erkant ir ir ritterlîch getât,	Macht Ihr erst mit ihrer Ritterlichkeit Bekanntschaft,
	ir möht den aspîs gerner sehen:	dann würdet Ihr lieber die Aspis-Schlange sehen,
	sô swinde ist ir swertes brehen,	so heftig geht es zu, wenn man ihre Schwerter
4995	und ir hurten mit den spern.	aufblitzen sieht und sie mit ihren Lanzen zustoßen.

ir mügt si gerne verbern.'	Ihr habt allen Grund, ihnen lieber nicht zu begegnen."
Dô sprach der keiser Dâciân	Da sagte Kaiser Dacian:
‚mügt ir mich daz wizzen lân:	„Könnt Ihr mir eines sagen:
wer hilft in der reise?'	Wer hilft ihnen bei der Heerfahrt?"
5000 er sprach ‚der kurteise,	Er sagte: „Der höfische Mann,
von Salnecke Tschofreit,	Tschofreit von Salneck,
der hât manigen helt gemeit;	dem folgt so mancher tüchtige Held.
von Antioch der ôheim mîn	Auch mein Onkel aus Antiochia
muoz ouch ir gehelfe sîn.	muss ihnen Beistand leisten.
5005 si habent hundert tûsent man,	Sie haben hunderttausend Männer,
die ganziu wâpen füerent an,	die vollständig gerüstet sind
und ir ros verdecket.	und sogar ihre Pferde bedeckt haben.
avoy, dâ würde gelecket	Schaut, da würden die Schwerter
mit den swerten, daz si klüngen,	geschwungen, dass sie nur so klirrten
5010 und die berge nâch in süngen,	und die Berge ihnen nachhallten
und daz sich diu sunne schamte	und die Sonne sich darüber schämen müsste,
daz si von strîte erlamte,	dass sie durch die Kämpfe geschwächt ist
daz si ir schînen müese lân	und von ihrem Scheinen
an die bluomen wol getân.	auf die schönen Blumen ablassen muss.
5015 daz machet tampf unde melm,	Das kommt vom Dunst und vom Staub
und fiures blick ûz liehtem helm.	und von Feuerblitzen aus glänzenden Helmen.
si künnen machen solhen schat,	Sie können solchen Schaden anrichten,
dâ von des lebens wirdet mat.	dass davon das Leben matt gesetzt wird.
ûf strît stêt ir wille.	Nur nach Kampf steht ihnen der Sinn.
5020 daz schein vor Sibille	Das zeigte sich vor Sevilla
an Akerîn von Marroch:	an Akerin von Marokko:
den sluogen si ze tôde doch;	Auch ihn schlugen sie tot,
der des küniges bruoder was.	ihn, der der Bruder des Königs war.
wan munt von strîte nie gelas,	Nie hat jemand von einem Kampf gelesen,
5025 dirre wær alsô swinde.	der so heftig war wie dieser.
mîner bruoder gesinde,	Die Gefolgsleute meiner Brüder,
die bî dem harnasch hielten	die bei der Ausrüstung blieben
und sîn mit huote wielten,	und sie bewachten,
die sagten mir diu mære	die berichteten mir davon,
5030 daz der strît wære	dass der Kampf der beiden
sô bitter und sô herte	beim Durchbruch
an der durchverte	zum König von Munilet
gên dem künic von Munilet:	überaus erbittert und hart war:
manic lieht gemâlet bret	Viele bunt bemalte Bretter
5035 wart dürkel dâ verhouwen,	wurden dort durchlöchert und zerschlagen,
ê man mohte schouwen	ehe man das Banner
des rîchen küniges banier.	des mächtigen Königs sehen konnte.

dâ viel manic degen fier,	Es fiel manch stolzer
mit rîcher kost gezieret,	und kostbar geschmückter Kämpfer,
5040 dâ sich samelieret	wo meine Brüder
mîn bruoder und des küniges her.	und das Heer des Königs aufeinandertrafen.
werâ, herre, werâ wer!	Wehrt Euch, Herren, wehrt Euch!
wie sich die helde werten,	Wie sich da die Helden wehrten
des lîbs ein ander herten!	und sich gegenseitig das Leben nahmen!
5045 mit wer si sô rungen	Sie kämpften und rangen so miteinander,
daz schilde, helme klungen	dass Schilde und Helme erklangen
als glocken, kezzelære	wie wenn Glocken und Kupferschmiede
zesamen lâzen wære.	aufeinander losgelassen würden.
der strît wart sûr unde heiz,	Der Kampf wurde erbittert und hitzig geführt,
5050 daz ich daz von wârheit weiz:	das weiß ich wahrhaftig.
sold ich sagen wiez dâ geschach,	Müsste ich es so beschreiben, wie es dort geschah,
als mir sagte der ez sach,	so wie der es mir berichtete, der es selbst gesehen hatte,
ez möht ein zage verderben	dann würde ein Feigling daran zugrunde gehen
und von den mæren sterben;	und bei diesem Bericht tot umfallen;
5055 wan ich zitter hinnen dar,	schon ich erzittere bei dem Gedanken,
wie die mîle breiten schar	wie meine beiden Brüder die feindliche Schar,
mîne bruoder beide	deren Front eine ganze Meile breit war,
durchbrâchen ûf der heide.	auf der Heide durchbrachen.
iedoch kômen si sîn abe.	Dennoch konnten sie sich daraus befreien.
5060 des sî gêrt der orthabe,	Dafür möge man den Schöpfer preisen,
der sie und alle werlt geschuof,	der sie und die ganze Welt erschaffen hat,
und jehes im mîn lobes ruof.	und auch ich rühme ihn dafür.
her künic, ir sult si mîden:	Herr König, haltet Euch von ihnen fern!
ir swert künnen snîden	Ihre Schwerter sind so scharf,
5065 daz dâ von wæt der bitter tôt;	dass von ihnen der bittere Tod herweht;
lât si, herre, sunder nôt.'	Zwingt sie, Herr, nicht in den Kampf."
Dô sprach der künic Dâciân	Da sagte König Dacian:
‚ich wil ûf die reise lân,	„Ich werde auf die Heerfahrt verzichten,
unz mîn meister wider varnt,	bis meine Herren zurückkehren,
5070 die ir doch vil wênic sparnt.	die wohl kaum darauf verzichten werden.
ob si slünden vlinse,	Selbst wenn sie, deine Brüder, Steine fressen könnten:
si müezen geben ze zinse	Sie werden ihnen Leben und Land
beide lîp unde lant:	als Zins entrichten.
daz ist mir wol von in bekant.	Da bin ich mir bei ihnen ganz sicher.
5075 vorht ich niht ir zouber grôz,	Wenn ich selbst nicht ihre mächtige Zauberei fürchtete,
ich macht si lîbes, landes blôz.	würde ich ihnen Leben und Land nehmen.
diu reise sî ab geleit.	Hiermit sei die Heerfahrt abgesagt!
nu tuot durch iuwer hövescheit	Erfüllt mir nun eine Bitte,
ein dinc des ich iuch bitten wil.	da Ihr doch so höfisch seid:

5080	machet disen herrn ein spil,	Bereitet diesen Herren einen Zeitvertreib,
	sô sît ir wîse unde karc.	dann werdet Ihr als weise und klug gelten.
	ez ist hie ein schœner sarc,	Wir haben hier einen schönen Sarg,
	und ûzen ist geschriben dran	auf dem außen geschrieben steht:
	„ez sî wîp oder man,	‚Weder Mann noch Frau
5085	daz sol mich niender rüeren,	sollen mich jemals anrühren
	noch über ein zefüeren."	oder mit Gewalt öffnen.'
	türret ir in zebrechen,	Wenn Ihr es wagt, ihn aufzubrechen,
	sô wil ich wol sprechen	dann will ich gern eingestehen,
	daz ir sît ein küener man.	dass Ihr ein kühner Mann seid.
5090	dâ lît grôziu rîcheit an.'	Daran zeigt sich große Macht."
	des bâten si alle dâ:	Darum baten ihn dort alle
	des gewert er sie ouch sâ:	und er kam ihrer Bitte auch sogleich nach.
	HIE mit giengen si zehant	Hierauf gingen sie dorthin,
	dâ man den schœnen sarc vant.	wo der schöne Sarg stand.
5095	dô der margrâf gelas	Nachdem der Markgraf gelesen hatte,
	daz dar an geschriben was,	was darauf geschrieben war,
	hin ze got er ûf sach,	sah er zu Gott auf
	mit reinem herzen er dô sprach	und sagte dann mit reinem Herzen:
	‚ich beswer dich bî dem kinde oben	„Ich beschwöre dich bei dem Himmelskind,
5100	daz die engel müezen loben	das die Engel loben müssen
	und allez daz ze himel ist,	und auch alle anderen, die im Himmel sind,
	daz du, sarc, an dirre frist	dass du, Sarg,
	balde von ein ander gâst	dich nun sogleich öffnest
	und dich innen sehen lâst.'	und dein Inneres sehen lässt!"
5105	als er daz wort von munde lie,	Kaum hatte er diese Worte ausgesprochen,
	der sarc von ein ander gie.	da öffnete sich der Sarg.
	der was vol tôten peine,	Er war voll mit Knochen,
	grôze unde kleine.	kleinen und großen.
	Dô sprach der keiser Dâciân:	Da sagte Kaiser Dacian:
5110	‚heiz si lebendic ûf stân,	„Befiehl ihnen, lebendig zu werden und sich zu erheben,
	sô wil ich lîhte toufen mich.	dann werde ich mich gewiss taufen lassen.
	edel margrâf, nu sich,	Edler Markgraf, sieh nun,
	ob dîn got habe die kraft,	ob dein Gott dazu die Macht hat.
	sô leist ich dir geselleschaft.'	Wenn es so ist, dann schließe ich mich dir an."
5115	des wart der margrâve frô.	Darüber freute sich der Markgraf.
	hin ze gote sprach er dô	Er sagte zu Gott:
	‚vater, sun, heilger geist!	‚Vater, Sohn, Heiliger Geist!
	ich weiz wol daz du weist	Ich weiß genau, dass du alles weißt,
	allez daz du wizzen wil.	was du wissen willst.
5120	ez sî lützel oder vil,	Gleich, ob es etwas Kleines oder etwas Großes ist –
	daz rihtest du nâch dîm gebot.	das ordnest du nach deinem Willen.

	du bist ein einic got,	Du bist ein einziger Gott,
	der ie was und immer ist.	der immer schon war und immer sein wird.
	ez hât dîn kraft und dîn list	Deine Macht und Klugheit haben
5125	die fünde al erfunden	alles Geschaffene geschaffen,
	ob der erde und unden,	sowohl oberhalb der Erde als auch darauf,
	die wîte und die lenge,	in Weite und Länge,
	die kürze und die enge,	Kürze und Enge,
	die hœhe, tiefe und breite:	in Höhe, Tiefe und Breite.
5130	daz hât dîn antreite	Das hat dein ordnender Wille
	gemezzen und gerihtet,	gemessen und gerichtet,
	geordent und getihtet;	geordnet und gefügt.
	wan alsô klâr ist dîn sehe,	Denn dein Blick ist so klar,
	daz si hât die wâren spehe	dass er wahrhaft hindurchsieht
5135	durch daz firmamentum	durch das Firmament
	und durch der erde centrum:	und durch das Zentrum der Erde.
	dar gêt dîn blic sunder twâl	Dorthin dringt dein Blick ungehindert
	als durch ein liehtez urinâl;	wie durch ein durchscheinendes Harnglas.
	gên dir touc niemans geberc.	Vor dir kann niemand etwas verbergen.
5140	DÎNIU sehs tagewerc	Deine sechs Tagwerke
	zeigst du mit der sunne:	machst du mit dem Licht der Sonne sichtbar.
	diu ist der fünver wunne.	Diese ist die Freude der anderen fünf Tagwerke.
	ir lieht gît underscheiden	Ihr Licht scheidet
	tac und naht, den beiden.	Tag und Nacht voneinander.
5145	got, fênix ein, sunder gaten!	Gott, du alleiniger, einzigartiger Phönix!
	du schütest als ein sumerlaten	Du setzt Wasser, Berg und Tal in Bewegung,
	wazzer, berc unde tal;	als wären es junge Schösslinge.
	du füerest umb als einen bal	Den Himmel drehst du immerzu umher
	den himel zallen zîten.	als wäre er ein Ball.
5150	der elementen strîten	Der Kampf der Elemente
	ist bitter ungehiuwer,	ist erbittert und schrecklich,
	dâ luft, wazzer, fiuwer	wo Luft, Wasser und Feuer
	ir kriec zesamen haltet.	miteinander Krieg führen –
	dîn gotheit des waltet.	deine Gottheit beherrscht sie.
5155	disiu grôzen wunder	Ich kann diese großen Wunder
	erkenn ich dir besunder.	nur dir allein zuerkennen.
	daz meist ist dir daz minnest,	Das Größte ist für dich immer das Geringste,
	swenn du sîn beginnest;	wenn du dich ihm zuwendest;
	dâ bî daz minnest als daz meist.	zugleich gilt dir das Geringste als das Größte.
5160	dar an gedenke, heilger geist:	Bedenke das, Heiliger Geist.
	heiz diz gebeine ûf stên	Befiehl diesen Knochen aufzustehen
	und gesunt her für gên.'	und gesund herauszutreten!"
	ALS er gesprach disiu wort,	Sobald er diese Worte ausgesprochen hatte,

dô stuonden si gesunt dort,	da standen die vormals Toten gesund da,
5165 rehte als si wâren	genau so, wie sie vor
vor drin hundert jâren	dreihundert und dreizehn Jahren
unde driuzehen dar zuo.	gewesen waren.
diz geschach an einem morgen fruo.	Dies geschah früh an einem Morgen.
des dankte sâ der markîs	Dafür dankte der Markgraf auf der Stelle
5170 von himel dem künic wîs.	dem weisen Himmelskönig.
daz jungist frâgt er mære	Den Jüngsten fragte er
wie sîn name wære.	nach seinem Namen.
der knabe resch unde snel	Der lebhafte und muntere Knabe
sprach ‚ich heize Jôhel.	sagte: „Ich heiße Johel.
5175 ein künic mit uns wundert:	Ein König trieb mit uns Wundersames.
drîzehen und zwei hundert	Zweihundertunddreizehn von uns
hiez er unser legen her.	ließ er hier hineinlegen.
nu gewer mich, herre, des ich ger:	Gewährt mir nun, Herr, worum ich bitte:
daz mir werd der reine touf,	Dass mir nämlich die herrliche Taufe zuteilwerde,
5180 dâ der maget kint în slouf.'	in die sich das Kind der Jungfrau hüllte."
des bâtens an der stunde	Darum baten sie sogleich
all ûz einem munde.	alle wie aus einem Mund.
ein kriuz er ûf die erde tet.	Er machte ein Kreuz auf die Erde.
dâ wart an der selben stet	Da begann an eben dieser Stelle
5185 ein vil lûter brunne klâr,	ein ganz reiner und klarer Quell zu sprudeln.
dar inne touft er si für wâr.	Wahrlich, darin taufte er sie.
dô frâgt er si der mære	Dann fragte er sie,
wer ir got wære	wer ihr Gott gewesen sei
in den selben jâren	zu ihren
5190 dô si lebendic wâren.	Lebzeiten.
HIE sprach zehant Jôhel dô	Hierauf sagte Johel:
‚unser got hiez Apollô:	„Unser Gott hieß Apoll.
uns was kein got mê bekant.	Wir kannten sonst keinen anderen Gott.
er muoz immer sîn geschant,	Er soll auf ewig entehrt sein,
5195 er trache ungehiure:	der schreckliche Drache.
in vil heizem fiure	In glühend heißem Feuer
sî wir gewesen für wâr	haben wir uns wahrlich
driuzehen und drî hundert jâr;	dreihundertunddreizehn Jahre lang aufgehalten.
daz kom von im, er hellehunt.	Das lag an ihm, diesem Höllenhund.
5200 nu wizze wir an dirre stunt,	Jetzt wissen wir alle,
kint man unde wîp,	Kinder, Männer und Frauen,
war süle sêle unde lîp.	wo Seele und Körper hinkommen.
lâz uns, lieber herre mîn,	Lass uns, mein lieber Herr,
immer in der helle sîn	immerfort in der Hölle sein,
5205 unz zem urteillîchen tage,	bis zum Jüngsten Gericht,

	daz dann ende habe unser klage,	sodass dann unsere Klagen ein Ende finden
	und wir mit fröuden immer sîn.'	und wir für immer freudig sind."
	Dô sprach der süeze Palastîn	Da sagte der Gütige aus Palästina:
	‚iu wirt fürbaz nie mê	„Kein Höllenfeuer wird Euch jemals wieder
5210	in keinem hellefiure wê:	Schmerzen bereiten.
	ir sît geliutert als daz golt.	Ihr seid geläutert worden wie Gold.
	iu ist got durch mich holt,	Gott ist Euch zugetan um meinetwillen
	und durch sîn barmherzekeit.	und aufgrund seiner Barmherzigkeit.
	hie hât ein ende iuwer leit.	Euer Leid hat hier ein Ende.
5215	gêt balde in den sarc wider,	Geht rasch in den Sarg zurück,
	in gotes namen legt iuch nider,	legt Euch hin in Gottes Namen,
	vart balde in daz paradîs	haltet geradewegs Einzug ins Paradies
	und lobt den fröudenkünic wîs.	und preist den weisen Freudenkönig.
	gedenket mîn die wîle dâ	Gedenkt meiner, während Ihr dort seid,
5220	und sagt Allexandrînâ	und sagt Alexandrina,
	den williclîchen dienest mîn,	dass ich ihr bereitwillig diene,
	und dem kôre Cherubîn	und auch dem Chor Cherubin
	und andern kœren über al.	und allen anderen Chören.
	grüezet in des himels sal	Grüßt von mir im Himmelssaal
5225	von mir die massenîe,	die ganze Schar
	und seht wâ Marîe	und geht dorthin, wo Maria
	und ir sun, der keiser, sî:	und ihr Sohn, der Kaiser, sind.
	die lât von mir niht gruozes frî,	Lasst diese von mir nicht ungegrüßt,
	ob ich getürre in hulden	wenn ich es angesichts meiner großen Schuld
5230	von mînen grôzen schulden.	wagen darf, ihnen zu huldigen.
	danket im der werdekeit	Dankt ihm für die Würde,
	die er an mich habe geleit.'	die er mir hat zuteil werden lassen."
	Hie si giengen in den sarc.	Hierauf gingen sie in den Sarg zurück.
	ir iegelîchez sich dâ barc	Sie legten sich allesamt dort so hinein
5235	als man ez dâ vor lie.	wie man sie zuvor hingelegt hatte.
	der sarc zuo ein ander gie.	Der Sarg fügte sich wieder zusammen.
	die sêl die engel fuorten hin,	Die Engel führten die Seelen mit sich fort
	und sprach der markîs ‚habt ir sin,	und der Markgraf sagte: „Wenn Ihr bei Verstand seid,
	herre keiser Dâciân,	Herr Kaiser Dacian,
5240	sô sult ir diz für wunder hân	dann müsst Ihr dies als Wunder anerkennen
	und got dar umbe êren.	und Gott dafür ehren.
	ir sult iuch verkêren.	Bekehrt Euch!
	nemt den touf in gotes namen,	Nehmt die Taufe in Gottes Namen an
	oder iuwer lîp mac sich schamen,	oder Ihr werdet Euch dafür schämen,
5245	daz ir ez gelobt hât	dass Ihr es gelobt habt
	und sîn nu hie abe stât:	und Euch nun nicht daran haltet:
	küniges wort sol wâr sîn;	Königswort muss gelten!

	da gedenkt an, lieber herre mîn.'	Vergesst das nicht, mein lieber Herr."
	Dô sprach der künic Dâciân	Da sagte König Dacian:
5250	,ir sult wizzen sunder wân:	„Eines sollt Ihr ohne jeden Zweifel wissen:
	daz wæren iedoch grôziu dinc,	Es wäre eine große Leistung,
	ob durch iuch alliu ursprinc	wenn um Euretwillen alle Quellen
	widerberges vlüzzen,	bergauf flössen
	und sich zesamen slüzzen	und die Sonne sich
5255	diu sunne ze dem mânen:	mit dem Mond vereinte.
	ich wolte mich niht ânen	Ich würde mich dennoch nicht
	Apollen, der sunne got,	von Apoll, dem Sonnengott, lossagen,
	daz ich kœm von sîm gebot.'	sondern ihm auch weiterhin gehorchen."
	Dô sprach der markîs zehant	Da sagte der Markgraf sogleich:
5260	,ez ist umb iuch alsô gewant	„Um Euch steht es folgendermaßen:
	daz ir sît aller sælden bar	Ihr seid ohne jedes Heil,
	ze glîcher wîs als Balthazar,	genauso wie Balthasar,
	der ob sînem tische saz	der an seiner Tafel saß
	und vil hôhe sich vermaz	und sich anmaßte zu meinen,
5265	daz sîn leben wære	dass sein Leben
	nâch wunsche fröudenbære:	vollkommen von Freude erfüllt sei.
	im gieng sîn dinc alsô eben,	Alles gelinge ihm so gut,
	im enkünde nieman geleben.	dass ihm darin niemand gleichkomme.
	ALs er gesprach disiu wort,	Kaum hatte er dies laut ausgesprochen,
5270	dô schreip sich an die mûre dort	da schrieb sich dort an die Mauer Folgendes:
	„ez ist geteilt, gewegen, gezalt."	,Es wurde geteilt, gewogen, gezählt.'
	dô wart sîn nôt sô manicvalt,	Da litt er so sehr,
	als der sich an im ræche	als täte ihm einer etwas Böses an
	und im driu mezzer stæche	und stäche ihm drei Messer
5275	enmitten in sîn herze.	mitten in sein Herz.
	noch wirs tet im der smerze	Noch schlimmer wurde sein Schmerz dadurch,
	daz er die schrift ane sach.	dass er die Schrift ansah.
	er schrei vil lûte wê und ach.	Er schrie laut ,weh' und ,ach'.
	dô was diu urteil getân	Da war das Urteil im Himmel bereits gefällt worden
5280	ze himel, und solt ergân.	und musste vollstreckt werden.
	sîn missetât was gewegen:	Seine Missetaten waren gewogen worden
	er solte nimmer êren pflegen.	und niemals mehr sollte er in Ehren leben.
	die würme unreine	Die unreinen Würmer
	teilten vleisch und peine:	zerteilten Fleisch und Knochen.
5285	dem tiuvel ouch diu sêle wart;	Dem Teufel aber fiel die Seele zu,
	diu was vor im ungespart.	die wurde ihm nicht vorenthalten.
	sîn tage wâren ouch gezalt:	Auch waren seine Tage gezählt:
	er wart niht fürbaz alt,	Er wurde danach nicht mehr alt,
	niur den tac unz an die naht:	er lebte nur noch bis zum Ende dieses einen Tages,

5290 dô vlôs er êre unde maht.	dann verlor er Ehre und Macht.
ir sît zer helle ouch geselt.	Auch Ihr seid der Hölle anheimgegeben.
sît ir niht erkennen welt	Da Ihr den nicht anerkennen wollt,
den der diu wunder begât,	der die Wunder wirkt –
wie möht iur immer werden rât?'	wie könntet Ihr jemals gerettet werden?"
5295 DER künic zurnte, unde sprach	Der König wurde zornig und sagte:
,ir künige, vart an iurn gemach	„Ihr Könige, zieht Euch in Eure Gemächer zurück,
unz sich der mâne wandelt:	bis sich der Mond wendet:
sô wirt missehandelt	Dann wird der aus Palästina
von mir aver der Palastîn.	von mir erneut gepeinigt.
5300 wie lange sol sîn zouber sîn?'	Soll seine Zauberei denn ewig währen?"
er nam urloup und fuor dan	Er verabschiedete sich
als ein überwunden man.	und zog als Unterlegener von dannen.
des wârn die liute alle frô	Alle, die dort waren, waren darüber froh,
daz er in gerûmte dô.	dass er sich nun von ihnen zurückzog.
5305 mänglîch ze herberge reit.	Viele ritten zu ihrer Unterkunft.
man pflac wol, ist mir geseit,	Man kümmerte sich, so wurde mir berichtet,
des margrâven unverzaget.	gut um den standhaften Markgrafen.
des andern morgens, dô ez taget	Am nächsten Morgen, als der Tag anbrach
und er nâch sînem sit erschein,	und er wie gewöhnlich eintraf,
5310 die künige wurden des enein,	da kamen die Könige überein,
daz si den markîs wolden laden	den Markgrafen in den Saal einzuladen,
ûf den sal sunder schaden.	ohne dass ihm Schaden zugefügt werden sollte.
diz geschach umb mitten tac,	Dies geschah zur Mittagszeit,
sô ie männiclîchen pflac	als ein jeder sich die Zeit vertrieb
5315 kurzwîl und des im tohte,	und sich, so gut er es vermochte,
so er aller beste mohte.	mit Dingen beschäftigte, die ihm gefielen.
DIE künige kômen alle dar.	Alle Könige kamen dort hin.
manic pfeller lieht gevar	Viele leuchtend bunte Seidenstoffe
ûf den sal wart gespreit	waren in großer Pracht
5320 mit vil grôzer rîcheit.	in dem Saal ausgebreitet worden.
ir fröude diu was manicvalt.	Ihre Freude war groß.
manc busûn wart vor in erschalt.	Bei ihrer Ankunft ertönten viele Posaunen.
der markîs in den sal gie,	Der Markgraf betrat den Saal
den man mit fröuden enpfie:	und man empfing ihn freudig.
5325 si sâhn in alle gerne.	Sie alle sahen ihn gern.
als der morgensterne	Wie der Morgenstern
begund er under in brehen.	erstrahlte er zwischen ihnen.
hêt in sô schœnen dâ gesehen	Hätte eine Nonne des Klosters Geiselfeld
ein nunne von Gîselvelt:	ihn so in seiner Schönheit gesehen –
5330 an im lac sô schœner gelt,	er war so schmuck,
dazs ir metten hêt vergezzen;	dass sie sogar ihre Messe vergessen hätte.

	wær er vor ir gesezzen	Hätte er so liebreizend
	alsô minniclîcher,	vor ihr gesessen,
	si wære verre rîcher	dann wäre sie an Herzensgütern
5335	worden ir muotes	viel reicher geworden
	denn alles ir guotes.	als an Hab und Gut.
	nu lâze wir die rede sîn.	Aber lassen wir das.
	die künige nâmn den Palastîn	Die Könige nahmen den aus Palästina in Empfang
	und saztn in ûf ir hêrgesidel.	und setzten ihn zu sich auf ihre Ehrenstühle.
5340	manic rotte unde videl	Viele Rotten und Fiedeln
	durch fröude wart gerüeret,	wurden freudig gezupft und gestrichen.
	und trûren dâ zefüeret.	Traurigkeit wurde dort vertrieben.
	die künige in frâgten mære	Die Könige fragten ihn danach,
	wie der Salneckære	wie der Salnecker
5345	ze kristen wære worden	zum Christentum übergetreten
	und komen ûz sînem orden.	und von seinem Glauben abgekommen sei.
	DER markîs dô mit zühten sprach	Der Markgraf sagte höflich:
	‚wundr und wunder dâ geschach	„Wunder über Wunder ereigneten sich dort
	von strîte: der was alsô starc	im Kampf. Dieser wurde so heftig geführt,
5350	daz sich manic tiuvel barc,	dass sich viele Teufel in der Nähe versteckt hielten,
	die der heiden sêl bewarten,	die die Seelen der Heiden an sich nahmen,
	dâ sich die banier zarten,	dort, wo die Fahnen zerrissen und ein
	und man und ros gâben tunst,	solcher Dunst von Männern und Pferden aufstieg,
	als ob ein raste wîte brunst	als ob auf dem Feld von einer Feuersbrunst, so breit
5355	gæb ûf dem gevilde tampf;	wie eine Marschstrecke, Rauch aufsteigen würde.
	bluomen, loup sich dâ rampf.	Blumen und Blätter krümmten sich dort.
	sô wir durch boume ranten,	Als wir die erste Schlachtreihe überwanden
	und sich die schare tranten,	und sich die Scharen zerteilten,
	dâ giengen fiures blicke	da leuchteten Feuerblitze
5360	von swerten alsô dicke	so heftig von den Schwertern auf,
	sô man si berte ûf den helm,	wenn sie auf einen Helm niedergingen,
	daz sich fiuwer und der melm	dass sich das Feuer und der Qualm
	an der selben stunde	zu dieser Zeit
	tempern begunde	zu mischen begannen,
5365	als ganeiste in dem sinder.	so wie beim Hammerschlag die Schlacke Funken sprüht.
	der mittel wær der hinder	Diejenigen in der Mitte wären lieber
	verre gerner gewesen;	ganz weit hinten gewesen;
	wan er trûte niht genesen.	denn sie hatten keine Hoffnung, am Leben zu bleiben.
	ietwederz, blicke, schilde,	Blitze wie auch Schilde
5370	erlûhte daz gevilde	erleuchteten das Feld,
	als diu sunne tuot die heide,	wie die Sonne die Heide erleuchtet,
	sô si in rîchem kleide	wenn diese im kostbaren Kleid
	mit den rôsenbluomen stât	der Rosenblüten geschmückt ist

und si diu sunne ane gât	und im süßen Tau
5375 in dem süezem touwe:	von der Sonne beschienen wird.
da ist guot diu anschouwe,	Nimmt ein verliebtes Herz sie wahr,
sol si ein sendez herze sehen:	dann bietet ihm das einen herrlichen Anblick.
als begund der strît brehen.	Genau so leuchtete der Kampf.
nu gloubet mir der mære:	Glaubt mir, was ich erzähle:
5380 ez hêt der Salneckære,	Beim Salnecker kamen,
ob ichz ze rehte brüeven kan,	wenn ich richtig liege,
ie wol ûf hundert man	immer gut hundert Mann
gên dem mînem einen:	auf einen von meinen Männern.
wan daz mich wolde meinen	Hätte Jesus mich nicht geliebt,
5385 Jêsus, der mich nie verlie	der mich weder dort noch hier
weder dort noch hie,	jemals verlassen hat,
ich hêt anders niht gesigt.	dann hätte ich nicht siegen können.
er süezer mîn allez pfligt.	Er, der Gütige, sorgt in jeder Hinsicht für mich.
er half des daz mir gelanc,	Er verhalf mir zum Erfolg
5390 mit sîner liehten banier blanc,	mit seiner strahlenden weißen Fahne,
durch die daz rôte kriuze gie,	über die sich das rote Kreuz erstreckte.
diu sich von himel zerde lie	Sie kam vom Himmel herab zur Erde,
mit einem liehten engel klâr;	begleitet von einem herrlich strahlenden Engel.
der gap die banier mir für wâr,	Wahrhaftig, dieser gab mir die Fahne.
5395 diu was von gotes kraft sô hêr,	Die war aufgrund der Macht Gottes so heilig,
daz si hêt die durchkêr,	dass sie nicht aufzuhalten war,
swâ man si hin neicte,	wo auch immer man sie herabsenkte,
daz daz vor ir veicte	sodass jeder von ihr
ze glîcher wîs sunder twâl	unverzüglich den Tod fand,
5400 als ez wær ein donerstrâl.	als wäre sie ein Blitzstrahl.
diu himelische banier	Die himmlische Fahne
valte manigen degen fier.	brachte so manchen stolzen Krieger zu Fall.
mit ir hielt ich daz wal dâ,	Mit ihr behauptete ich dort das Schlachtfeld,
und ouch sît anderswâ.	und später auch andernorts.
5405 der Salneckær wart sigelôs,	Der Salnecker unterlag
der manigen sînen helt verlôs,	und verlor viele seiner Helden,
und ich, mâge unde man,	und auch ich verlor viele, Verwandte und Gefolgsleute,
der ich niht genennen kan.	die ich gar nicht alle aufzählen kann.
der süeze Salneckære,	Der süße Salnecker,
5410 der werde künic mære,	der edle und berühmte König,
der ist ze kristen worden,	der ist ein Christ geworden
und lebt in solhem orden	und führt ein so gläubiges Leben,
daz man in hie lobt für wâr,	dass man ihn hier auf Erden wahrhaftig dafür rühmt.
und besitzet dort den himel klâr.'	Dort aber hat er seinen Platz im strahlenden Himmel."
5415 **Dô** sprach der künic von Mayedôn	Da sagte der König von Mayedon:

	‚ez gewan nie künic sô rîchen lôn	„Nie hat ein König so reichen Lohn erhalten, dass mich
	der mich des ergetzet,	solcher Reichtum für das entschädigen könnte,
	als ich dâ wart geletzet	was mir dort an Verwandten
	an mâgen und an mannen.	und Gefolgsleuten geraubt wurde.
5420	iedoch entran ich dannen.	Ich aber entkam von dort.
	dâ beleip ûf dem wal,	Die, die dort auf dem Schlachtfeld blieben –
	ich wolt die sternen mit der zal	ich würde mir eher zutrauen,
	ervâhten und ertrahten,	die Zahl der Sterne zu erfassen und zu ergründen,
	ê man kund erahten	als dass man die Zahl der Helden schätzen könnte,
5425	die helde die dâ lâgen,	die dort lagen
	mit tôde jâmers pflâgen.	und einen jämmerlichen Tod erlitten hatten.
	dâ was der künic von Âzor,	Der König von Azor war einer davon,
	der zwêne ritter ie enbor	der immer zwei Ritter zugleich
	ûz dem satel zucte	aus dem Sattel hob
5430	und si alsô dructe	und sie so sehr bedrängte,
	daz sîn der tôt bürge wart:	dass der Tod für ihn einstand.
	gein dem sich der margrâve schart.	Gegen diesen versammelte der Markgraf seine Schar.
	da was herte wider herte komen.	Da traf Kampfesmut auf Kampfesmut.
	ob von in beiden würde vernomen	Ob auf beiden Seiten Schwertschläge
5435	swertes slac und speres krach?	und das Krachen von Lanzen zu hören waren?
	jâ, mit vollen daz geschach.	Ja, das gab es in Fülle!
	dô zesamen kom ir stôz,	Als sie aufeinanderprallten,
	dô wart der galm alsô grôz	da erklang ein solcher Lärm
	von schilde, swerte unde spern,	von Schilden, Schwertern und Lanzen –
5440	daz ich des für wâr wil wern,	das könnt Ihr mir glauben –
	als Romanî, der grôze walt,	als wäre Romani, der große Wald,
	mit alle nider wær gevalt.	auf einen Schlag gefällt worden.
	nu sorget umb die zwêne,	Sorgt Euch nun um die beiden,
	umb Georîn von Millêne,	um Georg von Millene
5445	umb Liberûn von Âzor,	und um Liberun von Azor,
	der ie die helde hebt enbor	der die Helden stets aus dem Sattel hebt,
	dazs im daz leben müezen lân.	sodass sie gegen ihn ihr Leben lassen müssen.
	wie sol ez in zwein ergân,	Wie soll es den beiden ergehen,
	ê daz si sich scheiden,	ehe sie sich voneinander trennen,
5450	dem getouften und dem heiden?	dem Getauften und dem Heiden?
	ir sterk si hie bedürfen.	Hier brauchen sie ihre ganze Kraft.
	man seit von tribochwürfen:	Viele berichten von Katapultschüssen –
	sô si treffent ze gegen,	so, wie die mit voller Wucht aufprallen,
	als begund zesamen legen	genau so stießen
5455	der markîs unde Liberûn,	der Markgraf und Liberun zusammen,
	sô daz ir beider trunzûn	sodass ihre Lanzensplitter
	sô hôhe gên den lüften vlugen,	so hoch hinauf in die Luft flogen,

	daz si sich ûz den ougen zugen.	dass sie sich den Blicken entzogen.
	des küniges ros wart enkurt.	Der Sattelgurt des Königs wurde entzweigerissen.
5460	sô starc wart ûf in der hurt,	Der Aufprall traf ihn so hart,
	daz er dar hinder gesaz	dass er hinter das Pferd gesetzt wurde
	unde lebens dâ vergaz.	und dort sein Leben ließ.
	er starp an der selben stunt,	Er starb sofort, ohne
	und wart niht von tjoste wunt.	vom Stich der Lanze Wunden davongetragen zu haben.
5465	hie wart der werde heiden	Da verlor der edle Heide
	von dem lîbe gescheiden	dem strahlenden Sonnengott zuliebe
	durch der klâren sunne got,	und im Dienst der Frauen
	und ouch durch wîbe gebot.	sein Leben.
	nu schouwe, Minne, wie daz stât,	Schau nun her, Minne, wie das aussieht,
5470	der sînen friunt in nœten lât.	wenn jemand seinen Freund in der Not im Stich lässt!
	er lît hie in dînem namen:	Hier liegt er in deinem Namen.
	des maht du dich immer schamen.	Dafür sollst du dich für immer schämen!
	Minne, du lônst als du tæt ie.	Minne, du gibst deinen Lohn wie eh und je.
	nu lâze wir die rede hie.	Aber lassen wir das auf sich beruhen.
5475	von Âzor Jâbîn	Jabin von Azor
	rechen wolt den bruoder sîn:	wollte seinen Bruder rächen.
	den sluoc des margrâven hant	Ihn erschlug der Markgraf durch den Helm hindurch,
	durch den helm daz ez erwant	sodass die Rache verhindert wurde,
	dâ des lebens niht mê was;	hier, wo es kein Weiterleben mehr gab;
5480	der viel ouch nider an daz gras.	auch er fiel nieder auf die Wiese.
	die zwô krône lâgen,	Damit lagen beide Kronen am Boden,
	die sît niht fröuden pflâgen.	denen von da an keine Freude mehr zuteil wurde.
	die heiden vluhen ab dem wal.	Die Heiden flohen vom Schlachtfeld.
	ir lac dâ tôt sunder zal.	Unzählige von ihnen blieben tot dort zurück.
5485	Diz starke her was entworht.	Das schlagkräftige Heer war vernichtet worden.
	noch hielt der künic unervorht,	Noch immer aber hielt der furchtlose König
	von Salnecke Tschofreit,	Tschofreit von Salneck zusammen mit
	mit maniger starken schar breit.	mehreren starken und großen Abteilungen die Stellung.
	als ein schûrweter grôz	Wie ein kräftiger Hagelschauer
5490	unser her gên dem sînen dôz.	stürmte unser Heer dröhnend gegen das seine an.
	ein schar begunde hellen	Eine Schar machte ein Geräusch,
	als alle snêgellen	als würden alle Schneestürme feindlich
	gên sumer füeren über lant;	gegen den Sommer über das Land ziehen.
	daz volc was mir unbekant.	Dieses Kriegsvolk kannte ich nicht.
5495	dâ was diu ougenweide	Es bot sich da auf der Heide ein
	scharf süeze ûf der heide:	zugleich grausamer und schöner Anblick:
	von den banieren klâr,	Das eine kam von den leuchtenden Fahnen,
	daz ander gên des tôdes vâr.	das andere vom lauernden Tod.
	hie begunden sich die banier wegen,	Nun begannen die Fahnen zu wehen,

5500	diu starken her zein ander legen.	die starken Heere verflochten sich ineinander.
	dâ was gebrech und gebrech,	Es gab dort ein großes Bersten und Brechen,
	dâ Geôrî und der künic frech	wo Georg und der kühne König
	mit hurte ûf ein ander riten.	im Galopp gegeneinander prallten.
	avoy, wie dâ wart gestriten!	Seht doch, wie da gekämpft wurde!
5505	mich twinget dar niht mîn gelust.	Ich selbst verspüre kein Verlangen, dort zu sein.
	seht wie ein starke wolkenbrust	Stellt Euch vor, wie ein heftiger Wolkenbruch
	von lufte ûf die erde gâ:	vom Himmel auf die Erde herniedergeht:
	noch swinder was ez al dâ.	Noch stürmischer ging es dort zu.
	der sturm wart sô grimme	Der Sturm wütete so heftig, dass man
5510	daz stimme vlôs ir stimme.	sein eigenes Wort nicht mehr verstehen konnte.
	daz ich si nante, wer dâ lac	Ich schaffe es nicht, sie alle beim Namen zu nennen:
	und jenen der des siges pflac,	die, die dort zurückblieben und die,
	des mac niht sîn: ez is ze vil;	die den Sieg errangen. Es wären zu viele.
	dâ von ich ez lâzen wil.	Daher will ich es sein lassen.
5515	die heiden lâgen sunder zal:	Zahllose Heiden lagen da tot
	der markîs behielt daz wal.	und der Markgraf gewann die Schlacht.
	wê der leiden mære	Ach, was war das für eine traurige Geschichte,
	daz der Salneckære	dass der Salnecker floh
	die vluht gap, und die sîne,	und seine Männer mit ihm,
5520	mit vil grôzem pîne!	in großem Leid!
	HIE rief der margrâve hêr	Hierauf rief der edle Markgraf:
	„kêrâ, edel ritter, kêr,	‚Kehr um, edler Ritter, kehr um,
	kêr durch dîne werdekeit,	kehr um, junger König Tschofreit,
	junger künic Tschofreit,	im Namen deiner Würde
5525	und durch Apollen dînen got;	und im Namen deines Gottes Apoll.
	oder hab dich wîbe gebot	Oder hat dir etwa eine Frau befohlen,
	gein mir ze vâre ûz gesant,	gegen mich in den Kampf zu ziehen?
	sô nim ein tjost von mîner hant	Setze dich meinem Lanzenstoß aus
	und setz in âventiur den lîp.	und riskiere dein Leben.
5530	kumst du sîn abe, dich habent diu wîp	Wenn du das überstehst, dann werden
	in dîme rîche dester baz,	dich die Frauen in deinem Reich umso mehr schätzen,
	sît riter nie vor mir gesaz."	da sich gegen mich noch nie ein Ritter im Sattel hielt.'
	ir sult wizzen sunder wân,	Ihr könnt Euch ganz sicher sein,
	er hêt ez endelîch getân,	dass er das schließlich auch getan hätte,
5535	wan daz diu vluht was sô grôz	wenn die Menge der helmlos
	von manigem wunden houbetblôz	und verletzt Fliehenden nicht so groß gewesen wäre
	vor, neben, hinden,	– vor ihm, neben ihm und hinter ihm –,
	daz er niht moht erwinden	dass er nicht umkehren
	noch die tjost gemezzen;	und auch den Lanzenkampf nicht annehmen konnte.
5540	dâ von wart ir vergezzen,	Man musste daher von dem Zweikampf absehen
	und mohte ir ouch niht geziln.	und konnte ihn auch nicht zu Ende bringen.

als diu güsse einen diln	So wie ein Wasserschwall ein Brett
sunder danc füeret hin,	unweigerlich mit sich fortreißt,
ze glîcher wîse fuortens in.	so rissen auch sie ihn mit sich fort.
5545 dâ was niht widerkêre;	Er konnte nicht umkehren.
und wart der heiden rêre	Die Heiden trieben umher
als von wolken snîe.	wie ein Schneegestöber aus den Wolken.
ez was der heiden krîe	Mit ‚Apoll', dem Kampfschrei der Heiden,
von Apollen gelegen:	war es vorbei:
5550 des mohten si niht mêr gepflegen.	Ihn konnten sie nun nicht mehr im Munde führen.
die heiden lâgen ûf dem wal,	So viele Heiden lagen auf dem Schlachtfeld,
daz nie ûf der fürsten sal	dass nie im Saal eines Fürsten
sô vil binzen wart geströut;	vergleichbar viele Binsen ausgestreut worden sind.
des sich manic wîp unfröut.	Davon wurden viele Frauen unglücklich.
5555 dô der künic daz wal verlôs,	Als der König das Schlachtfeld räumen musste,
der sunne got er verkôs:	schwor er dem Sonnengott ab.
der maget kinde er bî gestêt,	Er steht nun auf der Seite des Kinds der Jungfrau:
Jêsum von Nazarêt.	Jesus von Nazareth.
er ist komen ûz sînem orden	Er ist von seinem Glauben abgekommen
5560 und ist ze kristen worden.	und Christ geworden.
IR herren, disiu mære	Ihr Herren, diese Geschichte
von dem Salneckære	von dem Salnecker
und von dem margrâven hie,	und von dem Markgrafen, der hier bei uns ist,
wie ez in zwein ergie,	wie es ihnen beiden ergangen ist –
5565 des hân ich iuch bescheiden,	die Geschichte von diesen beiden Helden also
von den helden beiden.'	habe ich Euch hiermit erzählt."
die herren dancten sêre	Die Herren bedankten sich herzlich
dirre grôzen êre	bei Georg und bei dem Heiden,
Georjen und dem heiden,	diesen beiden Helden,
5570 disen helden beiden,	für diese große Ehre,
dazs in mit ir mæren	dass sie ihnen so bereitwillig
sô undertænic wæren.	mit ihren Berichten zu Diensten waren.
DIE künige sprâchen sâ zehant	Die Könige sagten sogleich:
‚her markîs, uns ist daz bekant	„Herr Markgraf, uns ist bekannt,
5575 daz ir tuot grôziu wunder.	dass Ihr große Wunder wirken könnt.
nu tuot uns einz besunder:	Wirkt doch eines für uns!
des bitte wir iuch alle hie.	Wir alle hier bitten Euch darum.
tuot irz, sô gesâch wir nie	Wenn Ihr dieses Wunder wirkt,
kein wunder alsô spæhe,	dann werden wir nie ein so herrliches, schönes
5580 sô klâr noch sô wæhe.	und beeindruckendes Wunder gesehen haben.
vierzehen stüele wir hân,	Wir haben vierzehn Stühle und hätten gern,
daz die vor uns geblüemet stân	dass sie vor uns in voller Pracht stehen,
reht als si dô tâten,	so wie sie es taten, als ihr Holz

	do si würze, loup hâten.'	noch Wurzeln und Laub trug."
5585	dô sprach der künic von Mayedôn	Da sagte der König von Mayedon:
	‚tuot irz, ich gib iu den lôn	„Wenn Ihr das vollbringt, dann werde ich Euch
	daz mich der touf begiuzet	mit meiner Taufe belohnen und damit,
	und sich mîn herze sliuzet	dass sich mein Herz ganz
	gar in Jêsus gebot,	mit dem Willen Jesu umhüllt.
5590	und wil in haben für einen got	Und ich werde ihn als Gott anerkennen
	und minnen für alliu dinc;	und mehr lieben als alles andere.
	so ist er der wâre ursprinc,	Denn dann ist er der wahre Anfang von allem,
	durch den wil ich hân den touf.'	um dessentwillen ich die Taufe empfangen will."
	sâ spranc der markîs ouf	Sogleich sprang der Markgraf auf
5595	und wart dirre mære frô.	und freute sich sehr über diese Worte.
	hin ze gote rief er dô,	Da rief er Gott an
	dar zuo sîne muoter ane	und auch dessen Mutter:
	‚wand ich iuch beide sampt mane	„Denn bei eurer vollkommenen Güte
	bî iuwer reinen güete	erinnere ich euch daran,
5600	daz Aarôns gerte blüete	dass auch Aarons Stab
	âne würze, sunder saf.	ganz ohne Wurzel und ohne Saft blühte.
	dô dîn helfe dar zuo traf,	Als ihn deine Macht erreichte,
	dô wart diu gert in allen wîs	da wurde der Stab ganz und gar
	als ein klâre meienrîs:	wie ein strahlender Zweig im Mai.
5605	als heizt die stüele werden hie,	Befehlt diesen Stühlen hier, ebenso zu blühen,
	sît ir mich verliezet nie.'	da ihr mich doch noch nie im Stich gelassen habt."
	als er die rede vol gesprach,	Kaum hatte er diese Worte ausgesprochen,
	die stüel man alle gruonen sach	da sah man die Stühle allesamt ergrünen,
	rehte in der selben aht	und zwar genau auf die Weise,
5610	als in von arte was geslaht;	wie sie jeweils ursprüglich beschaffen waren:
	mit loube und von bluote klâr,	mit Laub und schönen Blüten,
	als si tâten ir jâr.	so wie sie vormals gewesen waren.
	die künige jâhen alle hie	Die Könige bekannten alle,
	daz si für wâr gesæhen nie	dass sie wahrhaftig noch nie
5615	kein wunder alsô wilde	ein derart außergewöhnliches Wunder
	von keiner slahte bilde.	gesehen hätten.
	hie gebôt er den boumen dâ	Da befahl Georg den Bäumen,
	daz si ze stüelen würden sâ:	sich wieder in Stühle zu verwandeln.
	sâ reis daz loup nider	Sogleich fiel das Laub herab
5620	unde wart ze stüelen wider.	und sie wurden wieder zu Stühlen.
	DER künic von Mayedôn sprach	Der König von Mayedon sagte:
	‚ô wol mich daz ich ie gesach	„Ich Glücklicher, dass ich
	des alten Mezzæres barn!	den Sohn des alten Maßnehmers je sah!
	ob Jêsus wil, ich sol varn	Wenn Jesus es so will, dann werde ich
5625	mit im in den himel klâr,	mit ihm in den strahlenden Himmel auffahren,

	dâ sô kurz sint diu jâr.	wo die Jahre so kurz sind.
	ich wil an im erkuonen:	Ich werde Vertrauen zu ihm fassen.
	er tuot die boume gruonen,	Er lässt die Bäume ergrünen,
	er hiez die tôten ûf stân	er befahl den Toten, aufzuerstehen
5630	und al gesunt hine gân;	und völlig gesund einherzugehen.
	der markîs ist geheilet	Der Markgraf ist geheilt worden,
	(der was gevierteilet);	der doch geviertelt worden war.
	ein kint gie unde sprach	Ein Kind lief und sprach –
	(in zwelf wochen daz geschach);	da war es erst zwölf Wochen alt –;
5635	er tet die dürren siule blüen:	er ließ die dürre Säule erblühen.
	wes solt ich mich für baz müen?	Wozu soll ich länger mit mir hadern?
	ich toufe mich in sînem namen:	Ich lasse mich in seinem Namen taufen.
	der abgot wil ich mich schamen.'	Für die Abgötter will ich mich schämen."
	des toufes er mit willen gert.	Aus freien Stücken verlangte er die Taufe.
5640	des wart er al zehant gewert	Die wurde ihm sogleich
	von dem margrâven hêr.	von dem edlen Markgrafen gewährt.
	er touft ir al zehant mêr	Er taufte auf der Stelle
	aht tûsent fünf und drîzec.	achttausendfünfunddreißig weitere von ihnen.
	er was des vil vlîzec	Er bemühte sich eifrig darum,
5645	daz er si lêrt daz gotes wort:	sie Gottes Wort zu lehren.
	daz was in ein reiner hort.	Für sie war das ein kostbarer Schatz.
	Dem keiser kômen mære	Dem Kaiser wurde berichtet,
	wiez dâ ergangen wære	was sich da mit ihren Stühlen
	umb ir stüele und umb ir touf:	und ihrer Taufe zugetragen hatte.
5650	dâ wolt er doch niht ahten ouf.	Das kümmerte ihn aber nicht.
	dô sprach der künic Dâciân	Da sagte König Dacian:
	‚den zouber den ir habt getân,	„Von dem Zauber, den Ihr gewirkt habt,
	des sult ir wênc geniezen.'	sollt Ihr wenig haben."
	er hiez ein bilde giezen	Er befahl ein Bildnis zu gießen
5655	nâch einem starken ohsen grôz.	in Form eines großen, starken Ochsen.
	dô man daz bilde gegôz,	Als man es gegossen hatte,
	dô stact man an dem mâle	da versah man es überall
	daz bilde vollez strâle,	mit Pfeilen,
	die muosen wol gelüppet sîn:	die sorgfältig mit Gift bestrichen waren.
5660	Georjen legte man dar în.	Man legte Georg dort hinein.
	sâ zehant man in zôch	Alsbald zog man ihn
	ûf gên dem berge hôch	hoch auf einen Berg
	ze einem starken wazzerval:	zu einem mächtigen Wasserfall.
	dâ lie man in hin ze tal.	Von dort stieß man ihn ins Tal hinab.
5665	hie viel er an dem mâle,	Da fiel er dann also herab,
	und wær von hertem stâle	und er hätte es nicht überleben können,
	herze und der lîp gewesen,	selbst wenn Herz und Körper

er solte kûme sîn genesen.	aus hartem Stahl gewesen wären.
iedoch begund in neren got:	Gott aber rettete ihn –
5670 er was ouch dâ in sîm gebot.	auch dort unterstand er seiner Macht.
dô sich daz bild zer erde lie,	Als das Bildnis unten angekommen war,
sâ ez von ein ander gie,	öffnete es sich sogleich
und begunde er dâ ûz gân.	und er trat daraus hervor.
ze sante Sebastiân	Mit Sankt Sebastian
5675 wil ich in genôzen:	möchte ich ihn gleichsetzen –
alsô was er bestôzen	so sehr war er durchbohrt worden
mit strâlen und mit pfîlen.	von Schäften und Pfeilspitzen.
der künic hiez balde îlen,	Der König befahl,
daz man Georjen bræhte wider,	Georg, der dort herabgefallen war,
5680 der dâ was gevallen nider.	rasch wieder zurückzubringen.
daz wart al zehant getân.	Das wurde sogleich ausgeführt.
er gie für den künic stân.	Er trat vor den König.
ûz sînem klâren lîbe schein	Aus seinem strahlenden Körper
manic wol gevidert zein:	ragten viele gefiederte Schäfte.
5685 zehant er die ûz brach,	Die zog er sogleich heraus,
daz im nie wê dâ von geschach:	ohne dass es ihm Schmerzen bereitete.
ez schouf der maget kint, Jêsus.	Dafür sorgte Jesus, das Kind der Jungfrau.
EIN her, hiez Anastasius,	Ein Herr namens Anastasius sagte:
der sprach ,her keiser, volge mir	„Herr Kaiser, folge dem Rat,
5690 des ich hie wil râten dir.	den ich dir gebe.
heiz im die nagel slahen abe:	Befiehl, ihm die Nägel herauszureißen.
dâ lît des zoubers orthabe.	In ihnen liegt seine ganze Zauberkraft.
dar nâch stôz ich im dar în dorn	Anschließend werde ich ihm vergiftete Dornen
mit vergift, so ist er verlorn.	in die Wunden stoßen. Dann ist er verloren.
5695 und gît im daz niht tôdes lôn,	Und falls ihn das nicht umbringt,
ich tuon als der von Mayedôn,	dann tue ich dasselbe wie der von Mayedon
und lâz Apollen mînen got,	und verlasse meinen Gott Apoll
und stên in Jêsus gebot.'	und unterstelle mich Jesu Gesetz."
DER künic der hiez îlen	Der König ließ eilig
5700 nâch vil scharfen pfîlen.	scharfe Stacheln herbeibringen.
die nagel man im abe sluoc.	Man riss ihm die Nägel heraus,
die gift man sâ dar truoc,	brachte das Gift herbei
die dorne stiez man dar în;	und tauchte die Dornen hinein.
man stact ims in die vinger sîn:	Man steckte sie ihm in seine Finger.
5705 daz schatt im niht umb ein grûz;	Das schadete ihm nicht im Geringsten.
die dorne vielen wider ûz.	Die Dornen fielen wieder heraus.
im war niht umb ein hâr:	Es machte ihm gar nichts aus
die nagel wurden dâ für wâr	und die Nägel wurden da wahrhaftig
lûter, klâr alsam ê,	rein und schön wie zuvor.

5710	im tet ouch kein smerze wê.	Er verspürte auch keinen Schmerz.
	Dô sprach der margrâf zehant	Da sagte der Markgraf sogleich:
	‚Anastasius, ist dir bekant,	„Anastasius, wenn du weißt,
	wer der wâre got ist,	wer der wahre Gott ist,
	sô toufe dich an dirre frist.'	dann lasse dich hier und jetzt taufen."
5715	‚daz tuon ich' sprach Anastasius,	„Das will ich tun", sagte Anastasius,
	und wart ouch getoufet sus,	und wurde ebenfalls sogleich getauft,
	reht als der von Mayedôn.	genau wie der von Mayedon.
	des enpfie er dâ vil rîchen lôn;	Dafür empfing er sehr herrlichen Lohn.
	wan im daz himelrîche wart,	Ihm wurde nämlich das Himmelreich zuteil,
5720	daz im ê was vor verspart.	das ihm vorher verschlossen gewesen war.
	Dô sprach der keiser Dâciân	Da sagte Kaiser Dacian:
	‚ey, waz ich grôzer leide hân	„Ach, welch großes Leid fügt mir
	von Georjen dem Palastîn!	Georg aus Palästina zu!
	des müezen gunêret sîn	Es ist eine Schande für
5725	die siben planêten,	die sieben Planeten,
	daz si niht liebe hêten	dass sie mir nicht hold sind;
	zuo mir; und ouch mîne got,	ebenso für meine Götter,
	daz si mir füegent solhen spot.	dass sie mich so zum Gespött machen.
	tet ich in hôhen dienest ie,	Wie gut ich ihnen auch vormals gedient haben mag –
5730	des dankent si mir lützel hie,	das danken sie mir hier nicht
	und hân sîn von in kleinen lôn.	und ich werde von ihnen dafür nicht belohnt.
	nu sagt mir, künic von Mayedôn,	Sagt mir nun, König von Mayedon,
	wer der margrâve sî,	was es mit dem Markgrafen auf sich hat,
	durch den ir wellet werden frî	um dessentwillen Ihr
5735	lîbes unde landes:	Leben und Land verlieren wollt.
	ez stêt iuch hôhes pfandes.'	Euer Einsatz ist hoch."
	Dô sprach der kristen künic zehant	Da sagte der christliche König sogleich:
	‚der markîs ist mir wol bekant:	„Ich kenne den Markgrafen gut.
	wan ich dâ stuont unde saz,	Ich stand und saß nämlich dabei,
5740	dâ man sîne tugent maz	als man das Ausmaß seiner Tugendhaftigkeit
	beide her unde dâ.	in jeder Hinsicht bestimmte.
	in dem rîch ze Grêciâ	In Griechenland, dem Reich,
	hêt man den vil tiuren helt	hatte man den vornehmen Helden
	ze einem houbetkünig erwelt.	als obersten König auserwählt.
5745	des weigert er vil sêre	Dem verweigerte er sich entschieden
	und lie durch got die êre.	und verzichtete für Gott auf diese Ehre.
	dô wart diu wal ûf in geleit:	Die Wahl aber war auf ihn gefallen:
	daz sag ich von der wârheit,	Das entspricht der Wahrheit,
	und sag iu rehte wie daz kam,	und ich sage Euch genau, wie es dazu kam,
5750	daz man in ze künige nam.	dass man ihn zum König erwählte.
	EIN wunderburc, der Tugent pflac:	Eine Wunderburg, unter Obhut der Tugend:

	dar inne manic kamer lac	Darin gab es viele Kammern,
	hêrlîche gezieret	die herrlich mit kostbaren Bildern
	und wol geflorieret	verziert und wunderbar
5755	mit rîchem gemælde.	geschmückt waren.
	die kamer mâlt diu Sælde	Das Heil selbst hatte die Kammern
	mit ir selbes henden.	mit eigener Hand ausgemalt.
	si begunde dar an wenden	Was es dafür verwendete,
	manic grôze rîcheit	war überaus kostbar;
5760	sunder alle kunterfeit.	nichts davon war minderwertig.
	der pinsel der hiez Êre.	Der Pinsel trug den Namen *Ehre*.
	nâch der Tugent lêre	Die Kammern wurden nach Maßgabe der *Tugend*
	wurdn die kamer volbrâht	in solcher Vollkommenheit ausgestaltet,
	als si nâch wunsche hêt erdâht.	wie sie es ersonnen hatte.
5765	DIU êrste diu hiez Stæte.	Die erste trug den Namen *Beständigkeit*.
	mit guotem geræte	Aus gutem Baumaterial
	was si sô starke erbouwen:	wurde sie mit großer Festigkeit errichtet:
	man hêt niht drab gehouwen	Auch in dreißig Jahren hätte man
	ze drîzic jâren umb ein nuz.	nicht ein einziges Körnchen herausschlagen können.
5770	ez wære wurf oder schuz,	Nicht durch Bewerfen noch durch Beschießen,
	tarant oder mangen,	nicht mit dem Mauerbohrer noch mit der Wurfmaschine
	daz moht niht dar gelangen.	konnte man in sie hineingelangen.
	ir schat ot niht durch daz jâr	Ihr drohte das ganze Jahr über
	reht deheiner slahte vâr.	keinerlei Gefahr.
5775	man schreip dâ an daz übertür,	An den Türsturz hatte man geschrieben,
	swer dâ wolde gên für,	damit jeder, der hindurchgehen wolle,
	daz der læs diu mære,	es lesen möge,
	daz der kameræere	dass der Kämmerer
	nieman wolde lâzen în,	niemanden einlassen werde,
5780	er müeste gar stæte sîn;	der nicht vollkommen beständig sei.
	und swer wær ein wankelbolt,	Einem Wankelmütigen aber,
	dem wolt er nimmer werden holt,	der mal dieses und mal jenes will,
	dâ bî ein hie und ein dort:	dem werde er niemals zugetan sein.
	gæb im der allen den hort,	Selbst wenn der ihm alle Schätze gäbe,
5785	der aller künige ie wart,	die alle Könige jemals besaßen,
	diu kamer wær im vor verspart.	werde die Kammer vor diesem verschlossen bleiben.
	DIU ander diu hiez Triuwe.	Die nächste Kammer hieß *Treue*.
	mit süezer schrift niuwe	In schöner Schrift
	vant man geschriben ouch dâ bî	stand dort wiederum geschrieben:
5790	„der gar an allen triuwen sî,	‚Wer ganz von Treue erfüllt ist,
	der sol in dise kamer gân,	der soll diese Kammer betreten
	die ungetriuwen dûze lân.	und diejenigen draußen lassen, die untreu sind.
	der den man an lachet,	Wenn einer einem anderen ins Gesicht lächelt,

	und in dar nâch swachet,	ihn später aber schmäht
5795	so er im den rücke kêret,	und ihn schlechtmacht,
	daz er in denn unêret:	sobald er ihm den Rücken zukehrt –
	gienge diu kamer in Endiân,	und würde die Kammer bis nach Indien reichen,
	der selbe müest dâ ûze stân."	derjenige müsste draußen bleiben.'
	Dɪᴜ dritte diu hiez Milte.	Die dritte Kammer hieß *Freigebigkeit*.
5800	„für wâr ich den schilte,	‚Ich schelte wahrhaftig denjenigen,
	der arc ist unde bœse:	der hartherzig und schlecht ist.
	der sol sîn gekœse	Der soll diese Kammer
	hie in dirre kamer lân,	mit seinem Geschwätz verschonen
	und verre dort hin dan stân:	und weit davon entfernt bleiben.
5805	er ist lieber anderswâ."	Er ist anderswo besser aufgehoben.'
	diz las man an der porten dâ.	Diese Worte konnte man dort an der Tür lesen.
	Dɪᴜ vierde heizet Mâze.	Die vierte Kammer heißt *Mäßigung*.
	„mit guotem gelâze	‚Mit gutem Benehmen
	muoz er wol getempert sîn,	muss der ausgestattet sein,
5810	den man lâzet dâ her în,	den man dort hineinlässt,
	und mâze geben ûf ieglîch ort,	und Mäßigung soll er üben in allen Dingen
	alsô daz werc unde wort	und zwar so, dass Taten und Worte
	enein gelîche hellen,	harmonieren
	dazs iht widerbellen.	und nicht misstönen.
5815	sô einz wil diz, daz ander daz,	Wenn eines dieses will und das andere jenes,
	dem wirt der kamerær gehaz	dann wird der Kämmerer ärgerlich
	umb ir beider haspelspil,	über ihren Unfug, sodass er
	daz er sîn dar în niht wil:"	denjenigen nicht in die Kammer einlassen wird.'
	alsô was dâ geschriben an;	Dies stand dort geschrieben:
5820	„ûf hôher, der niht maze kan."	‚Weg mit dem, der nicht Maß halten kann.'
	Dɪᴜ fünfte kamer heizet Zuht.	Die fünfte Kammer heißt *Anstand*.
	„swer zühtic sî, der habe vluht	‚Wer über Anstand verfügt, der soll Zuflucht
	in dise kamer", was dâ geschriben,	in dieser Kammer finden', stand darüber geschrieben,
	„und nimmer hin ûz getriben.	‚und niemals daraus vertrieben werden.
5825	zuht ist ein süeze êrenkleit,	Anstand ist ein süßes Ehrenkleid,
	wan ez diu Tugent selbe sneit	weil es doch von der Tugend selbst
	weder ze lanc noch ze wît.	weder zu lang noch zu weit geschneidert wurde.
	wan man dâ vor noch sît	Denn weder zuvor noch seither
	nie kleit sach sô wol gestalt.	hat man jemals ein so schönes Kleidungsstück gesehen.
5830	er sî junc oder alt,	Gleich, ob jemand jung oder alt ist,
	alsô ist ez geschaffen:	so ist es folgendermaßen beschaffen:
	leien unde pfaffen,	Laien und Geistlichen,
	dem keiser und dem hirte,	dem Kaiser wie auch dem Hirten,
	dem gaste und dem wirte,	dem Gast wie auch dem Gastgeber,
5835	rittern unde frouwen,	Rittern wie Damen –

	derz an in wil schouwen,	allen, die es an sich selbst sehen wollen,
	den füeget ez allen sampt wol:	steht es gleichermaßen gut.
	dâ von manz gerne tragen sol."	Daher soll man es freudig tragen.'
	Diu sehste kamer Kiusche hiez.	Die sechste Kammer hieß *Keuschheit*.
5840	den man dâ ûz und în liez,	Wer dort hinaus und hinein wollte,
	der muose rehte kiusche wesen.	der musste wahrlich keusch sein.
	diz begund man an der porten lesen:	Folgende Worte konnte man an der Tür lesen:
	„sît got die kiusch ze wâpen truoc,	‚Weil Gott die Keuschheit im Wappen trug,
	kiusch unkiusch zer helle sluoc.	vertrieb die Keuschheit die Unkeuschheit in die Hölle.
5845	kiusche ist ein reine art.	Keuschheit ist ein herrlicher Wesenszug.
	Johannes was dâ mit bewart,	Johannes war damit gewappnet,
	wan im diu kiusche sô gezam,	denn die Keuschheit gefiel ihm so sehr,
	daz er si für die ê nam.	dass er sie der Ehe vorzog.
	der kiusch an allen dingen ist,	Wer in jeder Hinsicht keusch ist,
5850	den lât man în in kurzer frist."	den lässt man alsbald hinein.'
	Barmung ist diu sibende.	*Erbarmen* heißt die siebte Kammer.
	„der zaller zît ist bibende	‚Wer jederzeit vor Sorge
	mit vorhten gên den armen,	um die Armen zittert,
	sô dazs in erbarmen,	sodass er Erbarmen mit ihnen empfindet,
5855	der sol in dise kamer gân:	der soll diese Kammer betreten.
	diu wirt im wîte ûf getân,"	Sie wird ihm weit geöffnet',
	diz las man an der porten dâ:	dies las man dort an der Tür,
	„der ander var anderswâ."	‚die Übrigen sollen anderswohin gehen'.
	Diu ahte hiez Endehaft.	Die achte Kammer hieß *Entschlossenheit*.
5860	der gab diu Tugent solhe kraft	Dieser wurde von der Tugend solche Macht verliehen,
	daz si diu rîche Sælde	dass das herrliche Heil sie
	sô êret mit gemælde	solchermaßen mit Zierde ehrt,
	und si sô hôhe zieret,	sie so erhaben ausschmückt
	sô suoze geflorieret,	und sie so schön herausputzt,
5865	daz sî ûz andern kamern schein	dass sie mehr als alle anderen Kammern hervorstach,
	als rubîn, der edel stein,	so wie der Rubin, der edle Stein,
	ûz anderm gesteine.	stärker leuchtet als andere Steine.
	an der kamer reine	Über der makellosen Kammer
	was geschriben oben an:	stand geschrieben: ‚Wie vollkommen
5870	„swie gar volkomen ist ein man,	ein Mann auch sonst sein mag – wenn er nicht
	ist er niht endehaft dar zuo,	zugleich auch mit Entschlossenheit handelt,
	ob man im iht ûf tuo	tut man ihm dann etwa die Kammer auf?
	die kamer? nein, man noch entuot;	Nein, das tut man noch nicht.
	und gæb er eines küniges guot,	Und gäbe er selbst die Schätze eines Königs hin,
5875	er kumt nimmer dar in,	er kommt dennoch nie hinein,
	er lât hie sîn kapfen sîn."	wenn er nicht aufhört zu gaffen.'
	Die kamer beschout er gar,	Die Kammer sah er, Georg, sich gut an

	und nam des gemældes war:	und betrachtete das Bild:
	dâ lac wird und êre an,	Dadurch wurden ihm Würde und Ehre zuteil;
5880	ez geschach dâ vor nie keinem man.	das war nie zuvor einem anderen Mann geschehen.
	des vert sîn lop sô hôhe enpor,	Deshalb steigt sein Ruhm hoch empor
	ez loufet sunder slege vor.	und geht ganz aus eigenem Antrieb voran.
	er rôsenkint der schœne,	Er, das rosige Kind der Schönheit –
	der waltsinger dœne	den Gesang der Waldsänger
5885	und der süezen seiten klanc,	und den schönsten Saitenklang
	daz ie nâch hügender fröude ranc,	und alles, worin sich jemals große Freude ausdrückte,
	diz begund der markîs gar hin legen,	das überbot der Markgraf noch,
	als sich sîn muot begunde regen:	als sich sein Geist zu regen begann.
	wan als er reden begunde,	Denn als er anfing zu sprechen,
5890	sô gap er solhe stunde	schuf er einen so schönen Augenblick
	als in dem ougest küeler wint,	wie ein kühler Wind im August,
	sô die liut in hitze sint.	wenn die Menschen erhitzt sind.
	der luft balsammæzic wart	Von seinem tugendhaften Wesen
	von sîner tugentlîchen art;	wurde die Luft wie Balsam.
5895	ouch was von im tiuwer	Erde, Wasser und Feuer
	erde, wazzer, fiuwer,	wurden durch die Kraft der Natur
	daz er in gab geselleschaft,	auf solche Weise veredelt,
	von der natûre kraft.'	dass er sich zu ihnen gesellte."
	Dô sprach der künic Dâciân	Da sagte König Dacian:
5900	‚ey, waz mir leides hânt getân	„Ach, welch Leid haben mir
	die gunêrten kristen	die verfluchten Christen
	mit ir trügelisten!	mit ihren Betrügerein angetan!
	des enpfâht ir, her von Mayedôn,	Dafür erhaltet Ihr heute, Herr von Mayedon,
	hiute von mir swachen lôn,	von mir einen geringen Lohn,
5905	und Anastasius dar zuo.'	und Anastasius ebenso."
	ob er in iht leide tuo?	Ob er ihnen wohl Leid zugefügt hat?
	nein, er weizgot noch entet:	Nein, weiß Gott, das hat er nicht getan.
	si fröuten sich; sâ ze stet	Vielmehr freuten sie sich. Dort und zu dieser Stunde
	der heilge geist was mit in:	stand der Heilige Geist ihnen bei.
5910	die sêl die engel fuorten hin.	Die Engel führten ihre Seelen mit sich fort.
	Dô sprach der von Palastîn	Da sagte der aus Palästina:
	‚ez ist an iu worden schîn,	„Es ist an Euch offenbar geworden,
	herre künic Dâciân,	Herr König Dacian,
	daz diu urteil ist getân	dass über Euch das Urteil gefällt wurde:
5915	über iuch: ir mügt niht wider komen.	Ihr werdet Euch nicht bessern.
	daz hân ich dar an wol vernomen,	Das weiß ich deshalb genau,
	swaz ir gehœret und geseht,	weil Ihr all das, was Ihr hört und seht,
	daz ir dem niht nâch jeht.	nicht anerkennt.
	ir gloubet an der sunne got:	Ihr glaubt an den Sonnengott,

5920	daz ist ein loterlîcher spot.	aber das ist eine liederliche Schande.
	Apollô ist ein bœsewiht,	Apoll ist ein abscheulicher Dämon,
	an den sult ir gelouben niht.	an den dürft Ihr nicht glauben.
	Dô wîlen in der alten ê	Als damals zur Zeit des Alten Bundes
	der juden künic Jôsuê	der Judenkönig Josua
5925	mit den Sarrazînen streit:	gegen die Sarazenen kämpfte –
	ist iu daz, herre, iht geseit,	hat Euch, Herr, niemand je gesagt,
	waz got durch die juden tet?	was Gott den Juden zuliebe getan hat?
	er hiez die sunne stên enstet	Er befahl der Sonne am Abend,
	von âbend eines tages lanc,	einen Tag lang still zu stehen,
5930	under Apollen danc,	gegen den Willen Apolls,
	daz er daz nie moht erwern,	der es nicht verhindern
	noch die heiden dâ ernern.	und die Heiden dort nicht retten konnte.
	dâ bleip in der rehten zal	Es blieben dort genau
	drîzic künige über al,	dreißig Könige zurück
5935	und dar zuo der houbetman,	mitsamt ihrem Anführer,
	den ich iu wol genennen kan:	dessen Namen ich Euch nennen kann:
	rois Jâbîn von Âzor,	Roi Jabin von Azor,
	der vil selten ie dâ vor	der zuvor noch nie
	deheines strîts wart sigelôs:	einen Kampf verloren hatte.
5940	den end er ûf dem wale kôs.	Auf dem Schlachtfeld fand er den Tod.
	ich nenne iu sunderlîche	Ausdrücklich nenne ich Euch
	der drîzic künicrîche,	die Herren der dreißig Königreiche,
	der herren dâ gelâgen,	die dort niedergestreckt wurden
	mit tôde jâmers pflâgen.	und schmerzlich das Leben ließen.
5945	Von Jerusalem der künic hêr	Der edle König von Jerusalem
	leit von ende herzesêr.	litt durch seinen Tod schweren Kummer.
	der künic von Êbron lac tôt,	Der König von Ebron lag da tot,
	und ouch der künic von Jêrimôt.	ebenso der König von Jerimot.
	da gelac der künic von Lachîs,	Da war der König von Lachis gefallen,
5950	der hêt bejaget manigen prîs.	der zuvor viel Ruhm errungen hatte.
	da gelac der künic von Eglôn.	Auch der König von Eglon lag da.
	ûz Jabîns volc von Gâbaôn	Fünf Männer aus Jabins Volk, die aus Gabaon kamen,
	die fünve vluhen in ein loch:	versteckten sich in einem Erdloch.
	dâ zôch man si her ûz doch	Man zog sie jedoch daraus hervor,
5955	und hienc si gein der sunne dâ,	hängte sie dort im Licht der Sonne auf
	und verrüntes aber. anderswâ	und verschloss das Loch wieder. Andernorts
	gelac der künic von Jêrichô	war der König von Jericho gefallen
	und der künic von Mâgedô.	und der König von Magedo.
	da gelac der künic von Hâî	Da lag auch der König von Hai
5960	und manic Sarrazîn dâ bî.	und mit ihm viele andere Sarazenen.
	da gelac der künic von Bêthel,	Ebenso lag dort der König von Bethel,

	der fuorte manigen helt snel.	der viele kühne Helden bei sich hatte.
	da beleip der künic von Lebnâ,	Dort blieben auch der König von Lebna
	und der künic rîch von Ermâ.	und der mächtige König von Erma zurück.
5965	da beleip der künic von Gâzer,	Es blieb dort der König von Gazer,
	der von rôre manic sper	der viele Lanzenschäfte
	gein den juden sancte.	auf die Juden gerichtet hatte.
	des tôdes sêr ouch krancte	Der Tod versehrte auch
	den werden künic von Thâbir.	den edlen König von Thabir.
5970	ouch sult ir gelouben mir	Glauben sollt Ihr mir auch,
	daz jæmerlîchen ende nam	dass der edle König von Odollam
	der werde künic von Odollam.	ein schmerzliches Ende nahm.
	da gelac der künic von Gander,	Da lagen der König von Gander
	und der künic von Âber.	und der König von Aber.
5975	der künic von Zêdes lac tôt.	Der König von Zedes lag da tot.
	von einer tjost leit ouch die nôt	Eine Tjost brachte auch seinem Verwandten,
	sîn veter, der künic ze Dôret.	dem König von Doret, den Tod.
	die zwêne durch ir frouwen bet	Die beiden lagen wegen der Bitten ihrer Damen
	gelâgen ûf dem wale dâ,	dort tot auf dem Schlachtfeld,
5980	und ouch der künic von Mâcidâ.	und ebenso der König von Macida.
	da beleip der künic von Mâdôn,	Dort blieb auch der König von Madon zurück,
	und ouch der künic von Sârôn.	und dazu der König von Saron.
	der künic von Hêret ouch gelac,	Der König von Heret lag auch dort,
	des rîchtuom dâ niht widerwac,	dessen Reichtum da nicht vergolten wurde,
5985	und fuort ouch manigen riter frech.	obwohl er doch so viele mutige Ritter bei sich hatte.
	da gelac der künic von Âvech.	Da lag der König von Avech.
	da beleip der künic von Atschach,	Dort blieben auch der König von Atschach
	und ouch der künic von Tênach.	und der König von Tenach zurück.
	ez enpfie durch Jâbîn tôdes lôn	Der junge König von Sameron
5990	der junge künic von Samerôn,	empfing in Jabins Dienst den Tod als Lohn.
	des manic wîp wart unfrô,	Viele Frauen trauerten darüber,
	daz ez im ergienc alsô.	dass es ihm so erging.
	ez wart ertretet ûf dem wal	Der freigiebige König von Galgal
	der milte künic von Galgal.	wurde auf dem Schlachtfeld totgetreten.
5995	da gelac der künic von Jachanaem:	Auch der König von Jachanaem lag da.
	nu endarf nieman frâgen wem	Es braucht nun niemand danach zu fragen,
	wirs geschæhe denn im dâ.	wem dort Schlimmeres widerfahren sei als ihm.
	da gelac der künic von Tâfuâ.	Es lag da der König von Tafua,
	der künic von Tersâ ouch gelac,	und auch der König von Tersa lag dort,
6000	der sît niht mêr fröuden pflac.'	der danach nie wieder in Freuden lebte."
	DER markîs sprach sunder vâr,	Der Markgraf sagte arglos:
	‚herre keiser, ist diz wâr,	„Herr Kaiser, entspricht es denn der Wahrheit,
	daz ich iu gesaget hân?'	was ich Euch gesagt habe?"

	dô sprach der künic Dâciân	Da sagte König Dacian:
6005	‚iuwer rede mac wol wâr wesen.	„Es kann durchaus sein, dass Ihr die Wahrheit sagt.
	ich hân ez selbe ouch gelesen:	Ich selbst habe auch davon gelesen.
	ich hân daz selbe buoch hie.	Ich habe genau dieses Buch auch hier.
	ich sag ab iu wiez ergie,	Ich sage Euch, wie es dazu kam,
	daz die künige gelâgen:	dass die Könige dort starben.
6010	eins glouben si dô pflâgen	Sie pflegten damals einen Kult,
	der mînen goten was vil zorn.	über den meine Götter zürnten.
	als undr in wart ein kint geborn,	Wenn bei ihnen ein Kind geboren wurde,
	sô gâben sie ez sâ zehant	dann setzten sie es sogleich
	der wîlsælde an ir bant,	seinem vorbestimmten Schicksal aus,
6015	diu solt ez wîsen immer mêr;	das es für alle Zeit leiten sollte;
	und versmâhten die gote hêr.	die edlen Götter aber verschmähten sie.
	dem kindelin si sprâchen zuo	Sie sagten zu dem kleinen Kind:
	„ob dir diu wîlsælde tuo	‚Wenn das Schicksal bewirkt,
	daz dir von ir gelinge,	dass du mit seiner Hilfe erfolgreich bist,
6020	dîn opfer du ir bringe.	dann bringe ihm dein Opfer dar.
	tuo aver si dir anders iht,	Wenn es das aber nicht tut,
	sô bringe ir dîn opfer niht."	dann bringe ihm kein Opfer dar.'
	Niht ander got si hêten,	Sie ließen keine anderen Götter gelten,
	âne die planêten:	nur die Planeten.
6025	die solden der wîlsælde pflegen,	Die sollten sich ihres Schicksals annehmen
	und in stegen unde wegen.	und ihnen Stege und Wege weisen.
	dô die künig ze strîte riten	Als die Könige in den Kampf ritten
	und die got mit opfer vermiten,	und den Göttern das Opfer verweigerten,
	dô hiez Apollô stille stân	da befahl Apoll der Sonne,
6030	die sunne, unde niender gân,	still zu stehen und sich nicht fortzubewegen,
	daz si alsô lûhte	sodass sie so lange leuchtete,
	unz si des zît dûhte,	bis sie meinte, dass der Moment gekommen
	daz die all den lîp verlurn,	und nun niemand mehr am Leben sei,
	die mit opfer si verkurn:	der ihr das Opfer verweigert hatte.
6035	dâ begund ez werden naht,	Da brach die Nacht herein
	und sleich diu sunne nâch ir aht	und die Sonne glitt, wie es ihre Gewohnheit war,
	umb daz nordenmer als ê.	wie eh und je hinter das Nordmeer.
	dô reit der künic Jôsuê	Da ritt König Josua los
	und wuoste burge unde lant.	und verwüstete Burgen und Länder.
6040	daz ist mir von der schrift bekant,	Ich weiß aus der Schrift,
	daz ez von anders niht geschach.'	dass es aus keinem anderen Grund geschah."
	Georî ze dem künige sprach	Georg sagte zu dem König:
	‚opfert Jôsuê den goten,	„Hat denn Josua den Göttern geopfert,
	daz si hêten geboten	sodass sie um seinetwillen der Sonne befahlen,
6045	durch in der sunne stille stân,	still zu stehen,

	und daz ez im sô sold ergân	und wurden ihm deshalb
	mit sige, mit frôuden ûf dem wal,	Sieg und Freude auf dem Schlachtfeld zuteil
	und die heiden sunder zal	und erschlug und tötete er deshalb
	beide sluoc unde stach,	zahllose Heiden,
6050	und im niht leides geschach?'	ohne dass ihm dabei ein Leid geschah?"
	Dô sprach der künic Dâciân	Da sagte König Dacian:
	‚nein, dâ wil ichz niht für hân,	„Nein, ich nehme nicht an,
	daz er den goten opfert iht,	dass er den Göttern geopfert hat,
	wan er hêt ir künde niht:	denn er wusste ja nichts von ihnen.
6055	swes der man niht weiz noch kan,	Wovon jemand nichts weiß und auch nichts wissen
	des muotent in die got niht an.	kann, das verlangen die Götter nicht von ihm.
	als tâten sie ouch Jôsuê.	So verfuhren sie auch mit Josua.
	der wisse niht umb unser ê:	Er wusste nichts von unserem Glauben.
	ein got er minte ûz Israhêl,	Er liebte einen Gott aus Israel
6060	geheizen Emanuêl.	mit Namen Emanuel.
	er gloubte an in einen,	Er glaubte an ihn allein
	und mêr an deheinen.	und an keinen anderen sonst.
	der half im noch enhalf im dâ:	Weder half er ihm dort, noch half er ihm nicht.
	niht touc sîn helfe ouch anderswâ.	Seine Hilfe ist auch sonst nirgends von Nutzen.
6065	nu hân ich iu kunt getân	Damit habe ich Euch erklärt,
	umb der sunne stille stân	warum die Sonne stillstand,
	und umb der juden gesigen	die Juden siegten
	und der heiden underligen.'	und die Heiden unterlagen."
	Dô sprach der margrâf zehant	Da sagte der Markgraf sogleich:
6070	‚mirst daz von wârheit bekant:	„Folgendes weiß ich zweifellos,
	sprechet, künic, swaz ir welt,	da könnt ihr sagen, König, was ihr wollt:
	ir sît zer helle geselt.	Euer Platz ist in der Hölle.
	ich geform iu nimmer mêre	Ich werde Euch niemals mehr
	kein gotlîche êre.	Gottes Ehre erweisen.
6075	Phâraônis bruoder,	Bruder des Pharao!
	ir sît der helle luoder,	Ihr seid ein Lockvogel der Hölle
	und dar zuo ir koukelspil:	und ein höllisches Blendwerk noch dazu.
	niht mêr ich mit iu reden wil.'	Ich werde nicht mehr mit Euch reden!"
	war umbe solt ichz lange sagen?	Warum soll ich noch viele Worte machen?
6080	sît Krists gebürte von den tagen	Seit der Zeit von Christi Geburt
	sô wart nie marterær sô grôz,	gab es keinen Märtyrer, der so groß war,
	der ie würde noch genôz	dass er darin Georg von Palästina
	Georjen von Palastîn.	gleich käme.
	hie sol der rede ein ende sîn.	Hiermit soll die Rede zu einem Ende kommen.
6085	er wart gemartert siben jâr,	Er wurde sieben Jahre lang gemartert,
	als uns diu schrift sagt für wâr	das berichten uns wahrheitsgemäß sowohl die Schrift
	und ouch diu heilge künigin.	als auch die heilige Königin.

der keiser hiez in füeren hin,	Der Kaiser ließ ihn wegführen,
daz man im slüeg daz houbet abe.	um ihm den Kopf abschlagen zu lassen.
6090 ‚aller tugent orthabe,'	„Ursprung aller Tugend",
mit reinem herzen sô sprach er,	sagte Georg da mit reinem Herzen,
‚gewer mich, herre, des ich ger.	„gewähre mir, Herr, worum ich dich bitte.
vater, sun, heilger geist,	Vater, Sohn, Heiliger Geist,
bis mîner bete volleist:	unterstütze mich in meinem Wunsch:
6095 der mich in nœten ruofe an	Wer mich in großer Not anruft
und mich dirre marter man,	und mich an diese Marter erinnert,
daz im dîn helfe werde bekant.'	dem soll deine Hilfe zuteil werden."
diu gotes stimme sprach zehant	Gottes Stimme erwiderte sogleich:
‚Geori, friunt, bis gewert	„Georg, Freund, alles, was dein Herz begehrt,
6100 alles, des dîn herze gert.'	soll dir gewährt werden."
Dô sprach der von Palastîn	Da sagte der aus Palästina:
‚sô lâ dir, herre, bevolhen sîn	„So nehme dich, Herr, desjenigen an,
der mich enthoupten welle	der mich enthaupten wird,
und scherm in vor der helle;	und beschütze ihn vor der Hölle.
6105 und riht mir über Dâciân	Und richte für mich über Dacian
unde die im bî gestân,	und über die, die ihn unterstützen,
und lâ dir bevolhen sîn	und nehme dich auch
die vil lieben bruoder mîn.'	meiner vielgeliebten Brüder an."
hie mit enthoupte man in dâ.	Hierauf enthauptete man ihn dort.
6110 dô kom ein starkez fiuwer sâ	Da kam sogleich ein mächtiges Feuer
und verbrant den künic Dâciân	und verbrannte König Dacian
und die im wâren undertân,	und seine Untertanen,
alle gelîche,	alle gleichermaßen,
arm unde rîche;	Arme und Reiche.
6115 der liez ez einen niht genesen:	Keinen von ihnen verschonte es.
die suln ze helle hân daz wesen.	In der Hölle sollen sie ihr Dasein fristen!
Der engel fürste Michaêl	Der Engelsfürst Michael
enpfienc des margrâven sêl,	und viele strahlende Engel
und manic engel liehtgevar:	nahmen die Seele des Markgrafen in Empfang.
6120 die kômen mit sange dar	Sie kamen mit Gesang dorthin
und fuorten in frôlîche	und führten ihn freudig
in daz himelrîche.	in das Himmelreich.
dâ wart fröude sunder zal,	Die Freude war dort unermesslich,
dô er kom in des himels sal.	als er den Himmelssaal betrat.
6125 **Hie** sol daz buoch ein ende hân.	Hier soll das Buch ein Ende finden.
er ist sælic, der ez kan verstân.	Derjenige ist selig, der es verstehen kann.
swer ez minnet, wizzet daz,	Wer es liebt, das sollt Ihr wissen,
im ergât sîn dinc deste baz.	um dessen Sache wird es umso besser bestellt sein.
des herzogn und der herzogin,	Des Herzogs und der Herzogin –

6130 der beider tihter ich hie bin,	der Dichter dieser beiden bin ich hier,
ich von Durne Reinbot:	ich, Reinbot von Durne.
von himel rîcher herre got,	Mächtiger Herr und Gott im Himmel,
du solt ir beider sampt pflegen,	trage für sie beide Sorge
und gip in Âbrahâmes segen.	und schenke ihnen Abrahams Segen!

2 Eingriffe und Korrekturen

Eingriffe und Korrekturen gegenüber der Ausgabe von Carl von Kraus (Reinbot von Durne 1907)

67	ez] es (normalisiert).
71	du edeler] der edel (nach B in Angleichung an die personale Anrede im nachfolgenden Dichtergebet).
112	ân] an (der adverbiale Gebrauch von mhd. *ân(e)* anstelle von *wan* zur Einschränkung einer Aussage ist bei Reinbot häufiger anzutreffen, vgl. V. 254, 2380, 3591 und 6024).
175	ez] es (normalisiert).
364	ez] es (normalisiert).
1082	Doppeltes Anführungszeichen unten eingefügt.
1085	Doppeltes Anführungszeichen oben eingefügt.
1128	Doppeltes Anführungszeichen oben entfernt.
1129	Doppeltes Anführungszeichen unten entfernt.
1397	Crux aufgelöst.
1925	blâmenschier] blamenschier (wir halten uns an die übliche Form des Wortes).
1998	sælic] sælc (Konjektur aufgelöst entsprechend allen Handschriften).
2266	Schließendes Anführungszeichen eingefügt.
2456	gar verliesen] verliesen (nach Handschrift W).
2467	Schließendes Anführungszeichen eingefügt.
3175	bî] bi.
3354	dâ zuns] dâz uns.
3702	iu] in (Angleichung des Pronomens an die direkte personale Anrede, vgl. Reinbot von Durne 1896, S. 270).
3756	liebe] lieber (nach BwZ).
3783	Einfaches Anführungszeichen unten entfernt.
3784	Einfaches Anführungszeichen oben entfernt.
3950	die andern] dandern (Konjektur aufgelöst entsprechend allen Handschriften).
3953	Punkt durch Doppelpunkt ersetzt.
4080	Komma eingefügt.
4085	daz] der (Korrektur des Artikels in Angleichung an das grammatische Geschlecht und an alle Handschriften).
4090	Ezechiêlis] Ezechjêls (Konjektur aufgelöst).
4259	Komma eingefügt.
4260	die dîne grôzen wunder sehent] und ouch die reinen mägde sehent (Konjektur aufgelöst, Text nach W und normalisiert, vgl. Kommentar).
4461	zehant] ze hant (üblich, auch im HG, ist *zehant*).
4753	Komma eingefügt.

5248   Schließendes Anführungszeichen eingefügt.
5513   ez] es (normalisiert).
5797   Crux aufgelöst.

3 Stellenkommentar

Der ‚Heilige Georg' (HG)[1] Reinbots von Durne wurde bereits in den Ausgaben von Ferdinand Vetter[2] und Carl von Kraus[3] von den Herausgebern kommentiert.[4] Auf beide Kommentare greifen wir in unserem Kommentar wiederholt zurück, übernehmen jedoch nicht jeden Verweis und nicht jede Überlegung, so dass unser Kommentar nicht die Konsultation der beiden früheren Kommentare ersetzt. Außerdem haben wir – weil sich Reinbot häufig auf Wolfram von Eschenbach bezieht – auch Kommentare zum Pz. und Wh. ausführlich konsultiert, insbesondere die Kommentare der Ausgaben im Klassikerverlag von Joachim Heinzle und Eberhard Nellmann.[5] Bei Zitaten aus der Bibel greifen wir zurück auf den lateinischen Text der ‚Vulgata'[6] und auf die Übersetzung Martin Luthers in der aktuellen Redaktion.[7]

1–16 *Ein lîp ... zwêne fürsten namen ... pfalzgrâf von Rîne ... herzog ûz Beierlant ... er und sîn reinez wîp, diu hôch edel fürstin ... daz die hœhsten ûf der erde ... ir kint ir kinden gebent*
Die Rede von einer Person, die zwei Namen trägt, verweist auf die Doppelnatur Christi, der Mensch und Gott zugleich ist.[8] Adressiert ist Herzog Otto II. (1206–1253) aus dem Haus Wittelsbach. Otto II. war seit 1214/28 Pfalzgraf bei Rhein und vom Jahr 1231 an Herzog von Bayern. Mit der Verbindung von Pfalzgrafschaft und bayerischem Herzogtum ging, so Gisela Vollmann-Profe, eine „Machtkonzentration" einher, „die vielen Kräften im Reich, aber auch in Bayern selbst suspekt war".[9] Mit seiner Frau, Agnes, hatte Otto mehrere Kinder. Seine Tochter Elisabeth wurde mit Konrad (IV.) verheiratet, einem Sohn Kaiser Friedrichs II. Auf diese Heirat wird an dieser Textstelle wohl angespielt, wenn davon die Rede ist, dass die Höchsten auf Erden ihre Kinder mit den Kindern der beiden verheiraten.

Ottos II. Lebens- und Regierungszeit fällt zusammen mit den Auseinandersetzungen zwischen Staufern, Welfen und kirchlichen Akteuren – sowie mit der Herrschaft Kaiser Friedrichs II. und den Ungewissheiten nach dessen Absetzung (1245) und Tod (1250). Otto war auf vielfache Weise in die Aushandlungsprozesse, Parteibildungen und Macht-

---

[1] Zu den Abkürzungen vgl. das Abkürzungsverzeichnis S. 281.
[2] Reinbot von Durne 1896.
[3] Reinbot von Durne 1907.
[4] Die älteren Hinweise in der Ausgabe von Friedrich Heinrich von der Hagen und Johann Gustav Büsching haben vor allem forschungsgeschichtlichen Wert (Hagen und Büsching 1808).
[5] Heinzle 2009; Nellmann 2006.
[6] Weber 2007.
[7] Evangelische Kirche in Deutschland 2016.
[8] Vgl. etwa (mit weiteren Erläuterungen) Kraß 2008, S. 145 f.
[9] Vollmann-Profe 1979, S. 336.

kämpfe der Zeit involviert.[10] Dementsprechend bietet die Regierungszeit Ottos II. „ein verwirrendes, von Kämpfen geprägtes Bild. Sie ist durch das teils taktische, teils vom Druck der politischen Lage diktierte Schwanken des Herzogs zwischen der Partei des Kaisers und der des Papstes charakterisiert [...]."[11]

Im Zusammenhang mit der Abfassung des HG sind vor allem Ottos Konflikte mit der Kirche bemerkenswert, die bis zu Kirchenbann und Interdikt führten. Die von Otto beauftragte Verherrlichung des Ritterheiligen in deutscher Sprache lässt sich als Positionierung des Herzogs innerhalb dieser Auseinandersetzungen mit Kirche und Papst verstehen, auch wenn der Prolog keinen konkreten Zweck nennt, den der Roman erfüllen sollte.

Otto hatte (vermutlich in den Jahren um 1220) Agnes, die Tochter des Pfalzgrafen Heinrichs d. Ä. von Braunschweig, geheiratet – also eine Angehörige des Geschlechts der Welfen. Das Paar hatte mehrere Kinder: Ludwig (II.), Ottos Nachfolger, heiratete im Jahr 1254 Maria von Brabant. Elisabeth wurde im Jahr 1246 mit dem Staufer Konrad (IV.) verheiratet, dem Sohn Kaiser Friedrichs II. Außerdem heiratete Heinrich (XIII.) 1250/53 Elisabeth von Ungarn.[12] Zu beachten ist, dass Heiratsvereinbarungen und Verlobungen den eigentlichen Heiraten mitunter um viele Jahre vorangingen, sodass die Jahreszahlen der Heiraten zur Datierung der hier kommentierten Prologaussage nur bedingt aussagekräftig sind. Die Jahreszahl 1235, die in der germanistischen Forschung oft als Zeitpunkt der Verlobung von Elisabeth und Konrad angegeben wird, ist nicht gesichert.[13]

Die eheliche Verbindung mit der Stauferdynastie ist auch vor dem Hintergrund der sowieso schon gegebenen Machtkonzentration Ottos II. zu sehen – und war keineswegs ohne Hindernisse, zumal ursprünglich ein anderer Gatte für Elisabeth vorgesehen war: Otto II. verlobte „Elisabeth 1243 mit Herzog Friedrich II. von Österreich, der dringend einen legitimen Erben benötigte. Etwa gleichzeitig warb der Staufer für Konrad IV. um die Hand Isabellas, der Schwester des Königs von Frankreich. Nachdem sich der Bayernherzog aber mit seinem künftigen Schwiegersohn überworfen und Elisabeths Verlöbnis überraschend aufgelöst hatte, nutzte Friedrich II. die Gunst der Stunde und bot ein Ehebündnis zwischen Elisabeth und Konrad IV. an."[14]

11 f. *nâch dem êwigen lône der himelischen krône*
Die Formulierung ist nicht ganz klar. Unklar ist schon, ob mit der Himmelskrone konkret Gott gemeint ist. Unklar ist aber auch, ob der Satz als Genitivkonstruktion zu verstehen ist („sie sind imstande, nach dem ewigen Lohn der himmlischen Krone zu streben") oder ob hier das Objekt explizierend variiert wird („sie sind imstande, nach

---

10 Spindler und A. Kraus 1988.
11 Feistner 2007, S. 321.
12 Man vgl. die genealogische Tafel bei Peltzer u. a. 2013.
13 Vgl. Goez 2006, S. 151.
14 Goez 2006, S. 151.

dem ewigen Lohn zu streben, nämlich nach der himmlischen Krone"). Carl von Kraus setzt kein Komma und scheint somit die Stelle als Genitivkonstruktion zu verstehen. Wir schließen uns ihm an.

17 *seht hie ir tugent bildær an*
Das mhd. Substantiv *bildære* kann (nebst weiterer Bedeutungen) laut MWB sowohl ‚Vorbild/Beispiel' als auch ‚Bild/Bildwerk' meinen. Wie genau man sich den deiktischen Gestus der Textstelle vorzustellen hat, bleibt allerdings unklar. Geht man davon aus, dass die Geste nicht etwa auf das Buch, sondern auf Herzog und Herzogin gerichtet ist, dann setzt, wie Wyss schreibt, diese „Formulierung des Unsagbarkeitstopos [...] die Gegenwart des Herzogpaares voraus; ihre Formulierung hat nur innerhalb des einen Hofes Ottos II. einen Sinn".[15]

20 *... Reinbot*
Der Verfasser nennt sich erneut in den Versen 699, 2858, 2873, 4782 und 6131. Zu Reinbots Herkunft vgl. auch den Kommentar zu V. 1558.

25 *sant Georjen ...*
Das Leben des (heiligen) Georg ist ausschließlich in legendarischen Erzählungen überliefert. Diese schildern „in ihrem Kern einen im Kriegsdienst stehenden Kappadokier, der wegen seines Bekenntnisses zum Christentum im Jahr 303 in Lydda (Diospolis) vom heidnischen Herrscher (Kaiser Diokletian) gemartert und enthauptet wird".[16]

27 *Herre ...*
Wir bilden die Initialen der Ausgabe von Carl von Kraus graphisch ab, indem wir schmückende Nebeninitialen mit Kapitälchen und inhaltlich begründete Hauptinitialen mit fettgedruckten Kapitälchen darstellen. In der Einleitung zu seiner Ausgabe hat Carl von Kraus auf die besondere Relevanz der Initialen hingewiesen, die einige Handschriften des Georgsromans in bemerkenswerter Zahl aufweisen. Diese dienten nach Ansicht des Herausgebers nicht als beiläufiges Schmuckwerk, sondern träten erstaunlich regelmäßig in einem Abstand von rund 100 Versen auf, wobei gelegentlich nach circa 25 Versen eine zweite Initiale folge. Da die Hauptinitialen vielfach mit dem Inhalt korrespondieren, müsse in diesem Zusammenhang von einer planmäßigen Anlage gesprochen werden, die Rückschlüsse auf die Beschaffenheit des ursprünglichen Dedikationsexemplars erlaube.

---

15 Wyss 1973, S. 133.
16 Restle 1989, Sp. 1273 [Abkürzungen aufgelöst, die Kommentator*innen].

34–43 *von Dürngen lantgrâf Herman … Wilhalm von Naribôn … hern Wolfram von Eschenbach … Wilhalme …*
Mit der Nennung des Landgrafen Hermann wird Herzog Ottos Rolle als Mäzen profiliert. Mit ihm werden auch die Autoren Neidhart, Friedrich von Sonnenburg und der Tannhäuser in Verbindung gebracht. Gleichzeitig wertet Reinbot seine Legende als gleichwertig mit Wolframs von Eschenbach Wh. auf.

Landgraf Hermann I. von Thüringen (ca. 1155–1217) gehörte zu den wichtigsten Reichsfürsten und förderte die Abfassung des Pz. und des Wh. – sowie weitere volkssprachige Literatur.[17] „Die Frau Hermanns von Thüringen", darauf weist Gisela Vollmann-Profe hin, „war eine Vaterschwester Ottos" II.[18]

55 *von Beiern diu herzogin*
Gemeint ist Agnes, die Ehefrau Herzogs Otto II. Man vgl. den Kommentar zu V. 1–16.

59 *daz ez in werde werde bekant*
Wir übersetzen *werde* mit dem nhd. Äquivalent ‚Wert'. Den Vorschlag, *werde* als Ortsname („Wörth") zu lesen, hat – mit Fragezeichen versehen – Carl von Kraus in seinen Anmerkungen gemacht.[19] „Seither", so Gisela Vollmann-Profe, „verfestigte sich mehr und mehr die Meinung, man habe hierin einen konkreten Hinweis auf die Stadt Wörth zu erblicken". Vollmann-Profe hält diese Auffassung jedoch für „textkritisch bedenklich und inhaltlich wenig befriedigend".[20] Man vgl. auch den Kommentar zu V. 1558.

60–63 *… übr alliu tiutsche lant von Tyrol … unz an Bremen … von Bresburc unz an Metze*
Das Heilige Römische Reich umfasste mehr als nur die Gebiete, in denen (zumindest auch) deutsche Dialekte gesprochen wurden. Das hier bezeichnete Gebiet reicht von Tirol im Süden bis Bremen im Norden, von Pressburg (dem heutigen Bratislava) im Osten bis nach Metz im Westen. Reinbot von Durne folgt hier laut Gustav Adolf Beckmann einem auch sonst verbreiteten Typ der Charakterisierung eines Territoriums, bei dem „durch die vier Punkte […] die beiden Diagonalen eines Vierecks festgelegt" werden, „die das Land überstreichen".[21]

Noch die erste Strophe des ‚Liedes der Deutschen' kennt diese rhetorische Figur der Raumumgrenzung mittels vier topographischer Entitäten – wobei man Reinbot im Gegensatz zu Hoffmann von Fallersleben keine politische Forderung unterstellen kann: Mit den Bezeichnungen von Regionen und Orten werden im HG topographische Marker

---

[17] Näheres bei Bumke 1979.
[18] Vollmann-Profe 1979, S. 325, mit Verweis auf Huesmann 1940, Tafel 1.
[19] Reinbot von Durne 1907, S. 236.
[20] Vollmann-Profe 1979, S. 328, mit Verweis auf Wh. 5,10 f.
[21] Beckmann 2017, S. 653 f.

gesetzt, die in sprachlicher Hinsicht die potentielle Reichweite des Legendenromans bezeichnen. Weiter als bis nach Bremen, Bratislava, Metz und Tirol kann ein deutscher Dichter ohne Übersetzung ins Lateinische kaum wirken.

64 *sîn beginnen, sîn letze*
Die Worte für Anfang und Ende, *beginnen* und *letze*, sind ein Wolframzitat (Wh. 5,3); aufgegriffen wird auf diese Weise eine Stelle, an der die Erzählinstanz in der Autorrolle „den singulären Gültigkeitsanspruch" der Erzählung „begründet".[22] Bei Wolfram heißt es: *unsanfte mac genôzen diutscher rede deheine dirre, die ich nû meine, ir letze und ir beginnen.* (Wh. 4,30–5,3)

71–104 *Geori du edeler herre ... hie hebt sich dîn buoch an*
„Der zweite Teil des Prologs", darauf weist Ulrich Wyss hin, „ist dem Gebetsanruf an den Heiligen, analog zu Wh. 4,3–18, gewidmet. Hier wird die Bitte um Inspiration, die zum Inventar des geistlichen Dichtungseingangs gehört, nachgeholt".[23]

81 *... helm ... îsenhuot*
Der Begriff ‚Eisenhut' kommt auch in Hartmanns von Aue Er. vor und bezeichnet, wie Lambertus Okken kommentiert, „einen Helm nichtritterlichen Typs, der folgerichtig den Eisenhut-Träger als einen Nichtritter kenntlich macht".[24] Im Er. heißt es: *iegelîches harnasch was guot, ein panzier und ein îsenhuot* (2348–2350).

91 *... der stark Altissimus*
Die Gottesbezeichnung *Altissimus* (,der Höchste') erscheint auch im Wh. des Öfteren (z. B. 100,28; 216,5).[25]

108–114 *Geori der Mezzære ... kein tugent er ungemezzen liez: dâ von man in den Mezzær hiez*
Georgs gleichnamiger Vater wird als ein Richtmaß aller Tugendhaftigkeit vorgestellt. Der aus dem lat. *mensor* bzw. *mensurator* abgeleitete Beiname *der Mezzære* speist sich wohl primär aus dem Gebiet obrigkeitlicher Ämter wie Kornmesser, Feldmesser oder auch Handelsrichter. Im Gebrauch als Agnomen für Georgs Vater erfährt die praktische Tätigkeit des Messers eine moralische und religiöse Überhöhung, die Georg den Älteren in zweiter Position nach Gott, dem „mensurator primus",[26] erscheinen lässt. Denken lässt sich bei diesem Begriff auch an eine Bibelpassage aus dem Buch Hiob, wo es

---

22 Wyss 1973, S. 137.
23 Wyss 1973, S. 138.
24 Okken 1993, S. 88.
25 Vgl. Heinzle 2009, S. 911 f.
26 Grosseteste 1963, S. 93.

heißt, dass Gott dem Wind sein Gewicht gegeben und dem Wasser sein Maß gesetzt habe (Vul. Iob 28, 25–28).

116 ... jâherren ...
Das in dieser Form bis in die Goethezeit als Bezeichnung für einen Schmeichler oder Jasager gebräuchliche mhd. Wort *jâherre* speist sich etymologisch aus den Beipflichtungen einer Person, die zu allem ‚jâ, herre!' sagt. Im 13. Jahrhundert findet dieser Begriff ebenso wie das dazu gehörige Verb *jâherren* vor allem in moraldidaktischen und religiösen Texten Gebrauch. ‚Jasagen' impliziert dabei gerade im lehnsrechtlich geprägten Hochmittelalter über Charakter- und Gesinnungslosigkeit hinaus vor allem Aspekte von Treulosigkeit, Falschheit und Beliebigkeit – negative Attribute also, die den Tugenden des Vaters gegenübergestellt werden.

119 f. ... Theodôrus ... Demetrius
Die Namen Theodor und Demetrius tragen auch zwei Heilige, „deren Schicksal dem des heiligen Georg durchaus ähnelt: Wie er gelten der heilige Theodor und der heilige Demetrius beispielsweise in der nicht lange nach Reinbot entstandenen ‚Legenda Aurea' als Soldatenheilige; wie er sterben auch sie den Märtyrertod."[27] Bemerkenswert ist, darauf weist Markus Schmitz hin, „dass der heilige Georg der jüngste der Brüder ist und dennoch den Namen des Vaters erbt. Bereits vor seiner Geburt stand seine Vorrangstellung vor den beiden Geschwistern fest."[28]

135 ... heiden ...
Mhd. *heide* bezeichnet Nichtchristen. Der Begriff wird oft im Rahmen der Trias von Christen, Juden und Heiden verwendet (vgl. V. 2060, 2531 u. ö.), so dass Juden mitunter eine eigene Gruppe darstellen. Zuweilen werden in der mhd. Literatur über die Einzelperson oder Teilgruppen hinaus auch Sammelbegriffe gebildet, wie *heidentuom* und *heidenschaft*, die den Andersgläubigen ein gewisses Maß an Organisiertheit unterstellen, was analog zur christlichen Glaubensgemeinschaft gedacht ist (z. B. V. 433: *iu hât diu heidenschaft enboten*). Wir haben uns entschieden, in der Übersetzung das Wort beizubehalten, obwohl sich seine Bedeutung stark gewandelt hat.

138 ... süezen ...
Das mhd. Adjektiv *süeze* hat ein breites Bedeutungsspektrum und wird in unterschiedlichen Zusammenhängen verwendet. Dementsprechend übersetzen wir je nach Kontext nicht nur „süß", sondern etwa auch „anmutig" (V. 160), „angenehm" (V. 390/391), „herrlich" (V. 913), „lieblich" (V. 1026).

---

27 Lembke 2008, S. 106. Man vgl. Myslivec 1974 sowie Weigert 1976.
28 Schmitz 2013, S. 272.

143–145 *si begundenz rehte walken als drî wilde valken under kleinen vogelînen*
Vergleiche und Metaphern aus der Falknerei und Vogelwelt sind in der mhd. Literatur häufig. Man vgl. auch V. 426 ff. und zum Bildbereich der Falkenjagd vgl. auch den Kommentar zu V. 4927.

146 ... *Sarrazînen*
Der Begriff bezeichnet Menschen, die nicht zum Christentum gehören, insbesondere Muslime. Das Wort stammt möglicherweise aus dem Arabischen und gelangte durch das Altfranzösische und Mittellateinische in das Mittelhochdeutsche.[29]

150 f. *als ûf dem bret dem roche ander gestein ist undertân*
Der Vergleich der christlichen Gotteskrieger mit einer Figur des ursprünglich indischen und im Zuge der islamischen Expansion bis nach Europa verbreiteten Schachspiels lädt zu postkolonialen Lektüren ein, auch wenn sich die Menschen des 13. Jahrhunderts die Herkunft des Schachspiels mitunter anders erklärten. Wie sein literarisches Vorbild Wolfram dürfte auch Reinbot schachspezifische Termini wie *roch* „zwar als Fremdwörter, aber doch kaum bewußt als Orientalia empfunden haben".[30]

Aus dem mhd. *roch*, das ursprünglich aus dem Persischen stammt, (vgl. Lexer s. v.) ist durch etymologische Verwechslung (mhd. *rosche* = steiler Bergabhang, Fels) und/oder eine oftmals gedrängte Darstellung im Laufe der Jahrhunderte ein Turm geworden. Die hohe Relevanz, die Reinbot der ursprünglich den Streitwagen eines Heerführers darstellenden Figur beimisst, steht im Einklang mit mittelalterlichen Schachtraktaten wie dem ‚Libro de los juegos' Alfons des Weisen (1283) und dem ‚Liber de ludo scaccorum' des Jacobus de Cessolis (14. Jahrhundert).[31] Im ‚Schachzabelbuch' Konrads von Ammenhausen aus den 1330er Jahren übernimmt der *roch* Aufgaben des Königs, des Ritters und des Richters und sollte deshalb auch deren Tugenden besitzen: *Von dem roche niht mêre seit dis buoch. eins sag ich dâbî: swas dâ vor gezellt sî tugende, die ein küng sol hân, die selben tugende stüenden wol an einem lantvogt sicherlich, sô verre als ich versinne mich. sîd er sol sîn an sîner stat, sô zimt im wol, ob er hat die tugende, die ein küng sol hân.*[32] Zudem erläutert Konrad, dass zwei *roch* den König matt setzen können, indem sie ihn in die Spange nehmen.

Wenn der Erzähler Georg und seine Brüder mit dem *roch* vergleicht, symbolisiert das nicht nur eine hohe ritterliche Qualität, sondern auch eine herausragende Rolle als Stellvertreter des Königs. Solche Stellvertretermodelle sind in Reinbots Text vielfach präsent: Georg und seine Brüder sind Stellvertreter Christi auf Erden, während König Dacian in V. 497 ff. als Stellvertreter der beiden römischen Kaiser eingesetzt wird.

---

[29] Vgl. Lexer s. v. Ein Bericht über Forschungspositionen zur Etymologie des Wortes bei Dörper 1993.
[30] Kunitzsch 1975, S. 268.
[31] Zu Jacobus de Cessolis und allgemein zu Schachbüchern und Schachallegorien vgl. Petschar 1995.
[32] Konrad von Ammenhausen 1892, V. 9560–9569.

175 ... âventiure ...
âventiure ist eines der aus dem Französischen übernommenen Schlüsselwörter der höfischen Romane der Zeit um 1200.[33] Im Wh. beispielsweise kommt der Begriff 25 Mal vor; es gibt dort „15 Belege für die Verwendung als ‚Geschichte, Erzählung, Vorlage [...]', 2 Belege für ‚Glück, Zufall' [...] und 8 für ‚ritterliches Wagnis' in weiterem Sinne".[34] Zwar existiert das Wort im heutigen ‚Abenteuer' weiter, doch hat sich der Begriff sowohl in seiner romantischen Ausprägung als auch in seiner Verwendung als Inbegriff gegenwärtiger Eventkultur zu weit von seiner ursprünglichen Bedeutung entfernt, als dass eine entsprechende Übersetzung angebracht wäre.

182 *und was ir ellend worden schîn*
An dieser Textstelle ist wohl nicht *ellend* gemeint („Fremde, Unglück, Not", vgl. MWB s. v. *ellende*), sondern *ellen*, wie es auch in Handschrift B steht, also „Mut, Kühnheit" (vgl. MWB s. v.).

185–214 *Eins tages sprach Theodôrus ... wir suln im lâzen unser lant*
Mit diesem Gespräch zwischen den Brüdern Theodorus und Demetrius beginnt der erste größere Redeabschnitt des Werks. Am Umfang dieser Äußerung wird absehbar, was die Leserinnen und Leser erwartet: „Reinbots Menschen sprechen sehr gerne und sehr lange";[35] Passagen direkter Rede machen ca. 45 % der insgesamt rund 6000 Verse der Erzählung aus.

Der initiale Gedanke des Theodorus, des Erstgeborenen, lässt für Georg ein glücklicheres Schicksal erwarten als dies Protagonisten wie Gahmuret oder Willehalm beschieden ist, die ohne Erbe dastehen und in der Folge ausziehen müssen, um Land, Ruhm und Ehefrauen zu erwerben. Reinbots Legendenroman vermeidet den möglichen Streit um das väterliche Erbe „ganz einfach und konfliktfrei, indem die Brüder Theodorus und Demetrius von sich aus beschließen, Georg zuliebe auf den gesamten Besitz zu verzichten".[36]

Für den heiligen Märtyrer gelten offenbar andere Konfliktstrukturen als für die höfisch-epischen Helden der Zeit um 1200. Unter Berücksichtigung späterer Andeutungen, wonach Georg von den griechischen Fürsten aufgrund seiner Herrscherqualitäten zum *houbetkünic* (V. 5744) bestimmt worden sei, lässt sich in diesem Vorgang ferner „eine Überwindung des Primogeniturmodells zugunsten einer Wahlmonarchie erkennen".[37]

---

[33] Man vgl. etwa die Ausführungen bei Ehrismann 1995, S. 22–27.
[34] Vorderstemann 1974, S. 42.
[35] R. Friedrich 1951, S. 21.
[36] Feistner 2007, S. 315.
[37] Buhr 2021.

194 f. *er ist komen ûf gelückes rat, daz muoz im immer stille stên*
Das Rad ist das zentrale Dingattribut Fortunas, der antikrömischen Göttin des Glücks und des Schicksals. Die Position oben auf dem Rad bedeutet Erfolg, Ansehen, Herrschaft. Da sich Georg oben auf dem Rad befindet und da sich für ihn das Glücksrad nicht mehr dreht, ist seine Position auf Dauer gestellt.[38]

204–208 *... rœmisch rîche ... Cunstenopl in Grêciâ ... künic von Marroch*
Die drei Bezugspunkte decken einen weiten, mittelmeerkonzentrierten Raum ab. Zur Zeit der Abfassung des HG firmierte das Byzantinische Reiche im Mhd. als ‚Griechenland', so dass die Lokalisierung *in Grêciâ* nicht verwundert. Hinsichtlich der realgeschichtlichen Verortung ergeben sich freilich Anachronismen: Byzanz hieß erst seit dem Tod Kaiser Konstantins im Jahr 337 Konstantinopel; und ein Oströmisches Reich gab es erst seit der Reichsteilung von 395. Für Reinbot und seine Zeitgenossen war Konstantinopel freilich auch diejenige Stadt, die 1204 von einem Kreuzfahrerheer erobert worden war. Zum König von Marokko vgl. auch den Kommentar zu V. 224 f.

206 *... her und dâ*
Die Doppelformel dient „zum Ausdruck eines Zustandes oder einer Bewegung über eine Fläche oder einen Raum hin".[39]

212 *er treit iezuo die schellen*
Schellen, also kleine Glöckchen an der Rüstung und am Zaumzeug von Pferden, kommen in der mittelalterlichen Literatur häufig vor (man vgl. den Kommentar zu V. 1415–1417). Hier ist wohl nicht an konkrete Schellen gedacht, sondern im übertragenen Sinne daran, dass Georg ‚den Ton angibt'.

217–221 *und var wir ze dem Spaniol ... wan er ist in kurzer zît zeinem kristen worden*
Der spanische Herrscher bleibt im Text ohne Namen. Wenn es heißt, dass er erst kürzlich zum Christentum übergetreten sei, könnte damit eine ursprüngliche Christianisierung gemeint sein. Möglicherweise sind aber auch die für das 13. Jahrhundert zeitlich naheliegenden Auseinandersetzungen zwischen Christen und Muslimen auf der Iberischen Halbinsel (‚Reconquista') mitzudenken.

224 f. *... Munilet ... stat ze Gruns*
Der Ortsname *Munilet* erscheint vier Mal im HG (V. 224, 738, 2816, 5033). Gemäß der an diesen Stellen gebotenen Informationen ist *Munilet* eine Stadt des Königs von *Maroch* (V. 2814), des Königs von Marokko also. Dieser König hielt den gerade zum Christentum übergetretenen spanischen König in der Stadt *ze Gruns* – vielleicht ‚Granada'? –

---

[38] Abbildungen beispielsweise bei Meyer-Landrut 1997.
[39] Decke-Cornill 1985, S. 103.

belagert. Im Pz. (561,23–27) erscheint der König von Marokko „sprichwörtlich wegen seines Reichtums".[40]

248–250 *er hâtz mit swerten und mit spern doch alsô sêre gurbort daz er billîch hât daz wort*
Schmiedel weist auf die rechtliche Dimension dieser Aussage hin: „Georg hat den *urbor* d. h. den Zins für die *wirde* und die *êren*, die ihm zu teil geworden sind, so ausgiebig *mit swerten und mit spern* gezahlt, daß er von Rechts wegen darum gerühmt wird."[41]

253–294 *ich hânz dâ für, sunder spot, ... des fürsten klâr ûz Palastîn*
Die ausführliche Laudatio hat Folgen, was die Entwicklungsmöglichkeiten des Protagonisten anbelangt. Georg muss den Status der Heiligkeit nicht erst erlangen, sondern besitzt ihn vom Moment seiner Zeugung an.[42]

260 *... mit voller âme*
Mit *âme* wird im Mhd. ein Hohlmaß bezeichnet (vgl. MWB). Die Formulierung *mit voller âme* meint also ‚in ganzer Fülle'.

266 *... wette*
Das heute fast ausschließlich auf den Bereich des Glücksspiels reduzierte Substantiv *wette* geht auf einen alten indoeuropäischen Rechtsbegriff zurück und meint ursprünglich ein einzulösendes Strafgeld beziehungsweise eine Art Pfand, Gebühr oder Bürgschaft (vgl. DWB s. v.). Die hier sowie in V. 4148 vorliegende adjektivische Verwendung im Sinne der auch im Nhd. noch gebräuchlichen Phrase ‚etwas wett machen' zielt allgemein auf die Beendigung eines Zustandes oder einer Handlung.

279 f. *Zîtic was der zuckerrôr. von dem himel viel der trôr*
Das Wort *trôr* bezeichnet tropfende Flüssigkeit, Regen, Tau u. ä. (vgl. Lexer s. v.). Möglicherweise ist hier konkret ‚Manna' – also ‚Himmelsbrot' – gemeint. Auffällig ist die Erwähnung des in Europa kaum verbreiteten Zuckerrohrs und es bleibt unklar, inwiefern die beiden Bilder hier so sehr einander angenähert werden, dass *trôr* als ‚zuckersüßer Saft' zu verstehen ist.[43] Reinbots Georgslegende nimmt auch an anderer Stelle direkten Bezug auf biblische Speisewunder, darunter auch auf die im 2. Buch Mose berichtete Speisung der Israeliten durch das göttliche Manna (V. 2010, 2073, 3220 f.). Man vgl. auch die Kommentare zum Speisewunder bei der armen Witwe, V. 1893 ff., insbesondere den Kommentar zu V. 1904.

---

[40] Reinbot von Durne 1896, S. 217.
[41] Schmiedel 1908, S. 73.
[42] Lembke 2008, S. 24.
[43] Man vgl. zur Verbreitung des Zuckerrohrs Lippmann 1929, insbesondere das Kapitel zum „Zucker zur Zeit der Kreuzzüge".

293 *sich fröut got und diu muoter sîn*
Bei *fröut* dürfte es sich um eine apokopierte Vergangenheitsform handeln, wofür auch der Kontext spricht, denn der gesamte vorherige Abschnitt ist im Präteritum gehalten. Grundsätzlich ist allerdings denkbar, dass der Abschluss der Rede im Präsens steht. Klaus Brinker geht davon aus, dass in „der Verwendung des Präsens" anklinge, dass sich „die Freude Gottes auch auf die der Erwählung nachfolgende Bewährung Georgs als eines Heiligen in der Welt" beziehe.[44] Möglicherweise ist aber auch einfach gemeint, dass Gott und seine Mutter sich auf Georg freuen.

310 f. *wir welln uns ûf der heide mit sper mit schilde bejagen*
Asyndeta, also Aufzählungen ohne Konjunktionen, sind in Reinbots Text häufig, wie schon Carl von Kraus festgestellt hat: „Auch Wörter ohne nähere Bestimmung liebt R. asyndetisch neben einander zu stellen [...]. Die Schreiber haben *und* wiederholt eingefügt. – Das Asyndeton kann, wie überhaupt im Mhd., überall dort statthaben, wo die aufgezählten Begriffe zu einem höheren Gesamtbegriff zusammentreten (*schære, nâdel* 3154 ist = ,irdisches Schneiderwerkzeug'; *ezzen, trinken* 1595 = ,Nahrung'; *heiden, juden* 2687 = ,Unchristen' usw.) oder Teilträger einer Gesamthandlung sind (*schilde, helme klungen* 5046; *ietwederz, blicke, schilde erlûhte daz gevilde* 5369). Da somit immer ein einheitlicher Begriff gedacht wird, kann das Prädikatsverbum auch im Sing. stehen."[45]

328 *... Capadôciâ*
Kappadokien ist, so erläutert Rainer Warland, seit „der Frühgeschichte [...] ein Sammelbegriff für das Innere Anatolien, das eine Landbrücke bildete zum Vorderen Orient wie auch in den Kaukasus und bis nach Persien. In der römischen Antike wird Kappadokien durch die Nachbarschaften mit Armenien im Osten, Pontus im Norden, Kilikien im Süden und im Westen Galatien bestimmt. [...] Mit dem Vordringen der Araber wurde Kappadokien Grenzland. Erst die byzantinische Rückeroberung von Sebaste/Sivas im 10. Jahrhundert stellte jenes mittelbyzantinische Kappadokien wieder her, das vom großen Salzsee (Tuz Gölü) bis an den Euphrat reichte."[46] Diese Phase wiederum endet mit der „Niederlage der byzantinischen Truppen des Kaisers Romanos IV. in der Schlacht von Mantzikert 1071", eine Niederlage, die sich „als schicksalhaft für ganz Kleinasien" erwies.[47]

Ähnlich wie im ‚Vorauer Alexander' scheint allerdings mit Kappadokien an dieser Textstelle nicht der Name einer Region gemeint zu sein, sondern einer befestigten Stadt vom Range Alexandrias.[48] Kappadokien ist nicht nur das Ziel, das sich Georg wählt, um es zu unterwerfen und zu christianisieren (V. 372 ff.), während er seine Brüder zum

---

44 Brinker 1968, S. 106.
45 Reinbot von Durne 1907, S. 240. Man vgl. auch die Ausführungen bei Dallmayr 1953, S. 21–24.
46 Warland 2013, 8a [Abkürzungen aufgelöst, die Kommentator*innen].
47 Warland 2013, 17a.
48 Vgl. Der Pfaffe Lambrecht 2007, V. 667/675.

spanischen König schickt; aus Kappadokien stammt auch Dacians Ehefrau Alexandrina (V. 515 ff., 1321 ff.), so dass Dacians Kampf gegen Georg zu einer durchaus ‚persönlichen' Angelegenheit wird.[49] Wenn man zwischen den Zeilen liest, könnte Kappadokien auch das Erbreich von Dacians Ehefrau Alexandrina sein, so dass er schon durch die Ehe darauf Anspruch erheben kann.

Georg wird später als ‚Tribun von Kappadokien' bezeichnet (V. 1977, 3247). Die kappadokische Hauptstadt heißt *Millêne* (V. 1972 f.) und der *Salneckære* (V. 422 f. u. ö.), der – im Gegensatz zu Dacian – zum Christentum konvertiert (V. 5344 ff.), könnte der Herrscher Kappadokiens sein (falls man nicht davon ausgehen möchte, dass er – nomen est omen – über Saloniki herrscht).

366 *ey, der jung adamant*
„Vox poetae", nennt Dallmayr diese rhetorische Figur: „Teilnehmende Intervention des Autors in Form eines Zwischenrufes, einer Zwischenbemerkung als Äußerung des persönlichen Interesses an den geschilderten Vorgängen."[50] Solche Autorinterventionen finden sich in Reinbots Text öfter.

378–380 *sîn enkalt ... des enkalt ...*
Mhd. *engelten* meint „für etwas aufkommen", „für etwas bezahlen", „etwas büßen" (MWB s. v.).

382 *niunzic und zwei hundert jâr*
Die Erzählinstanz des HG zeigt sich nicht nur an dieser Stelle um eine möglichst exakte Datierung bemüht. Während heute der 23. April 303 als kanonisches Todesdatum des Märtyrers gilt, sodass Georg der heftigsten Phase der Christenverfolgung zum Opfer gefallen wäre, verweist Reinbot auf das Jahr 290 und situiert den Tod so in der Phase des Doppelkaisertums Diokletians und Maximians. Diese auch in anderen Quellen dokumentierte Verlagerung in die Zeit vor dem im Februar 303 erlassenen Edikt gegen die christliche Bevölkerung des Römischen Reichs lässt Georg als einen Zeitgenossen anderer früher Märtyrer – etwa des heiligen Sebastian – erscheinen. Weitere Informationen zum geschichtlichen Hintergrund finden sich im Kommentar zu V. 412 f.

408 *Marcellus ein pâbes hiez*
Papst Marcellinus amtierte von 296–304. Über ihn ist wenig bekannt. Er „verstarb nach Beginn der diokletianischen Verfolgung, wohl noch im Jahr 304"; ob „er einen gewaltsamen Tod fand, ist ungewiß".[51] Inwieweit man historisch zwischen einem

---

[49] Vgl. Kraß 2008, S. 160.
[50] Dallmayr 1953, S. 36.
[51] Reichert 1993.

Marcellinus und einem Marcellus zu unterscheiden hat, ist unklar: „Die Überlieferung nennt einige Male dort, wo man Marcellinus erwartet, den Namen eines Marcellus, der häufiger als Nachfolger des Marcellinus erscheint. Neben anderen Gesichtspunkten hat auch dieser Umstand zu der allerdings weiterhin strittigen Annahme geführt, daß Marcellinus und Marcellus identisch seien."[52]

412 Dyoclêtiânus
Einen ganzen Vers mit einem einzigen Namen zu füllen, dieses Stilmittel findet sich bereits bei Wolfram von Eschenbach, beispielsweise in Pz. 283,7. Dort füllt der Name *Conwîrâmûrs* den gesamten Vers. Man vgl. im HG auch V. 3580.

412 f. Dyoclêtiânus ... Maxîmiân
Im Jahr 284 unserer Zeitrechnung wurde C. Valerius Diocletianus im Alter von etwa 45 Jahren zum neuen Kaiser ausgerufen.[53] Im folgenden Jahr traf er in einer Schlacht auf Carinus, den legitimen Kaiser, der im Anschluss an die Schlacht ermordet wurde.[54] Damit gab es „nur noch einen einzigen *Augustus* im gesamten Reich, Diocletianus, der durch seinen Erfolg eine endgültige Legitimation erzielt" hatte.[55]

Zwar war Diocletian zunächst Alleinherrscher, die vielfältigen Herausforderungen, vor die sich das Römische Reich gestellt sah, und die Herrschaftstradition, in die sich Diocletian selbst stellte, legten jedoch eine Teilung der Herrschaft nahe: „Diokletian suchte sich einen Mitregenten, auf dessen Schultern er die Meisterung einiger der drängenden Schwierigkeiten legen konnte, denn er war zwar verheiratet, besaß aber nur eine Tochter."[56] Dieser Mitregent wurde M. Aurelius Maximianus. Maximian sollte im Westen herrschen; Diokletian im Osten.

Zu den bis heute bekanntesten Geschehnissen der Regierungszeit des Diokletian gehört die Christenverfolgung: „Sie setzte nach einigen Präliminarvorgängen kurz nach Jahresanfang 303 ein und zog sich mit verschiedenen Unterbrechungen bis zum Jahre 313 hin".[57]

422 ... der Salneckære
Der von Salneck (wohl das heutige ‚Thessaloniki', kurz: ‚Saloniki') wird von Georg besiegt und konvertiert zum Christentum (vgl. Kommentar zu V. 328). Sein Vorname lautet Tschofreit, was dem französischen ‚Geoffroy' entspricht, so dass der Salneckære einen französischen, mithin einen christlichen Vornamen trägt. Ob er diesen Namen (wie Arabel/Gyburg im Wh.) erst nach seinem Übertritt zum Christentum erhält oder

---

[52] Reichert 1993 [Abkürzungen aufgelöst, die Kommentartor*innen].
[53] Vgl. Kuhoff 2001, S. 19.
[54] Vgl. Kuhoff 2001, S. 25.
[55] Kuhoff 2001, S. 25 f.
[56] Kuhoff 2001, S. 30.
[57] Kuhoff 2001, S. 246 [Tippfehler getilgt, die Kommentator*innen].

schon zuvor trägt, wird nicht deutlich. Ebenso ist nicht völlig klar, ob der Salneckære über Kappadokien herrscht oder lediglich dorthin zieht, um eine Stadt zu entsetzen, die Georg erobert hatte.

Kappadokien gilt im HG als Teil Griechenlands (also als Teil von Byzanz). Die genaueren Abläufe der Auseinandersetzung zwischen Georg und dem Salneckære muss man sich aus verschiedenen Textstellen zusammensuchen. In narratologischer Hinsicht ist dies durchaus auffällig und interessant: „Die [...] Kampfereignisse werden nun nicht wie die bisherigen ritterlichen Bewährungen durch einen fortlaufenden Erzählerbericht wiedergegeben, sondern lediglich durch über den Text verteilte Figurenberichte rekonstruierbar. Diesen Wechsel des Erzählduktus markiert der Text selbst: Mit einem *Nu lâze wir die rede hie* (V. 405) endet der lineare Erzählerbericht über die Taten Georîs und seiner Brüder und setzt die erste Figurenrede ein, die über den Konflikt zwischen Georî und Tschofreit Auskunft gibt."[58]

442 ... *bereitten* ...
Das Wort ist mehrdeutig. Gemeint sein könnte einerseits, dass man sich ‚vorbereitete'; oder: dass man sich gegenseitig informierte und ‚besprach' (vgl. MWB s. v. *bereiten*). Letzteres scheint uns an dieser Stelle naheliegender zu sein.

466 f. *er sleht lewen unde bern, trachen, lintwürme*
Bei Reinbot von Durne wird Georg nicht als der Drachentöter in Szene gesetzt, als der er heute auch aufgrund der ikonographischen Tradition vor allem bekannt ist. Die Erzählung von der Tötung des Drachen setzt sich in Europa wohl ab der zweiten Hälfte des 13. Jahrhunderts mit der ‚Legenda Aurea' mehr und mehr durch. Auch der ‚Prosageorg' enthält die dann obligatorische Drachentötung.[59] Möglicherweise ist die Rede von ‚Drachen und Lindwürmern' auch als knapper Verweis auf die in späteren Texten ausführlich geschilderte Drachentötung zu verstehen. Dann müsste man voraussetzen, dass der Drachenkampf zur Entstehungszeit des HG bekannt war.[60]

497 ... *künig Dâciân*
König Dacian wird an dieser Stelle von den beiden römischen Kaisern zum Stellvertreter bestimmt. Von diesem Moment an wechseln *künic* und *keiser* als seine Herrschertitel. Mit der Aufgabe, Georg aufzuhalten und/oder auf die römische Staatsreligion einzuschwören, fällt Dacian im zweiten Teil der Erzählung die Rolle als zentraler Gegenspieler des Heiligen zu, die in anderen Überlieferungszweigen der Georgslegende Kaiser Diokletian selbst innehat.

---

[58] Seidl 2012, S. 98 f. Man vgl. auch Strohschneider 2002a, S. 795.
[59] Schmitz 2013.
[60] Kraß 2008, S. 152 (mit weiteren Stellen des HG, in denen von Drachen die Rede ist).

525 *sant Georjen buolen beiden*
Mhd. *buole* (vgl. auch V. 559, 749, 776, 4914) meint nicht nur „Geliebter, Freund", sondern auch „Bruder, Schwager, naher Verwandter" (MWB s. v.). Das MWB gibt für diese Bedeutung vor allem Stellen aus dem HG sowie aus urkundlichen und mystischen Texten an. Offenbar ist hier noch die ursprüngliche Bedeutung von ‚lieber Verwandter' erhalten, die im Spätmittelalter komplett von der (eher negativen) Bedeutung des unehelichen Geliebten verdrängt wird. Zu bedenken ist allerdings, dass die Handschriften BwZ an dieser Stelle *bruoder(n)* schreiben.

533 *ze Marsilje in die habe: dâ engêt ûf noch abe*
Die natürlichen Gegebenheiten an der Meeresküste im heutigen Marseille führten dazu, dass der Hafen (heute: der ‚Alte Hafen', ‚Vieux-Port'), der als Gründungsort der Stadt gilt, seit der Antike als Mittelmeerhafen genutzt wurde. Der römische Geschichtsschreiber Marcus Iunianus Iustinus beschrieb die Lage der Stadt folgendermaßen: „nahe der Rhônemündung, in einer zurückgezogenen Bucht, wie in einem verborgenen Winkel des Meeres".[61] Wenn es bei Reinbot heißt, dass es im Hafen von Marseille weder auf noch ab gehe, ist damit vielleicht die ausgezeichnete – weil vor Wind und Wellen geschützte – Lage des Hafens gemeint, in dem die Schiffe ruhig vor Anker liegen können.

569 *... nokelier ...*
Ein *nokelier* ist laut Lexer ein Schiffer oder Steuermann (s. v. *nôklier*). „Er wird hier", darauf weist Vetter hin, „vom *marnaere*, als dem Schiffsherrn oder Befehlshaber, deutlich unterschieden". Das Wort geht auf lat. *nauclerus* (Schiffsherr) zurück.

595 *... alle die der sint*
Laut Vetter ist das *der* hier wie *dar* zu verstehen und er verweist auf Gottfrieds von Straßburg ‚Tristan': *so gehelfe mir mîn trehtîn und al die heilegen, die der sîn, ze sælden und ze heile* (Trist. 15721–15723).

629 *... schildes ampt*
Als *schildes ampt* bezeichnet auch Wolfram von Eschenbach (Pz. 115,11) den ritterlichen Schilddienst. Die Formulierung findet sich an hervorgehobener Stelle im Pz., im Rahmen der sogenannten ‚Selbstverteidigung', wo es heißt: *schildes ambet ist mîn art*.

---

[61] Justinus Trog. 43,3,12; zitiert nach: Guyon 2010, Sp. 247.

630–637 *wære er vlins aller sampt, oder von stahel her und dâ alsô grôz in Grêciâ Olympus ist, ein hôher berc: er möhte sîn als ein getwerc, und mit slegen sîn verbert als daz in der sunnen vert: im wont alliu tugent bî.*
Das hyperbolische Bild betont die Exorbitanz des Markgrafen von Palästina, Georg. *vlins* meint harten Stein (vgl. Lexer s. v.); der Olymp ist als extrem hoher Berg bekannt (Carl von Kraus verweist auf Isidors ‚Etymologiae': „Der Berg Olymp in Makedonien ist so überaus hoch, dass man sagt, die Wolken seien unter ihm."[62]); *verbern* meint laut Lexer auch lat. *atterere*, also ‚zerreiben, schwächen, erschöpfen, abnutzen'.

Der Vergleich mit ‚dem, was sich in der Sonne bewegt' evoziert Staubkörnchen in der Luft. In V. 825 wird dieser Vergleich wiederholt und auch in anderen Erzählungen lässt sich das Bild finden. Im Pz. etwa sagt der besiegte Kingrûn, um zu verhindern, dass er an Condwiramurs ausgeliefert wird: *sô wurde ich der verlorne. mit swerten wær mîn lîp verzert klein sô daz in sunnen vert.* (198,18–20)[63]

663 ... *Millêne*
Millêne ist die Hauptstadt Kappadokiens (vgl. Kommentar zu V. 328). Ob der Name auf eine identifizierbare Stadt verweist (etwa ‚Malatya'/‚Melitene' in Ostanatolien), ist unklar.

694–699 ... *Heinrîch von Veldekîn* ... *Wolfram von Eschenbach* ... *der von Ou* ... ‚*wer wîzt dirz denne, Reinbot?'*
Die Nennung von Heinrich von Veldeke, Wolfram von Eschenbach und Hartmann von Aue bildet einen kleinen Dichterkatalog, der sich an einem Kanon orientiert, der bis heute nachwirkt. Heinrich von Veldeke wird schon bei Gottfried von Straßburg als Begründer des höfischen Dichtens in deutscher Sprache gepriesen. Die Werke Wolframs von Eschenbach bilden für Reinbot eine wichtige Referenz; und bei Hartmann von Aue finden sich Apostrophen an die Erzählinstanz, die Ähnlichkeit zu der Frage in V. 699 aufweisen (z. B. Iw. 2982 wo ‚Frau Âventiure' kritisch einwirft: ‚*dune hâst niht wâr, Hartman.*').

705 *diu loufet âne slege hin*
Etwas zu tun, ohne dazu (mit Schlägen) gezwungen zu werden, heißt, etwas freiwillig, etwas aus eigenem Antrieb heraus tun. Man vgl. etwa Hartmanns von Aue Greg., wo es über den jungen Gregorius und dessen erstaunliche Subordinierungsleistung heißt, dass das Kind gerne und *âne slege mit bete sînes meisters willen tete!* (Greg. 1167 f.).

---

[62] Isidor von Sevilla 2008, S. 539 (Buch XIV, 9).
[63] Weitere Belegstellen bei J. Friedrich 2006, S. 379, 386. Außerdem DWB s. v. ‚Sonnenstaub' (sowie ‚Sonnenstäubchen' und ‚Sonnenstäublein').

710 *des jach man dort, nu hœrt ez hie*
Dieser Vers verweist auf den eingängigen Prologschluss des Wh. (*des jehent si dort – nû hoert se ouch hie!*, 5,14). Die Formulierung begegnet erneut in V. 2026.

719 *daz honic gên dem angel*
Es handelt sich hier offenbar um den Bildbereich der Imkerei – und vom Honig der Biene ist der Stachel nie weit entfernt, sodass der, der nach dem Süßen strebt, immer in Gefahr gerät, gestochen zu werden (vgl. TPMA 6, S. 181 f.).

Nach Jesko Friedrich bezeichnet „Haken/Stachel [...] in verschiedenen, teilw. sprichwortartigen Wendungen Negatives bzw. Schaden, der auf allzu große Bequemlichkeit, Angenehmes oder Schwelgerei folgt (diese angenehmen Aspekte werden durch die Elemente *honec* oder *süeze* bezeichnet); vgl. nhd. ‚einen Haken haben': ‚eine verborgene, zunächst nicht erkannte Schwierigkeit haben'".[64]

750 f. *wan als vil ein schâchzabelbret iemen zwispilden mac*
Das Bild bezieht sich auf die Vorstellung, auf jedes Folgefeld des Schachbretts das Doppelte des vorangegangenen Feldes zu legen. (vgl. BMZ s. v. *zwispilte*). Die gesamte Menge ist riesig – und das weiß etwa auch Willehalm: ‚*ir heres mich bevilte. der ze ende ûz zwispilte ame schâchzabel ieslîch velt mit kardamôme, den zwigelt mit dem prüeven waere gezalt – Terramêr und Tîbalt heten noch mêr rîter dâ [...]*'. (Wh. 151,1–7)

Das Zahlenexempel geht wohl auf eine indische Legende von der Erfindung des Schachspiels zurück, die in einer arabischen Quelle dokumentiert ist.[65] Laut Renate Decke-Cornill wird das Zahlenexempel in „der afrz. Literatur [...] öfter erwähnt, und zwar, wie bei Wolfram, bei hyperbolischen Angaben, etwa über die unzähligen Schmerzen, die dem Troubadour die Ungnade seiner Dame bereitet".[66]

754–756 *... fênix ... der dâ in den lüften swebt und niht ander spîse lebt*
Später (in den V. 1254 und 3907) wird vom Chamäleon erzählt, dass es sich von der Luft ernährt. Diese Eigenschaft des Chamäleons wird hier offenbar auf den Phönix übertragen,[67] dem gemeinhin andere Eigenschaften zugeschrieben werden (vgl. auch den Kommentar zu V. 3591), insbesondere die Fähigkeit, im Anschluss an die Selbstverbrennung aus der eigenen Asche wiederaufzuerstehen.[68] Dementsprechend heißt es im Pz., als vom Gral die Rede ist: *von des steines kraft der fênîs verbrinnet, daz er zaschen wirt: diu asche im aber leben birt. sus rêrt der fênîs mûze sîn unt gît dar nâch vil liehten schîn, daz er schœne wirt als ê.* (Pz. 469,8–13)

---

64 J. Friedrich 2006, S. 105.
65 Vgl. Decke-Cornill 1985, S. 190, dort weiterführende Literatur.
66 Decke-Cornill 1985, S. 191.
67 Vgl. Reinbot von Durne 1896, S. 229.
68 Vgl. McMillan 1987, S. 59.

757 ... *durchvar der erde gruft*
Mhd. *gruft* (lat. *crypta*) meint eine unterirdische Höhle, eine Grube, einen unterirdischen Gang u. ä. Ob hier an eine konkrete kosmologische Vorstellung gedacht ist, bleibt unklar.

758 ... *trîbe einn turn durch den luft*
Angespielt wird hier wohl auf den Turmbau zu Babel.[69]

759 ... *eter*
Der Äther, so erklärt es Carl von Kraus, „ist die an die Luft angrenzende zweite Umhüllungsschicht der Erde".[70] Bei Isidor von Sevilla heißt es: *Der ‚aether' ist der Ort, wo die Sterne sind, und ihn kennzeichnet das Feuer, welches von der übrigen Welt in der Höhe abgeteilt worden ist.*[71]

761–764 ... *hebt ... entswebt ... lebt ... swebt*
Dass sich der Reimklang über vier Verse erstreckt, ist – wenn man nicht Gottfried von Straßburg heißt – unüblich. Möglicherweise handelt es sich um eine nicht vom Autor stammende Ergänzung, zumal die letzten beiden Verse in Handschrift B fehlen. Allerdings kommt ohne diese Verse auch kein rechter Sinn in die Passage. Die Stelle könnte also letztlich verderbt und dadurch undeutbar sein.

765–767 *und lâz mit zal durch die hant die sterne und allen den sant der lît an des meres drum*
Man vgl. Genesis 22,15 ff., wo Gott Abraham verheißt, sein Geschlecht zu segnen und zu mehren wie die Sterne am Himmel und wie den Sand des Meeres.

768 ... *firmamentum*
Der Fachbegriff kommt schon bei Wolfram von Eschenbach vor (Pz. 658,28, Wh. 216,9).[72] Anschaulich wird die Vorstellung des ‚festen Himmels' im Pz. in einer Rede Kundries: *ich ensprichez niht ûz eime troum: die* [die sieben Sterne, die Kommentator*innen] *sint des firmamentes zoum, die enthalten sîne snelheit: ir kriec gein sîme loufte ie streit* (782,13–16). Bei Konrad von Megenberg heißt es: *Der dritt himel haizt ze latein firmamentum, daz ist der vest himel darumb, daz er ein vest und ein grunt ist aller gesteckten stern.*[73]

---

[69] Näheres dazu bei Borst 1957–1963.
[70] Reinbot von Durne 1907, S. 245.
[71] Isidor von Sevilla 2008, S. 494 (Buch XIII, V, 1).
[72] Vgl. Vorderstemann 1974, S. 347.
[73] Konrad von Megenberg 2003, S. 83 [Rund-s statt Schaft-s und vokalisch <u> statt <v>, die Kommentator*innen]. Weitere Nachweise etwa bei Deinert 1960, S. 46 ff.

781 ... geræt ...
Mhd. *gerâten* meint u. a. „eine bestimmte Entwicklung nehmen, in eine bestimmte Lage kommen" (vgl. MWB s. v.).

789–791 *daz alte wort al niuwe, daz got geschouf nie triuwe dâ enwære ein ander bî.*
Zu den Sprichworten der Kategorie ‚Treue ist auf Gegenseitigkeit angelegt' vgl. TPMA 11, v. a. S. 426 f.

820 ... mons Olvêt
Gemeint ist der biblische Ölberg. Man vgl. etwa Heinrichs von Neustadt ‚Gottes Zukunft': *Ein berg nahe bi der stat lit, Der heizt mons Oliveti (Die wingarten Engaddi), Der winriche Olyberg. Da lit manig furwerg, Gethsamani, mons Syon: Der lit ein lutzel da von.*[74]

825 *als daz in der sunne vert*
Man vgl. den Kommentar zu V. 630–637.

844 f. *Millêne und Capadôciâ, ir mügt hinnen für wol klagen*
„Diese Anrede an die Länder", so Carl von Kraus, „ist in biblischem Stil" – z. B. Mt 11,21: *vae tibi Corazain vae tibi Bethsaida quia si in Tyro et Sidone factae essent virtutes quae factae sunt in vobis.* In der Übersetzung Martin Luthers lautet die Stelle: *Wehe dir, Chorazin! Weh dir, Betsaida! Wären in Tyrus und Sidon die Taten geschehen, die bei euch geschehen sind, sie hätten längst in Sack und Asche Buße getan.*

868 f. ... *ein süeze nôt, dâ wolte ich dir lônen mit*
Die ‚Revanche', von der hier die Rede ist, kann man wohl folgendermaßen verstehen: Georgs Bruder leistet Treue und Leid – und Georg erwidert, er würde sich dafür mit einer Selbsttötung revanchieren, wenn ihn das nicht den Platz im Himmel kosten würde.

876 f. *ê ze fröuden gevienge dîn lîp ...*
Mhd. *gevâhen* meint auch „sich zu etw. wenden, etw. beginnen" (vgl. Lexer s. v.).

900 ... erbander
Was genau mit dem Wort *erbander* gemeint ist, ist nicht ganz klar. Wir orientieren uns an mhd. *erbunnen/enbunnen*, nhd. ‚missgönnen, missbilligen'. Handschrift w hat *enban*, Handschrift W *gan*.

---

[74] Heinrich von Neustadt 1906, V. 5429–5435.

907–909 *der hât dâ mêr wünne dann ieman sagen künne, und fröude über des menschen sin*
Carl von Kraus verweist auf 1. Kor 2,9: *Sondern wir reden, wie geschrieben steht: ‚Was kein Auge gesehen hat und kein Ohr gehört hat und in keines Menschen Herz gekommen ist, was Gott bereitet hat denen, die ihn lieben.'*[75]

916–943 *kein wîssag mohte noch enmac volsagen von den fröuden niht ... der gêt an die klâren maget*
„Die eigentlich unbeschreibliche Freude", so Seidl, „wird von Georî auf verschiedenen Ebenen zu fassen gesucht: Sie setzt das irdische Zeitverständnis außer Kraft (V. 914 f.), führt zu einer gesteigerten Wahrnehmungs- und Erkenntnisfähigkeit (V. 920–924, 927–929) und gipfelt schließlich in einer sprachlichen Vervielfachung des Wortes *fröude*, wie sie auch die Geburtsszene Georîs charakterisiert".[76]

931 *dise hie niden, jene dort oben*
„Gemeint sind", schreibt Carl von Kraus, „die Bewohner des unteren und des oberen Paradieses".[77]

941 f. *dâ leget fröude der fröude stric, dâ ist der vil süeze blic*
Die Textstelle ist nicht leicht zu verstehen. Legt hier eine Freude die andere in Fesseln, hält eine Freude die andere umschlossen oder wird eine Freude durch die andere gebunden?

Mhd. *blic* kann „Lichtstrahl, leuchtender Glanz, Blitz, Funke" meinen, aber auch „Licht und Strahl der Augen, Blick, Anblick" (vgl. MWB s. v.). Handschrift B hat *das ist* statt *dâ ist* – und so könnte man mit B die Stelle so verstehen, dass der süße Anblick der Jungfrau der Strick ist, von dem die Rede ist.

945–965 *des hern Ezechjels porte ... sie ein maget, er ein degen*
Im alttestamentlichen Buch Hesekiel wird dem Propheten in einer Vision der künftige Tempel gezeigt (Hes 44,1–3). Vom Osttor erfährt der Prophet, dass es verschlossen bleiben soll, da Gott durch diesen Zugang in den Tempel eingezogen ist. In der christlichen Tradition kommt der Messias durch genau dieses Tor zu den Menschen. Im übertragenen Sinn ist also Maria das Tor, von dem Hesekiel spricht.

Die Gottesmutter Maria wird mit zahlreichen Bezeichnungen angesprochen, die ihre Rollen und Funktionen im Heilsgeschehen verdeutlichen und explizieren. Näheres dazu im Kommentar zu V. 2719 ff.

---

[75] Reinbot von Durne 1907, S. 247. Verwiesen wird in dieser Bibelstelle auf Jes 64,3.
[76] Seidl 2012, S. 110.
[77] Reinbot von Durne 1907, S. 247.

951 ... zeswen ...
Das mittelhochdeutsche Adjektiv *zeswe* (,rechts') hat sich ebenso wie sein Pendant *winster* (,links') nur dialektal gehalten. Verwandt mit dem lateinischen *dexter*, das sich wiederum aus dem Verb *decere* ableiten lässt, scheint seine ursprüngliche Bedeutung das Passende bzw. das Geziemende anzuzeigen, während dem mit dem lateinischen *sinister* verwandten Adjektiv *winster* immer auch Konnotationen von Verkehrung, Unheil und Ungeschick anhaften. Wer wie die Gottesmutter allegorisch zur *zeswen sîten* (V. 2663) Gottes sitzt, der befindet sich gemäß christlicher Lehre auf der Seite des Heils, während wiederum jene, die sich am Tag des Jüngsten Gerichts zur Linken Gottes einfinden, zu den Verdammten zählen. Entsprechend heißt es hierzu in einem anonymen Marienpreis aus dem frühen 14. Jahrhundert: *wis gegrüezet, himelporte! hilf mir, daz ich an dem orte stê dâ got die rehten mizzet unt der winstern schar vergizzet.*[78]

981 ... nieman mêr
In V. 979 wird der V. 965 wieder aufgenommen und offenbar ist die Vorstellung die, dass ein bestimmter Gesang lediglich gemeinsam von Jungfrauen und Jünglingen gesungen wird. Man vgl. Ps 148,12 f.: *Jünglinge und Jungfrauen, Alte mit den Jungen! Die sollen loben den Namen des HERRN; denn sein Name allein ist hoch, seine Herrlichkeit reicht, so weit Himmel und Erde ist.*

1001 ... in den zehen kœren
Gemeint sind die himmlischen Chöre, also die Vorstellung einer himmlischen Hierarchie. Man vgl. auch die Kommentare zu V. 1988 und 3436.

Pseudo-Dionysius Areopagita schreibt in ‚Über die himmlische Hierarchie' (und die hier skizzierte Vorstellung ist für die mittelalterliche Engellehre zentral): *Die Offenbarung hat den sämtlichen himmlischen Wesen ‚neun Namen' gegeben, die über sie Aufschluß bieten. Der göttliche Lehrer, der uns in die heilige Wissenschaft einweihte, gruppiert sie in ‚drei dreiteilige Ordnungen'. Die ‚erste', sagt er, ist diejenige, welche immerdar um Gott steht und, wie die Überlieferung sagt, ununterbrochen und, den andern voraus, unmittelbar mit ihm vereinigt ist. Denn die Offenbarung der heiligen Schriften, sagt er, habe überliefert, daß die heiligsten Throne, die mit vielen Augen und vielen Flügeln versehenen Rangstufen, Cherubim und Seraphim nach dem hebräischen Worte genannt, gemäß ihrer alle übertreffenden Nähe unmittelbar um Gott gestellt sind. Diese triadische Ordnung bezeichnete unser großer Meister gleichsam als ‚eine' und eine gleichstufige und eigentlich erste Hierarchie. Keine andere ist Gott ähnlicher und den unmittelbaren Ausstrahlungen der Urgottheit direkt näher unterstellt als diese. Die ‚zweite Triade', sagt er, sei diejenige, welche von den Gewalten, Herrschaften und Mächten gebildet wird. Die ‚dritte Triade' unter den letzten der himmlischen Hierarchien*

---

[78] Pfeiffer 1851, V. 246–248.

bestehe aus den Engeln, Erzengeln und Fürstentümern.[79] Man vgl. etwa auch eine längere erläuternde Passage in ‚Gottes Zukunft', V. 8002–8055.[80]

1007–1009 *die engel singent ... êpitalamitâ ... ‚hôhiu brûtliet'*
Karl Helm schlägt vor, diese Verse als Parenthese zu verstehen (und zu markieren).[81]

1008 *êpitalamitâ*
Werner J. Hoffmann erläutert (in einer Arbeit zu Konrad von Heimesfurt): „*epithalamica* ist Plural von *epithalamicum* ‚Brautlied'. Der Ausdruck kommt außer in der *Hinvart* noch in zwei weiteren geistlichen Dichtungen des 13. Jh.s vor: in Reinbots *Hl. Georg*, V. 1008 (von der *Hinvart* beeinflußt) und in Lamprechts von Regensburg *Tochter Syon*, V. 3211. Die Form des Wortes lautet in allen drei Dichtungen *epitalamica* [...]. Das Hohelied wurde als *epithalamium* bezeichnet, als erster tat dies Origines, der es als griechisches Hochzeitslied mit Wechselgesang zwischen Braut und Bräutigam [...] interpretierte."[82] Auch Reinbot scheint an dieser Stelle das biblische ‚Hohelied' als den Gesang der Engel über die Vereinigung des *degen* mit der *maget* zu verstehen.

1072 *... buhurdieren*
Ein *buhurt* ist „ein Kampfspiel, bei dem Scharen von Reitern einander anrennen und ohne gefährliche Waffen kämpfen"; insbesondere meint der Begriff „das Anrennen selbst" (vgl. MWB s. v.).

1080 ff. *ez spricht der wîse Salomôn ...*
Karl Helm stellt fest: „eine stelle in salomonischen schriften zu der dies citat gut stimmt, gibt es nicht. dagegen passt nicht schlecht Ecclesiasticus (Jesus Sirach) 40,1 ff. es ist wohl eine verwechslung zwischen dem Ecclesiasticus und dem Ecclesiastes (prediger Salomonis) anzunehmen [...]."[83] In Sir 40,1–2 heißt es: *Große Mühe ist für jeden Menschen geschaffen, und ein schweres Joch liegt auf den Söhnen Adams von Mutterleib an, bis sie zurückkehren zur Erde, die unser aller Mutter ist. Sie haben Sorge und Herzensangst, leben in Ungewissheit – und am Ende steht der Tod.*

Roderich Schmidt indes geht mit Blick auf V. 1082 f. davon aus, dass sich die Textstelle auf Ecl 1,2 (*vanitas vanitatum omnia vanitas*) beziehe, denn die „Wehklage" sei „nichts anderes als die Quintessenz der Einsicht des alttestamentlichen Königs und ‚Predigers'".[84]

---

79 Stiglmayr 1911, S. 33 f.
80 Vgl. Heinrich von Neustadt 1906, V. 8002–8055.
81 Vgl. Helm 1908, S. 283.
82 Hoffmann 2000, S. 72.
83 Helm 1908, S. 283.
84 Schmidt 1972, S. 132.

1100 ... *geteilt und gewelt*
‚Teilen und Wählen' ist ein Rechtsbrauch zur gerechten Aufteilung von Eigentum. Bei zwei Parteien teilt eine Partei das zu Verteilende in zwei Teile auf und die andere Partei wählt einen der Teile aus. Auf diese Weise soll sichergestellt werden, dass beide Teile gleich wertvoll sind und also niemand übervorteilt wird. Zugleich teilen und wählen zu können, ist also ein Ausdruck von Macht.

1104 ... *ein krippeknabe*
Gemeint ist Jesus Christus, der laut Lukasevangelium in Bethlehem in einem Stall zur Welt kam und in eine Krippe gebettet wurde.

1123 ... *wîze* ...
Mhd. *wîze* meint allgemein „Strafe", insbesondere „höllenstrafe, fegefeuer, hölle" (vgl. Lexer s. v.). Hier sind wohl Straf- oder Folterstätten gemeint, vielleicht auch Scheiterhaufen.

1146 *und* ...
Carl von Kraus vermerkt in seinen Anmerkungen, dass *und* hier als ‚oder' aufzufassen sei.

1150 ... *ein ende und ein drum*
Die beiden Begriffe *ende* und *drum* scheinen einigermaßen synonym zu sein. *ende* meint vor allem „äußerster Teil, Rand, Kante, Spitze, Endstück, Grenze", auch (zeitlich gesehen) „Schluss" (vgl. MWB s. v.). *drum* meint insbesondere „Ende, Grenze, Rand", auch „Spitze" (vgl. MWB s. v.). Die Vorstellung ist wohl die, dass in einem als Kugel gedachten Kosmos geometrisch gesehen die Kugel vom Zentrum aus definiert ist und alle Punkt der Kugeloberfläche wiederum auf dieses Zentrum hin orientiert sind.

1151 ... *dem kinde* ...
Gemeint ist Jesus Christus.

1161 *Ey, lieber bruoder* ...
Bei Dallmayr zählt diese rhetorische Figur zur ‚Ekphonesis': „Ausruf als Ausdruck lebhafter Erregung, wobei eine Person oder Sache angerufen wird."[85] Reinbots bevorzugte Einleitung sind, so Dallmayr: „*ey, owê (wê), avoy, o* und Verben (*hurtâ, lâ, ruckâ* u. a.)".[86]

---

[85] Dallmayr 1953, S. 35.
[86] Dallmayr 1953, S. 35.

1174 ... *tribûnus*
‚Tribunus' heißt „der administrative und/oder mil. Führer einer tribus", also einer „Untereinheit des röm. Gesamtvolks" (vgl. Pauly s. v.).

1185 *daz ez den luft niht vermeit*
Vetter erläutert, dass „hier wohl: die höhere Luft, Höhe" gemeint sei. Ob dem so ist, ist schwer zu sagen. Die Luft ist das „dritte Glied in der Elementenreihe" (vgl. Kommentar zu V. 3411 und V. 3896–3908) und „die Grundsubstanz für die Entstehung der Winde".[87]

1211 ... *dâ heime sich verlegen*
Das mhd. Verb *verligen* ist intertextuelles Signalwort und verweist auf den Er. Hartmanns von Aue, also auf den initialen Artusroman, der im Rückgriff auf Chrétiens de Troyes ‚Erec et Enide' diese Gattung im deutschsprachigen Raum prägte. Erec und seine Frau Enite sind nach ihrer Heirat derart miteinander beschäftigt und sich selbst genug, dass sie ihre herrscherlichen und ritterlichen Aufgaben völlig vernachlässigen. Dies geht mit einem Ansehensverlust einher, der zuerst Enite und durch sie auch Erec zu Ohren kommt, und der dazu führt, dass die beiden ausziehen, um ihr Ansehen wiederherzustellen.

1218 f. ... *mit slegen dar geleget ein gebot ûfz ander ...*
Die mhd. Phrase *ein gebot legen*, also in etwa ‚einen Spieleinsatz machen', wird in diesem Vers mit dem ritterlichen Kampf kurzgeschlossen. Solche Metaphern aus dem Bildbereich des Glücksspiels sind für die mittelalterliche Dichtung gerade im Zusammenhang mit Schlacht- beziehungsweise Turnierbeschreibungen nicht untypisch und finden sich unter den von Reinbot explizit benannten literarischen Bezugsgrößen am deutlichsten bei Wolfram von Eschenbach ausgebildet (Wh. 427,26 f.: *diu gebot an sölhem topelspil / kund er wol strîchen und legen*). Man vgl. auch V. 5736.

1228 ... *herzeichen*
Mit *herzeichen* sind hier wohl keine Gegenstände (keine Fahnen o. ä.) gemeint, sondern Schlachtrufe, „feldgeschrei, losung" (Lexer s. v.).

1230 *Apollô ...*
Der antike Gott ist in der mittelalterlichen Literatur regelmäßig Teil der heidnischen Götterwelt.[88] Aufgrund der Assoziation mit dem Gott der Sonne (vgl. Kommentar zu V. 3458–3460) gerät ‚Phoibos Apollon' zum heidnisch-antiken Pendant des Christengottes.

---

[87] Maurmann 1976, S. 27.
[88] Man vgl. Heinzle 2009, S. 842 f. Dort finden sich auch Verweise auf Forschungsliteratur.

1236–1238 *alsô sêre daz nie smit fiures ûf dem anbôz ûz îsen gesluoc sô grôz*
Der Bildbereich des Schmiedehandwerks wird im HG ausgesprochen häufig mit der Kriegskunst assoziiert. Wendungen, wie sie etwa aus dem Pz. Wolframs von Eschenbach geläufig sind (Pz. 112,28 f.: *er wart mit swerten sît ein smit, vil fiwers er von helmen sluoc*), werden dabei aufgegriffen und durch den Einbezug weiterer Details ausgebaut und konkretisiert.

1257 ... *Capadôciâ*
Hier (und auch später, V. 1321) könnte eine Stadt gemeint sein (und kein Land, vgl. Kommentar zu V. 328); oder der Kampf findet außerhalb des Landes statt.

1265 f. *alsus hân ich ertwungen, und über houpt gerungen*
Nach Carl von Kraus ist diese Textstelle wie folgt zu verstehen: „,so hab ich den Sieg erlangt (*daz tuot mir wol*, 1260) und doch *übermäßig* gekämpft (*tuot mir wê*)'."[89] Wir übersetzen möglichst anschaulich und entsprechend der nhd. Phraseologie mit ‚den Sieg doch teuer erkauft'.

1304 f. *dû hâst ez übermezzen, swie ez sich gefuoget habe*
Die Textstelle ist nicht leicht zu verstehen. Mhd. *übermezzen* meint u. a. „über etw. hinwegsehen, es übersehen, versäumen" sowie „über ein mass, eine gränze hinausgehn" (Lexer s. v.). Was allerdings sich hier ‚fügt', ist nicht so ganz klar.

1310–1312 *man hêt ein höuwes fuoder nâch dir gefuort durch den strît: swâ enge was, dâ wart ez wît*
Als Volumenmaß gebraucht, entspricht ein *fuoder* einer Wagenlast, also dem, was an Heu, Wein, Holz oder Erz auf einem zweispännigen Wagen geladen werden kann. (vgl. DWB s. v. *Fuder*) Im Kontext der vorliegenden Binnenerzählung interessiert jedoch nicht das Ladevolumen, sondern die Breite des Wagens oder Karrens: Wo Georg mit Schwert und Lanze durch die gegnerischen Scharen prescht, tut sich ein Weg auf, den man bequem mit einem Wagengespann hindurchfahren kann, wobei im Hochmittelalter je nach Typ mit einer Spurweite von durchschnittlich ca. 85–120 cm zu rechnen wäre.[90]

„Der Ritter und Markgraf Geori", erklärt Peter Strohschneider, „hat einen auratisierten Körper, und dessen Herausgehobenheit" werde unter anderem an den „räumlichen Abständen" sichtbar, die Georg „noch im Zentrum dichtesten Kampfgetümmels zwischen sich und alle anderen zu setzen im Stande ist".[91]

---

[89] Reinbot von Durne 1907, S. 251. Dort weitere Erläuterungen und Parallelstellen.
[90] Vgl. Denecke 1979.
[91] Strohschneider 2002a, S. 792.

1338 ... *bêr*
Ein *bêr* ist eine ‚Reuse', also eine fest installierte Vorrichtung zum Fang von – beispielsweise – Fischen. Willy Schmiedel erläutert die Stelle dementsprechend: „Sowenig eine einzige in das große Meer gesenkte Reuse dessen Fischreichtum etwas anhaben kann, ebensowenig konnte Georgs geringe Schar etwas gegen die Masse der Feinde ausrichten".[92]

1346 *avoy* ...
Der aus dem Französischen stammende Ausruf bringt Erstaunen und Verwunderung zum Ausdruck. Das Wort kommt z. B. in Wolframs Pz. häufig vor.[93]

1354 ... *schouwet* ...
Im Rahmen einer Publikumsanrede könnte *schouwet* auch ‚seht her' meinen; aber wahrscheinlich ist hier weiterhin vom Freudenkönig die Rede, der auf den Kampf blickt.

1358 f. *ein banier fuort er, diu was blanc, ein rôtez kriuz dâ durch gie*
Der Engel überreicht Georg ein Banner mit dem Zeichen, dass noch heute als ‚Georgskreuz' bekannt ist – ein einfaches rotes Kreuz auf weißem Grund, dessen Mittelpunkt sich in der Mitte der Fläche befindet. In bildlichen Darstellungen ist das Georgskreuz ein wichtiges Kennzeichen des heiligen Georg. Außerdem spielt das Georgskreuz in der Heraldik eine wichtige Rolle (beispielsweise als Flagge Englands). Man vgl. auch den Schild Georgs in V. 1671 ff. sowie auch V. 5390 ff.

1384 ... *der vippern geburt*
Die Geburt der Vipern bedeutet den Tod des Elternpaares, zumindest nach mittelalterlicher Anschauung: Die Mutter beißt dem Männchen bei der Paarung den Kopf ab und wird selbst von ihren eigenen Jungtieren von innen her bei der Geburt aufgefressen.[94] Die Gewalt, die Georg anwendet, entspricht der Geburt der Jungtiere, und das will heißen: Er durchbricht die gegnerischen Scharen.

1396–1398 *daz sîn reine hantgetât durch in durch êre lite die not und den lîp büt in den tôt*
Carl von Kraus setzt in V. 1397 eine Crux, die wir nicht übernommen haben. In seinen Anmerkungen schreibt er: „Das Echte bleibt zu finden, denn *durch ... durch* und *êre* 1395 und 1397 sind sehr bedenklich." In inhaltlicher Hinsicht besteht Interpretationsspielraum: Ist mit *hantgetât* ein Geschöpf gemeint oder viele Geschöpfe? Sind nur die Christen gemeint oder alle Menschen? Oder spricht Georg hier gar nur über sich? Wir

---
[92] Schmiedel 1908, S. 79.
[93] Vorderstemann 1974, S. 43 ff.
[94] Man vgl. beispielsweise Konrad von Megenberg 2003, S. 312.

stellen eine Übersetzungslösung vor, die impliziert, dass hier alle Geschöpfe gemeint sind und nicht nur Georg.

1415–1417 *welt ir in ein hellen, sô mügt ir wol die schellen vor künigen, fürsten hin tragen*
Mhd. *in ein hellen* meint ‚harmonieren', ‚übereinstimmen'. Eine Schelle „ist in der Regel ein kleines Glöckchen [...], das nicht gegossen, sondern aus Eisenblech gebogen, geschmiedet und genietet ist".[95] In der deutschsprachigen höfischen Literatur der Zeit sind Schellen oft an Menschen, Tieren und Gegenständen befestigt, an Kleidung, Rüstung, Pferden usw. Auch im geistlichen Bereich zeichnen Glöckchen an der Kleidung offenbar den Träger aus, denn im ‚Oberdeutschen Servatius' wird der Protagonist bei seiner Investitur als Bischof u. a. mit einem Rock bekleidet, an dem sich goldene Schellen befinden.[96] Nicht ganz klar ist allerdings, ob im HG an dieser Stelle impliziert wird, dass eine Schelle vorangetragen wird, oder ob an Kleidung gedacht ist, an der Schellen angebracht sind.

1464–1466 *scharlachen, samît, baldekîn ... ein brûn scharlachen*
Der mhd. Begriff *scharlach* ist eine Bezeichnung für Stoff, „die dem namhaftesten wollenen Luxusgewebe galt, das damals in Europa produziert wurde".[97] Das Gewebe ist „infolge der Drehung seiner Fäden und der Art des Webens sehr dehnbar" und „wird daher häufig für die Anfertigung von Beinlingen bzw. Strümpfen verwendet, auf deren möglichst engen Sitz großer Wert gelegt wurde".[98] Entgegen heutiger Erwartungen muss es sich nicht um einen roten Stoff handeln, vielmehr deckt Scharlach ein breites Farbspektrum ab: „verschiedene Nuancen der Rotskala, Blautöne, grau, braun, schwarz, grün – und sogar weiß".[99] Mhd. *samît* bezeichnet wohl ein „starkes, festes Seidengewebe".[100] Das nhd. Wort ‚Samt' ist mit dem Wort *samît* „nur sprachlich, nicht aber webtechnisch verwandt".[101] Ein *baldekîn* ist ein „kostbarer aus seide u. goldfäden moiréartig gewobener stoff aus Baldac (Bagdad)" (Lexer s. v.). „Noch im 13. Jh. kommt der B[aldekin] vorwiegend aus dem islamischen Bereich".[102]

1467 *von golde kolben drûf geslagen*
Wie genau man sich den Stoff und die goldene Verzierung vorzustellen hat, bleibt unklar. Mit den *kolben* könnten Hirtenstäbe gemeint sein, aber auch Streitkolben oder Keulen sowie der Fruchtstand bei Pflanzen (vgl. Lexer s. v. *kolbe*).

---

95 Riedel 1959, S. 216.
96 Vgl. Wilhelm 1910, V. 504–512.
97 Brüggen 1989, S. 282.
98 Kühnel 1992, S. 220.
99 Brüggen 1989, S. 282.
100 Schultz 1889, S. 343, zitiert nach: Brüggen 1989, S. 279.
101 Kühnel 1992, S. 215.
102 Kühnel 1992, S. 21.

1478 ... *toup*
Nicht unbedingt ‚tumpfsinnig, empfindungslos', sondern wohl eher ‚wütend' oder – wie Vetter vorschlägt: „außer sich vor Schmerz".

1480 ... *tageweide*
Das Wort bezeichnet eine Tagesreise, also die an einem Tag zurückgelegte Wegstrecke. Man vgl. auch *raste* in V. 1509.

1482 f. *ob si jâmer dâ iht miten? nein ...*
‚Hypophora', heißt das bei Dallmayr: „Ein dem Gegner oder Zuhörer abgenommener oder unterstellter Einwand in Frageform wird sogleich vom Autor beantwortet."[103]

1500–1506 *manc busîn ... manc schirmelle, manc windisch horn ... floyten, tambûren ... seiten spil: daz begund ze samen dœnen ... vor dem schœnen*
Die „*schirmelle* meint wohl dasselbe Instrument wie *schalmîe*", notiert Carl von Kraus in den Anmerkungen zu dieser Stelle; eine *schalmiê* (nhd. ‚Schalmei') wiederum „ist ein Holzblasinstrument mit konisch gebohrter Schallröhre und doppeltem Rohrblatt. Bei der mittelalterlichen Schalmei schwankte die Zahl der Grifflöcher, zuweilen waren es nur drei oder vier. Der Ton des aus dem Orient eingeführten Instruments war in der ersten Zeit seines europäischen Auftretens (ungefähr ab 12. Jhdt.) noch verhältnismäßig rauh, laut und unbiegsam. Aus der Schalmei hat sich die moderne Oboe entwickelt."[104]

Das Attribut *windisch* könnte sich auf die ‚Wenden' beziehen, also auf die Slawen, die innerhalb des mehrheitlich deutschsprachigen Raums leben (vgl. etwa Lexer s. v.).

Der mhd. Begriff *tambûr* bezeichnet „kleine Trommeln sarazenischen Ursprungs, die im mittelalterlichen Deutschland sehr beliebt wurden. Über ihre Beschaffenheit lassen sich kaum genauere Angaben machen als bei den Schlagtrumben. Es kamen wohl vielerlei Arten vor: flachrunde und quadratische Siebformen oder zylindrische Körper, mit einem oder auch zwei Fellen, mit oder ohne Schnarrseite. Feststeht, daß die Instrumente von ziemlich kleiner Gestalt waren und in der Regel nicht mehr als 30 cm Durchmesser hatten. Daher war die Handhabung leicht und ermöglichte die verschiedensten Spielhaltungen: vor der Brust, an der Schulter, an den Arm geschnallt, an der hochgehaltenen Hand usw.; es ist sogar belegt, daß die ‚tambûren' von den Trommlern in die Luft geworfen wurden. Das Fell schlug man mit einem oder zwei Schlegeln, aber auch mit der bloßen Hand. Der Klang muß bei der kleinen Bauart der Instrumente recht hell gewesen sein."[105]

Peter Strohschneider spricht anhand dieser Passage von „der Schaffung eines ausgebreiteten Klangraumes",[106] der sich um Georg herum ausbreitet und begleitet

---

[103] Dallmayr 1953, S. 40.
[104] Riedel 1959, S. 213.
[105] Riedel 1959, S. 150 [Hervorhebung entfernt, die Kommentator*innen].
[106] Strohschneider 2002a, S. 784.

wird von höfischen Körpern und einem großen Gefolge. Dies alles ist Teil und Ausdruck von Georgs Adel. Zugleich sei es „Kriegsmusik, die ihm", Reinbot, „aus Posaunen und Hörnern vorausschallt"[107] – auch wenn dieser kriegerische Modus im weiteren Verlauf ins Leere laufe.

1509 ... *ein raste*
Wie die auf das gesamte Tagespensum bezogene *tageweide* (V. 1480) lässt sich die *rast* auffassen als „eine bestimmte strecke weges, nach deren zurücklegung man sich ausruht" (BMZ). Da vor der Einführung des metrischen Systems alle Längenmaße auf körperliche Proportionen bezogen waren, lässt sich auch die Länge einer solchen *rast* nicht exakt definieren. Sie dürfte jedoch einer doppelten Wegstunde oder ‚Leuge' entsprochen haben und somit auf ca. 4400 Meter zu taxieren sein.[108] Unsere Übersetzung versucht die grobe Wegangabe mit der bewusst wenig präzisen Angabe ‚lange Meile' zu fassen.

1511 ... *alsô dicke erbouwen*
Vetter meint (mit Verweis auf Iw. 4365: *ein burcmûre hôch und dic*), *dicke* beziehe sich „wohl auf die Mauern"; gemeint sein könnte aber auch eine ‚dichte' Bebauung.

1517 ... *und niht ze streben*
Vetter verweist für das Adverb *streben* im Zusammenhang mit dem Gang von Pferden auf Er. V. 3469 f.: *diu ros gerne und durch reht ir ungestüemez streben lân*.

1519 *soumær, ros trecket vort*
Die Handschriften haben unterschiedliche Formulierungen: „tretet *W*, strichen *Z*, trabent *w*, draben *B*".[109] Carl von Kraus verweist in seinen Anmerkungen auf verschiedene Stellen im Pz. und Wh.

1524 *den bluomen manne schœne*
Männliche Schönheit und Blumen werden in der höfischen Literatur häufiger in einen Zusammenhang gebracht, so z. B. in Wolframs von Eschenbach Pz. Dort wird Parzivals Vater Gahmuret als ‚Blüte an der Männerschönheit', *bluome an mannes schœne*, (39,22) apostrophiert. Später im Pz. (122,13) bezeichnet der Erzähler den jungen Parzival als *[al]ler manne schœne ein bluomen kranz* (‚ein Blütenkranz über aller Männer Schönheit').

---

[107] Strohschneider 2002a, S. 784, mit Verweis auf Žak 1990.
[108] „1 *rasta* = 3 röm. Meilen = 2 Leugen = 4 400 m" (Grünewald 2001, 299a).
[109] Reinbot von Durne 1907, S. 58.

1545 f. *Vil dicke dâ gefrâget wart ‚wer ist der künic von hôher art?'*
Die Frage nach der Identität des Fremden bleibt im Folgenden mehrmals unbeantwortet. Peter Strohschneider verweist zur Erklärung darauf, dass „im Eigennamen stets auch ein Moment der Verfügung über seinen Träger" stecke,[110] „und dieses kann der Heilige, der gerade eine Instanz von radikaler, nämlich transzendenter Unverfügbarkeit ist, allenfalls dann zulassen, wenn sein Ausgang aus der Immanenz nicht mehr gefährdet ist".[111]

Seidl wiederum stellt die Verheimlichung des Namens in den größeren Kontext der „Folge von Ver- und Ent-Deckungshandlungen, die Georî je neu als höfischen, aktiv kämpfenden Ritter inszenieren".[112] Der „Schlusspunkt dieser Enthüllungsprozesse von Ritterlichkeit" ist, so Seidl, das „schließliche Aufdecken des Namens".[113]

1557 *... Leine ...*
Es gibt mehrere Ortsnamen mit dem Bestandteil ‚Lein(e)'/‚Lein(a)'/‚Lin(a)' u. ä.; welcher konkrete Ort gemeint ist, dürfte kaum zu entscheiden sein.

1558 *... ze Werde hie*
Gemeint sein könnten Wörth an der Donau oder auch Donauwörth. Zweifelsfrei dürfte sich dies kaum entscheiden lassen.[114] Werner Williams-Krapp fasste den Forschungsstand folgendermaßen zusammen: „Sprachlich ist er [Reinbot von Durne, die Kommentator*innen] ins Nordbair[ische] zu lokalisieren; demnach käme als Ort seines literarischen Schaffens, *der markt ... ze Werde hie* (1557 f.; 59 [?]), Wörth an der Donau zwischen Regensburg und Straubing in der Oberpfalz am ehesten in frage."[115] Allerdings müssen Abstammung, geographische Herkunft, Dialekt und Schreibort nicht unbedingt übereinstimmen. Mit *ze Werde hie* wird zuallererst das Publikum angesprochen und also der Ort der Rezeption (und vielleicht auch Produktion) markiert. Man vgl. auch den Kommentar zu V. 59.

1560 *Gamurets gezelt von Zazamanc*
Das Aufschlagen von Georgs Zelt versteht Strohschneider als einen Akt der Landnahme.[116] Der Vergleich mit Gahmurets Zelt wiederum betont die Exorbitanz des Zelts.[117] Gahmuret, Parzivals Vater, befreit die Stadt Zazamanc (und deren Herrscherin Belacane) von einer Belagerungsarmee, die den Tod Isenharts rächen möchte. Isen-

---

110 Strohschneider 2002a, S. 788, mit Verweis auf Blumenberg 1990, S. 23 f., 40 ff.
111 Strohschneider 2002a, S. 788.
112 Seidl 2012, S. 126.
113 Seidl 2012, S. 126.
114 Überlegungen dazu etwa bei Helm 1908, S. 279 sowie bei Wilhelm 1909.
115 Williams-Krapp 1989, Sp. 1156.
116 Vgl. Strohschneider 2002a, S. 784.
117 Vgl. Stock 2005.

hart hatte um Belacane geworben und war in ihrem Dienst getötet worden, wofür die Belagerer nun Belacane verantwortlich machen. Vor Zazamanc steht auch das prächtige Zelt Isenharts, das Gahmuret nach dem Sieg über die Belagerer erhält, auf ein Schiff verladen lässt, bei seiner heimlichen Abreise mit sich nimmt und schließlich vor Kanvoleiz aufschlagen lässt, wo es großen Eindruck macht. Als hervorgehobener mobiler Gegenstand verknüpft Gahmurets Zelt Menschen, Hautfarben, Religionen und entfernte Räume.

1569 f. *... schal ... unde schal*
Bei Dallmayr gehört diese rhetorische Figur zur ‚Antanaklasis': „Wortspiel durch Gegenüberstellung von Wörtern, die von verschiedenen Stämmen gebildet sind und bei gleicher Lautgestalt oder fast unmerklichem Unterschied eine verschiedene Bedeutung haben."[118] Das erste *schal* meint nhd. ‚Schall', das zweite ‚Schale'. Man vgl. auch *bluot* in V. 4069 (‚Blüte') und V. 4073 (‚Blut').

1624 *... tûsent tûsent ...*
Carl von Kraus geht in seinen Anmerkungen davon aus, dass mit der Formulierung „tausend mal tausend" gemeint ist.

1626 f. *hie ist des unerkanten schal gelegen ...*
Von Lärm, der sich legt, ist etwa auch im ‚Nibelungenlied' die Rede: *Diu hôchzît dô werte unz an den vierzehenden tac, daz in al der wîle nie der schal gelac* (Str. 686,1–2).[119]

1646 *... des keisers rinc*
Gemeint ist mit *rinc* der Kreis, zu dem man sich versammelt. Auch bei Gerichtsversammlungen und bei Ratsversammlungen sind kreisförmige Sitz- oder Stehordnungen üblich. Kampfplätze, die abgesteckt werden, heißen im Mhd. ebenfalls *rinc* (vgl. BMZ s. v.).

1660–1663 ‚*herre, sô sol fride hân mîn knappe, der daz ros dort hât. sunder fride ir mich lât: keins frids wert ir von mir gebeten.*'
Mhd. *vride* ist hier ein Rechtsbegriff. Gemeint ist ‚Schutz, Sicherheit, Wohlergehen' u. ä. Das Wort bezeichnet außerdem auch rechtlich begründete Verpflichtungen, etwa „Schutz vor Vernichtung oder [...] Verzicht auf Gewalt".[120] Georg bittet also darum, sicherzustellen, dass seinem Knappen nichts geschehen wird, betont aber sogleich und zugleich deutlich, dass er selbst nicht um Schutz nachsucht.

---

[118] Dallmayr 1953, S. 17.
[119] Heinzle 2015.
[120] Ehrismann 1995, S. 225.

1667 ... *die suckenî* ...
Bei der *suckenî* handelt es sich um ein ab dem 13. Jahrhundert auch im deutschen Sprachraum immer beliebter werdendes Kleidungsstück, das über dem „rocke und unter dem mantel getragen" wurde (BMZ s. v. *suckenîe*). Die *suckenî* entspricht dem französischen ‚Surcot' und lässt sich als eine teils mit Pelz, z. B. mit Hermelin, gefütterte Tunika beschreiben.

1676 ... *Feirefîz*
Feirefiz ist der Halbbruder Parzivals, der Sohn von Gahmuret (vgl. Kommentar zu V. 1560) und Belacane. Aufgrund der unterschiedlichen Hautfarben seiner beiden Elternteile erscheint Feierfiz' Haut in Wolframs Roman als schwarz-weiß gescheckt, wie *ein geschriben permint* (Pz. 747,26). Feirefiz herrscht über zahlreiche ‚heidnische' Länder und tritt entsprechend prächtig auf; am Schluss des Pz. konvertiert er zum Christentum.

1722 f. ... *den Kiemsê geleiten oben ûf den Seten*
Mit dem *Seten* ist vermutlich der Septimerpass gemeint, der im Mittelalter neben dem Brenner und dem Großen St. Bernhard einer der wichtigsten Alpenübergänge war.[121] Die Wortform *Sete* für diesen Pass ist belegt, etwa im Itinerar Alberts von Stade (*et vadunt per Sete Munt* – „und gehen über den Septimer").[122] Der Septimer galt „im 12. und zu Beginn des 13. Jahrhunderts [als] einer der bedeutendsten und bekanntesten Berge/Alpenübergänge"; galt auch „wahrscheinlich als der höchste bekannte Berg im süddeutschen Raum".[123] Die einschlägige Monographie von Ringel, aus der wir gerade zitierten, enthält zwar im Verzeichnis einen Verweis auf Reinbots HG, allerdings auf den Vers 820 und gerade nicht auf die hier zur Diskussion stehende Textstelle. Ringel verweist kurz auf den HG im Rahmen der Diskussion einer Textstelle bei Gottfried von Straßburg, wo in Rankes Edition vom *Setmunt* die Rede ist: *so wirt min herze sa zestunt grœzer danne Setmunt und erbarmet mich diu minne.*[124] Hier wie dort scheint sich die Hyperbel aus derselben geographischen Vorstellung zu speisen.

1724 ... *Mahmeten*
Während der religiöse Konflikt im Kern der Georgslegende auf die Konfrontation zwischen römischer Staatsreligion und christlichen Glaubenswahrheiten konzentriert bleibt, fließen an dieser Stelle erstmals Elemente des Kreuzzugsdiskurses in die Erzählung ein. Die Überzeugung, dass sämtliche Heiden, also auch die stets als Sarazenen bezeichneten Muslime, einer polytheistischen Götterwelt anhingen, in der auch Mohammed (hier: *Mahmet*) wie ein Götze verehrt würde, wird dabei wohl Wolframs Wh. entnommen sein, wo der Erzähler den Heiden Rennewart erläutern lässt:

---

[121] Ringel 2011, S. 10.
[122] Albert von Stade 1859, S. 340, zitiert nach: Ringel 2011, S. 153.
[123] Ringel 2011, S. 147.
[124] Gottfried von Straßburg 1930, V. 12215–12217.

mir sint drî got erkant, der heilige Tervagant, Mahumet und Apolle (Wh. 291,21–23). Die Wirkmacht der Kreuzzugsideologie scheint dabei so groß zu sein, dass offenkundige Anachronismen – ein römischer Statthalter des 3. Jahrhunderts als Muslim – entweder unbemerkt blieben oder billigend in Kauf genommen wurden.

1743 ... *wern*
Mhd. *wern* kann auch ‚kaufen', ‚entschädigen', ‚beschenken' (vgl. Lexer s. v.) heißen; damit ist hier wohl gemeint, dass sich Georg nicht wird kaufen lassen.

1745–1748 *durch Jêsum von Nazarêt, des stuol sô hêrlîche stêt als in Ezechiêl sach und Johannes der dâ vil von sprach*
Im Alten Testament beschreibt der Prophet Ezechiel den Thronwagen Gottes (Hes 10). Im Neuen Testament findet sich eine Beschreibung von Gottes Thron in der Offenbarung des Johannes (auch Johannesapokalypse) (Offb 4,2–8).

1774 *biz an den jungisten tac*
Wir übersetzen „bis zum letzten Tag", obwohl im Mhd. vom „Jüngsten Tag" die Rede ist. Da aber Dacian spricht und da er kein Christ ist, sollte er eigentlich nicht im christlich-eschatologischen Sinn vom „Jüngsten Tag" sprechen.

1785–1790 *er sprach ‚pax tîbî ... '*
Die Grußformel ‚Friede sei dir' (‚pax tibi') oder ‚Friede sei euch' (‚pax vobis') wird in der Bibel häufig verwendet. Jesus etwa begrüßt seine Jünger mit den Worten ‚pax vobis', wenn er ihnen nach der Auferstehung erscheint (z. B. drei Mal in rascher Abfolge im Johannesevangelium (Joh 20,19; Joh 20,21; Joh 20,26). Paulus verwendet den Gruß in seinen Briefen. Im Alten Testament grüßt etwa Gott den Richter Gideon mit den Worten ‚pax tecum' (Ri 6,23: *Friede sei mit dir!*). Der Prophet Daniel wird von einem Engel Gottes mit den Worten ‚pax tibi' angesprochen (Dan 10,19: *Friede sei dir!*).

1852 ... *schoie* ...
Wie auch *âventiure* (vgl. Kommentar zu V. 175) ist *schoie* ein Lehnwort aus dem Französischen und zugleich ein Schlüsselbegriff zur Beschreibung höfischer Freude. In der Übernahme höfischer Leitbegriff aus dem Französischen folgt Reinbot seinen literarischen Vorbildern. Die Verwendung von *schoie* (aus frz. *joie*) als Synonym für festliche Freude erinnert an Pz. 217,10 f.: *vor ûz mit maneger schoie rîch diu massenîe vor im az.*

1854 *der wirt ein teil vergezzen*
Bezug und Bedeutung dieses Verses sind nicht ganz klar. Unsere Übertragung entspricht dem, was wir für inhaltlich wahrscheinlich halten. Vetter schlägt vor: „diesen Aufwand (*koste*) wollen wir ein wenig beschränken".

1879 *in sibenthalbem jâre*
Im Mhd. meinen Mengenkonstruktionen auf -halb im Regelfall eine Subtraktion und keine Addition; hier also ‚sechseinhalb' (und nicht ‚siebeneinhalb'). Die gleiche Angabe in den V. 4674, 4702, 4720, 4864 und 4906.

An dieser Stelle weiß Georg bereits, wie lange er gemartert werden wird, obwohl ihm diese Information erst viel später die Kaiserin Alexandrina vermitteln wird (vgl. V. 4674–4676). Mit Jan-Dirk Müller kann man hier möglicherweise von einem Beispiel für A-Perspektivität und somit für ‚episches Erzählen' sprechen: Die Figur weiß etwas, was eigentlich höchstens der Erzähler wissen sollte oder was dem Publikum aufgrund der Allgegenwärtigkeit eines frei verfügbaren ‚legendarischen Wissens' bekannt sein kann.[125] Dass Georg in seine eigene Zukunft sehen kann und dennoch an Dacians Hof geht, unterstreicht seine Standhaftigkeit angesichts der bevorstehenden Mühsalen. Zudem verleiht ihm sein unerklärliches Wissen prophetische Züge.

1890 f. *glôriâ in excelsis dêô et in terrâ*
Der Hymnus ‚Gloria in excelsis Deo' (‚Ehre sei Gott in der Höhe') ist Bestandteil der Liturgie. Er bezieht sich auf das Evangelium nach Lukas, wo erzählt wird, dass die Engel nach Jesu Geburt Gott gemeinsam verherrlichen: *gloria in altissimis Deo et in terra pax in hominibus bonae voluntatis* (Lc 2,14).

1904 *jâ wart von himel gesant einem ganzen here fümf brôt*
Zur Speisung der Fünftausend bzw. Viertausend vgl. Mt 14,15–21, Mk 6,35 ff., Lk 9,12 ff., Joh 6,5 ff.; Mt 15,32 ff., Mk 8,1 ff.

1911 *der Daniêlen spîset*
Es läge nahe, anzunehmen, dass hier auf die biblische Geschichte von Daniel in der Löwengrube angespielt werden soll. Allerdings muss Daniel gar nicht gespeist werden, denn er verbringt nur eine Nacht in der von König Darius versiegelten Grube mit Löwen, bevor er am Folgetag – unversehrt – aus der Grube geholt wird. Die Löwen hätten ihm nichts getan, so heißt es, weil Daniels Gott einen Engel gesandt habe, *der den Löwen den Rachen zugehalten hat.* (Dan 6,23) Allerdings erzählt Konrads von Heimesfurt ‚Unser vrouwen hinvart', eine Dichtung des 13. Jahrhunderts, von Abacuc, der von einem Engel zu Daniel gebracht wird, um ihn zu speisen.[126]

---

[125] Vgl. J.-D. Müller 2017, S. 225–236.
[126] Vgl. Konrad von Heimesfurt 1989, V. 323 ff.

1916 *des wîp* ...
Die Figur der Witwe erinnert in vielerlei Hinsicht an die biblische ‚Witwe von Sarepta', der der Prophet Elia zuerst durch ein Speisewunder hilft, bevor er ihren Sohn heilt (1. Kön 17,8–24).

1922 *... geræte*
Das mhd. Wort kann sich auch auf Vorrat, Lebensmittel u. ä. beziehen.

1925 *blâmenschier* ...
Als eine mittelalterliche Speise findet der *blâmensier* bzw. *blâmentschier* auch im ersten deutschsprachigen Kochbuch Erwähnung, dem um 1350 in Würzburg verfassten ‚Buoch von guoter spîse'. Dort wird der *blamenser* vorgestellt als eine gesüßte Breispeise aus Mandeln, Reis und Ziegenmilch, die mit gekochtem Geflügel, zur Fastenzeit auch mit Fisch vermengt wird: *Wie man sol machen einen blamenser. Man sol nemen zigenin milich und mache mandels ein halp phunt. einen virdunc ryses sol man stozzen zuo mele, und tuo daz in die milich kalt. und nim eines huones brust, die sol man zeisen und sol die hacken dor in. und ein rein smaltz sol man dor in tuon. und sol ez dor inne sieden. und gibs im genuoc und nime es denne wider. und nim gestozzen violn und wirfe den dor in. und einen vierdunc zuckers tuo man dor in und gebs hin. Also mac man auch in der vasten machen einen blamenser von eime heckede.*[127]

Seinen Namen erhält dieses in ganz Westeuropa verbreitete – seinen für diese Region eher untypischen Ingredienzien nach zu urteilen jedoch ursprünglich im Mittelmeerraum zu lokalisierende Gericht – aufgrund seines hellen Farbtons (*blanc manger*). Seine erlesenen Zutaten und seine Farbe lassen diesen dem heutigen Geschmack gewiss befremdlich anmutenden Mandelsulz als dem Kontext der literarischen Beschreibung einer Mangelwirtschaft angemessen erscheinen. Unmittelbares Vorbild dieser Darstellung könnte das vierte Buch des Pz. sein, in dem der Erzähler unter Verweis auf das Schweigen der Krapfen-Pfannen von der Hungersnot in Pelrapeire berichtet (184,24 f.: *ein Trühendingær phanne mit kraphen selten dâ erschrei*). Als gemeinsamer Bezugspunkt wäre darüber hinaus der Versuch zu bedenken, eine Person – hier den Heiligen, dort die umworbene Frau – durch Aushungern zu einer Verhaltensänderung zu zwingen.[128]

1929 *als der oven tuot des slâtes*
Idiomatische Wendungen mit den Elementen Ofen und Schlot erfreuen sich schon im Mittelalter großer Beliebtheit. Einschlägig für das vorliegende Beispiel, in dem es darum geht, dass der verrußte Ofen den Schlot verlacht, dürften vielfach variierte Sprichwörter vom Typus „,Phi' sonuit fuscum ridens ardaria furnum" („,Pfui', sagte

---
[127] Hajek 1958, S. 15 [vokalisch <u> statt <v> und Superscripta aufgelöst, die Kommentator*innen].
[128] Man vgl. auch Hieatt 1995.

der schwarze Ofen, den Schlot verspottend") sein.[129] Gemeinsamer Bezugspunkt dieser nach Wolframs Vorbild ausgestalteten selbstironischen Wendung (vgl. Pz. 184,27–185,8) ist in diesem Zusammenhang die Unangemessenheit des Spotts angesichts der Tatsache, dass sich der Spötter und sein Gegenüber in derselben unglücklichen Situation befinden.

1988 ... *der engel Cherubîn*
Cherubîn wird hier (wie auch in vielen anderen Texten der Zeit) wie ein Eigenname verwendet und nicht als Begriff für einen Chor der Engel (vgl. Kommentar zu V. 1001). Gleiches gilt auch für Wolframs Wh. (49,11): „Wolfram verwendet die Pluralform wie einen Singular und die Gattungsbezeichnung wie einen Individualnamen. Er folgt damit einer auch in der gelehrten Theologie verbreiteten Tradition. So verstand man vor allem unter den Genesis 3,24 als Paradieswächter genannten ‚Cherubim' *einen* Engel mit Namen ‚Cherubim'."[130]

2007 *von maniger bluomen underscheit*
An dieser (wie auch an einigen anderen Stellen) hören Kennerinnen und Kenner des Wh. Echos des Wolfram'schen Textes: *man gesach den liehten summer in sô maniger varwe nie, swie vil der meie uns brâhte ie vremder bluomen underscheit* (Wh. 20,4–7).

2010 ... *himelbrôt*
Vgl. den Kommentar zu V. 279 f.

2019 ... *arme* ...
Zwei Handschriften bieten für *arm* Plural an; wir folgen in der Übersetzung Carl von Kraus und beziehen das Substantiv auf den einen Arm des Engels, der zeigt und anweist.

2106–2108 ... *vasant* ... *visch, môraz, wîn* ... *met, sirôpel* ... *clâret*
Derartige Aufzählungen von Speisen und Weinen sind in der höfischen Literatur der Zeit um 1200 weit verbreitet: Mit *vasant* ist der „Fasan" gemeint (vgl. Lexer s. v. *fasân, fasant*); *môraz* ist „Maulbeerwein"; *met* ist ein aus Honig hergestelltes alkoholisches Getränk; *sirôpel* ist „angemachter roter wein" (Lexer s. v. *sinopel*); *clâret* schließlich ist ein „mit gewürz od. kräutern u. honig angemachter wein, vom abklären benannt" (Lexer s. v. *klârêt*).

2137 ... *die lûne*
Mhd. *lûne* (vgl. lat. *luna*) meint hier die Mondphase (beziehungsweise allgemein eine astronomische Konstellation) und dann auch „veränderlichkeit, laune des glückes,

---

129 Man vgl. Seiler 1922, S. 87.
130 Heinzle 2009, S. 871.

glück" (vgl. Lexer s. v.). Vetter verweist (u. a.) auf Strickers ‚Karl', wo es heißt: *Karl sprach ze Genelûne: verfluochet sî diu lûne, in der du würde geborn.*[131]

2163 ... umb ein grûz

Das Sand- oder Getreidekörnchen (mhd. *grûz*) ist auch bei Reinbot häufiger Bestandteil mittelhochdeutscher Phrasen vom Typus ‚Emphase auf einen Ausdruck der minimalen Quantität', wie sie sich noch heute im Ausdruck ‚kein Bisschen' finden lassen. Derartige Phrasen lassen sich sowohl im Mittelhochdeutschen als auch im Altfranzösischen (*ne mie*) und im Lateinischen (*non micus*) in großer Zahl und Vielfalt finden. Ob sich hierin also ein gewisses Maß an Latinität oder gar ein Hinweis auf die mutmaßliche Quelle erkennen lässt, muss daher ungewiss bleiben.

2185 ... Tervigant

Der Göttername *Tervigant* oder *Tervagant* erscheint schon im Wh. mehrmals (erstmals Wh. 11,16) und prominent als Teil der heidnischen Göttertrias (vgl. den Kommentar zu V. 1724). Auch im ‚Rolandslied' des Pfaffen Konrad (V. 7049) sowie in der ‚Chanson de Roland' (Laisse 187) huldigen die Andersgläubigen neben *Mahumet* dem Gott *Tervagan*.[132] Heinzle vermerkt, dass die „Herleitung dieses Götternamens (antike Gottheit? lateinische Bezeichnung für Allah?) [...] umstritten" sei.[133]

2198 ... stuol ze Âche

Aachen war der traditionelle Ort der Krönung der deutschen Könige. Der Thron im Aachener Dom ist dementsprechend auch ein Symbol des deutschen Königtums. Auch im Wh. ist vom Aachener Thron die Rede, z. B. Wh. 450,24.

2212 ... natûre

Der mhd. Begriff sowie die mittelalterlichen Konzepte, Vorstellungen und Ikonographien[134] von ‚Natur' sind gerade wegen der starken Veränderungen des Konzeptes über die Jahrhunderte schwer zu fassen und lassen sich hier nicht detailliert darstellen. Grundsätzlich gilt für ‚das Mittelalter', was das Oppositionspaar Natur/Kultur anbelangt: „Weder existiert ein moderner Begriff von Kultur noch, analog zum Kollektivsingular Geschichte, ein homogener Naturbegriff. Natur ist noch nicht auf die zwar regelhafte aber ‚sinnlose' Lebenssubstanz reduziert und Kultur noch nicht zum Inbegriff humaner Selbstbehauptung ausgeweitet."[135]

Das LexMA erläutert allgemein: „Natur umfaßt das, was entstanden ist und entsteht [...], und bezieht sich sowohl auf den Kosmos im Ganzen als auch auf die

---

[131] Der Stricker 1857, V. 7137–7139.
[132] Der Pfaffe Konrad 1985; Steinsieck 1999.
[133] Heinzle 2009, S. 836.
[134] Vgl. Modersohn 1997.
[135] U. Friedrich 2009, S. 15.

Beschaffenheit der natürlichen Einzeldinge. Das mittelalterliche Naturverständnis knüpfte an antike Traditionen an, unterscheidet sich aber von diesen generell dadurch, daß die Natur ihren Ursprung nicht in sich, sondern in einem Schöpfergott hat."[136]

2221 *Lazarum hiez ûf stên*
Lazarus liegt schon seit vier Tagen im Grab, als Jesus mit seinen Jüngern zu ihm geht, den Stein von der Grabhöhle wegheben lässt, sich an Gott-Vater wendet und Lazarus befiehlt, herauszukommen: *Und der Verstorbene kam heraus, gebunden mit Grabtüchern an Füßen und Händen, und sein Gesicht war verhüllt mit einem Schweißtuch.* (Joh 11,44)

2222 *... Moysen durch daz mer gên*
Im 2. Buch Mose wird die Flucht der Israeliten aus Ägypten geschildert. Die Israeliten, die von den Ägyptern verfolgt werden, gelangen an das sogenannte Schilfmeer und fürchten, eingeholt zu werden. Als sie angesichts der aussichtslosen Lage Mose, ihren Führer, hart kritisieren, kündigt Mose an (2. Mose 14,14), dass Gott für die Israeliten streiten werde: *Und der HERR sprach zu Mose: Was schreist du zu mir? Sage den Israeliten, dass sie weiterziehen. Du aber hebe deinen Stab auf und recke deine Hand über das Meer und teile es mitten durch, dass die Israeliten hineingehen, mitten durch das Meer auf dem Trockenen.* (2. Mose 14,15 f.). So geschieht es – und nachdem die Israeliten das geteilte Meer durchquert haben, vernichten die zurückkehrenden Fluten das nacheilende Heer der Ägypter.

2272 *der durch mich den esel reit*
In allen vier Evangelien wird erzählt, dass Jesus auf einem Esel in Jerusalem einreitet (Mt 21,1–9; Mk 11,1–10; Lk 19,29–38 und Joh 12,14–16). Die Bibelstelle verweist wiederum auf Sacharja 9,9, wo es heißt, dass der ersehnte König arm sei und auf einem Esel reite (*Du, Tochter Zion, freue dich sehr, und du, Tochter Jerusalem, jauchze! Siehe, dein König kommt zu dir, ein Gerechter und ein Helfer, arm und reitet auf einem Esel, auf einem Füllen der Eselin.*). Übrigens werden in der betreffenden Passage im Matthäusevangelium zwei Tiere erwähnt (eine Eselin und ihr Jungtier), was auf die Septuaginta-Tradition der Passage im Buch Sacharja zurückgeht, wo ja auch von zwei Tieren die Rede ist.

2270 *ich hân selten ê ...*
Die Formulierung lässt sich auch als Litotes lesen: ‚Ich habe nie...'.

---

[136] Speer 1993, S. 1040 [Abkürzungen aufgelöst, die Kommentator*innen].

2279 f. *und wert ir des wol innen, ê daz ir scheidet hinnen*
Das sind die Verse, die zuvor schon (V. 1494 ff. und dann mehrfach) als Strategie zur Aufmerksamkeitserregung und zur Enttäuschung naheliegender Informationsbedürfnisse benutzt worden waren.

2363 *den milten Allexander*
Der Bezug auf Alexander den Großen ist keineswegs überraschend. Einerseits überschneidet sich die Topographie der erzählten Welt des HG mit der erzählten Welt der Alexanderromane; aber auch die heilsgeschichtliche Bedeutung, die dem makedonischen König Alexander in biblischer Tradition zugesprochen wurde, lässt eine Bezugnahme plausibel erscheinen: So wie Alexander erfüllt Georg seine Rolle im christlichen Heilsplan. Allerdings wird Reinbot dem König Dacian kaum ein Verständnis für solcherlei Implikationen unterstellt haben. Gemeinsamer Bezugspunkt seines Alexandervergleichs ist daher die mustergültige Freigebigkeit (*milte*) des Herrschers, von der Walther von der Vogelweide in einem an Philipp von Schwaben adressierten Spruch sagt: *swelh künic, der milte geben kan, si gît im, daz er nie gewan. wie Alexander sich versan! der gap und gap, und gap si im elliu rîche.*[137]

2426 *diu verquelte sêre ir lîp*
Unklar bleibt, ob die arme Frau innerlich leidet, weil sie über die Nachricht bestürzt ist, oder ob sie sich körperlich alles abverlangt, um so schnell wie möglich zum Palast zu gelangen. Wir verstehen *verqueln* hier eher als Klagegebärde, zumal das Wort auch im Sinne von ‚sich martern' gebraucht wird.

2482 *... ein wälhische videl*
„Unter ‚fidula' (mhd. *videl*) ist die mittelalterliche Fiedel zu verstehen, ein Instrument, das sich nur schwer gegen die mittelalterliche *gîge* abgrenzen läßt. Die Dichter gebrauchen beide Bezeichnungen in gleicher Bedeutung. Bei beiden Instrumenten gab es die verschiedensten Größen, Saitenzahlen (1–6), Formen (oval, achtförmig, birnenförmig, spatenförmig, mandelförmig) und Spielhaltungen (an Schulter oder Knie gelehnt). Das einzige in der Instrumentenkunde ziemlich oft betonte Unterscheidungsmerkmal der *videl* sind ihre vorder- oder hinterständigen Wirbel im Gegensatz zu den an einem zurückgeschweiften Wirbelkasten angebrachten Seitenwirbeln der *gîge*."[138] Was das Spezifische an einer romanischen Fiedel war, ist unklar. Laut MHDBDB gibt es zwei Parallelstellen.[139] Zum einen in Hugos von Trimberg ‚Renner', im Rahmen einer Klage darüber, dass die Tür zur *frouwe Gramaticâ* (16725) zwar offen stehe, aber die Wenigen, die hineintreten, dort nur ein *trügementellîn* suchten, also ein ‚Deckmäntelchen', um

---

[137] Walther von der Vogelweide 2013, L 17,7–10.
[138] Riedel 1959, S. 104.
[139] Suchlemmata und Syntax lauteten „wälhische+videl".

gelehrter zu erscheinen als sie eigentlich sind: *Von videlern. Sô kumt aber einer und siht hin în, Der suochet ein welhisch videllîn, Ein herpfelîn und ein zitolîn, Mit den er wichet ûz und în.*[140] Zum anderen ist in Ulrichs von dem Türlin Vorgeschichte zum Wh. an einer Stelle von *englisch harpfen und welisch videln* die Rede.[141] Vielleicht wird mit dem Attribut *wälhisch* aber auch nur noch einmal daran erinnert, dass die Königin eine ‚halbe Französin' ist.

2502 f. *daz kint begund sich lenken nâch dem kopfe ûf diu knie*
Der genaue Bewegungsablauf bleibt etwas unklar; wir gehen davon aus, dass das Mädchen (in einem Akt der Ehrbezeugung?) mit dem Pokal vor Georg auf die Knie fällt. Vetter schlägt vor: „beugte sich und ließ sich unter dem Gewicht des Bechers (oder ‚indem es zugleich den Becher neigte'?) auf die Knie nieder".

2537–2684 *diu frâg ist wild: ich sol si zamen ... umb juden, kristen, heiden*
Einfach nur zum Thema zu sprechen gehört eher nicht zu Georgs Stärken. „Die grossen religiösen Reden", stellt Ulrich Wyss zurecht fest, „haben etwas Arienhaftes".[142] Nach einigen Ausführungen verschiebt Georg denn auch das eigentliche Thema auf den Folgetag.

2561–2618 *vier wunder huoben sich hie an ... hie mügt ir wunder an spehen*
Carl von Kraus erläutert die vier Wundergeburten – „eines der beliebtesten themata mittelalterlicher theologie", wie er schreibt – folgendermaßen: „1) gebiert eine jungfrau (die unbefleckte erde) einen mann (Adam). 2) gebiert ein mann (Adam) ein weib (Eva). 3) mann und weib zusammen erzeugen ein kind, dessen geburt nur dem weib schmerz bereitet (*als man noch hiut von wîben siht* 2596). 4) eine magd gebiert ein kind, das vom himmel kommt und ihr schöpfer ist, ohne verletzung der jungfräulichkeit (Maria)."[143] Man vgl. Pz. 463,15–26.

2628 f. *ez zilt ouch allen sachen mit selpkür ordenunge*
Die Textstelle provoziert Fragen nach der Freiheit Gottes bzw. der Freiheit Christi. Kann das ‚himmlische Kind' frei entscheiden oder sorgt es dafür, dass alle Dinge sich freiwillig seiner Ordnung unterwerfen? Vetter meint, dass *ziln* „hier der Bedeutung von ‚herrschen' nahe" komme.

---

140 Hugo von Trimberg 1909, V. 16779–16782.
141 Ulrich von dem Türlin 1893, V. 156, 28.
142 Wyss 1973, S. 164.
143 C. Kraus 1899, S. 54.

2640 ... *dêi genitrix*
‚Gottesgebärerin' „ist ein Ehrentitel für Maria" (üblicherweise eher: Muttergottes, Mutter Gottes oder Gottesmutter) „die Mutter Jesu Christi. Er bezieht sich auf den christlichen Glaubenssatz, dass Jesus Christus wahrer Gott und wahrer Mensch ist".[144]

2642 f. *dâ von her Dâvîd genuoc an sîner schrifte sprichet*
Die Psalmen werden allgemein oft König David zugeschrieben. In den sogenannten ‚Königspsalmen' ist von einem irdischen König die Rede. Einige von ihnen können so interpretiert werden, dass damit der Messias gemeint ist, d. h. aus christlicher Sicht Jesus. Vgl. z. B. die Psalmen 2, 20, 132, 144 und 110.

2666 f. *astitit regînâ â dextris tûis*
Das Zitat bezieht sich wohl auf eine Stelle der Psalmen: *filiae regum in honore tuo stetit coniux in dextera tua in diademate aureo* (Ps 44,10). Man vgl. Konrads von Heimesfurt ‚Unser vrouwen hinvart'; dort erläutert der Erzengel Gabriel gegenüber der Gottesmutter Maria ihre zukünftige Position im Himmel: *alsô noch stât geschriben dâ ‚astitit regînâ a dextris tuis.'*.[145]

2677 ... *sägerære*
Das Wort *sägerære* bedeutet ebenso wie das Wort *sæjære* „Sämann". Wir erlauben uns die Freiheit, mit „zu ihrer Aussaat" zu übersetzen.

2692 ... *mîn frouwe ...*
Während Carl von Kraus hier seiner Leithandschrift W folgt, notieren die Handschriften Bw an dieser Stelle *die* statt *mîn* – im Kontext der Erzählerrede scheint das mehr Sinn zu ergeben, will man nicht annehmen, dass der Erzähler die Königin im Stile höfischer Dichter als ‚seine Herrin' bezeichnet. Da die Textstelle aber verständlich ist, sehen wir für einen Eingriff in den mhd. Text keinen zwingenden Grund.

2698 ... *des grâles herre Anfortas*
Die Figur des Anfortas kannte Reinbot aus dem Pz. Dort ist Anfortas der an den Hoden verletzte, deshalb leidende (und mithin liegende) Gralskönig, der aber, weil der Gral temporäre Unsterblichkeit verleiht, nicht sterben kann.

2719–2791 ... *vier und zweinzec namen ... trêmontâne*
Die ‚Sinnbilder und Beiworte Mariens' – so der Titel einer einschlägigen Monographie Anselm Salzers, die auf Aufsätze der Jahre 1886–1894 zurückgeht –[146] sind zahlreich.

---

144 Wikipedia 2019 (Art. ‚Gottesgebärerin').
145 Konrad von Heimesfurt 1989, V. 259–261.
146 Salzer 1967.

Entsprechende Aufzählungen finden sich etwa in Konrads von Würzburg *Goldener Schmiede*. Carl von Kraus hat die 24 Namen, die Reinbot hier nennt, in seiner Rezension der Ausgabe von Vetter folgendermaßen aufgezählt:[147] (1) unversehrter Stein Daniels, (2) göttlicher Palast, (3) Thron Salomons, (4) Vlies Gideons, (5) überquellender Brunnen, (6) Dornbusch Moses, (7) Weingarten des Herrn, (8) Stab Aarons, (9) lebendiger Baum aus dem Paradies, (10) Pforte Ezechiels, (11) Tempel des Königs, (12) Abwendung des Niedergangs der Welt, (13) Ave, (14) süße Laterne, (15) Stern der drei Könige, (16) aufgehende Morgenröte, (17) Zuflucht vor dem ewigen Tod,[148] (18) Taube ohne Galle, (19) Turm Zions, (20) Balsam, (21) kostbares Kleinod, (22) Schatz des Himmels, (23) Fundament aller Tugend, (24) Nordstern.

Die meisten der Beiworte Mariens haben einen biblischen Bezug. ‚Daniels Stein' ist der Stein, von dem der babylonische König Nebukadnezar träumt, dass er eine Statue aus verschiedenen Materialien trifft und zerstört (Dan 2). In Daniels Deutung weist der Stein auf das Kommen des Messias hin. ‚Salomos Thron' wird in 1. Kön 10,18–20 beschrieben. Salomo gilt, ebenso wie sein Vater David, als Vorfahr Jesu. An geschorener Wolle, die in einer Nacht vom Tau benetzt wird und in der nächsten Nacht trocken bleibt, erkennt der Richter Gideon, dass Gott dem Volk Israel gegen seine Feinde beistehen wird (Ri 6,36–40). Gott erscheint Mose in einem Dornbusch, der brennt, ohne dabei zu verbrennen (2. Mose 3,1–5). Der ‚Weingarten des Herrn' bezeichnet häufig das Haus des Volkes Israel oder das Reich Gottes auf Erden (vgl. z. B. Jes 5,7; Mt 20,1–16). Als Gott Moses Bruder Aaron zum Priester erwählt, zeigt er dies an, indem er ‚Aarons Stab' grünen lässt (4. Mose 1–11). Der Beiname ‚Lebendiger Baum aus dem Paradies' spielt möglicherweise auf den Baum des Lebens (*lignum vitae*) an, den Gott im Paradies wachsen lässt (1. Mose 2,9). Zu ‚Ezechiels Pforte' vgl. den Kommentar zu V. 945–965. Zum ‚englischen Gruß' vgl. den Kommentar zu V. 4051. Der Beiname ‚Stern der drei Könige' bezieht sich auf das Matthäusevangelium, wo erzählt wird, dass weise Sterndeuter aus dem Morgenland einen hellen Stern sehen und ihm erst nach Jerusalem und dann nach Betlehem folgen, wo sie den neugeborenen Messias in einem Stall antreffen, ihm Geschenke machen und ihn anbeten (Mt 2,1–12). Das Evangelium äußert sich weder über den sozialen Status noch über die Anzahl der Sterndeuter – diese Informationen wie auch die Namen Caspar, Melchior und Balthasar lagern sich erst im Verlauf der Spätantike an die Erzählung an. Der Beiname ‚aufgehende Morgenröte' bezieht sich möglicherweise auf das Hohelied. Dort fragt der Liebende nach seiner Geliebten mit den Worten: *Wer ist sie, die hervorbricht wie die Morgenröte, schön wie der Mond, klar wie die Sonne, überwältigend wie die Bilder am Himmel?* (Hld 6,10). Was die ‚Taube ohne Galle' anbelangt, so preist das biblische Hohelied (Hld 2,14) die Taube ebenso wie der ‚Physiologus', eine ursprünglich griechische frühchristliche Naturlehre, in der die Eigenschaften von Tieren, Pflanzen und Steinen im Hinblick auf das christliche

---

147 C. Kraus 1899, S. 55.
148 Unter dem Stichwort *hamît* findet sich bei Salzer einzig diese Stelle bei Reinbot (Salzer 1967, S. 546).

Heilsgeschehen gedeutet werden.[149] Tatsächlich besitzen die meisten Taubenvögel keine Gallenblase. Da diese nicht nur die bittere Gallenflüssigkeit produziert, sondern seit der Antike auch als Sitz des Zorns gilt, unterstreicht die im Mittelalter häufige Bezeichnung Marias als ‚Taube ohne Galle', dass Maria frei ist von negativen Affekten und von Sünde. Zum ‚Turm Zions': Im Buch Micha ist der ‚Turm der Herde' und die ‚Feste der Tochter Zions' der Inbegriff des zerschlagenen und geknechteten Volkes Israel, das von Gott gerettet wird (Mi 4,8). Im Buch Jesus Sirach/Ecclesiasticus preist sich die Weisheit selbst als duftenden Balsam (Sir 24,21). Zum Nordstern vgl. den Kommentar zu V. 2791.

2748 f. *dâ von sich der geloube sît begunde zweien*
Gemeint ist mit der Entzweiung des Glaubens wohl die Trennung zwischen Juden- und Christentum.

2764 ... *wenderin der werlde val*
Zwar ist allgemein davon die Rede, Maria sei diejenige, die das Verderben der Welt abwendet; gemeint ist aber wohl konkret der ‚Sündenfall'.

2779 ... *Syôn*
Der biblische Ortsname ‚Zion' ist heute noch im Substantiv ‚Zionismus' präsent. Gemeint ist ursprünglich eine Burg im vorisraelitischen Jerusalem. In der hebräischen Bibel ist der Ortsname vielfach präsent, wird auch synonym mit Jerusalem verwendet – und wird Teil theologischer Erwägungen, war doch „bereits mit der Festung Zion die Konnotation von Schutz, Rettung, Sicherheit verknüpft, die dann mit der Gegenwart Jahwes verbunden wird".[150] Im Neuen Testament wird Zion in seiner Heilsbedeutung punktuell aufgegriffen (Offb 14,1) und so „für die Gemeinde Christi Bild neuer Wirklichkeit".[151]

2780 f. *ob balsamîte sî dîn lôn? nein ...*
‚Epidiorthosis', heißt diese rhetorische Figur bei Dallmayr: „Rhetorische Selbstberichtigung: die hinterher vom Redner hinzugefügte Verbesserung eines Ausdrucks oder einer Ausführung".[152] Man vgl. auch den Kommentar zu V. 1482 f.

„Der Balsamsaft", von dem an dieser Stelle die Rede ist, „wird aus den Zweigen der Balsamsträucher gewonnen. Bei der Lagerung des Saftes bildet sich oben eine Ölschicht, die das eigentliche Balsamöl darstellt. Dieses war jedoch sehr selten, und im allgemeinen werden weniger wertvolle, durch Sieden und Pressen der Zweige oder Beeren gewonnene und durch verschiedene Zutaten vervielfältigte und verschnittene

---

149 Vgl. Schönberger 2001, S. 44–49.
150 Schreiner 2001, S. 1462 [Abkürzungen aufgelöst, die Kommentator*innen].
151 Schreiner 2001, S. 1463.
152 Dallmayr 1953, S. 43.

Sorten im Handel gewesen sein. Das Mittelalter bezog seinen Balsam aus Ägypten und dem Heiligen Land. Der Balsam wurde im Abendland ‚einestheils zu gottesdienstlichen Zwecken als Ingrediens des Taufwassers und des heiligen Salböls, anderntheils zu medicinischen, besonders bei Heilung von Wunden und endlich zur Conservirung von Leichnamen' verwendet."[153]

2791 ... *trêmontâne*
trêmontâne (von lat. *transmontanus*, nördlich der Alpen, aus italienischer Perspektive) meint u. a. den ‚Nordstern' und dieser „Nordstern wird in einigen Wendungen exemplarisch für Unverrückbarkeit bzw. Beständigkeit verwendet", schreibt Friedrich in seinem ‚Phraseologischen Wörterbuch',[154] und er verweist unter anderem auf Pz. 715,14–20 (aus Gramoflanz' Brief): *ich mac wol dîner güete jehn stæte âne wenken sus, als pôlus artanticus gein dem temuntâne stêt, der neweder von der stete gêt: unser minne sol in triwen stên unt niht von ein ander gên.*

2814 ... *der künic von Maroch*
Zum König von Marokko vgl. den Kommentar zu V. 224 f.

2830–2890 *daz süeze lamp von Nazarêt ... daz semfte lamp von Nazarêt ... daz lamp, daz kriuz hêt in den klân*
Mit dem Verweis auf das *lamp von Nazarêt* greift Reinbot eines der ältesten Symbole Christi auf. Einschlägig für die bereits im Alten Testament fest etablierte Opfersymbolik des Lamms (vgl. Jes 53,7) auf den Gottessohn ist Joh 1,29: *Am nächsten Tag sieht Johannes, dass Jesus zu ihm kommt, und spricht: Siehe, das ist Gottes Lamm, das der Welt Sünde trägt!*

Während die V. 2830 und 2877 sich recht allgemein auf die Vorstellung von Jesus als ‚Agnus Dei' beziehen, verweist das Bild vom Lamm, das ein Stabkreuz oder eine Kreuzesfahne trägt, konkret auf den Kreuzestod Christi. Während die auf Geheiß von Kaiser Justinian II. im Jahr 691 einberufene Trullanische Synode die Darstellung Christi als „Agnus Dei" zumindest für die Ostkirche untersagte,[155] erfreute sich dieses Motiv im Westen vor allem in der mittelalterlichen Malerei weiter großer Beliebtheit.[156] Davon zeugt noch der um 1515 von Matthias Grünewald geschaffenen Isenheimer Altar, auf dem das Motiv als ein Lamm mit Holzkreuz realisiert wurde. Auf die allgemeine Präsenz solcher Bildzeugnisse rekurriert auch Reinbots literarisches Vorbild Wolfram von Eschenbach, wenn er angesichts des Anschlags auf Gahmuret denjenigen anruft,

---

[153] Vorderstemann 1974, S. 46 mit Verweis auf Heyd 1879, S. 566–572 (zur Herkunft des Balsams aus Ägypten und dem Heiligen Land; Vorderstemann gibt fälschlicherweise Band 1 an) sowie Zitat aus Heyd 1879, S. 572.
[154] J. Friedrich 2006, S. 411.
[155] Vgl. Ritter 2019, S. 263–265.
[156] Vgl. Schiller 1968, S. 129–133.

den man noch mâlet für das lamp und ouchz kriuze in sîne klân (Pz. 105,22 f.). Zur Lammsymbolik im HG vgl. auch V. 4387 und V. 4552.

2867 *wer sazt die künegin...*
Vetter geht davon aus, dass *sazte* „term. techn. für den Unterricht des Täuflings oder das Vorsprechen des Credo gewesen sein" müsse.

2868 f. *dez tet der die touben ûz der arke sante*
Nach der Sintflut ist es nicht der Rabe, sondern die Taube, die zu Noahs Arche zurückkehrt und durch einen Ölzweig in ihrem Schnabel anzeigt, dass das Wasser abläuft und die überlebenden Menschen Hoffnung schöpfen dürfen (1. Mose 8,6–12).

2914 *... botenbrôt*
Unter ‚Botenbrot' versteht man den Lohn, den ein Bote für das Überbringen einer Nachricht erhält. Neben Kost und Unterkunft kann dieser Lohn auch weitere Geschenke umfassen. Insbesondere bei positiven Nachrichten können Boten – so zeigen es zumindest die höfischen Erzählungen – mit großzügigen Gaben rechnen.

2928 *wolden ouch gekrônet sîn*
Kaiser und Kaiserin wollen den Königen in nichts nachstehen und ebenfalls ihre Kronen tragen, was auch zum besonderen, feierlichen Anlass passt. Aus festlichen Anlässen die Krone zu tragen, ist historisch gesehen nicht ungewöhnlich, gibt es doch den „althergebrachten Brauch, welcher die deutschen Könige an hohen Kirchenfesten, vornehmlich zu Weihnachten, Ostern und Pfingsten unter der Krone gehen ließ".[157]

2947 *der vind ein bezzerz, wizze er iht*
Aufgefordert wird der imaginierte Kritiker, sich ‚etwas Besseres zu suchen' (was, so der Witz, angesichts der moralischen Vorbildlichkeit Georgs schwierig werden dürfte). Ähnlich formuliert Reinmar von Zweter an einer Stelle: *Nû wil ich lêren ouch die man, sô ich von mînen sinnen daz beste immer vinden kan: swem daz niht wol gevalle, der lêre ein bezzerz sunder mînen haz.*[158]

2962–2971 *... vier und zweinzec wîlen ... sô wirt ez anderhalben tac*
Die Sonne umläuft die Erde in 24 Stunden – bzw. allgemeiner: 24 ‚Zeitabschnitten'. Da sich Reinbot die Erde, so wie es im Mittelalter üblich ist, als eine Kugel vorstellt, wird es ab dem Moment des Sonnenuntergangs *anderthalben*, also ‚auf der anderen Seite' der Erdkugel, Tag.

---

[157] Klewitz 1966, S. 48.
[158] Reinmar von Zweter 1887, S. 436 (Nr. 51).

2973 ... *nordenmer*
Während das Wort grundsätzlich ein nördliches Meer meinen kann, scheint der Begriff in diesem Zusammenhang nur bei Reinbot belegt zu sein. Gemeint ist offenbar ein Ort, der sich an der Tag-Nacht-Grenze befindet und der wohl als eine Dacian untergeschobene heidnische Fehldeutung biblischer Glaubenswahrheiten zu verstehen ist.

2979 *Sibille ...*
Sibyllen genannte Seherinnen der Antike sind im Mittelalter bekannt und einzelne Orakelsprüche und Weissagungen wurden auf Christus und das Christentum bezogen.[159] Man vgl. auch V. 3259, wo Sibylle als Prophetin Christi erwähnt wird. In der deutschsprachigen Literatur des Hochmittelalters figuriert Sibylle prominent im ‚Eneasroman' Heinrichs von Veldeke, wo sie Eneas in die Unterwelt (und zurück) begleitet.

2981 *der planêten siben sint*
Die sieben Planeten sind Mond, Merkur, Venus, Sonne, Mars, Jupiter und Saturn. Man vgl. den Kommentar zu V. 4363.

2991 ... *in einer siule ...*
Apoll befindet sich wohl nicht vollständig umschlossen im Inneren der Säule; vielmehr dürfte die Säule für Apoll einen Rahmen bilden. Man denke etwa an Gewändefiguren an Kirchen.

3011 ... *gewerf ... dinc*
Das *gewerf* ist das, „was man zusammen wirft oder bringt" (BMZ s. v.). Hier ist wohl der ‚Einwurf' oder ‚Vorwurf' gemeint, den die Witwe nun zu vertreten hat. Das *dinc* ist die Sache, um die es in einem Gerichtsverfahren geht.

3025–3028 *der guote spîse machet, und si dar nâch swachet, daz er leit vergift dar în: diu muoz ...*
Anakoluthe – also Satzbrüche – begegnen im HG häufiger. Dallmayr nennt: „3975–85. 4868–71. 5421–26. 5581–84 u. a.".[160]

3034 *bœser gsellen wirt man siech*
Dass man schlechte Gesellschaft meiden soll, ist sprichwörtlich, bis heute.[161]

---

159 Vgl. Engemann 1995.
160 Dallmayr 1953, S. 202.
161 Man vgl. die Einträge zu *geselleschaft* bei J. Friedrich 2006, S. 163.

3059 ... *iu sî widerseit*
Mhd. *widersagen* meint das Aufkündigen des Friedens und der Freundschaft sowie (folglich) die Ankündigung von Fehde und Krieg (vgl. Lexer s. v.). Man vgl. auch den Kommentar zu V. 1660–1663.

3062 ... *wisewazzer*
Das Wort bezeichnet „wiesenwasser bes. als bild der unzuverlässigkeit" (vgl. Lexer s. v.).

3065 *iuwer lîp bî namen veiget*
Nicht ganz klar ist, ob sich der Vers auf Georgs schädliche Wirkung auf andere bezieht (,Ihr bringt Verderben!') oder ob Georg selbst dem Untergang geweiht ist. Letzteres ist inhaltlich wohl wahrscheinlicher: Wegen seiner Untreue und Unbeständigkeit ist Georg, so die Witwe, dem Tod geweiht.

3070 *man blâs nâch iuwer wird ein horn*
Das Blasen eines Horns dürfte in verschiedenen Kontexten relevant sein, insbesondere bei der Jagd und bei kriegerischen Auseinandersetzungen. An welchen konkreten Zusammenhang hier gedacht ist, bleibt allerdings unklar (und auch die Einträge zu ‚Horn' im TPMA helfen nicht weiter). Wir gehen davon aus, dass hier an eine Art letzten Gruß gedacht ist. Möglicherweise ist aber auch ein Signal gemeint, mit dessen Hilfe man nach jemandem sucht (indem man auf die eigene Position aufmerksam macht).

3101 *sô brâht diu sunne aber den tac*
Nicht ganz klar wird bei dieser Formulierung, ob es sich hier – beim Wiederbringen des Tages durch die Sonne – um einen einmaligen oder um einen wiederholten Vorgang handelt. Unsere Übersetzung geht von letzterem aus.

3112 *und ir fride gehieze*
Man vgl. den Kommentar zu V. 1660–1663.

3152 ... *samît*
Man vgl. den Kommentar zu V. 1464–1466.

3197 ... *dem gewîssagten got*
Der Markgraf meint damit natürlich Jesus Christus.

3214 ... *ein abetroc*
Der Begriff bezeichnet „teuflisches Blendwerk" (MWB s. v.); wir übersetzen entsprechend mit „Trugbild".

3220 f. *der den Israhêls gezoc mit fünf brôten spîset*
In 2. Mose 16,1–36 bekommen die Israeliten eine größere Menge Manna, allerdings keine fünf Brote. Explizit von fünf Broten ist dann bei der Speisung der Fünftausend die Rede, auf die sich Reinbot hier wohl auch mit bezieht (vgl. Kommentar zu V. 1904).

3233 *als ez ein hanif wære*
Gemeint ist, so Vetter, „ein Hanfacker, durch welchen bekanntlich wegen seiner geringern Dichtigkeit und wegen der grössern Selbständigkeit der einzelnen Pflanzen besser zu gehen ist als z. B. durch ein Kornfeld".

3258 *daz sunder natûre wart*
Gemeint ist wohl die ‚unnatürliche' Zeugung Jesu ohne Geschlechtsverkehr.

3259 *daz Sibillâ nant der tugende kint*
Man vgl. den Kommentar zu V. 2979.

3260 *ob dem der esel und daz rint*
Bei Lukas (Lk 2,1–20) gibt es nur die Krippe, keine Tiere. Diese kommen erst im Pseudo-Matthias-Evangelium (wahrscheinlich Anfang des 7. Jahrhunderts) dazu, sind aber in der mittelalterlichen Ikonographie meistens präsent.

3282–3284 *daz abgot sprach ‚wie verre der künige swert snîdet, daz ez mich niht mîdet!'*
Der Plural (‚Schwert der Könige') kann hier durchaus irritieren, zumal dann, wenn man davon ausgeht, dass es nur einen Himmelskönig geben kann. Blickt man in den Lesartenapparat der Ausgabe von Carl von Kraus, sieht man, dass die drei vom Abgott gesprochenen Verse in zahlreichen Handschriften fehlen.

3316 *... Mahmet*
Während *Mahmet* bei der ersten Erwähnung in V. 1724 als ein Teil der polytheistischen Götterwelt erscheint, ist *Mahmet* hier nicht notwendigerweise als ein Götze zu verstehen, sondern vielmehr als jemand, der einen Gott anbetet. Die schleichende Menschwerdung *Mahmets* findet in V. 4278 ihren Abschluss.

3333–3386 *ez schrei vil lût ... undr aller hande orden ... jâr*
Die Rede Apolls folgt hier dem Schema der erzwungenen Teufelsbeichte, die von den apokryphen Texten ausgehend auch Einzug in die lateinische und volkssprachige hagiographische Dichtung hielt. Dabei breitet der entlarvte Teufel oder Dämon – meist bei Adam und Eva beginnend – die Liste seiner Nachstellungen und Missetaten aus, die allesamt zum Schaden des Menschengeschlechts begangen wurden. Bemerkenswert ist in diesem Zusammenhang, dass Apoll keine Bezüge zu einschlägigen Episoden des Alten und des Neuen Testaments herstellt, sondern in erster Linie auf sein gegenwärtiges Tun verweist und dabei mit dem Adel und dem Klerus vor allem jene Stände

anspricht, die er den Gefahren von Hochmut, Wollust und Geiz besonders ausgesetzt sieht.

3352 *undr ir danc, Marîen*
Mit Carl von Kraus deuten wir diesen in die Aufzählung der Verführten eingefügten Vers als einen Hinweis darauf, dass bei schweren Sünden wie Hochmut, Wollust und Geiz selbst die Fürsprache der Gottesmutter nutzlos ist. Die Seelen der Sünder fallen daher selbst „gegen ihren, Marias, willen"[162] der Hölle zu. Analog zu V. 5930 muss hier *undr* im Sinne von *âne* verstanden werden (vgl. Lexer s. v. *danc*); tatsächlich bietet Handschrift B an dieser Stelle die Lesart *ane*.

Die Begrenzung der Fürsprachefähigkeit Marias taucht als Thema etwa auch im ‚Münchner Weltgerichtsspiel' auf. Dort erläutert Jesus gegenüber Maria, dass es nun, beim letzten Gericht, keine Barmherzigkeit mehr geben könne: *Kumb und setz dich her zu mir, ich wirt etwas reden mit dir: Dem sunder warestu alltag berait, wem sein sund ye waren laidt, So patest für den sunder mich, dann han ich albeg erhoret dich. Aber dise verfluechten leut wierd ich selb verdamen heut, Wann mich noch dich wolten sy nye eren noch sich von sunden nye bekeren.*[163]

3354 *... entlappet*
Während mhd. *lappe* zunächst allgemein auf ein „niederhangendes stück zeug" oder eben einen Lappen rekurriert (Lexer s. v. *lappe*), konkretisiert Carl von Kraus, dass in diesem Fall mit der *lappe* das „bäffchen' des priesters" gemeint sei; *entlappen* würde dann bedeuten: „‚die lappe wegnehmen'".[164] Diese Vermutung lässt sich im Hinblick auf Reinbots Georgslegende nur schwerlich verifizieren, findet aber Rückhalt in einem hochmittelalterlichen Gedicht zur Deutung der Messgebräuche, das die *lappe* als ein priesterliches Kleidungsstück ausweist, durch das die Makellosigkeit des Geistlichen signalisiert werden soll: *div bezeichent die kuscheit.*[165] Ihn dieses symbolhaften Textils zu entkleiden, gleicht nicht nur einer Devestitur, sondern brandmarkt den Kirchenmann als Sünder – mit dem körperlichen Dahinscheiden geht also auch ein sozialer Tod einher. Denkbar wäre indessen auch die Lesart *entlaben* (‚schwächen', ‚vernichten'), wobei auch hier in durchaus ähnlicher Weise Akte des Schwächens und Vernichtens impliziert wären.

3363 *... den dritten himel ...*
Im Zweiten Korintherbrief gilt der dritte Himmel als der Ort des Paradieses: *Ich kenne einen Menschen in Christus; vor vierzehn Jahren – ist er im Leib gewesen? Ich weiß es nicht; oder ist er außer dem Leib gewesen? Ich weiß es nicht; Gott weiß es –, da wurde*

---

162 C. Kraus 1899, S. 50.
163 Schulze 2014, V. 557–566.
164 C. Kraus 1899, S. 57.
165 Pfeiffer 1841, V. 205.

derselbe entrückt bis in den dritten Himmel. Und ich kenne denselben Menschen – ob er im Leib oder außer dem Leib gewesen ist, weiß ich nicht; Gott weiß es –, der wurde entrückt in das Paradies und hörte unaussprechliche Worte, die kein Mensch sagen kann. (2. Kor 12,2–4)

Dass der Dämon diesen Ort zur Tarnung nutzt, um besonders den Lügenaposteln nachzustellen, wird mit Blick auf eine frühere Passage des Zweiten Korintherbriefs ersichtlich: *Denn solche sind falsche Apostel, betrügerische Arbeiter und verstellen sich als Apostel Christi. Und das ist auch kein Wunder; denn er selbst, der Satan, verstellt sich als Engel des Lichts. Darum ist es nichts Großes, wenn sich auch seine Diener verstellen als Diener der Gerechtigkeit; deren Ende wird sein nach ihren Werken.* (2. Kor 11,13–15)[166]

3368–3370 *sô ist mir ze der erde gâch, dâ der priester singet, daz liut ze banne bringet*
Es bleibt etwas unklar, woher dieses negative Priesterbild kommt. Sind damit heidnische Kulte gemeint, die (aus christlicher Sicht) ins Verderben führen?

3381 *die rede ich ûf si werbe*
Mhd. *rede* meint „rechenschaft, verantwortung" (Lexer s. v.). Gemeint ist also: ‚zur Rechenschaft ziehen'. Karl Helm überlegt, ob es nicht doch (mit der Handschrift) Z *ræte* heißen müsste, im Sinne von „ich mache die anschläge auf sie, dass ...".[167]

3395 *... der eltist ...*
In Lk 10,18 sagt Jesus: *Ich sah den Satan vom Himmel fallen wie einen Blitz.* In der Spätantike etabliert sich die Vorstellung, dass ein abtrünniger Engel, hier Luzifer/Lucifer, sich gegen Gott aufgelehnt habe und von diesem aus dem Himmel in die Hölle verbannt worden sei. Lesen kann man das unter anderem in der apokryphen ‚Vita Adae et Evae' (‚Leben Adams und Evas').

3411 *... von der elementen art*
Mit den (vier) Elementen sind Erde, Wasser, Luft und Feuer gemeint. Aus ihnen setzt sich „der sogenannte sublunare Bereich" zusammen, also „der gesamte Raum unterhalb der Mondbahn. Diese innerste Kugel des Weltsystems hatte in ihrem Zentrum die Erdkugel, da die Erde als schwerstes Element ja immer nach unten strebt, und der unterste Punkt des Universums ist sein Zentrum. Rundherum lagert sich in unregelmäßiger Form das Wasser, das größere Teile des Erdballs bedeckt, darüber die Luft, schließlich das Feuer."[168] Man vgl. auch V. 3896 ff.

---

[166] Hierzu ausführlich Heckel 1993, S. 61.
[167] Helm 1908, S. 284.
[168] Simek 1992, S. 127.

3436 ... *den leimînen*
Mit den ‚Lehmlingen' sind hier die Menschen gemeint. Man vgl. 1. Mose 2,7: *Da machte Gott der* HERR *den Menschen aus Staub von der Erde und blies ihm den Odem des Lebens in seine Nase.*

In der Klagerede des als Dämon entlarvten Apoll bezieht sich Reinbot auf die den drei Buchreligionen gemeinsame Vorstellung, wonach eine vom Teufel angeführte Gruppe von Engeln aus dem Himmel verstoßen worden sei und so ihren Platz an die Menschen verloren habe. Dass die gegen das Menschengeschlecht gerichteten Rachehandlungen der gefallenen Engel eine Folge der Konkurrenz um den zehnten Himmelschor darstellt, steht zwar nicht unmittelbar in der Tradition des biblischen Kanons, findet sich jedoch unter anderem in der apokryphen ‚Vita Adae et Evae' (‚Leben Adams und Evas'). In diesen Zusammenhang gehört auch die beispielsweise in dem ebenfalls apokryphen ‚Bartholomäusevangelium' beschriebene Verachtung der aus Materie geschaffenen Menschen durch die aus edleren Elementen wie Feuer und Luft geschaffenen Dämonen, die auch Apoll zum Ausdruck bringt, wenn er die Menschen pejorativ als die *leimînen* (‚die Lehmgemachten', ‚die Lehmlinge') bezeichnet.

Auch Apolls Drohung, er würde Georg auf der Stelle verderben, wenn dies nicht Gott selbst verhinderte, findet sich im dortigen Bericht eines Zwiegesprächs zwischen Bartholomäus und Satan vorgeprägt: *Und wieder forderte ihn Bartholomäus auf: Enthülle mir alles und verbirg mir nichts! Er aber entgegnete: Ich schwöre dir bei der gewaltigen Herrlichkeit Gottes, daß ich, selbst wenn ich will, dir nichts verbergen kann; denn neben mir steht der, welcher mich überführen kann. Hätte ich nämlich die Macht dazu, dann würde ich euch verderben, wie ich denn einen von euch ins Verderben gestürzt habe. Ich wurde als der erste Engel geschaffen. Denn als Gott die Himmel schuf, nahm er eine Hand voll Feuer und bildete zuerst mich, an zweiter Stelle den Michael [...].*[169]

3466 ... *Zodîacus*
Das lat. *zodiacus* meint den Tierkreis, „ein Band von 12 Sternbildern, die entlang der Ekliptik liegen", also entlang des Großkreises, „auf dem die Sonne ihren scheinbaren jährlichen Umlauf um die Erde vollzieht".[170]

3478–3494 *ze sumer ... varent swinde die egeslîchen sprîzen die man ûf erd siht glîzen, und ein solch gestüppe ... wan ich daz weter füere*
Gemeint sein könnten hier ganz konkret die Perseiden, ein jährlich im August wiederkehrender Meteorstrom.

Das Substantiv *gestüppe* gehört zum Verb *stieben*: „als od. wie staub umherfliegen" (Lexer s. v. *stieben*). Mit *gestüppe* ist dementsprechend umherfliegender „staub und

---
[169] Hennecke 1959, S. 368.
[170] Paul 1997, S. 770 [Abkürzungen aufgelöst, die Kommentator*innen].

staubähnliches" gemeint (Lexer s. v. *gestüppe*). Wir übersetzen hier, mit Blick auf den Kontext, mit ,Blitzschauer'.

3489 ... berg als Lybanus
Von einem *perc heizt Libanus* weiß auch der ,Vorauer Alexander' zu berichten.[171] Dort zeichnet sich der *Libanus* dadurch aus, dass er dicht mit Zedern bewachsen ist und dass dort der Jordan entspringt.

3504 *als einen huntaffen*
Unter dem Lemma ,Hundsaffe' verweist das DWB auf den Begriff ,cynocephalus'. Von solchen mythischen hundsköpfigen Hybridwesen, wie sie etwa im ,Alexanderroman' und in der ,Schedelschen Weltchronik' als Teil der den Erdenrand bewohnenden Wundervölker auftauchen, wissen bereits antike Quellen zu berichten. Nach demselben kombinatorischen Prinzip erscheinen auch jene Teufel und Dämonen als Hybridwesen, die als gefallene Engel ihr himmlisches Antlitz verloren haben.

3526 *einen guldîn pfenninc*
Carl von Kraus ist sich unschlüssig, ob es sich hier um ein Rechtssymbol handelt oder ob es darum gehe, dass Georg mit Hilfe des Pfennigs „ironisch sein Versprechen [erfülle], Apollo zu opfern".[172] Monika Schwarz betont, dass „der Höllensturz Apollos […] nur mit Hilfe eines goldenen Pfennigs" gelinge – und sie erläutert in einer Fußnote mit Verweis auf das HdA: „Im christlichen Aberglauben hatte Gold abwehrende Kraft; man verwendete es daher neben Weihrauch und Myrrhe zu Exorzismen."[173]

3533 ... *ein âgez gotes*
Das Substantiv *âgez* meint ,Vergessenheit'; hier wird das Wort (in metonymischer Verschiebung) auf den der Vergessenheit anheimfallenden Dämon bezogen.

3550 ... *kunterfeit*
Hier wohl kein unreines Metall, sondern „das trügerische, falsche" (Lexer s. v.).

3580 *Allexandrînâ*
Auch in Wolframs von Eschenbach Pz. füllt ein Name mitunter einen ganzen Vers. Man vgl. den Kommentar zu V. 412.

---

171 Vgl. Der Pfaffe Lambrecht 2007, V. 783/793.
172 Reinbot von Durne 1907, S. 273.
173 Schwarz 1972, S. 74, mit Verweis auf Siebs 1931, S. 595.

3586 *Alphâ et Ô*
In Apc 22,13 heißt es: *ego A et ω primus et novissimus principium et finis* (Luther übersetzt Offb 22,13: *Ich bin das A und das O, der Erste und der Letzte, der Anfang und das Ende*).

3591 *... fênix ...*
Von dem Vogel Phönix glaubt man seit der Antike, dass er bei seinem Tod verbrennt und dann aus der eigenen Asche wieder aufersteht. Damit wird er in einem christlichen Kontext zum idealen Sinnbild Christi, der am Kreuz stirbt und von Gottvater wieder zum Leben erweckt wird.[174] Man vgl. auch den Kommentar zu den V. 754–756.

3598 *ein stein ...*
Man vergleiche 1. Petr 2,4 f.: *Zu ihm kommt als zu dem lebendigen Stein, der von den Menschen verworfen ist, aber bei Gott auserwählt und kostbar. Und auch ihr als lebendige Steine erbaut euch zum geistlichen Hause und zur heiligen Priesterschaft, zu opfern geistliche Opfer, die Gott wohlgefällig sind durch Jesus Christus.*

3652 *dixit et facta sunt*
Ps 32,9: *quoniam ipse dixit et facta sunt ipse mandavit et creata sunt*, bei Luther (Ps 33,9): *Denn wenn er spricht, so geschieht's; wenn er gebietet, so steht's da*. Es geht also darum, dass das Wort Gottes mit dessen Wirkung zusammenfällt. Man vgl. auch Konrads von Heimesfurt ‚Hinvart': *dixit et facta sunt, er sprach und was getân*.[175]

3671 *enkalt sîn ie kein Sarrazîn*
Georg formuliert in seiner ‚Beichte' vermeintliche Schuldbekenntnisse, die letztlich darauf abzielen, den Heiligen noch strahlender erscheinen zu lassen. Dementsprechend übersetzen wir: „Kam dafür je ein Sarazene".

3698 *... diln*
Mhd. *dil, dille* meint (entsprechend dem nhd. Wort „Diele") „Balken, Bohle, Bodenbrett" (vgl. MWB s. v.). Wir übersetzen, um Anschaulichkeit bemüht, mit „Holzblock".

3702 *... waz hilft iu der touf*
Bei Carl von Kraus steht *in*; an dieser Stelle ist allerdings *iu* plausibler und passt besser zur Redesituation als ein Sprechen über Georg. Deshalb greifen wir (ausnahmsweise) in die Edition ein und setzen *iu* statt *in*. Vetter übrigens setzt an dieser Stelle *im*.

---

[174] Schönberger 2001, S. 14–17
[175] Konrad von Heimesfurt 1989, V. 1192 f. Weitere Belegstellen bei Hoffmann 2000, S. 77.

3719 ... *ein wintsprût*
Die ‚Windsbraut' meint einen ‚Wirbelwind' oder ‚-sturm'. Man vgl. etwa den Eintrag im DWB (s. v. ‚Windsbraut').

3726–3728 ... *begund diu erde biben, und diu wolken ûf gân, diu sunne ouch ir schîn verlân.*
Das Naturgeschehen während der Radfolter zeigt Analogien zum Naturgeschehen nach der Kreuzigung Jesu: *Und es war schon um die sechste Stunde, und es kam eine Finsternis über das ganze Land bis zur neunten Stunde, und die Sonne verlor ihren Schein, und der Vorhang des Tempels riss mitten entzwei.* (Lk 23,44 f.)

3732 ... *elî elei*
Mit der Formel beruft sich Georg auf das wohl berühmteste der Sieben Kreuzesworte Christi: *Von der sechsten Stunde an kam eine Finsternis über das ganze Land bis zur neunten Stunde. Und um die neunte Stunde schrie Jesus laut: Eli, Eli, lama asabtani? Das heißt: Mein Gott, mein Gott, warum hast du mich verlassen?* (Mt 27,45 f.)

3739 *zwischen zwein dieben*
Zur gleichen Zeit wie Jesus werden auf Golgatha auch zwei Schächer (d. h. Räuber, Übeltäter) hingerichtet (Lk 23,32–43; Mt 27,38–44; Mk 15,27–32). Während im Lukasevangelium der eine Jesus verspottet, weist ihn der andere dafür zurecht (in Mt und Mk spotten beide Räuber).

3741 *biz er gesprach driu wort*
Einer der beiden, die mit Christus gekreuzigt werden, sagt im Lukasevangelium zu ihm: *Jesus, gedenke an mich, wenn du in dein Reich kommst!* (Lk 23,42) Die drei Worte wären dann *Domine memento mei* (Lc 23,42) – „Herr, gedenke meiner". Jesus antwortet: *Wahrlich, ich sage dir: Heute wirst du mit mir im Paradies sein.* (Lk 23,43)

3782 *den herzogn und die herzogîn*
Zum Herzogspaar vgl. den Kommentar zu den V. 1–16.

3857–3859 ... *den hie vor Nâbuchôdonôsor ane bette für ein kalp*
Das goldene Kalb gilt als Inbegriff des Götzendienstes. In 2. Mose 32,1–6 verlieren die Israeliten, die in der Wüste darauf warten, dass Mose von seiner Begegnung mit Gott zu ihnen zurückkehrt, die Geduld. Sie gießen aus eingeschmolzenen goldenen Schmuckstücken ein Idol in Form eines Kalbs, bauen ihm einen Altar und bringen ihm Opfer dar.

Der babylonische Herrscher Nebukadnezar II. (ca. 640–562 n. Chr.) gilt in der Bibel einerseits als Tyrann, der das Volk Israel unterdrückt und quält, andererseits aber auch als Werkzeug Gottes, das dieser zur Bestrafung der sündigen Israeliten einsetzt. Im Buch Daniel wird erzählt, wie Nebukadnezar Jerusalem erobert, den Tempel plündert

und eine Anzahl von jungen Israeliten dazu zwingt, an seinem Hof zu dienen, darunter auch Daniel. Nachdem Daniel Nebukadnezars Traum von den Weltreichen gedeutet hat, erkennt der Herrscher die Allmacht die jüdischen Gottes an, wendet sich aber schon bald wieder dem Götzendienst zu und lässt ein goldenes Standbild errichten, das seine Untertanen anbeten sollen (Dan 1–3).

3863 f. *von dem vater wart ein wort von himel gesant ...*
In der Übersetzung Martin Luthers lautet der berühmte Anfang des Johannesevangeliums folgendermaßen: *Im Anfang war das Wort, und das Wort war bei Gott, und Gott war das Wort.* (Joh 1,1).

3871 *... genende*
Mhd. *genennede* (vgl. BMZ s. v.) ist der mhd. Begriff für die Personen der Trinität.

3874 *die helle gar zebrochen*
Nach verbreiteter Vorstellung ist Christus nach seiner Kreuzigung in die Hölle hinabgefahren, um die Seelen der Gerechten zu retten. Eine wichtige biblische Belegstelle stammt aus dem Brief an die Epheser: *Dass er aber aufgefahren ist, was heißt das anderes, als dass er auch hinabgefahren ist in die Tiefen der Erde?* (Eph 4,9).

3887 *... sehser hande varwe ...*
Gemeint sind also wohl nicht irgendwelche sechs Farben, sondern ‚die' sechs Farben. „Die Grundfarben der mittelalterlichen Farbordnung sind", schreibt Carolin Oster, „unter Rückgriff auf die Vierfarbenlehre der Antike Schwarz, Weiß und Rot, häufig ergänzt durch Grün oder Gelb(grün). Diese Farbordnung bleibt bis ins hohe Mittelalter bestehen, wo sie durch den Aufstieg der Farbe Blau erweitert wird und schließlich, auch unter Einfluss der sich entwickelnden Heraldik, in ein Farbsystem von sechs Grundfarben – Schwarz, Weiß, Rot, Gelb, Grün, Blau – übergeht."[176]

3896–3907 *diu vier elemente ... mit vier kleinen tieren ... hærinc ... salamander ... talpâ ... gamâleôn ...*
Die vier Elemente sind (man vgl. den Kommentar zu V. 3411) Erde, Wasser, Luft und Feuer. In Reinbots Text wird diesen vier Elementen je ein Tierwesen zugeordnet: Der Hering dem Wasser, der Salamander dem Feuer, der Maulwurf der Erde und das Chamäleon der Luft (man vgl. den Kommentar zu V. 1254). Diese Zuordnung ist nicht ungewöhnlich. So heißt es etwa (auf die Stelle hat Carl von Kraus hingewiesen) im ‚Reinfried von Braunschweig': *der elementen viere sint, von der conplexen stiure hât alle crêatiure lîp und lebelîche pfliht. ân ir temperunge niht mac lebende sîn ûf erden. [...] ieclîches elementen kruft pfligt einer lebendigen art diu lebendes muoz werden schart,*

---
[176] Oster 2014, S. 19.

swenn ez in ein anderz kunt. ein herinc in des meres grunt lebt sunder sterben âne nôt. luft fiur erde sint sîn tôt, ieclîchez sunder, bin ich wer. in der erden lebt ein scher lange sünder nœte. luft wazzer fiur in tœte, ân diu sô lebt er schône in luft gamaleône ist wol ân erden wazzer fiur. sô lebt diu vierde crêâtiur ân wazzer erden unde luft und hât lebelîchen guft in fiure und nicht anders. von des salamanders hâr diz kleit gespunnen was. swenn daz kleit an schœne laz von keiner slaht unreinekeit wart, der ez denn schône leit in ein grôzez fiur, zehant diu unreinekeit gebrant wirt dâ von gar sunder schranz und was êweclîchen ganz daz kleit âne brennen.[177]

3922–3932 *gein dem firmamentum ez von natûre strebt ... hin noch her sich lenket*
Die Textpassage führt tief in die kosmologische Vorstellungswelt und ist nicht leicht zu verstehen. Schon das *gein* in V. 3922 macht Schwierigkeiten, kann es doch sowohl ‚hinzu' als auch ‚hinweg' heißen. Wir entscheiden uns dafür, das Zentrum in Richtung Firmament streben zu lassen.

3937 *steine, würze unde krût*
Im Pz. waschen Trevrizent und Parzival *würze unde ir krût* (486,3), also Wurzeln ‚und deren Kraut'. Gemeint sein dürfte damit das Blattwerk von Wurzel- oder Knollenpflanzen. Dementsprechend übersetzen wir mhd. *krût* als ‚Blattwerk'.

3956 *alle die noch lebendic sint*
Mit *noch* dürften hier kaum diejenigen gemeint sein, die aktuell ‚noch' am Leben sind, sondern wohl eher alle, die gelebt haben oder noch leben – im Lexer (s. v. *noch* ‚adv.') heißt es: „die fortdauer von einem zeitpunkte an, während einer zeit, bis zu einer od. in einer spätern zeit ausdrückend".

3966 *... dâ ...*
Gemeint ist „auf Erden", meint Carl von Kraus, und wir schließen uns ihm mit unserer Übersetzung an.[178]

3970–3987 *wær daz griez gar gezalt ... diu himelischen wunder kan nieman besunder volahten noch geschrîben*
In diesem ausgedehnten Adynaton behauptet Reinbot, dass es unmöglich sei, Gottes Macht und Wunder zu beschreiben, während er sich zugleich genau hierum bemüht. Mhd. *griez* bezeichnet das „sandkorn" und allgemein „sand, kiessand" (Lexer s. v.). Man vgl. auch die nhd. Redensart ‚Wie Sand am Meer'.[179]

---

177 Bartsch 1871, V. 26404–26447.
178 Reinbot von Durne 1907, S. 277.
179 Vgl. J. Friedrich 2006, S. 182.

3997 *... die gelêrten wîssagen*
Gemeint sein dürften die biblischen Propheten.

4020 f. *daz si Jêsum sâhen zwischen zwein vihen ligen*
Vgl. Kommentar zu V. 3260.

4034–4036 *kleiniu bluot kleine treit, ez milwet steine grôziu brunst, grôziu wazzer, wîte runst*
Die Formulierungen klingen sprichwörtlich und waren es möglicherweise auch; leider ließen sich Parallelstellen und Nachweise nicht finden.

4051 *... âvê ...*
Als der Engel Gabriel zu Maria kommt, um ihr die Geburt Jesu zu verkünden, begrüßt er sie mit den Worten *ave gratia plena* (Lc 1,28; die Vul. schreibt *have*) – Luther übersetzt: *Sei gegrüßt, du Begnadete!* Dieser ‚englische Gruß' ist für christliche Vorstellungen des Mittelalters auch deshalb relevant, weil sich ‚Ave' als Anagramm von ‚Eva' lesen lässt, so dass Maria in typologischer Sicht als Gegenstück Evas verstanden werden kann. Man vgl. auch den Kommentar zu V. 2719–2791 (‚Ave' als Beiwort Marias).

4084 *ob im âz esel unde rint*
Man vgl. den Kommentar zu V. 3260.

4085 *daz kint ...*
Carl von Kraus entscheidet sich in seiner Ausgabe gegen alle Handschriften für *der kint*. Wir machen die Konjektur rückgängig und lesen mit den Handschriften *daz*.

4090 *Ezechiêlis tor*
Man vgl. den Kommentar zu V. 945–965.

4141 *emerâl und amazûr*
Es handelt sich um Titel für heidnische Fürsten, die beide bereits im Wh. verwendet werden (vgl. Wh. 34,5; 34,22; 54,19 u. ö.). Die Bezeichnung *emerâl* geht auf ein arabisches Wort für ‚Befehlshaber, Fürst' zurück.[180] Das Wort *amazûr* stammt wohl vom arabischen *almansūr*, ‚der Siegreiche'; dies war der Name eines auch in christlich geprägten Regionen bekannt gewordenen Herrschers Córdobas am Ende des 10. Jahrhunderts.[181]

---

[180] Vgl. Vorderstemann 1974, S. 28.
[181] Vgl. Vorderstemann 1974, S. 32 f., mit Verweis auf FEW 19 s. v. *Almanṣur*.

4154–4215 *owê daz ich iuch ie gesach … biterolf … alsam der wolf, der sprichet „lamp"
… driaces … wurme aspîs … basiliscus … iu gelingt als in gelanc*
Eine öffentliche Verurteilung Dacians durch die Königin findet sich auch in anderen Versionen der Georgslegende – etwa in der ‚Legenda Aurea' des Jacobus de Voragine. Mit rund 60 Versen wird Alexandrina in Reinbots Bearbeitung allerdings deutlich mehr Raum zugestanden als in allen anderen überlieferten Fassungen.

In ihrer Scheltrede verleiht sie dabei nicht nur ihrem Zorn über die massenhafte Tötung von Christen Ausdruck, sie zeigt sich mit ihrer gelehrten Wortwahl zugleich auf der Höhe zeitgenössischer Diskurse über die Merkmale schlechter Herrschaft: „Wenn Reinbots Alexandrina dem Kaiser also Grausamkeit und Mordgier, Hinterlist und Teufelsbündelei, Hochmut gepaart mit mangelnder Vernunft und Verlässlichkeit sowie Ungerechtigkeit und Niedertracht vorwirft, dann steht sie darin somit nicht allein am vorläufigen Ende einer literarischen Zitatkette, in ihrer Rede reartikuliert sich auch ein Diskurs über das Wesen guter und schlechter Herrschaft, der sich wenigstens bis zur Ciceronianischen Staatslehre zurückverfolgen lässt. [...] Dabei zielen die Vergleiche mit dem Wolf und dem Hund darauf, die Deformation des tyrannischen Staatskörpers zu illustrieren, während die Schlange und der Skorpion verdeutlichen sollen, dass das Oberhaupt Kappadokiens nicht Ebenbild Gottes, sondern des Teufels ist. Christlich gelehrt wirken ferner die Vergleiche mit Judas und dem Pharao des Pentateuchs, die sie in typologischer Hinsicht gebraucht, um ihrem Ehemann zu prophezeien, dass er dereinst dasselbe ernten werde wie diese beiden, wenn er sich anstelle seines prächtigen Königsgewands in Feuer, Pech und Schwefel hüllen muss."[182]

4158 … *all* **…**
Normalerweise liest man in mhd. Texten *al* und nicht *all*. Carl von Kraus versteht das Wort möglicherweise als verkürztes/apokopiertes *alle/alliu*. Handschrift Z hat *alleine*.

4170 … *entwindet sich der luft*
Gedacht sein könnte hier an die Sphäre der Luft, die nach den kosmologischen Vorstellungen der Zeit die Erde umgibt (man vgl. den Kommentar zu V. 1185).

4173 … *senefrîcher biterolf*
Über den Hintergrund dieser Invektive gegen Dacian lässt sich nur spekulieren. Weder die gleichnamige Dichtergestalt aus dem Kontext des Wartburgkriegs noch der Held des in der Mitte des 13. Jahrhundert niedergeschriebenen Epos ‚Biterolf und Dietleib' lässt eine so eindeutig negative Konnotation des Namens begründet erscheinen. Ausgehend vom Etymon ‚bitter' („grausam") hat sich im hohen Mittelalter indessen nicht allein ein urkundlich mehrfach bezeugter Familienname herausgebildet, sondern auch ein Schimpfname für einen grausamen Wüterich. In dieser Funktion tritt der ‚Biterolf'

---
182 Buhr 2021.

neben Reinbots Georgslegende auch im ‚Erlauer Magdalenenspiel' (hier: *Pittrolf*)[183] in Erscheinung.

4174 f. *ir tuot alsam der wolf, der sprichet „lamp", swaz ieman tuot*
Wahrscheinlicher als durch eine Verarbeitung der auch im Mittelalter tyrannenkritisch gedeuteten Äsopischen Fabel ‚Das Lamm und der Wolf'[184] lassen sich Alexandrinas Worte mit dem in Tierfabeln vom Typus ‚Der Wolf in der Schule' präsenten Bild vom unbelehrbaren Wolf erklären, der schon beim ersten Anblick eines Lamms seinen animalischen Gewalttrieb mehr nicht zu zügeln vermag.[185]

4185 ... *vipper*
Man vgl. den Kommentar zu V. 1384.

4186 ... *kipper*
Nach Auskunft des DWB entstammt der Begriff *kipper* der Tätigkeit der Münzfälscher und Münzbeschneider. Nach dieser Lesart würde Dacian hier also vorgeworfen, dass er im Auftrag des Teufels Gutes gegen Schlechtes, Heil gegen Verdammnis austausche. Dazu passen prinzipiell auch die nachfolgenden Verunglimpfungen als Teufelslakai und Höllenfährmann. Im höfisch-ritterlichen Zusammenhang, nachgerade im Turnierwesen, ist mit einem Kipper jedoch primär ein unritterlicher Akteur gemeint, etwa ein Knappe des Ritters, dem es obliegt, den eigenen Herrn oder einen seiner Kontrahenten vom Kampfplatz zu führen und/oder die Beute zu sichern.[186] Zum Schutz gegen eine solche Praxis wird beispielsweise im Epos ‚Biterolf und Dietleib' daher explizit die Vereinbarung getroffen, ein Turnier *âne kipper* durchzuführen.[187]

4189 ... *tarandes rücke*
Ein *tarant* ist ein Skorpion bzw. eine ‚Tarantel'. Der Name stammt (so Lexer s. v.) „aus it. taranto, mlat. tarantula, abgeleitet von it. Taranto, dem it. namen der stadt Tarent, bei welcher sich die tarantel namentlich findet".

4192 *valscher Pilâtes*
Pontius Pilatus, Statthalter des römischen Kaisers in der Provinz Judäa in den Jahren 26 bis 36 n. Chr., hat Jesus zum Tod am Kreuz verurteilt.

---

[183] Vgl. Kummer 1882, S. 67, V. 913.
[184] Man vgl. Siekmann 2017, v. a. S. 332 f.
[185] Vgl. Dicke 1999.
[186] Vgl. Bumke 2002, S. 355 f.
[187] Vgl. Jänicke 1866, V. 8581.

4193 *driaces houbet unde zagel*
Der Begriff *driaces* verweist wohl auf eine Art mittelalterliche Universalarznei (mit antiker Tradition), die heute gemeinhin als ‚Theriak' bezeichnet wird (vgl. Lexer s. v. *drîakel*, DWB s. v. ‚Triakel'). Zumindest anfänglich war die Arznei wohl als Gegengift gedacht, insbesondere gegen Schlangenbisse.[188]

Der Zusammenhang der Stelle legt nahe, dass es sich um ein Tier mit Kopf und Schwanz handelt. Das Ganze lässt sich wohl folgendermaßen erklären: Lateinisch *theriaca* von griechisch *thēriakón* meint wohl zunächst einfach ‚giftiges Tier', also etwa eine Schlange, Giftspinne etc. Daraus wird dann im Mittelalter *Theriak/driaces* usw. – wobei das aus diesen Giftstoffen gewonnene ‚Heilmittel' Theriak wohl nach der alten Bezeichnung für das Tier oder der Tierklasse selbst benannt ist. In vielen Quellen erscheint unter den Theriaca der Skorpion an allererster Stelle, dementsprechend übersetzen wir.

4200 f. *ze dem wurme aspîs und ze dem basiliscus*
In der Aspis-Schlange und dem Basilisken evoziert Alexandrina zwei Tierwesen, die insofern als besonders gefährlich gelten, als sie nach mittelalterlicher Vorstellung auch ohne direkten körperlichen Kontakt durch ihren Anblick oder ihren Gifthauch den Tod zu bringen vermögen.[189]

In ihrer Geringschätzung dieser Gefahren scheint sich die gerade erst zum Christentum konvertierte Königin durch Ps 90,13 bestärkt: *super aspidem et basiliscum ambulabis et conculcabis leonem et draconem* (Über Löwen und Ottern wirst du gehen und junge Löwen und Drachen niedertreten [Luther Ps 91,13]). *Der Basilisk, so heißt es bei Isidor, [ist] griechisch [und] wird lateinisch mit ‚regulus' (kleiner König) übersetzt, weil er der König der Schlangen ist, so dass die, die ihn sehen, fliehen, weil er sie mit seinem Geruch tötet, denn auch wenn er einen Menschen ansieht, tötet er ihn. So geht aber auch an seinem Blick kein fliegender Vogel unversehrt vorüber, sondern er wird, wie fern er auch ist, durch seinen Blick verbrannt, [ja] verzehrt.*[190]

In Bezug auf die hier angesprochene Verstocktheit des heidnischen Herrschers erscheint darüber hinaus einschlägig, dass die Aspis-Schlange in Psalm 57,4–6 auch als Symbol der Lügner und Frevler aufgerufen wird: *alienati sunt peccatores a vulva erraverunt ab utero locuti sunt falsa furor illis secundum similitudinem serpentis sicut aspidis surdae et obturantis aures suas quae non exaudiet vocem incantantium et venefici incantantis sapienter.* In diesem Sinne kommentiert Isidor ferner: *Die aspis wird so genannt, weil sie durch einen Biss ihr Gift einbringt und ausstreut. [...] Davon gibt es verschiedene Arten und Sorten und unterschiedliche Wirkweisen beim Töten. Man berichtet aber, dass die aspis angefangen hat zu dulden, dass ein Sänger, der sie mit*

---
188 Man vgl. zu Pz. 484,16 auch Nellmann 2006, S. 692.
189 Vgl. Reinbot von Durne 1896, S. 276.
190 Isidor von Sevilla 2008, S. 463 (Buch XII, 6).

bestimmten eigenen Liedern herausruft, sie aus der Höhle herausführt. Wenn sie nicht herauskommen will, drückt sie ein Ohr auf die Erde und verdeckt und verschließt das andere mit ihrem Schwanz, und indem sie so jene magischen Rufe nicht hört, kommt sie nicht zum Sänger heraus.[191]

4251 *got herre, listmachære*
Mhd. *listmachære* bezeichnet den „Künstler" (vgl. Lexer s. v.). In Gottfrieds von Straßburg ‚Tristan' wird der Gott Vulkan mit diesem Wort beschrieben: *der wîse, der mære, der guote listmachære* (Trist. 4931 f.).

4260 *die dîne grôzen wunder sehent*
Es handelt sich hier um eine schwierige Textstelle mit unklarer und divergierender Überlieferung. Bei Carl von Kraus lautet dieser Vers: *und ouch die reinen mägde sehent*; und Kraus kommentiert selbst: „Schlechter Notbehelf!"[192] Bei Vetter lautet der Vers (entsprechend der Handschrift W): *die dîniu grôzen wunder sehent!* Auch wir übernehmen die Lesart der Handschrift W (*Die deine grozze wunder sehent*), die Sinn ergibt, insofern es ja darum geht, dass Dacian die Wunder Gottes nicht sieht, während alle, die Gottes große Wunder sehen, Gott loben.

4278–4288 *... valsche Mahmet ... des tiuvels mort ... mit wazzer muoz man genesen ...*
Es verwundert, dass behauptet wird, Mohammed habe auf dem Sterbebett die Taufe gepriesen. Carl von Kraus merkt an, dass es sich womöglich um eine christliche Ausdeutung der muslimischen Speisevorschriften handle, die Mohammed im Rahmen seiner letzten Wallfahrt gepredigt habe. Möglich wäre neben einem Verweis auf andere rituelle Reinheitsvorschriften wie der Fußwaschung ferner auch ein Bezug auf den Wunsch des sterbenden Mohammed nach einem Schlauch Wasser gegen das Fieber. Grundsätzlich ist in dieser Aussage eine für das 12. und 13. Jahrhundert charakteristische Tendenz zur rationaleren Betrachtung des Islams zu erkennen, die bei Petrus Venerabilis ihren Ausgang nimmt. Dieser dokumentiert in seiner ‚Summa totius haeresis Saracenorum' auch die frühe Verbreitung der sogenannten Baḥīrā-Legende, die die christlichen Glaubensinhalte des Islam auf den Einfluss eines Mönchs namens Sergius Baḥīrā zurückführt, der den jungen Mohammed unterrichtet und so eine Annäherung des Propheten an das nestorianische Christentum bewirkt habe.[193]

Laut Astrid Lembke zeigt sich, dass die „Macht der heidnischen Götter [...] eine Illusion" sei und sie erläutert: „Sie selbst sind nur Instrumente Gottes und müssen sich seiner Allmacht unterordnen. Da verwundert es nicht, dass selbst *der valsche Mahmet* (V. 4278) auf seinem Totenbett die Taufe als einziges Mittel zur Rettung aus

---

[191] Isidor von Sevilla 2008, S. 464 (Buch XII, 11).
[192] Reinbot von Durne 1907, S. 279.
[193] Man vgl. Roggema 2008, S. 175 f.

ewiger Verdammnis anerkennen muss. Aus der Perspektive des Heiligen gibt es keinen Gegen-, sondern nur Mitspieler in einem von Gott vorbestimmten Geschehen."[194]

Die Formulierung *des tiuvels mort* lässt sich unterschiedlich verstehen. In Anlehnung an Carl von Kraus, der in seinem Kommentar die Lesart „obwohl es (dieser Ausspruch) des Teufels Verderben war" vorschlägt, gehen wir davon aus, dass *mort* hier nicht im noch heute geläufigen Wortsinn zu verstehen ist, sondern dass – ausgehend von der Nebenbedeutung ‚treulose Handlung' – gemeint ist, dass *Mahmet* mit seinen Sterbeworten am Teufel Verrat beging.

4326 ... Helenâ
Die Geschichte von der schönen Griechin Helena, die ihrem Ehemann Menelaos von dem Trojaner Paris geraubt wird, woraufhin der blutige zehnjährige Trojanische Krieg entbrennt, wird in Homers ‚Ilias' als bekannt vorausgesetzt. Mittelalterliche Autoren kannten die Geschichte aus den spätantiken lateinischen ‚Kriegstagebüchern' des Dares Phrygius und des Dictys Cretensis.

Wie Andreas Kraß anmerkt, greift „Reinbot [...] zu einem literarischen Kunstgriff, um die Erotisierung des Religiösen zu markieren. Er verknüpft das Liebesdreieck der Georgslegende mit dem Liebesdreieck der Trojasage: Georg erscheint als neuer Paris, Alexandrina als neue Helena und Dacian als neuer Menelaos."[195]

4363 dem himel si widerstrebent
Joachim Heinzle erklärt in seinem Kommentar zum Wh. die mittelalterliche Vorstellung des Universums wie folgt: „um die [...] Erde bewegt sich als ungeheure Kugel der Fixsternhimmel in rasender Rotation; zwischen ihm und der Erde rotieren in entgegengesetzter Richtung die sieben Planeten: Mond (!), Merkur, Venus, Sonne (!), Mars, Jupiter, Saturn; der Gegenlauf der Planeten bremst die Rotationsgeschwindigkeit des Fixsternhimmels ab und sorgt so für Stabilität des ganzen Systems."[196] Dem entspricht, was Isidor schreibt: „Man sagt, dass die Himmelssphäre mit solcher Geschwindigkeit laufe, dass, wenn die Sterne nicht in die Gegenrichtung liefen und sie bremsten, die Welt zerstört würde."[197]

4381–4388 in dem buoch Jeremîas ... als ein ungemeilet lämbelîn tuot er niht ûf den munt sîn
Trotz gewisser Ähnlichkeit zu Jer 11,19 (*Ich aber war wie ein argloses Lamm, das zur Schlachtbank geführt wird [...].*) ist hier wohl eher Jes 53,7 gemeint: *Als er gemartert ward, litt er doch willig und tat seinen Mund nicht auf wie ein Lamm, das zur Schlachtbank*

---

194 Lembke 2008, S. 51.
195 Kraß 2008, S. 160.
196 Heinzle 2009, S. 818.
197 Isidor von Sevilla 2008, 142 (Buch II, XXXV).

geführt wird; und wie ein Schaf, das verstummt vor seinem Scherer, tat er seinen Mund nicht auf.

4436 f. *... bî der ruoten die Moyses in daz mer sluoc*
Man vgl. den Kommentar zu V. 2222.

4444 f. *... von zwelf jâren wærn gewahsen, und niht mê*
Während sich die in der ‚imitatio christi' erlittenen Qualen üblicherweise als Leidensgeschichte in die Körper der Heiligen einschreiben, erscheint Alexandrina unmittelbar vor ihrer Verklärung in ihrem Auferstehungskörper. Reinbot scheint sich diesen in einem Zustand jungfräulicher Reinheit und Unschuld vorzustellen, weswegen der von Ferdinand Vetter und Carl von Kraus vorgenommenen Konjektur *von zwelf jâren* gegenüber der Lesart der Handschriften W, B und w (*vor zwelf jâren*) hier klar der Vorzug zu geben ist.

4448 *... mûzersprinzelîn*
Das Wort bezeichnet ein Sperbermännchen, „das schon mindestens eine Mauser hinter sich hat".[198]

4462–4464 *ey Allexandrînâ ... sol ich dich nu hân verlorn*
Nach Andreas Kraß erzählt „Reinbot [...] die Legende des heiligen Georg wie eine erotische Dreiecksgeschichte. Sie zielt auf die geistliche Liebe, folgt aber dem ästhetischen Register und narrativen Muster der höfischen Liebe. Georg spannt dem heidnischen Tyrannen die Ehefrau aus, aber der gehörnte Ehemann spielt dabei selbst eine aktive Rolle. Wenn er die männliche Schönheit seines Rivalen preist, wenn er ihn zum Frauenliebling erklärt und zum Frauendienst auffordert, so liest sich das, als wolle er Georg seiner Gattin in die Arme treiben. Wenn er sich für den geistlichen Ehebruch rächt, indem er Alexandrina grausam hinrichten lässt, führt er sie seinem Rivalen zu, denn für den Märtyrer und die Märtyrerin ist im Himmel bereits ein gemeinsamer Thron bereitet. So wird der Konflikt zwischen Christentum und Heidentum als Streit zweier Männer um eine Frau in Szene gesetzt."[199]

4468 *... alle die der sint*
Entweder meint *der* alle Menschen, die es gibt; oder es meint die Planeten/Götter, die sich Jesu unterwerfen müssen. Wir entscheiden uns für erstere Variante.

---

198 Nellmann 2006, S. 657.
199 Kraß 2008, S. 159.

4530 f. *zeinem affen ich in maz, wan daz er hête einen zagel*
Man vgl. den Kommentar zu V. 3504.

4567–4570 ... *mahelschaz der sazt der ê den êrsten saz ... daz gib ich ûf mit mîner hant*
Gemeint ist hier wohl ein Geschenk bzw. Unterpfand für die Einhaltung des Eheversprechens, dessen Annahme als Zeichen des Einverständnisses galt. Dementsprechend meint mhd. *saz* (u. a.) „was gesetzt od. hinterlegt ist als unterpfand" (vgl. Lexer s. v.). Der Verzicht mit eigener Hand dürfte, darauf weist Vetter hin, ein Rechtsgebrauch sein, bei dem ein Verzicht performativ zur Darstellung gebracht wird.

4600 f. *als von Troye Pârîs Helenam von Kriechen tet*
Man vgl. den Kommentar zu V. 4326.

4619 ... *gelwen fritschâl*
Mhd. *fritschâl*, mlat. *friscalum*, ist ein Kleiderstoff in den Farben gelb oder grün.[200]

4626–4638 *si sprach ‚süezer got, ich bin dîn vil arme hantgetât ...*
Alexandrina äußert sich hier ähnlich demütig wie Maria, nachdem diese erfahren hat, dass sie Gottes Sohn zur Welt bringen wird (Lk 1,38: *Siehe, ich bin des Herrn Magd; mir geschehe, wie du gesagt hast.*).

4630–4638 *füege, sô ich kum ze grabe, daz ... lît*
Syntaktisch macht es der Verfasser einem nicht immer ganz leicht: „4630f zeigen einen Hauptsatz, der einen sechsfach verschachtelten Nebensatz nach sich zieht".[201] Das ließe sich als schlechter Stil eines Epigonen diffamieren; man kann das aber auch als Ausweis von Kunstfertigkeit ansehen.

4634 *mit einem swerte fiurîn*
Im Alten Testament (1. Mose 3,24) sind es die Cherubim, die mit einem Flammenschwert das Paradies bewachen. Regelmäßig ist das Flammenschwert zudem ein Dingattribut des Erzengels Michael, der in der Offenbarung als Bezwinger Satans auftritt (Offb 12,7–9). In Alexandrias Rede gehört das Flammenschwert in den apokalyptischen Kontext, wird aber Gott zugeordnet.

4640–4642 *Allexandrînâ ... du bist des heilgen geistes vol*
Angesichts der Aufnahme Alexandrinas in den Himmel mag man nach historischen Figuren fragen, die das Vorbild für die Alexandrina des HG gewesen sein könnten.

---

[200] Vgl. Brüggen 1989, S. 291.
[201] R. Friedrich 1951, S. 6.

Peter Strohschneider verweist auf ‚Alexandra von Nikomedien'.[202] Sie war die „Frau des Diokletian", wurde „von diesem in Nikomedien (Bithynien) selbst 302 gemartet und anschließend mit den 3 Dienern zusammen enthauptet, nachdem sie durch das Martyrium des heiligen Georg bekehrt worden war".[203]

4674 *inner sibenthalbem jâre*
Zum Zeitraum vgl. den Kommentar zu V. 1879.

4692 *die süezen Margarêten*
Die heilige Margareta, so erläutert Josef Schmid im BBKL, erlitt ihres Glaubens wegen ein Martyrium („schleifen durch Pferde, geißeln, glühende Eisen, Rad"), trägt den Titel einer ‚megalomartyr' und war seit dem 13. Jahrhundert „eine der Hauptheiligen und Schutzpatrone Englands und der englischen Monarchie, gemeinsam mit dem Hl. Georg".[204]

4755 f. *wan ez was engelischiu wât, weder geweben noch genât*
Georgs Einkleidung in Engelsgewänder spielt wohl auf das Gewand Jesu an, auf dessen ungenähten Rock: *Die Soldaten aber, da sie Jesus gekreuzigt hatten, nahmen seine Kleider und machten vier Teile, für jeden Soldaten einen Teil, dazu auch den Rock. Der aber war ungenäht, von oben an gewebt in einem Stück. Da sprachen sie untereinander: Lasst uns den nicht zerteilen, sondern darum losen, wem er gehören soll. So sollte die Schrift erfüllt werden, die sagt: ‚Sie haben meine Kleider unter sich geteilt und haben über mein Gewand das Los geworfen.' Das taten die Soldaten.* (Joh 19,23 f.)[205]

Auch die Kleidung des Kinds der armen Witwe hatte sich in einen Brokatstoff verwandelt, für den man weder Schere noch Nadel hatte verwenden müssen (vgl. V. 3143 ff.).

4901 *dâ kan ich noch den alten slich*
Auch an dieser Stelle dringt einmal mehr Wolfram von Eschenbach durch (Pz. 96,30: *sô kan ich noch den alten slich*). Wohl mehr dem Gehör nach verarbeitet Reinbot hier die Ankündigung Gahmurets gegenüber Herzeloyde, er werde sich nicht von Ritterschaft abhalten lassen und sich andernfalls – wie einst von Belacane – heimlich davonstehlen.

---

202 Vgl. Strohschneider 2002a, S. 799.
203 Kaster 1973 [Abkürzugen aufgelöst, die Kommentator*innen].
204 Schmid 2001, S. 855 f.
205 Man vgl. auch Aretz u. a. 1996 sowie Kraß 2006, S. 60 f.

4919–4923 *ê man die helde umbe tuo ... kleiner denne mel*
Vetter erläutert die nicht ganz einfache Textstelle folgendermaßen: „Ehe man die Helden überwände [...], möchten Berge von hartem Gestein in sorglichem Kampfe zu Stücken gehen und zu linsengrossen oder mehlfeinen Stücken zermalmt werden."

4927 *... die girde verhabe*
Das mhd. Substantiv *girde* meint nicht nur (sexuelles) Begehren, sondern allgemein jede Form von Gier und Verlangen sowie die Habsucht. Im vorliegenden Fall ist die *girde* jedoch Bestandteil einer Lobrede Georgs auf seine beiden Brüder, deren Angriffslust mit der eines Falken, also eines Jagdvogels, verglichen wird. Die Wendung *girde verhaben* dürfte daher eine weidmännische Phrase sein, die auf die unter anderem im ‚Falkenbuch' Friedrichs II. dokumentierte Praxis verweist, den Jagdtrieb des Beizvogels insbesondere im Rahmen der Ausbildung durch das Verdecken oder Verschließen der Augen zu kanalisieren.[206] Dass Reinbot diesen terminus technicus aus Wh. 317,6 f. übernommen hat (*der dem grimmen vederspil die gir verhabt*), erscheint dabei angesichts des kriegerischen Kontexts sehr wahrscheinlich, wenngleich auch eine Kenntnis des Vorgangs aus eigener Anschauung möglich ist.

4938 f. *... kalc von den trunzûnen brennen*
„Der beträchtliche Bedarf an Feuerungsmaterial, den das Kalkbrennen erfordert", so Schmiedel, „dient als Maßstab für die Menge der verstochenen Speere [...]".[207]

4955 *... schüttent als der pfâ den zagel*
Die Grundbedeutungen des Verbs *schüt(t)en* sind „in schwingende bewegung setzen, schwingen, schütteln, erschüttern" (vgl. Lexer s. v.). Möglicherweise ist das ‚tertium comparationis' des Vergleichs das Schwingen der Schwerter, das mit dem radschlagenden Pfau verglichen wird. Der Vergleich ist ungewöhnlich, kennt man den Pfau doch ansonsten vor allem als Paradiesvogel und Sinnbild von Stolz, Hochmut und Eitelkeit.[208]

4960 *... entrelt*
„*entrelt* bleibt zu erklären", schreibt Carl von Kraus.[209] Im MWB ist kein Eintrag zu finden und die MHDBDB wirft für die Suche nach *entrelt* lediglich die hier zu kommentierende Stelle als Treffer aus. Vetter hat *endrelt*, was allerdings auch nicht weiterzuhelfen scheint. Der Lexer kennt allerdings *rellen* und übersetzt dieses Verb mit „schroten" (vgl. Lexer s. v.). Wir orientieren uns daran und übersetzen mit „zermalmen".

---

206 Vgl. Georges 2008, S. 28 f.
207 Schmiedel 1908, S. 78.
208 Vgl. Engemann 1993.
209 Reinbot von Durne 1907, S. 284.

4975 ... *basiliscus* ...
Zum Basilisken vgl. den Kommentar zu V. 4154–4215.

4984 *daz rîche von Marroch*
Man vgl. den Kommentar zu V. 224 f., insbesondere den Hinweis auf den im Pz. sprichwörtlichen Reichtum des Königs von Marokko.

4990 *daz ir muot slüege für*
„Man wird", so Schmiedel, „V. 4990 an die ‚ausschlagende' Zunge der Wage denken" – und auch unsere Übersetzung geht davon aus, dass es um Gewicht und um das Wägen geht.[210]

4993 ... *aspîs* ...
Zur Aspis-Schlange vgl. die Kommentare zu V. 4154–4215 sowie V. 4200 f.

5001 *von Salnecke Tschofreit*
Man vgl. den Kommentar zu V. 422.

5007 ... *ir ros verdecket*
Bei der Bedeckung der Pferde könnte es sich um Schmuckdecken handeln, möglicherweise ist aber auch eine Panzerung gemeint. Wir legen uns nicht fest und sprechen in der Übersetzung nur allgemein von „bedeckten" Pferden. Möglich wäre vielleicht auch eine neutralere Übersetzung mit „verhüllen".

5017 f. *si künnen machen solhen schat, dâ von des lebens wirdet mat*
Hier ist wohl noch von der verdunkelten Sonne die Rede. Es könnte also gemeint sein, dass die Brüder durch Dunst und Staub ‚Schatten erzeugen', wovon dann das Leben ‚ermattet'.

5047 ... *glocken, kezzelære*
Möglicherweise handelt es sich bei *glocken* um ein verkürztes *glockenære*, sodass dann nicht Glocken und Schmiede, sondern Glockenmacher und Kupferschmiede (vielleicht sogar konkreter „Kesselflicker") aufeinanderträfen. Auf jeden Fall ist die Zusammenkunft, um die es geht, mit viel Lärm verbunden.

5068–5072 *ich wil ûf die reise lân ... mîn meister ... die ir ... ob si ... si müezen geben ...*
Offenbar verwendet Reinbot hier mehrfach dasselbe Pronomen für unterschiedliche Figuren. Dacian meint wohl, seine Herren würden die Fahrt nicht unterlassen. Die Brüder aber könnten Steine fressen (im Sinne von: ‚sie könnten noch so harte Kerle

---

[210] Schmiedel 1908, S. 74.

sein'), und dennoch müssten sie, die Brüder, sich früher oder später unterwerfen. Unser Zusatz „deine Brüder" in der Übersetzung von Vers 5071 soll die Bezüge klarer herausstellen.

5130 ... *dîn antreite*
Mhd. *antreite* meint „Ordnung, Anordnung, Reihenfolge" (MWB s. v.). Man vgl. Wh. 1,29–2,1: *dîner hoehe und dîner breite, dîner tiefen antreite wart nie gezilt anz ende*.

5138 ... *durch ein liehtez urinâl*
Ein *urinâl* ist ein „Harnglas". Mit Hilfe dieses Gefäßes konnten Ärzte im Rahmen der Harnschau den Urin eines Patienten begutachten. Die Harnschau ist bis in die Frühe Neuzeit ein wichtiges Element medizinischer Diagnostik.

5145 ... *fênix ...*
Zum Phönix vgl. die Kommentare zu V. 754–756 und 3591.

5174 ... *Jôhel*
„In den lateinischen Vorlagen, die vermutlich auch Reinbot nutzte", so Markus Schmitz, „hieß der Sprecher der Toten Iovis. Reinbot wandelte den Namen in Joel um, was auf altaramäisch *Jahwe ist Gott* bedeutet und somit auf dessen Bekennertum verweist."[211]

5203–5205 *lâz uns, lieber herre mîn, immer in der helle sîn unz zem urteillîchen tage*
Die Bitte, in der Hölle bleiben zu können, mag auf den ersten Blick verwundern. Allerdings soll dieser Aufenthalt durch das Jüngste Gericht enden, sodass eine Hoffnung auf Erlösung deutlich wird, die sich an den Aufenthalt in der Hölle anschließt.

5211 *geliutert als daz golt*
Bei der Läuterung von Metall werden unerwünschte Bestandteile entfernt und es wird auf diese Weise die Reinheit des Materials erhöht.

5222 *Cherubîn*
Man vgl. den Kommentar zu V. 1988.

5226 ... *seht wâ ...*
Die Formulierung *seht wâ* ist wohl als Aufforderung zu verstehen, sich zu jemanden zu begeben.

---

[211] Schmitz 2013, S. 352.

5247 *küniges wort sol wâr sîn*
Zu den Sprichworten der Kategorie ‚Der König soll sein Wort halten' vgl. TPMA 7, v. a. S. 129–131.

5262 *... Balthazar*
Von Belsazar, von seinem Gastmahl, dem Menetekel, von dessen Deutung und von Belsazars Ermordung erzählt das altestamentliche Buch Daniel (Dan 5). Die Verbindung der „symbolischen Entmachtung des König Dacians" mit „dem Verweis auf das Menetekel des biblischen Königs Belsazar" ist in ‚politischer' Hinsicht signifikant, schreibt Christian Buhr, und er erläutert: „Durch diesen Kurzschluss steht eine Option im Raum, welche die mittelalterliche Staatstheorie von Johann von Salisbury über Thomas von Aquin bis hin zum Tyrannendekret des Konstanzer Konzils [...] immer wieder besonders im Hinblick auf jene Fälle kontrovers diskutierte, wo der Herrscher die staatliche Ordnung zu pervertieren und die Gnade Gottes zu verlieren schien. Es ist die Idee des Tyrannenmords – und Georg macht gegenüber Dacian keinen Hehl daraus, welches Ende Belsazar im Buch Daniel ereilen wird, nachdem er gewogen und für zu leicht befunden worden war [...]."[212]

5297 *unz sich der mâne wandelt*
Im Gegensatz zum HG wird Georg im ‚Prosageorg' jeden Monat aufs Neue gemartert: *nun hat der keÿser den gebresten als dick sich der mon nuwert als dick gieng in ein vngunst gegenn dem edlen ritter ann vnnd tet im dan aber ein hannd martter ann dis trib der vertan keÿser mit dem wirdigenn edlenn ritter sibenn ganncz jar dz er im all manet einer hannd martter antet.*[213] Wenn Dacian ankündigt, Georg erneut zu peinigen, nachdem der Mond sich gewendet hat, könnte das einen solchen monatlichen Rhythmus einleiten.

5322 *manc busûn ...*
„Die ‚busûne' (‚busîne', ‚pusûn' und ähnliche Formen) war ein trompetenartiges Instrument, das einerseits wohl aus einer Weiterentwicklung der einheimischen Blas,trumbe' und andererseits nach dem Vorbild orientalischer Trompeteninstrumente entstand. Das enge, meist völlig gerade Rohr der aus Metall hergestellten ‚busûne' hatte eine stattliche Länge, die oft 1–1,5 m erreichte. [...] Die ‚busûne' erlangte im Ritterstande schnell große Beliebtheit und wurde als ausgesprochen repräsentatives Instrument häufig mit wappenverzierten Fähnchen geschmückt. In der Dichtung ist die ‚busûne' eins der meistgenannten Instrumente."[214]

---

[212] Buhr 2021.
[213] Schmitz 2013, S. 142 f. [Schaft-s gegen Rund-s getauscht, die Kommentator*innen].
[214] Riedel 1959, S. 155.

5329 *ein nunne von Gîselvelt*
Die Anspielung bezieht sich auf ein konkretes Kloster. Hubertus Seibert erläutert: „Unweit des 821 an St. Emmeram in Regensburg gelangten, im 9./10. Jh. untergegangenen Adelsklosters Engelbrechtsmünster (heute Ortsteil von G.) stiftete Graf Eberhard II. von Ebersberg am Unterlauf der Ilm zwischen 1030 und 1037 ein mit zahlreichen Gütern in Oberbayern und Oberösterreich ausgestattetes *Benediktinerinnenkloster*. Seit ca. 1130" stand das Kloster „unter der Vogtei der Wittelsbacher".[215]

Carl von Kraus weist in seinen Anmerkungen noch darauf hin, dass das Interesse des Herzogs Otto an Geisenfeld durch eine Urkunde des Jahres 1249 bezeugt werde. Und zwar „übergiebt" Otto II. am 8. September 1249 in Landshut „dem nonnenkloster Geisenfeld auf bitte seiner verwandten Agnese, äbtissin desselben, Otilien die tochter des Per. de Ortte und Heilwig die Cunrad von Engelhartsdorf ehlichte, dergestalt dass sie und ihre erben dienstmannenrecht des klosters haben sollen".[216]

5340 *manic rotte ...*
Meist versteht man unter einer *rotte* „ein im Prinzip der antiken Kithara ähnliches Tonwerkzeug […], bei dem also die Saiten zwischen den beiden Armen, in die der Schallkörper auslief, angebracht waren. Die Saiten, deren die Rotte häufig sieben hatte, wurden gezupft oder geschlagen. Aber auch als Streichinstrument ist die Rotte nachgewiesen, oft sogar geradezu in der Art einer Geige. Nicht selten ist mit der Rotte auch eine Spitzharfe gemeint."[217]

5344 f. *wie der Salneckære ze kristen wære worden*
Näheres zur Konversion des Salnecker wird dann in den Versen 5409–5414 erläutert. Zum Salnecker vgl. auch den Kommentar zu V. 422.

5357 *sô wir durch boume ranten*
Was genau hier mit den ‚Bäumen' gemeint ist, bleibt unklar. Wir vermuten, dass damit Stangen, Lanzen oder sonstige Sperren gemeint sein könnten, wie sie Krieger an vorderster Front verwendet haben, um das gegnerische Heer auflaufen zu lassen. Georg und seine Brüder reiten scheinbar mühelos darüber hinweg, sodass die Schlachtordnung zerfällt und die Zweikämpfe beginnen. Mhd. *boum* könnte dann etwas sein wie die ‚Sarissa' der antiken Phalanx.

5362–5365 *daz sich fiuwer und der melm ... tempern begunde als ganeiste in dem sinder*
Mhd. *tempern* (aus lat. *temperare*) meint „gehörig mischen und einrichten, mäszigen" (DWB s. v.). Mhd. *ganeist* ist der Funke; und mhd. *sinder* erläutert Lexer mit „hammer-

---
215 Seibert 2006, S. 267.
216 Böhmer 1854, S. 22 f. Man vgl. auch Jaeger 1948, S. 156 f.
217 Riedel 1959, S. 105.

schlag, metallschlacke, sinter" (Lexer s. v.) – wobei ‚Hammerschlag' hier nicht das Schlagen des Hammers beim Schmieden meint, sondern Synonym zu ‚Schlacke' ist. Wir übernehmen in die Übersetzung sowohl den Fachbegriff ‚Hammerschlag' wie auch das für heutige Leserinnen und Leser verständlichere ‚Schlacke'.

5390 f. *mit sîner liehten banier blanc, durch die daz rôte kriuze gie*
Man vgl. den Kommentar zu V. 1358 f.

5415 ... *künic von Mayedôn*
Der König von Mayedôn tritt an dieser Stelle erstmals namentlich und mit Figurenrede auf. Er spricht im Folgenden mehrmals und so erfährt man etwa, dass er Georg bereits gut kennt (V. 5737 ff.). Später (V. 5621 ff.) wird auch der König von Mayedôn (wie der Salnecker, von dem gerade eben die Rede war) zum Christentum konvertieren – und dafür dann hingerichtet (V. 5903 ff.).

5422–5425 *ich wolt die sternen mit der zal ervähten und ertrahten, ê man kund erahten die helde die dâ lâgen*
Dieses Adynaton funktioniert ähnlich wie das in V. 4970–3987, nur übernehmen in diesem Fall die unzählbaren Sterne die Funktion, die oben der Sand eingenommen hat.

5431 *daz sîn der tôt bürge wart*
Eine nicht ganz leicht zu verstehende Wendung, die vielleicht auf Wh. 24,25 zurückgeht (*daz es der tôt sîn bürge wart*). Gemeint ist wohl, dass der König von Azor beim Kämpfen so erfolgreich ist, dass der personifizierte Tod selbst für ihn als Bürge auftritt und für ihn haftet. Das geht aber nur so lange gut, bis Georg ihm entgegentritt.

5441 ... *Romanî, der grôze walt*
Laut Vetter handelt es sich um „die Wüste *Rumenei*, wohin Dieterich von Bern durch ein gespenstiges Pferd entführt wird, um mit dem Gewürme bis an den jüngsten Tag zu streiten". Carl von Kraus verweist u. a. auf ‚Wolfdietrich A', wo von der *Romanie* (421,1) als einem weiten, unbewohnten und also auch unbebauten Land die Rede ist.[218]

5452 ... *tribochwürfen*
Ein *drîboc* ist eine Steinschleuder und Belagerungsmaschine, die vielleicht im Rahmen des ersten Kreuzzuges entwickelt worden war, im deutschsprachigen Raum möglicherweise zuerst im Jahr 1212 eingesetzt wurde und im Mhd. zum ersten Mal im Wh.

---

[218] Kofler 2009, S. 149.

erwähnt wird (Wh. 111,9; 222,17).[219] Für Wolfram (und sein Publikum) dürfte das also neueste Spitzentechnologie gewesen sein. Ähnliches könnte noch für Reinbot und sein Publikum gelten.

5469–5473 *nu schouwe, Minne, wie daz stât ... Minne, du lônst als du tæt ie*
Dass hier plötzlich ein höfisches Liebeskonzept mitsamt der personifizierten Minne ins Spiel gebracht wird, ist durchaus überraschend, denn das Thema spielt im HG eigentlich keine Rolle.

5477–5479 *den sluoc des margrâven hant durch den helm daz ez erwant dâ des lebens niht mê was*
Die Schwierigkeit dieser Textstelle besteht in der Polyvalenz des Verbs *erwenden*. Dieses kann sich auf den Schlag beziehungsweise die Waffe beziehen, mit der der Schlag ausgeführt wird. Georg würde Jabin dann so tief treffen, dass er in seinem Gegner alles Leben vernichtet. Dementsprechend schlägt Vetter vor: „dass der Hieb eindrang bis dahin, wo kein Leben mehr zu finden war, d. h. durch alle Teile hindurch, welche den Menschen lebend erhalten".

Unsere Übersetzung folgt indessen der Teilbedeutung ‚abwenden', ‚verhindern', ‚zunichte machen', die sich auf Jabins Racheplan beziehen könnte, der durch den Markgraf durchkreuzt wird, indem dieser sein Gegenüber erschlägt.

5489 *... ein schûrweter ...*
Ein Hagelsturm oder allgemein ein Unwetter (vgl. Lexer s. v. *schûr, schûre*).

5492 *... snêgellen*
Was genau mit *snêgellen* gemeint ist, ist nicht ganz klar. Es handle sich um einen „Schneeschauer", schreibt Vetter, und Carl von Kraus widerspricht: „Schneeflocken sind kaum gemeint: *hellen* und *gein sumer* würde eher für Lawinen sprechen." Dem widerspricht wiederum Willy Schmiedel, der für „heulende Schneestürme" plädiert.[220] Wir halten uns mit unserer Übersetzung an Schmiedel.

5498 *... gên des tôdes vâr*
Wir übersetzen „vom lauernden Tod", obwohl eine Übersetzung wie „von der Todesgefahr" näher am mhd. Text bliebe. Allerdings scheint uns das ganze Bild besser zu funktionieren, wenn der Tod personifiziert wird – wie eine lauernde Bestie. Eine „Gefahr" dagegen bleibt recht abstrakt.

---

219 Vgl. Vorderstemann 1974, S. 75. Man vgl. (mit Diskussion zum Datum 1212) Decke-Cornill 1985, S. 39.
220 Schmiedel 1908, S. 47.

5553 ... *binzen* ...
„Binsen" sind Gräser und das „Bestreuen des Bodens [...] mit Blumen oder Gras, zur Erfrischung und zum Schmuck, war bei festlichen Gelegenheiten üblich".[221]

5600 ... *Aarôns gerte* ...
Aarons Stab wurde bereits bei den vierundzwanzig Namen Mariens erwähnt (V. 2753). Im 4. Buch Mose wird von Widerständen gegen Mose und Aaron erzählt. Der blühende Stab Aarons ist ein göttliches Zeichen, das die göttliche Legitimität Aarons öffentlich erweisen soll: *Und der HERR redete mit Mose und sprach: Rede mit den Israeliten und nimm von ihnen zwölf Stäbe, von jedem Fürsten ihrer Sippen je einen, und schreib eines jeden Namen auf seinen Stab. [...] Und lege sie in der Stiftshütte nieder vor der Lade des Zeugnisses, wo ich mich euch bezeuge. Und wen ich erwählen werde, dessen Stab wird grünen. So will ich das Murren der Israeliten, mit dem sie gegen euch murren, zum Schweigen bringen. [...] Am nächsten Morgen, als Mose in die Hütte des Zeugnisses ging, da grünte der Stab Aarons, der zum Hause Levi gehört, und die Blüte ging auf und trug Mandeln.* (4. Mose 17,16–23)

5623 *des alten Mezzæres barn*
Man vgl. den Kommentar zu V. 108.

5634 *in zwelf wochen* ...
Laut V. 2127 ist das Kind drei Monate alt; darauf dürfte sich diese Feststellung beziehen.

5674–5677 ... *sante Sebastiân* ... *bestôzen mit strâlen und mit pfîlen*
Wie Georg wird der heilige Sebastian als ein Märtyrer verehrt, der für sein Bekenntnis zum Christentum unter Diokletian mutmaßlich im Jahr 288 n. Chr. den Tod fand. Der Legende nach ließ der Kaiser Sebastian so lange von numidischen Bogenschützen mit Pfeilen durchbohren, bis dieser für tot gehalten wurde. Georg und Sebastian, die in Reinbots Erzählung zu Zeitgenossen werden (vgl. den Kommentar zu V. 382), vereint an dieser Stelle zwar nicht unmittelbar dieselbe Form der Marter, wohl aber erscheint Georg, der in hochmittelalterlichen Bildzeugnissen mit dem schwertbesetzten Rad assoziiert wird, aufgrund seines von Pfeilen durchbohrten Körpers hier in der ikonographischen Tradition des heiligen Sebastian.

5751–5880 *Ein wunderburc, der Tugent pflac* ... *ez geschach dâ vor nie keinem man*
Der lange allegorische Einschub zur Tugendburg gehört zu den zahlreichen Exkursen in Reinbots HG. Für moderne ästhetisch-poetische Vorstellungen mag dies ungewöhnlich oder sogar störend wirken; allerdings gehört die Allegorie zu den zentralen Erzähl-

---

[221] Nellmann 2006, S. 501.

formen mittelalterlicher Literatur. Auf sie zu verzichten hieße, die Möglichkeiten zur Präsentation der eigene Kunstfertigkeit ohne Not zu beschneiden.

Die einzelnen Stationen der Allegorie fasst Monika Schwarz bündig zusammen: Die Tugendburgallegorie „soll zunächst die Wahl Georgs zum houbetkünig von Grecia motivieren; darüberhinaus zeigt sie deutlich auf, durch welche inneren Vorzüge sich der miles Christi vor anderen auszeichnet. Der König von Mayedôn schildert Kaiser Dacian die aus acht Kammern bestehende ‚wunderburc' (5751), die die saelde (5756) nach der Lehre der Tugend (5762) mit dem Pinsel der êre (5761) ausgemalt hat. Jedes Gemach entspricht einer Tugend; so werden nach der Reihe die Staete (5766), Triuwe (5787), Milte (5799), Mâze (5807) Zuht (5821), Kiusche (5839), Barmunge (5851) und Endehaft (5859) durchgesprochen. Georg, so schließt der Erzähler seinen Bericht, habe als erster die ganze Burg besucht (5880)."[222]

5766 ... geræte
Mhd. *geræte* meint hier wohl recht konkret (Bau-)Material, zumindest legt der Kontext diese Übersetzung nahe.

5771 *tarant ... mangen*
tarant und *mange* sind Belagerungsmaschinen zum Durchbohren von Mauern bzw. zum Werfen von Steinen.

5797 f. *gienge diu kamer in Endiân, der selbe müest dâ ûze stân*
Die Textstelle ist schwer zu verstehen und Carl von Kraus setzt dementsprechend eine Crux. Vetter verweist auf Wh. 8,8 f. (*sîn klage mit jâmer wart bekant unz an die ûzern Indîâ*). Heinzle erläutert zu dieser Stelle: „Die *ûzern Indîâ* oder *India superior* [...] meint das eigentliche Indien im Unterschied zur *India inferior*, d. i. Äthiopien".[223] Bereits in seiner Rezension zu Vetter überlegt Carl von Kraus, dass man die Stelle im Sinne von ‚und selbst wenn er bereit wäre, Indien dafür herzugeben' verstehen könne.[224] In Anmerkung zu seiner Ausgabe schreibt er: „‚gienge selbst Indien (das volkreiche und entfernte) in die Kammer': ein verzweifelter Notbehelf. [...] Eher aber erwartet man den Gedanken ‚wenn er auch Indiens Schätze darum hingäbe'". Wir gehen davon aus, dass eine räumliche Ausdehnung gemeint ist: Würde die Kammer so vielen Menschen Platz bieten wie von Griechenland bis Indien hineinpassen, würde sie also quasi einer nahezu unbegrenzten Zahl von Menschen Platz bieten, dann würde ein untreuer Mensch dennoch nicht aufgenommen werden.

---

222 Schwarz 1972, S. 63.
223 Heinzle 2009, S. 833.
224 C. Kraus 1899, S. 61.

5807 ... heizet ...
Im Verlauf der Rede des Königs von Mayedôn kommt es zu Brüchen im Bereich der Tempora, die auf den ersten Blick als eine Inkonsequenz des Verfassers erscheinen. Es besteht jedoch die Möglichkeit, dass hier – in Analogie zu heldenepischen Erzählmustern – Präsenzeffekte evoziert werden sollen. Unsere Übersetzung übernimmt die Zeitformen daher stets nach dem Vorbild des mittelhochdeutschen Texts.

5817 ... *haspelspil*
Das Kompositum *haspelspil* ist in der deutschen Literatur des Mittelalters nur bei Reinbot überliefert. Seine genaue Deutung hängt davon ab, was unter einer *haspe* bzw. einem *haspel* zu verstehen ist. Wird darunter ein Gerät zum Auf- oder Abwinden von Garn verstanden, so würde in der vorliegenden Textstelle das Widerstreben von Worten und Taten mit den Produktionsfehlern in Verbindung gebracht, die aus Unachtsamkeit oder Ungeschicktheit im Umgang mit der Garnwinde resultieren (vgl. die teils noch heute zumindest dialektal geläufigen Verben ‚sich verhaspeln', ‚unterhaspeln' oder ‚herumhaspeln'). Denkbar ist jedoch auch der von Vetter eingebrachte Vorschlag, wonach Reinbot an das wechselhafte Spiel einer ebenfalls als *haspel* bezeichneten Windfahne denke, die „bald die eine, bald die andere Seite zeigt". Das Resultat eines solchen Durcheinanders ist so oder so Unfug.

5820 *ûf hôher, der niht maze kan*
Mit mhd. *hôher stân* ist „sich weiter weg stellen, zurückweichen" gemeint. Mit mhd. *ûf hôher* dürfte dementsprechend ein aufforderndes „zurück!" gemeint sein; so zumindest BMZ zu eben dieser Stelle (s. v. *hôhe, hô*).

5839 ... *Kiusche* ...
Mhd. *kiusche* meint mehr als das, was man heute unter ‚Keuschheit' versteht, nämlich z. B. auch ‚Vernünftigkeit', ‚Sanftmut', ‚Mäßigkeit'.[225]

5846-5848 *Johannes ... wan im diu kiusche sô gezam, daz er si für die ê nam*
Gemeint ist wohl Johannes der Täufer, dessen asketisches Leben im Neuen Testament betont wird (vgl. z. B. Mk 1,6) und dessen Ehelosigkeit etwa bei Tertullian erwähnt wird.[226]

5923–6000 *Dô wîlen in der alten ê ... er hiez die sunne stên ... rois Jâbîn ... der künic von Tersâ ouch gelac ...*
Die Passage bezieht sich auf Jos 12, d. h. auf die Liste der von Josua (*der juden künic Jôsuê*, V. 5924) und den Israeliten besiegten Könige. Natürlich hat Josua nicht gegen die

---
[225] Man vgl. etwa Ehrismann 1995, S. 118–221.
[226] Ernst 1989, S. 243 f.

,Sarazenen' (*Sarrazînen*, V. 5925) gekämpft: „Historisch ist das Argument anachronistisch; theologisch aber schlüssig: Aus christlicher Perspektive werden die Menschen allein danach unterschieden, ob sie auf der Seite Gottes oder auf der seiner Gegner stehen."[227] Wir bleiben in der Übersetzung (und auch im Index) nahe an den mhd. Namensformen.

Im Buch Josua heißt es, dass Gott auf die Bitte des israelitischen Heerführers Josua hin die Sonne und den Mond stillstehen lässt, bis die Israeliten die Amoriter besiegt haben: *Damals redete Josua mit dem* HERRN *an dem Tage, da der* HERR *die Amoriter vor den Israeliten dahingab, und er sprach in Gegenwart Israels: Sonne, steh still zu Gibeon, und Mond, im Tal Ajalon! Da stand die Sonne still und der Mond blieb stehen, bis sich das Volk an seinen Feinden gerächt hatte* (Jos 10,12 f.).

Die Bezeichnung *rois* (z. B. V. 5927) ist eigentlich kein Namensbestandteil, sondern ein Titel; man vgl. frz. ,roi', dt. ,König'.

5956 ... *verrüntes* **...**
verrunen , verrünen , verronen (vgl. Lexer s. v.) meint „verdecken, verrammeln, -sperren". Die zugrundeliegende Vorstellung ist wohl „mit *ronen*, Baumstämmen, verrammeln", wie Vetter schreibt.

6008 f. *ich sag ab iu wiez ergie, daz die künige gelâgen*
Markus Schmitz erläutert zur folgenden Argumentation Dacians: „Diese Begründung, Apollo habe die Kanaaniter gestraft, da diese lediglich die Planeten als Götter und Verwalter ihres Schicksals verehrten, wirkt insofern befremdlich, als Dacian selbst mehrmals die Macht der Planeten, insbesondere der Sonne, beschworen hat. Dennoch liegt der Unterschied zwischen Dacians planetenbasiertem Polytheismus und der beschriebenen Religion der Kanaaniter in der Verschränkung der Planeten mit den entsprechenden Gottheiten. Für Dacian liegt die Schuld der Kanaaniter darin, dass sie die Planeten verehrten, ohne sie mit den Göttern gleichzusetzen. Hiermit nimmt Reinbot Bezug auf eine zeitgenössische Debatte, die Rolf-Dieter Müller-Jahncke als ,Entdämonisierung' der Astrologie beschreibt: ,Seit dem 13. Jahrhundert setzte sich indes bezüglich der Astrologie die Vorstellung durch, daß die Gestirne die sublunare Welt nicht durch zugeordnete Dämonen oder Zwischenwesen beeinflußten, sondern daß alles Entstehen und vergehen allein von den Bewegungen der oberen Sphären abhängig sei. Doch bewirkte diese Lehre nicht den Untergang von Astrologie und Magie, trug aber zu ihrer Entdämonisierung bei.'"[228]

---

[227] Lembke 2008, S. 50.
[228] Schmitz 2013, S. 374, mit Zitat aus Müller-Jahncke 1985, S. 32.

6014 ... *wîlsælde* ...
Das Wort erscheint zuvor bereits in V. 4485. Gemeint ist „das von der *wîle* abhängige, durch die zeit der geburt bestimmte schicksal" (vgl. Lexer s. v.).

6075 *Phâraônis bruoder*
Die Beschimpfung als Bruder oder Genosse des Pharao bezieht sich auf das Entkommen des Volks Israel aus der Ägyptischen Gefangenschaft gegen den Willen des tyrannischen Pharao, von der zu Beginn des 2. Buchs Mose erzählt wird. Den Pharao straft Gott, indem er ihn und seine Männer im Roten Meer ertrinken lässt (2. Mose 14).

6134 ... *Âbrahâmes segen*
Mit dem Segen Abrahams könnte, so Vetter, ein Kindersegen gemeint sein. Man vgl. auch 1. Mose 12,3: *Ich will segnen, die dich segnen, und verfluchen, die dich verfluchen; und in dir sollen gesegnet werden alle Geschlechter auf Erden.*

In Handschrift W schließen sich zwei weitere Verse an, die von Carl von Kraus nicht in seine Ausgabe aufgenommen wurden: *Vnd den di dir getrawen wol. Wan du pist tugent vnd trewen vol.*

4 Materialien zur Stofftradition

Erzählungen vom heiligen Georg erstrecken sich über einen weiten geographischen Raum, zahlreiche Sprachen und viele Jahrhunderte. Um einen Eindruck von der langen und heterogenen Rezeptionsgeschichte der Georgslegende zu vermitteln, stellen wir Reinbots Roman eine kleine Auswahl an Texten zur Seite, sodass sich der vorliegende Band zu einer kleinen Anthologie erweitert; eine Anthologie, die allerdings nicht für sich beanspruchen kann, die ganze Bandbreite der Erzähltradition zu repräsentieren. Wir haben folgende Texte ausgewählt:

1. Das Fragment des möglicherweise gegen Ende des 9. Jahrhunderts entstandenen ‚Georgslieds' in althochdeutscher Sprache.
2. Die Geschichte Georgs (hier: Ǧirǧīs) aus dem Geschichtswerk des persischen Historikers Abū Jaʿfar Muḥammad ibn Jarīr al-Ṭabarī (839–923 n. Chr.).
3. Das Kapitel zum heiligen Georg aus der ‚Legenda Aurea' des Jacobus de Voragine aus der zweiten Hälfte des 13. Jahrhunderts sowie eine deutsche Übersetzung in der um 1357 entstandenen ‚Elsässischen Legenda Aurea'.
4. Georg Hagers Meisterlied ‚Der Ritter sant Georg' aus dem Jahr 1594.

Das althochdeutsche ‚Georgslied' ist der älteste Legendentext in deutscher Sprache. Eingetragen wurde es nachträglich auf den letzten Seiten der Heidelberger Handschrift des ‚Evangelienbuchs' Otfrids von Weißenburg (Cod. Pal. lat. 52). Das ‚Evangelienbuch' selbst wurde wohl im letzten Drittel des 9. Jahrhunderts aufgeschrieben. Die Datierung des ‚Georgslieds' indes ist schwierig; der Text könnte im 10., möglicherweise aber auch erst im 11. Jahrhundert notiert worden sein. Überhaupt stellt der unvollständige Text – so Stephan Müller, dessen Ausgabe wir folgen – „ein philologisches Desaster dar; offensichtlich hat ihn der Schreiber nicht verstanden und verderbt".[1] Aufgrund dieses Desasters liegt es nahe, den Text sowohl handschriftennah als auch in einer rekonstruierten Fassung zu bieten, so wie es Müller im Anschluss an die grundlegende Forschung Wolfgang Haubrichs auch tut.[2]

Inhaltlich lässt das ‚Georgslied' einige Motive erkennen, die für die Darstellung des Märtyrers prägend sind und die sich auch noch bei Reinbot finden. Hierzu gehört die Ankunft bei einem (im ‚Georgslied' nicht näher bestimmten) Gerichtstag, Speise- und Heilungswunder, Begrünung einer Säule, die Auseinandersetzung mit Dacian, die mehrfache Tötung, die Auferweckung Jobels, die Bekehrung der Königin sowie die am Schluss noch angedeutete ‚Teufelsaustreibung' des Apollo.

Der Text besteht aus binnengereimten Langzeilen, die mehrere Strophen bilden. Aufgrund der komplexen Struktur mit variierten Refrains könnte das ‚Georgslied' mit

---
1 S. Müller 2007, S. 310.
2 Haubrichs 1979.

wechselnden Stimmen vorgetragen worden sein, möglicherweise als Prozessionslied. Für derartige Wechselgesänge gibt es in der römischen Kirche Vorbilder und Traditionen, an die man mit dem volkssprachigen Lied anknüpfen konnte.

Bei der arabischen ‚Geschichte der Propheten und Könige' (‚Ta'rīkh al-rusul wa'l-mulūk') des persischen Historikers und Koranexegeten Abū Ja'far Muḥammad ibn Jarīr al-Ṭabarī (839–923) handelt es sich um die wohl bedeutendste Weltchronik, die die gelehrte islamische Tradition des Mittelalters hervorgebracht hat. Unter Verwendung einer Vielzahl unterschiedlicher Quellen beschreibt al-Ṭabarī die Geschichte der Welt von ihrer Erschaffung bis ins Jahr 915. Ein Bindeglied zwischen den Ereignissen und Persönlichkeiten der Hebräischen Bibel beziehungsweise des Alten Testaments und der auf den Propheten Muḥammad zulaufenden nachbiblischen Geschichte bilden unter anderem die Erzählungen über Jesus und Maria, die Sieben Schläfer und den Märtyrer Georg (Ǧirǧīs). Als einen seiner Gewährsmänner für die Erzählung über den heiligen Georg benennt al-Ṭabarī Wahb ibn Munabbih, einen bekannten jemenitischen Überlieferer von ‚isra'īlīyāt' (d. h. von jüdisch-christlichen Erzählungen) aus dem 7./8. Jahrhundert. Damit legt der Chronist offen, dass in seiner arabischen Version der Legende christliche, jüdische und islamische Erzähltraditionen konvergieren.[3]

Bei der lateinischen ‚Legenda Aurea' (auch ‚Legendae' oder ‚Legenda Sanctorum', ‚Novum Passionale' oder ‚Historia Lombardica') handelt es sich um die im Mittelalter am weitesten verbreitete Sammlung von Heiligenlegenden (erhalten sind über 1000 Handschriften und 97 Inkunabeln). Erstmals kompiliert wurde sie durch den Dominikaner Jacobus de Voragine, wohl in den 1260er Jahren. Jacobus ordnet unter Verwendung einer Vielzahl von Quellen die Heiligenleben und die Texte zu den Festtagen so an, dass sie dem Verlauf des Kirchenjahres folgen. Der eigentlichen Geschichte geht typischerweise eine Namensetymologie des oder der Heiligen voran. Mit seiner Sammlung stellte Jacobus seinen Rezipienten reichhaltiges Material für Predigten, zur individuellen Erbauung und für die Weiterverarbeitung in Bild und Skulptur zur Verfügung. Gelesen, angepasst, erweitert und übersetzt wurde die Sammlung schon bald nach ihrer Fertigstellung als Ganzes oder in Teilen von Geistlichen und Laien in ganz Europa.

Jacobus' Version der Georgslegende gehört zum Kernbestand der Sammlung, obgleich Jacobus selbst darauf hinweist, dass sie als apokryph gelte (Jacobus zufolge seit dem Konzil von Nicäa im Jahr 325, tatsächlich aber wohl seit dem pseudogelasianischen Dekret aus dem 6. Jahrhundert, das die arianischen Tendenzen der Legende verurteilte). Die enorme Verbreitung der ‚Legenda Aurea' sorgte dafür, dass das Motiv des Drachenwunders, das erst im 11. Jahrhundert aus einer griechischen Quelle in zwei Versionen (Drachenzähmung und Drachentötung) in die lateinische Tradition

---

[3] Ṭabarī 1964, S. 790–812. Die Übersetzung ins Neuhochdeutsche wurde angefertigt von Walid Abd El Gawad. Eine Übersetzung ins Englische liegt vor in: Ṭabarī 1987, S. 173–186. Eine weitere mittelalterliche arabische Version der Georgslegende, die in einer deutschen Übersetzung zugänglich ist, stammt aus dem 11. Jahrhundert von Abū Isḥāq Aḥmad ibn Muḥammad ibn Ibrāhīm aṭ-Ṭaʿlabī. Vgl. Ṭaʿlabī 2006, S. 542–550.

der Georgslegende Eingang findet, schon bald beinahe untrennbar mit der Figur des heiligen Georg verbunden ist.[4]

Bei der ‚Elsässischen Legenda Aurea' handelt es sich um eine Übersetzung der lateinischen ‚Legenda Aurea' ins Deutsche, die um 1350 in Straßburg entstand. Sie ist vollständig oder teilweise in 40 Textzeugen überliefert, die vor allem in der Schweiz und am Oberrhein entstanden, wurde jedoch nie gedruckt. Noch vor 1419 erfolgte eine Einteilung des umfangreichen Werks in einen Winterteil und einen Sommerteil. Mit seiner lateinischen Vorlage geht der Übersetzer sprachlich souverän um. Am Beispiel der Georgslegende wird zudem deutlich, dass er beim Übersetzen zuweilen leicht kürzt und sich auf Komplikationen der Quellenlage nicht weiter einlässt, um seinem deutschen Text größere Kompaktheit zu verleihen. So unterschlägt er beispielsweise Jacobus' knappen Hinweis auf die Version der Erzählung, in der Georg den Drachen im Kampf tötet, und beschränkt sich stattdessen ganz auf die Halsband-Version, von der Jacobus ausführlicher erzählt. Auch die Berichte über die wunderbaren Geschehnisse nach Georgs Tod fehlen.[5]

Auch in der deutschsprachigen Literatur des Spätmittelalters und der frühen Neuzeit erfreuen sich Geschichten vom Heiligen Georg großer Beliebtheit. Vor allem die durch die ‚Legenda Aurea' popularisierte Episode vom Kampf des Heiligen gegen ein Drachenungeheuer wird literarisch gestaltet. Dies gilt zum einen für die deutschsprachige Erzähltradition (zu nennen wären hier besonders ‚Der Heiligen Leben', das ‚Passional', die Prosaauflösungen der mittelhochdeutschen Georgslegende sowie eine in zwei Handschriften überlieferte anonyme Versbearbeitung aus der ersten Hälfte des 14. Jahrhunderts),[6] zum anderen findet sich die Legende beispielsweise im ‚Augsburger Georgsspiel' in dramatischer Form dargestellt. Auch die zeitgenössische Lyrik greift immer wieder auf die Gestalt des Märtyrers zurück: So macht Hans Sachs den Heiligen in ‚Der ritter sant jörg' zum Gegenstand eines schwankhaften Meisterlieds, während Muskatblut den Heiligen als Streiter gegen Ketzerei und Unglauben beschwört.

Gegenüber solchen punktuellen Referenzen bietet Georg Hager ein relativ vollständiges Bild vom Leben und Leiden des Heiligen. Der 1552 in Nürnberg geborene und 1634 ebenda verstorbene Schuhmacher bezeichnet Hans Sachs, bei dem bereits sein Vater Lehrling gewesen war, als seinen Lehrer. Von den 937 Meisterliedern, die er gemäß seinem ‚Valete' von 1630 verfasst hat, sind rund 620 erhalten geblieben.[7] Dazu zählt auch das Lied ‚Der ritter sant georg. ein deitung auf Christum'. Georg Hager bedient sich hier der Tageweise, einem gemeinhin Barthel Regenbogen zugeschriebenen Ton mit einem Strophenumfang von jeweils neunzehn Versen. Während die ersten beiden Strophen zunächst den Drachenkampf und dann die Konfrontation mit dem zum *thirannen* erklärten König Dacian exponieren, wird Georgs Martyrium in der

---

4 Jacobus de Voragine 2014, S. 810–823.
5 Williams und Williams-Krapp 1980, S. 291–295.
6 Williams-Krapp 1980.
7 Rettelbach 2002.

abschließenden dritten Strophe zum Anlass einer kurzen Allegorese genommen, die den Heiligen als Sinnbild für die Erlösungstat Christi versteht. Das auf den 10. Juni 1594 datierte Meisterlied endet sodann mit einem dreizeiligen Gebet, worin Gott um seine Gnade und um eine Festigung des Glaubens gebeten wird.[8]

---

[8] Bell 1947, S. 200–201.

4.1 Das ‚Georgslied'

1   GORIO fhuor ce malo .   mit mikilemo herio .
    [georio fuor zemalo   mit mikilemo ehrigo]
    fhone dhero marko .   mit mikilemo fholko .
    [fo ne | dero mahrko   mit mikilemo fhol ko]
    fhuor er ce dhemo rhinhe .   ce hebihemo dhinhe .
    [fuor er ze demo | rinhe   zeheuihemo dinge]
    dhazs dhin uhas marista .   ghote lhiebosta .
    [daz: thin uuwas marista | gkotoliebo(s)ta]
5   ferlhiecz er uhereltrhike .   keuhan er himilrhike
    [ferliezcer uuerelt rhike   keuuan er | ihmilr(h)ike]
        dhazs kedheta shelbo .   dher mare crabo GORIO .
        [dazketeta selbo   der marecrabo georio ||]

2   Dho sbuonen inen alle .   kuninha sho manehe .
    [dho sb(u)onen inen allo   kuningha somane ha(o)]
    uholton shi inen herkeren .   ne uholta ernes horen .
    [uuolton si inen | ehrkeren   neuuolta ernes ohro(e)n]
    herte uhas dhazs GORIEN muot .   ne hort er in es sheg ih ghuot .
    [ehrte uuas d(a)z | georigen munt   ne ohrter ines sheg^{ih} guot]
10 nub er al kefhrumeti .   dhes er ce ghote dhigeti .
    [nuber | alke frumeti   des ercekotedigeti]
        dhazs kedheta shelbo .   (hero) S(an)C(t)E GORIO .
        [daz keteta selbo   sce gor^{io} ||]

3   Dho dheilton (sh')inen share .   ce dhemo karekare .
    [doteilton inen sare   ze demo karekare]
    dhar met imo dho fhuoren .   hengila de shonen .
    [d(h)arme(t) imo | do suorren   ehngila de skonen]
    dhar fhand er ceuuei uhib .   kenerit er dhazs ire lhib .
    [dhar f:: der ceuuei uuib | kenerier daz ire litb]
15 dho uhorht er so (shono) .   (dha)zs imbizs in fhrono .
    [dho uuo(h)re er so::::::   z imbizs | in fro no]
        dhazs zeiken uhorta dh(are) .   GORIO ce uhare .
        [daz ceiken uuorta dh:::::   io ce uuare |||]

4.1 Das althochdeutsche Georgslied

1   Georg fuhr zum Gerichtstag mit großer Gefolgschaft

    aus der Mark, mit vielem Volk.

    Er fuhr zu dem Ring, zum wichtigen Gerichtstag.

    Der Gerichtstag war herrlich und Gott sehr lieb.

    Er verließ den Weltenring, gewann das Himmelreich.   5R

    Das hat selbst getan der edle Graf Georg.

2   Da redeten auf ihn ein die so zahlreichen Könige.

    Sie wollten ihn zur Umkehr bringen, er wollte nicht darauf hören.

    Standhaft war da Georgs Haltung, er hörte nicht auf sie, sage ich richtig.

    Er tat nur all das, worum er Gott bat.   10R

    Das tat selbst der Heilige Georg.

3   Da verurteilten sie ihn schnell zu einer Kerkerhaft.

    Zu ihm zogen die schönen Engel.

    Dort fand er zwei Frauen: Er rettete ihnen das Leben.

    Da schuf er herrlich ihnen die göttliche Nahrung.   15R

    Dieses Zeichen wirkte dort Georg wahrlich selbst.

4 GORIO dho dhigita . inan DRUHTIN al keuhereta .
  [*georio dodi gita* *ina(n) DRuhtin al geuuereta*]
  (inan DRUHTIN al keuhereta) . dhes GORIO cimo dhigita .
  [*des gorio | zimo digita*]
  dhen dhumben dhet er sprekenten . dhen dhouben horenten .
  [*den tumben dhe(t)er sprekenten* *dentohuben | ohrenten*]
20 dhen plinten dhet er sheenten . dhen halcen ghanhenten .
  [*den pilnten deter sehenten* *den halcen gahn enten* |]
  hein shul stuont her (manihe) ihar . h(uu)zs spran dher lhob shar .
  [*ehin suhl stuonetehr: anche ihar* *uhhs psanr dher l(h)ob . shar* . |]
    dhazs zheiken uhorta dhare . GORIO ce uhare .
    [*daz zehiken uuorheta d(h)are* *gorio zeuuare* |]

5 Beghont ezs dher rhike man . fhile harte zhurnen .
  [*be g(h)ontez dher rike man* *file ahrte zurenen*]
  dacianus uhuoto . zhurnt ezs uhunterdhrato .
  [*tacianus | uuuoto* *zuhrentzes uunter dhrato*]
25 her quhat GORIO uhari . hein ghoukelari .
  [*ehr quaht gorio | uuari* *ehin ckoukelari*]
  hiezs her GORIUN fhaen . hiezs en huuzs zhieen .
  [*ihez ehr goriun fhaen* *ihezen | huusziien*]
  hiezs en slahen harto . mit uhunteruhasso shuerto .
  [*ihezen shlahen ahrto* (mit) *uuntar: uuassho | shuereto*]
  dhasz uheizs hik dhazs ist aleuhar . huffherstuont shik GORIO dhar .
    [*dhaz uueiz ihk dhaz ist aleuuar* *uhffher stuont | sihk goriio dhar*]
  (huffherstuont shik GORIO dar) . uhola (p)rediiot her dhar .
  [*uuola prediio her dhar*]
30 dhie heidenen man . keshante GORIO dhrate fhram .
  [*dhie ehnidenen man* | *keshante gorio dhar(ra)te frham*]

6 Beghont ezs dher rhike man . fhilo harto zhurnen .
  [*beghontez der rhike man* | *filo ahrto zunren*]
  dho hiezs er GORION binten . han en rhad uhinten .
  [*do ihez er goriion binten* *ahnen rad uuinten* |]
  ce uhare shahen hik ezs hiuu . shie praken inen en cenuu .
  [*ce uuare shagehn ihkzes ihuu* *shie prakeninenence nuui* |]

4 Was Georg dort erbat, der Herr gewährte ihm alles.

   Der Herr gewährte ihm alles, um was Georg ihn bat:

   Den Stummen machte er sprechend, den Tauben hörend,

   den Blinden machte er sehend, den Lahmen gehend.   20R

   Eine Säule stand dort viele Jahre: Daraus entsprang sofort Laub.

   Dieses Zeichen wirkte dort Georg wahrlich selbst.

5 Das begann den Herrscher sehr stark zu erzürnen.

   Der Wüterich Dacianus zürnte darüber überaus heftig.

   Er sagte, Georg sei ein Zauberer.   25R

   Er hieß Georg fangen, hieß ihn lang ziehen.

   Er befahl, ihn fest zu schlagen mit einem wunderscharfen Schwert.

   Das weiß ich, das ist absolut wahr, da erstand Georg auf,

   da erstand Georg auf und predigte dort gut,

   die heidnischen Männer schändete Georg sehr.   30R

6 Das begann den Herrscher sehr stark zu erzürnen.

   Da hieß er Georg binden und an ein Rad flechten.

   Wahrhaftig sage ich es euch: Sie brachen ihn in zehn Stücke.

dhasz uhezs hik dhazs ist aleuhar .   huffherstuont shik GORIO dar .
[daz uuez ihk daz ist aleuuar   uhffher stuont sihk gorio dar |]
35   huffherstuont shik GORIO dar .   uhola (prediiot her) dhar .
[uhffher stuont sihk gorio dar   uuola dar]
dhie heidenen man .   keshante GORIO fhile fhram .
[dhie ehidenen | man   ke shante GORIO filefrh(a)m]

7   Dho hiezs er GORION fhaen .   hiezs en harto fhillen .
[do ihez er GORIO(n) fhaen | ihezen harto fillen]
man kehiezs en mullen .   ce puluer al uerprennen .
[man goihezen muillen   ze puluer | al uerpernnen]
man uharf an in dhen prunnen .   er uhas allike (e)rsun(ten) .
[man uuar fhan in den purnnen   er uuas | salig(k)er sun]
40   poloton shi dher ubere .   steine mikil menige .
[poloton si derubere   steine mihkil meGine |]
beghonton shi 'nen umbeghan .   hiezsen GORIEN huffherstan .
[be gonten si nen umbekan   iehzen GORien uhffher stan | .]
mikil dheta G(ORIO dhar) .   sho her io dhuot uhar .
[mihkil ta(e)ta ge ::::::: r   so her iotuoht uuar]
dhasz uhezs hik (dhazs ist a)leuhar .   hufferstuont shik GORIO dar .
[daz uuez ihk | daz uuez ih:::::: leuuar   uhffherstuont sihk | GoRio dar .]
(huffherstuont shik GORIO dar) .   uho(la pr(ediiot her dha)r .
[pr(uuo)::::::::::: r]
45   dhie heidenen man .   keshante GORIO fhile fhram .
[dhie ehidenen man   kesahnte | GoRio file farm .]

8   (Huffherstuont) shik GORIO dhar .   huuzs spran dher uhahe s(har) .
[::::::::::::   shik Gorio dar   uuhs psanr | der uuaehe sha:]
(dhen dho)ten man .   huf(f) hiezs er stanten .
[:::::::::::: ten man   uhf ihezer stanten |||]
er hiezc en dhare cimo ghaen .   hiezc en shar spreken .
[er hiezcen dare cimo khaen   hiezen shar sprecken]
dho shegita her: ihobel heizs .   ih bet namon, gelhoubet hezs .
[DO seGita:: kobet ihz   ih betamo Geloubet ehz]
50   qhuat so uharin ferlhorene .   dhemo dhiufele al betrogene .
[quuat | so uua::: ferloreno   demo tiufele al patroGena]

Das weiß ich, das ist absolut wahr, da erstand Georg auf,

da erstand Georg auf und predigte dort gut, 35R

die heidnischen Männer schändete Georg sehr.

7 Da hieß er Georg fangen, hieß ihn schwer geißeln.

Man befahl, ihn zu zermahlen und ganz zu Staub zu verbrennen.

Man warf ihn in den Brunnen, er war sofort versunken.

Sie wälzten darüber viele große Steine. 40R

Sie begannen um ihn herumzugehen, hießen Georg auferstehen.

Großes tat da Georg, so wie er das wahrlich noch immer tut.

Das weiß ich, das ist absolut wahr, da erstand Georg auf,

da erstand Georg auf und predigte dort gut,

die heidnischen Männer schändete Georg sehr. 45R

8 Da erstand Georg auf und es entsprang dort schnell eine Quelle.

Den toten Mann hieß er auferstehen.

Er hieß ihn da zu ihm gehen, hieß ihn zu sprechen.

Da sagte er: ‚Jobel heiß ich mit Namen, glaubt mir das‘,

sagte, sie seien verloren und vom Teufel betrogen. 50R

dhazs c(u)nt uns shelbo .   (hero) S(an)C(t)E GORIO .
[*daz cunt uns selbo   sce gorio...*|]

9   Dho ghien er ce dhero kamero .   ce dhero cuninginno .
    [*do Git er ze dero kamero   ze dero chuninginno* |]
    beghon er shie lheren .   beghonta shi 'm ezs horen .
    [*pegon (h)er shie lehren   beGonta shimes ohren*]
    elessandria .   shi uhas dhogelika .
    [*elossandria | si uuas dogelika*]
55 shi hilta shar uholedhuon .   dhen hiro shanc spent(on) .
    [*shiihlta sar uuoletun   den ihro shanc spent::*]
    shi spentota iro treso dhar .   dhazs hilft sha manec ihar .
    [*Si spentota iro triso dar   daz ihlft sa manec iahr* |]
    fhon euhon uncin euhon .   sho'se en gnadhon .
    [*fō euuon uncin euuon   shose en gnadhon*]
        dhaz erdhigita shelbo .   hero s(an)c(t)E GORIO .
        [*daz er digita selbo | ehro Sce Gorio*]

10 GORIO huob dhia hant huf .   erbibinota abolin(us) .
    [*GoRio uhob dhia ahnt uhf   erbibinota abollin* |]
60 gebot er huber dhen hellehunt .   dho fhuor er shar en abcrunt .
    [*Gebot er uhper den ehlle unht   do fuer sar enabcurnt* |]
    hin ...
    [*ihn ...*]
    [*nequeo Vuisolf*]

Das verkündete uns selbst der Heilige Georg.

9   Da ging er zu der Kammer, zu der Königin.

Er begann, sie zu lehren, sie begann, auf ihn zu hören.

Elessandria – sie war tugendhaft –,

sie beeilte sich sofort, Gutes zu tun, ihre Habe zu verschenken.   55R

Sie verschenkte ihren Schatz, das hilft ihr für viele Jahre.

Von Ewigkeit zu Ewigkeit ist sie in der Gnade.

Das erbat selbst der heilige Herr Georg.

10 Georg erhob da die Hand, es erbebte Apollo.

Er gebot über den Höllenhund, da fuhr dieser schnell in den Abgrund   60R

hin [...]

[Nachträge, vom Text unabhängig: Ich kann nicht mehr! Wisolf]

Stephan Müller, Hrsg. (2007). *Althochdeutsche Literatur. Eine kommentierte Anthologie.* Übers. von Stephan Müller. Stuttgart, S. 80–89. [„Kursiv und in eckigen Klammern wird der Text der Handschrift nach Haubrichs 1979, S. 66–70 wiedergegeben (| kennzeichnet Zeilenumbruch, || Seitenwechsel, über die Zeile geschriebene Buchstaben stehen in runden Klammern). Darüber die von Haubrichs 1979, S. 371–373 rekonstruierte Fassung." (S. Müller 2007, S. 310)] An der hier abgedruckten Transkription der Handschrift hat der Herausgeber gegenüber der angegebenen Ausgabe einige kleinere Korrekturen vorgenommen.

4.2 Die ‚Geschichte von Ǧirǧīs'

ذكر خبر جرجيس

Bericht über die Geschichte von Ǧirǧīs

وكان جرجيس فيما ذُكر عبدًا لله صالحا من اهل فلسطين ممن ادرك بقايا من حواريّى عيسى بن مريم وكان تاجرًا يكسب بتجارته ما يستغنى به عن الناس ويعود بالفضل على اهل المسكنة وانه تجهّز مرّةً الى ملكٍ بالموصل كما حدّثنا ابن حميد قال

Den überlieferten Berichten nach war Ǧirǧīs (Georg) ein rechtschaffener Diener Gottes von den Bewohnern *Filasṭīns* (Palästinas), die einige Hinterbliebene der Jünger *ʿĪsās* (Jesu), des Sohnes *Maryams* (Marias), erlebten. Er war ein Händler und verdiente mit seinem Handelsgeschäft so viel, dass er auf die Menschen nicht angewiesen war und die Bedürftigen unterstützte. Einmal bereitete er sich auf eine Reise zu einem König in *al-Mauṣil* (Mossul) vor, so berichtete es uns Ibn Ḥumaid. Ibn Ḥumaid sagte:

ســآ سلمة عن ابن اسحاق عن وَهْب بن منبّه وغيره من اهل العلم انه كان بالموصل داذانه وكان قد ملك الشّأم كلّه وكان جبّارًا عاتيًا لا يُطيقه اِلّا الله تعَ وكان جرجيس رجلا صالحا من اهل فلسطين وكان مُؤمنًا يكتم ايمانه فى عُصبةٍ معه صالحين يستَخْفون بإيمانهم وكانوا قد ادركوا بقايا من الحواريّين فسمعوا منهم واخذوا عنهم وكان جرجيس كثير المال عظيم التجارة عظيم الصدقة فكان يأتى عليه الزمان يُتلف ماله فى الصدقة حتى لا يبقى منه شئ حتى يصير فقيرًا ثم يضرب الضربة فيُصيب مثلَ ماله اضعافًا مُضاعَفَةً فكانت هذه حاله فى

Uns berichtete Salama nach Ibn Isḥāq nach Wahb Ibn Munabbih und andern Gelehrten, dass in al-Mauṣil ein gewisser *Dāḏāna* (Dacianus) war, der über das ganze *aš-Šaʾm*[9] (Großsyrien) herrschte. Dieser war ein anmaßender Tyrann. Gegen ihn hatte außer Gott, dem Erhabenen, keiner genug Kraft. Ǧirǧīs war ein rechtschaffener Mensch von den Bewohnern Filasṭīns. Er war ein Gläubiger, der seinen Glauben zusammen mit einer Gruppe rechtschaffener Menschen verheimlichte, die ihren Glauben ebenfalls versteckt hielten. Sie lebten zur gleichen Zeit wie einige Hinterbliebene von den Jüngern, und hörten und lernten von ihnen. Ǧirǧīs hatte viel Geld und ein großes

---

9 Die richtige Bezeichnung lautet „aš-Šām".

4.2 Die ‚Geschichte von Ǧirǧīs‘

Handelsgeschäft und verteilte reichlich Almosen. Manchmal gab er seinen ganzen Besitz für Almosen aus, bis davon nichts mehr übrig blieb und er selbst zu einem Armen wurde. Dann schloss er ein ertragreiches Geschäft ab und verdiente damit ein Vielfaches dessen, was er zuvor besaß. So war sein Verhalten hinsichtlich des Geldes: Er begehrte das Geld, sammelte und verdiente es nur um der Almosen willen, sonst wäre er lieber arm als reich gewesen.

Er misstraute der Herrschaft der Götzendiener über sich, da er Angst hatte, dass sie ihm wegen seines Glaubens Unrecht tun oder ihn im Hinblick auf seinen Glauben in Versuchung führen würden. Daher machte er sich auf den Weg zum König von al-Mauṣil und nahm Geld mit. Er wollte dem König das Geld schenken, damit dieser keinem Statthalter die Macht über ihn gebe. Als er bei dem König ankam, hielt dieser ein Gericht mit den bedeutenden Männern und den Statthaltern seines Volkes. Der König ließ ein Feuer anzünden und andere Arten der Folter vorbereiten. Damit sollte jeder gepeinigt werden, der sich ihm widersetzte. Er ließ einen Götzen namens *Afllūn* (Apollo) aufstellen und die Menschen diesem vorführen. Wer sich weigerte, sich vor dem Götzen niederzuwerfen, wurde ins Feuer gestoßen und auf unterschiedliche Arten gefoltert. Als Ǧirǧīs diese Taten des Königs sah, fand er sie grauenvoll, verabscheute sie und dachte über die Bekämpfung des Königs nach. Gott ließ Ǧirǧīs den

König hassen und sich zum Kampf gegen ihn entschließen. So nahm Ǧirǧīs das Geld, das er dem König schenken wollte, und verteilte es unter den Anhängern seines Glaubens, bis davon nichts mehr übrigblieb. Er gedachte den König nicht mehr mit Geld zu bekämpfen, sondern den Kampf gegen ihn persönlich aufzunehmen. Als Ǧirǧīs' Wut und Betrübnis auf dem Höhepunkt waren, trat er auf den König zu und sagte ihm: „Wisse, dass du ein Diener bist und weder für dich noch für die anderen irgendetwas zu tun vermagst. Über dir ist ein Gott, der über dich und über die anderen herrscht. Er ist derjenige, der dich erschaffen und versorgt hat. Er ist derjenige, der dir das Leben schenkt und es dir wieder nimmt, der dir schadet und hilft. Du nahmst eines seiner Geschöpfe, dem er sagte: ‚Sei!' Und so wurde es: taub und stumm. Es kann weder sprechen noch sehen, hören, schaden, helfen oder dir vor Gott etwas nutzen. Du hast es mit Gold und Silber geschmückt, um die Menschen damit in Versuchung zu führen. Dann hast du es an Gottes statt verehrt, du hast es den Dienern Gottes aufgezwungen und ‚Gott' genannt."

Sodann sprach Ǧirǧīs ähnlich weiter von der Rühmung und Lobpreisung Gottes vor dem König und belehrte ihn über den Götzen und den Irrtum von dessen Anbetung. Der König fragte Ǧirǧīs, wer er sei und woher er komme. Ǧirǧīs antwortete ihm, indem er sagte: „Ich bin der Diener Gottes, der Sohn seines Dieners und seiner Dienerin. Ich bin der demütigste Diener

Gottes, der auf ihn am meisten angewiesen ist. Aus Erde wurde ich geschaffen und in die Erde werde ich zurückkehren." Anschließend erzählte er dem König, warum er kam und wie seine Situation war. Ǧirǧīs ersuchte den König, Gott zu verehren und den Götzendienst abzulegen. Der König forderte Ǧirǧīs auf, den Götzen zu verehren, den er selbst anbetete. Der König sagte: „Wenn dein Gott deiner Behauptung nach der König aller Könige sein sollte und so wäre, wie du meinst, so hätte man dir seine Wirkung angesehen, wie du den Statthaltern meines Volkes um mich herum meine Wirkung ansiehst. Ǧirǧīs entgegnete dem König, indem er Gott rühmte und lobpreiste und sagte ihm unter anderem: „Wie betrachtest du *Ṭraqbalīna* (Tranquillinus), den bedeutenden Mann deines Volkes, und was er unter deiner Herrschaft erreichte, im Vergleich zu *Ilyās* (Elia) und was Ilyās unter Gottes Herrschaft erlangte? Ilyās war am Anfang lediglich ein Mensch. Er nahm Speisen zu sich und wandelte auf den Märkten. Sobald er durch Gottes Wunder geehrt wurde, ließ Gott ihm Federn wachsen und ihn vom Licht umhüllen. So wurde Ilyās zu Engel und Mensch zugleich, sowohl im Himmel als auch auf der Erde. Er schwebte mit den Engeln. Und sag mir! Wie betrachtest du *Maǧlīṭīs* (Magnentius), den bedeutenden Mann deines Volkes, und was er unter deiner Herrschaft erreichte, im Vergleich zu *al-Masīḥ* (dem Messias), dem Sohn Maryams, und was al-Masīḥ unter Gottes Herrschaft erlangte? Gott bevorzugte

وإنه دعا ذلك الملكَ جرجيسُ الى عبادة الله ورَفَض عبادة الاوثان وإن الملك دعا جرجيس الى عبادة الصنم الذى يعبده وقال لو كان ربّك الذى تزعم انه ملك الملوك كما تقول لَرُئىَ عليك اثرُه كما ترى اثرى على مَن حولى من ملوك قومى فأجابه جرجيس بتمجيد الله وتعظيم امره وقال له فيما قال اين تجعل طرقبلينا وما نال بولايتك فانه عظيم قومك من إلياس وما نال إلياس بولاية الله فإن الياس كان بدوه ادميًّا يأكل الطعام ويمشى فى الاسواق فلم يَتَنَاه به كرامةُ الله حتى انبت له الريش وألبسه النور فصار انسيًّا مَلَكيًّا سمائيًّا ارضيًّا يطير مع الملائكة وحدَّثْنى اين تجعل مجليطيس وما نال بولايتك فانه عظيم قومك من المسيح ابن مريم وما نال بولاية الله فإن الله فضّله على رجال العالمين وجعله وامَّه آيةً للمعتبرين ثم ذكر من امر المسيح ما كان الله خصَّه به من الكرامة وقال ايضا وحدّثْنى اين تجعل امّ هذا الروح الطيّب التى اختارها الله لكلمته وطهّر جوفها لروحه وسوّدها على إمائه فأين تجعلها وما نالت بولاية الله من ازبيل وما نالت بولايتك فانها اذ كانت من شيعتك وملّتك اسلمها الله عند عظيم مُلكها الى نفسها حتى اقتحمت عليها الكلاب فى بيتها فانتهشت لحمَها وولغت دمها وجرّت الثعالب والضباع اوصالها فأين تجعلها وما نالت بولايتك من مريم ابنة عمران وما نالت بولاية الله فقال له الملك انك لتحدّثنا عن اشياء ليس لنا

nämlich al-Masīḥ vor allen Männern auf der ganzen Welt und machte ihn und seine Mutter zu einem Zeichen Gottes für diejenigen, die die Lehre daraus ziehen können." Anschließend berichtete Ǧirǧīs dem König über die Wunder, mit denen Gott ausschließlich al-Masīḥ ehrte, und sagte zu ihm unter anderem: „Und erzähl mir! Wie betrachtest du die Mutter dieser guten Seele, die Gott für sein Wort [Jesus][10] auserwählte, deren Bauch er für seinen Geist [Jesus][11] reinigte und die er zur Herrin über all seine Dienerinnen machte? Wie betrachtest du sie und das, was sie unter Gottes Herrschaft erlangte, im Vergleich zu *Izabīl* (Isebel) und was Izabīl unter deiner Herrschaft erreichte? Izabīl gehörte ja zu deinem Lager und deinem Glauben, jedoch überließ Gott sie sich selbst, als ihre Macht den Höhepunkt erreichte. So brachen die Hunde in ihr Haus ein, zerrissen ihr Fleisch und leckten ihr Blut. Ihre Körperteile wurden von den Füchsen und den Hyänen verschleppt. Wie betrachtest du sie und was sie unter deiner Herrschaft erreichte, im Vergleich zu Maryam, der Tochter ʿImrāns (Amrams)[12], und was Maryam unter Gottes Herrschaft erlangte?" Daraufhin sagte der König zu Ǧirǧīs: „Wahrlich, du sprichst zu uns über Dinge, die wir nicht kennen. Bring mir die zwei Männer, deren Geschichten du erzählt hast, denn ich möchte sie mir anschauen und daraus die Leh-

---

10 Siehe Koran, 4. Sure: Vers 171.
11 Ebd.
12 Für die Wiedergabe des Namen siehe Neuwirth 2011.

re ziehen. Ich glaube nämlich nicht daran, dass
so etwas unter den Menschen existiert." Ǧirǧīs
erwiderte: „Deine Verleugnung kommt nur da- 160R
her, dass du dich in Gott täuschst. Was die zwei
Männer anbetrifft, so wirst du sie nicht sehen,
und sie dich auch nicht. Es sei denn, du han-
delst nach ihrem Beispiel und dann wirst du
ihre Stellung erreichen."

Der König sagte Ǧirǧīs: „Was uns anbe- 165R
langt, so haben wir dir geholfen. Uns wurden
aber deine Lügen offenkundig, denn du prahlst
mit Dingen, die du nicht umsetzen und nicht
beweisen kannst." Dann stellte der König Ǧir-
ǧīs vor die Wahl zwischen der Folter oder der 170R
Niederwerfung vor Aflūn und der Belohnung
dafür. Dazu sagte Ǧirǧīs: „Wenn Aflūn der-
jenige wäre, der den Himmel emporhob" –
anschließend zählte Ǧirǧīs dem König einige
Taten auf, welche die Macht Gottes beweisen – 175R
„dann magst du Recht gehabt und guten Rat
erteilt haben. Wenn nicht, dann sei verstoßen,
du Unreiner, Verfluchter." Als der König Ǧirǧīs
ihn und seine Götter beleidigen hörte, empörte
er sich sehr über dessen Aussagen. Er ließ für 180R
Ǧirǧīs ein Holzbrett aufstellen, um ihn damit
zu foltern. Mit eisernen Harken wurde Ǧirǧīs
malträtiert und sein Körper zerkratzt, bis sein
Fleisch, seine Haut und seine Adern zerrissen
waren. Dabei wurde Ǧirǧīs mit Essig und Senf 185R
besprizt.

Als der König sah, dass dies Ǧirǧīs nicht
tötete, ließ er sechs Nägel holen. Diese wurden
bis zur Glut erhitzt. Dann ließ der König sie in

فقال له الملك أمّا نحن فقد اعذرنا
إليك وقد تبيّن لنا كذبُك لأنك فخرت 105
بأمور عجزتَ عنها ولم تأتِ بتصديقها
ثم خيّر الملك جرجيس بين العذاب
وبين السجود لأفلّون فيُثيبه فقال له
جرجيس إن كان افلّون هو الذى رفع
السماءَ وعدّد عليه اشياءَ من قدرة اللّه 110
فقد اصبتَ ونصحتَ وإلّا فاَخسأ ايّها
النجس الملعون فلمّا سمعه الملك يسبّه
ويسبّ آلهته غضب من قوله غضبًا
شديدًا وامر بخشَبة فنُصبت له للعذاب
وجُعلت عليه أمشاط الحديد فخُدش بها 115
جسده حتى تقطَّع لحمُه وجلده وعروقه
يُنضَح خلال ذلك بالخَلّ والخردل،

فلمّا راى ذلك لم يقتله امر بستّة
مسامير من حديد فأُحميت حتى اذا
جُعلت نارًا امر بها فسُمّر بها رأسه 120

Ǧirǧīs Kopf einschlagen, bis sein Gehirn herausfloss. Als der König sah, dass dies Ǧirǧīs nicht tötete, ließ er ein Becken aus Kupfer holen und bis zur Glut erhitzen. Auf Geheiß des Königs wurde Ǧirǧīs hineingelegt, und das Becken zugedeckt. Darin blieb Ǧirǧīs, bis das Becken abkühlte. Als der König sah, dass dies Ǧirǧīs nicht tötete, ließ er Ǧirǧīs zu sich bringen und fragte ihn: „Hast du die Schmerzen der dir zugefügten Folter nicht gespürt?" Ǧirǧīs fragte ihn zurück: „Habe ich dir nicht gesagt, dass du einen Gott hast, der dir näher ist als du dir selbst?" Der König antwortete: „Doch, das hast du mir erzählt." Ǧirǧīs setzte fort: „Dieser Gott war es, der mich vor deiner Folter bewahrte und mir die Beharrlichkeit verlieh, damit er dies als Beweis gegen dich gelten lässt." Als Ǧirǧīs das dem König sagte, wurde dem König die Gefahr gewiss. Er bekam Angst um sich und sein Reich und entschloss sich, Ǧirǧīs für ewig im Kerker einzusperren.

Die führende Schar vom Volke des Königs meinte: „Wenn Ihr ihn mit den Menschen frei sprechen ließet, dann würde er sie möglicherweise gegen Euch aufbringen. Ordnet ihm die Folter im Gefängnis an, um ihn daran zu hindern!" So gab der König den Befehl, wonach Ǧirǧīs im Kerker auf den Bauch gelegt wurde. Dann wurden Ǧirǧīs' Hände und Füße mit insgesamt vier eisernen Pfählen befestigt, jeweils ein Pfahl in jeder Ecke. Hierauf ließ der König eine Walze aus Marmor holen, die auf Ǧirǧīs' Rücken geladen wurde. Sieben Männer muss-

ten diese Walze tragen und konnten sie nicht hochheben. Vierzehn Männer haben es auch nicht geschafft. Erst mit achtzehn Männern konnte die Walze hochgehoben werden. Den ganzen Tag blieb Ǧirǧīs befestigt mit den Pfählen unter dem Stein. Als die Nacht hereinbrach, schickte Gott einen Engel zu Ǧirǧīs. Das war das erste Mal, dass Ǧirǧīs durch Engel geholfen wurde und dass er eine Offenbarung empfing. Der Engel befreite ihn von dem Stein, zog die Pfähle aus seinen Händen und Füßen heraus, gab ihm zu essen und zu trinken, verkündete ihm freudige Nachricht und tröstete ihn. Als der Morgen kam, befreite der Engel Ǧirǧīs aus dem Kerker und sagte ihm: „Verfolge deinen Feind und kämpfe gebührend gegen ihn für die Sache Gottes. Gott lässt dir ausrichten: ‚Sei guten Mutes und beharrlich. Ich werde dich durch diesen meinen Feind für sieben Jahre auf die Probe stellen. Er wird dich in dieser Zeit foltern und viermal töten. Jedes Mal werde ich dir deine Seele zurückgeben. Erst nach dem vierten Tod werde ich deine Seele hinnehmen und dich gebührend belohnen.'"

Die anderen merkten nichts, bis sie sahen, dass Ǧirǧīs plötzlich vor ihnen stand und sie zu Gott aufrief. Der König rief ihn: „O Ǧirǧīs!" Und Ǧirǧīs antwortete: „Ja." Der König fragte ihn: „Wer hat dich aus dem Kerker befreit?" Ǧirǧīs antwortete: „Mich hat derjenige befreit, dessen Macht über deiner Macht steht." Als Ǧirǧīs dies dem König sagte, war der König von Wut erfüllt. Er ließ dann alle Arten der Folter holen und ließ

بأعلى صوته وهم يسمعون، فلمّا فرغ من عِتابه مدّوه بين خشبتَيْن ووضعوا عليه سيفا على مفرق رأسه فوشروه حتى سقط بين رجلَيْه وصار جزلتَيْن ثم عمدوا الى جزلتَيْه فقطعوهما قِطَعا وله سبعة أُسْد ضارية فى جُبّ وكانت صِنفا من اصناف عذابه ثم رموا بجسده اليها فلمّا هوى نحوها امر الله الأُسد فخضعت برؤوسها واعناقها وقامت على براثنها لا تألو أن تَقِيه الأذى فظلّ ذلك يومَه ميّتًا فكانت اوّلَ مِيتة ذاقها فلمّا ادركه الليل جمع الله له جسده الذى قطعوه بعضَه على بعض حتى سوّاه ثم ردّ فيه روحه وارسل مَلَكا فأخرجه من قعر الجبّ وأطعمه وسقاه وبشّره وعزّاه فلمّا اصبحوا قال له الملك يا جرجيس قال لبّيك قال أعلمْ انّ القدرة التى خُلق آدم بها من تراب هى التى اخرجتْك من قعر الجبّ فألحقْ بعدوّك ثم جاهدْه فى الله حقّ جهاده ومتْ موتَ الصابرين

nichts davon aus. Als Ǧirǧīs sah, wie diese für ihn vorbereitet wurden, überkamen ihn Angst und Verzweiflung. Dann begann er sich selbst so laut zu tadeln, wie er konnte. Sie hörten ihn dabei. Als er damit fertig war, sich selbst zu tadeln, spannten sie ihn zwischen zwei Holzbretter. Dann legten sie ein Schwert an die Mitte seines Kopfes und sägten ihn durch, bis das Schwert zwischen seine Beine gelangte und Ǧirǧīs in zwei Stücke geteilt war. Anschließend nahmen sie seine zwei Teile und zerstückelten sie. Für Ǧirǧīs wurden sieben wilde Löwen in einer Grube bereitgehalten, die als eine Form seiner Folter dienen sollten. Ihnen wurde Ǧirǧīs' Körper hingeworfen. Als er ihnen entgegenfiel, gab Gott den Löwen den Befehl, wonach sie ihre Häupter und Hälse neigten, sich auf ihre Pranken stellten und Ǧirǧīs unablässig vor jedem Leid schützten. Diesen einen Tag blieb Ǧirǧīs tot. Und das war der erste Tod, den er fand. Als die Nacht hereinbrach, stellte Gott Ǧirǧīs' zerstückelten Körper zusammen, formte ihn zurecht, hauchte in ihn die Seele wieder ein und schickte ihm einen Engel. Dieser holte Ǧirǧīs aus der Tiefe der Grube heraus, gab ihm zu essen und zu trinken, verkündete ihm freudige Nachricht und tröstete ihn. Als der Morgen kam, rief der Engel zu Ǧirǧīs: „O Ǧirǧīs!" Ǧirǧīs erwiderte: „Zu deinen Diensten." Der Engel setzte fort: „Wisse, dass die Macht, durch die Adam aus Erde geschaffen wurde, dich aus der Tiefe der Grube herausholte. So verfolge deinen Feind, kämpfe gebührend gegen ihn für

4.2 Die ‚Geschichte von Ǧirǧīs'

die Sache Gottes und sterbe den Tod der Standhaften."

Die anderen merkten nichts, bis Ǧirǧīs plötzlich auf sie zukam, während sie mit ihrem Fest sehr beschäftigt waren. Sie feierten glückselig Ǧirǧīs' vermeintlichen Tod. Als sie jedoch Ǧirǧīs auf sich zukommen sahen, sagten sie: „Wie ähnlich sieht dieser Mann Ǧirǧīs. Als wäre er Ǧirǧīs selbst." Der König sagte: „Ǧirǧīs ist nicht zu verwechseln. Wahrlich, das ist er. Seht ihr nicht, wie gefasst und furchtlos er ist?" Ǧirǧīs sagte: „Doch, das bin ich tatsächlich. Was für böse Menschen seid ihr. Ihr habt getötet und geschändet. Gott aber war, wie ihm gebührt, gütiger und gnädiger als ihr. Er hat mich wiederbelebt und gab mir meine Seele zurück. Also kommt zu diesem großen Gott, der euch gezeigt hat, was ihr durch ihn gesehen habt." Als Ǧirǧīs ihnen das sagte, wendeten sie sich einander zu und sagten: „Er ist ein Magier, der mit seinem Zauber eure Hände und Augen von sich abhielt." So riefen sie alle Magier zusammen, die sich in ihrem Land befanden. Als die Magier eintrafen, sagte der König ihrem Anführer: „Führe mir dein bestes Zauberkunststück vor, das mich aufheitern soll. Der Magier sagte ihm: „Lasset mir einen Ochsen bringen!" Als der Ochse eintraf, blies der Magier in eines seiner zwei Ohren hinein, woraufhin es sich entzweite. Dann blies er in das zweite Ohr hinein, und aus dem Ochsen wurden plötzlich zwei. Dann bestellte der Zauberer Saat, pflügte und säte. Feldfrüchte wuchsen und gediehen.

لى بهذا الشراب فقوّانى به عليكم فلمّا قال له ذلك اقبل الساحر على الملك فقال اعلمْ ايّها الملك انك لو كنتَ تُقاسى رجلًا مثلَك اذًا كنت غلبته ولكنك تقاسى جبّار السموات وهو الملك الذى لا يُرام،

Der Magier erntete, drosch, mahlte, knetete, buk und aß diese in einer einzigen Stunde, wie ihr seht. Der König sagte dem Magier: „Kannst du ihn mir in ein Tier verwandeln?" Der Magier fragte nach: „In was für ein Tier soll ich ihn verwandeln?" Der König antwortete: „In einen Hund." Der Magier sagte: „Lasset mir einen Becher Wasser bringen!" Als der Becher kam, blies der Magier hinein und sagte dem König: „Befehlt ihm, diesen Becher zu trinken!" Ǧirǧīs trank den ganzen Becher aus und als er damit fertig war, fragte ihn der Magier: „Was spürst du?" Darauf antwortete Ǧirǧīs: „Ich spüre nur Gutes. Ich hatte Durst, und Gott erwies mir Güte mit diesem Getränk und stärkte mich damit gegen euch." Als Ǧirǧīs ihm das sagte, wendete sich der Magier dem König zu und sagte: „O König, wisset, wenn Ihr einem Menschen entgegengetreten wäret, so hättet ihr ihn besiegt. Ihr tretet aber dem allmächtigen Herrn des Himmels entgegen, und dieser ist der unbezwingbare König".

وقد كانت امرأة مسكينة سمعت بجرجيس وما يصنع من الاعاجيب فأتته وهو فى اشدّ ما هو فيه من البلاء فقالت له يا جرجيس انّى امرأة مسكينة لم يكن لى مال ولا عيش الّا ثور كنتُ احرث عليه فمات وجئتُك لترحمنى وتدعو اللـه ان يُحيى لى ثورى فذرفت عيناه ثم دعا اللـهَ ان يُحيى لها ثورها وأعطاها عصًا فقال اذهبى الى ثورك فأقرعيه بهذه العصا وقولى له أحْىَ بإذن اللـه فقالت يا جرجيس مات ثورى منذ

Und es war eine arme Frau, die von Ǧirǧīs und von den durch ihn gewirkten Wundern hörte. Diese kam zu Ǧirǧīs, als er die härteste Prüfung durchlebte, und sagte ihm: „Ich bin eine arme Frau. Alles, was ich besaß und womit ich meinen Lebensunterhalt verdiente, war ein Ochse, mit dem ich pflügte. Dieser ist aber gestorben. Deswegen suchte ich dich auf, damit du dich meiner erbarmst und Gott darum bittest, mir meinen Ochsen wiederzubeleben." Ǧirǧīs' Augen vergossen Tränen. Er betete zu

Gott, dass er ihren Ochsen wieder ins Leben rufe. Er gab ihr einen Stock und sagte: „Gehe zu deinem Ochsen, schlag' ihn mit diesem Stock und sag' ihm: ‚Komm wieder ins Leben, mit Gottes Erlaubnis!'" Sie entgegnete: „O Ǧirǧīs, mein Ochse ist schon vor einigen Tagen gestorben und wurde von den Raubtieren zerrissen. Zudem wird die Reise von diesem, deinem Ort zu mir nach Hause einige Tage in Anspruch nehmen." Ǧirǧīs sagte: „Solltest du von ihm nur einen einzigen Zahn finden und diesen mit dem Stock schlagen, so wird er mit Gottes Erlaubnis wiederauferstehen." Die Frau machte sich auf den Weg, bis sie die Stelle erreichte, an der ihr Ochse starb. Das erste, was sie von ihm fand, waren eins seiner zwei Hörner und die Haare seines Schwanzes. Die Frau legte diese zusammen, schlug sie mit dem Stock, den Ǧirǧīs ihr gegeben hatte und sprach, wie Ǧirǧīs ihr befohlen hatte. Daraufhin erstand ihr Ochse wieder auf, und die Frau setzte ihn in der Arbeit wieder ein, bis die Menschen davon erfuhren.

Als sich der Magier gegenüber dem König so äußerte, wie er es eben tat, sprach einer der Vertrauten des Königs, der Bedeutendste unter ihnen nach dem König: „Hört mir zu, O Menschen, ich möchte mit euch reden." Sie sagten: „Ja." So fuhr er fort und sagte: „Ihr habt die Sache dieses Mannes der Zauberei zugeschrieben und behauptet, er hätte mit seinem Zauber eure Hände und Augen von sich abgehalten. Er hat euch jedoch gezeigt, wie ihr ihn malträtiert habt, wobei eure Folter ihm nichts anhaben

ايّام وتفرّقته السباع وبيني وبينك ايّام فقال لولم تجدى منه الّا سِنًا واحدة ثم قرعتِها بالعصا لقام باِذن اللـه فانطلقت حتى اتت مصرعَ ثورها فكان اوّل شئ بدا لها من ثورها احد رَوْقَيْه وشعر ذنبه فجمعت احدهما الى الآخر ثم قرعتْها بالعصا التى اعطاها وقالت كما امرها فعاش ثورها وعملت عليه حتى جاءهم الخبر بذلك

فلمّا قال الساحر للملك ما قال قال رجل من اصحاب الملك وكان اعظمَهم بعد الملك اَسمعوا منّى اَيّها القوم احدّثكم قالوا نعم فتكلّم قال انكم قد وضعتم امر هذا الرجل على السِّحْر وزعمتم انه سحر ايديكم عنه واعينكم فأراكم انكم تعذّبونه ولم يصل اليه عذابُكم وأراكم انكم قد قتلتموه فلم يمتْ فهل رايتم ساحرًا قطّ قدر ان يدرأ عن نفسه الموت او احيى ميّتا قطّ ثم قصّ عليهم فِعْل جرجيس وفِعْلهم به وفِعْله بالثور

konnte. Er hat euch auch gezeigt, wie ihr ihn getötet habt, wobei er nicht starb. Habt ihr jemals einen Magier gesehen, der den Tod von sich abhalten oder einen Toten wiederbeleben konnte?" Anschließend erzählte er ihnen von den Taten Ǧirǧīs' und davon, was sie Ǧirǧīs angetan hatten und was Ǧirǧīs mit dem Ochsen und seiner Besitzerin gemacht hatte. Mit alldem argumentierte er gegen sie. Sie sagten ihm: „Du sprichst wie ein Mann, der Ǧirǧīs erhörte." Er sagte: „Seine Sache wundert mich immer noch, nachdem ich von ihm das sah, was ich gesehen habe." Sie sagten ihm: „Möglicherweise haben seine Taten bei dir Zuneigung erweckt?" Er sagte: „Vielmehr habe ich geglaubt, und ich nehme Gott als Zeugen dafür, dass ich mich davon lossage, was ihr verehrt." Demzufolge gingen der König und seine Vertrauten auf ihn mit Dolchen los und schnitten ihm die Zunge ab. Bald darauf starb er. Sie sagten, er sei der Pest erlegen. So ließ Gott ihn forteilen, bevor er [zu den Menschen] sprechen konnte.

Als die Menschen von seinem Tode erfuhren, erschraken sie und verschwiegen seine Sache. Als Ǧirǧīs sah, wie sie über den Getöteten schwiegen, trat er vor den Menschen auf, enthüllte ihnen dessen Sache und trug ihnen dessen Worte vor. Daraufhin folgten ihm viertausend Menschen aufgrund seiner Worte, obwohl der Mann tot war. Sie sagten: „Er sprach die Wahrheit. Trefflich war das, was er sagte. Möge Gott sich seiner erbarmen." Der König ließ sie holen, festbinden, in verschiedenen Formen

foltern und mit Verstümmelungen töten, bis er sie alle vernichtet hatte. Als er mit ihnen fertig war, wendete er sich Ǧirǧīs zu und sagte ihm: „Magst du zu deinem Gott beten, dass er dir diese, deine Gefährten wiederbelebt, die infolge deiner Schuld starben?" Ǧirǧīs antwortete: „Gott hat sie mit dir allein gelassen, nur um für sie die gute Wahl zu treffen."

Einer ihrer bedeutenden Männer namens Maǧliṭīs sprach: „Du, Ǧirǧīs, hast wohl behauptet, dass dein Gott die Schöpfung ein erstes Mal vollbringt und sie dann wiederholt. Ich werde dann etwas von dir verlangen. Wenn dein Gott dies macht, dann werde ich dich als wahrhaftig betrachten und dich vor meinen Leuten schützen: Das da unter uns sind vierzehn Podeste, wie du siehst. Vor uns ist ein Tisch, worauf Becher und Teller stehen. All das wurde aus trockenem Holz hergestellt, das von unterschiedlichen Bäumen stammte. Also bete zu deinem Gott, dass er diese Gefäße, diese Podeste und diesen Tisch in ihre ursprüngliche Form zurückverwandelt, in der er sie das erste Mal erschuf. Sie sollen wieder zu grünen Pflanzen werden, von denen wir jede Art mit der jeweiligen Farbe, dem jeweiligen Blatt, der jeweiligen Blüte und Frucht erkennen können." Ǧirǧīs sagte: „Du hast etwas verlangt, das für mich und dich zu schwer wäre. Für Gott aber ist es wahrlich leicht." Sodann betete Ǧirǧīs zu seinem Gott. Ehe sie ihre Plätze verließen, verwandelten sich schon all diese Podeste und Gefäße in grüne Pflanzen. Diese schlugen Wurzeln in

خلّى بينك وبينهم حتى خار لهم

فقال رجل من عظمائهم يقال له مجليطيس انك زعمت يا جرجيس ان الهلك هو الذى يبدا الخلق ثم يُعيده وانّى سائلك امرًا ان فعله الهك آمنتُ بك وصدّقتُك وكفيتُك قومى هؤلاء هذه تحتنا اربعة عشر منبرًا حيث ترى ومائدٌ بيننا عليها اقداحٌ وصِحاف وكلّ صِنع من الخشب اليابس ثم هو من اشجار شتّى فأدعُ ربّك يُنشئ هذه الآنية وهذه المنابر وهذه المائدة كما بدأها اوَلَ مرّة حتى تعود خُضرًا نعرف كلّ عود منها بلونه وورقه وزهره وثمره فقال له جرجيس قد سألتَ امرا عزيزًا علىّ وعليك وانه على اللـه لهيّن فدعا ربّه فما برحوا مكانَهم حتى اخضرّت تلك المنابر وتلك الآنية كلّها فساخت عروقها وأُلبست اللِحاء وتشعّبت ونبت ورقها وزهرها وثمرها حتى عرفوا كلّ عود منها باسمه ولونه وزهره وثمره فلمّا نظروا الى ذلك انتدب له مجليطيس الذى تمنّى عليه ما تمنّى فقال انا اعذّب لكم هذا الساحر عذابًا يضلّ عنه كيده فعمد الى نحاس فصنع منه صورة ثور جوفاء واسعة ثم حشاها نفطًا ورصاصًا وكبريتًا وزرنيخًا ثم ادخل جرجيس

مع الحَشْو فى جوفها ثم اوقد تحت الصورة فلم يزل يوقد حتى التهبت الصورة وذاب كلّ شئ فيها واختلط ومات جرجيس فى جوفها

فلمّا مات ارسل الله ريحًا عاصفا فملأت السماء سحابًا اسود مُظلما فيه رعدٌ لا يفتر وبرقٌ وصواعقٌ متداركات وأرسل الله إعصارًا فملأت بلادهم عجاجًا وقتامًا حتى اسودّ ما بين السماء والارض واظلم ومكثوا ايّاما متحيّرين فى تلك الظلمة لا يفصلون بين الليل والنهار وأرسل الله ميكائيل فاحتمل الصورة التى فيها جرجيس حتى اذا اقلّها ضرب بها الارض ضربًا فزع من روعتها اهل الشأم اجمعون وكلّهم يسمعها فى ساعة واحدة فخرّوا لوجوههم صَعِقين من شدة الهَوْل وانكسرت الصورة فخرج منها جرجيس حيًّا فلمّا وقف يكلّمهم انكشفت

der Erde, wurden mit Rinde umhüllt und ihnen wuchsen Zweige, Blätter, Blüten und Früchte. Die Menschen konnten dann jede Pflanzenart jeweils mit Namen, Farbe, Blatt und Frucht identifizieren. Als sie dies sahen, wendete sich Maǧlīṭīs, der Ǧirǧīs wie beschrieben herausforderte, gegen Ǧirǧīs. Er sagte: „Ich foltere diesen Magier für euch auf eine Art und Weise, wodurch ihm sein Zauber entschwindet." So nahm Maǧlīṭīs Kupfer und stellte daraus ein großes hohles Ochsenbild her. Dieses füllte er mit Brennöl, Blei, Schwefel und Arsen. Anschließend schob er Ǧirǧīs in das Innere des Ochsenbildes zu der Füllung hinein und zündete unter dem Bild ein Feuer an. Er ließ das Feuer brennen, bis das Bild glühte und alles darin schmolz und sich vermischte. Ǧirǧīs starb im Inneren des Bildes.

Und als Ǧirǧīs starb, schickte Gott einen stürmischen Wind, der den Himmel mit schwarzen, dunklen Wolken füllte, die von unablässigem Donner und unmittelbar aufeinander folgenden Blitz- und Donnerschlägen begleitet waren. Gott schickte einen Sturm, der ihr Land mit Staub und Dunkelheit füllte, bis zwischen Himmel und Erde Schwärze und Dunkelheit herrschten. So blieben sie ratlos in dieser Dunkelheit und konnten Nacht von Tag nicht unterscheiden. Gott schickte Mikāʾīl (den Engel Michael), der das Ochsenbild mit Ǧirǧīs trug, hochhob und es so laut auf den Boden schlug, dass alle Bewohner von aš-Šaʾm erschraken. Alle hörten gleichzeitig diesen Schlag und fielen

vor Panik wie vom Blitz getroffen ohnmächtig auf ihre Gesichter nieder. Das Ochsenbild brach auseinander und Ǧirǧīs trat lebendig heraus. Als er sich vor sie stellte und zu ihnen sprach, erlosch die Dunkelheit und es wurde hell zwischen Himmel und Erde. Sie erwachten dann aus ihrer Ohnmacht.

Einer von ihnen namens Ṭraqbalīna sagte zu Ǧirǧīs: „O Ǧirǧīs, wir wissen nicht, ob du diese Wunder wirkst oder dein Gott. Wenn er es ist, der dies tut, dann bete zu ihm, dass er uns unsere Verstorbenen wiederbelebt. In diesen Gräbern, die du siehst, liegen einige unserer Verstorbenen. Einige von ihnen kannten wir, während andere vor unserer Zeit hinschieden. Bete zu ihm, dass er sie wiederbelebe, damit sie zurückkehren, wie sie einst waren. Diejenigen von ihnen, die wir vorher kannten, sollen wir wiedererkennen und zu ihnen sprechen können. Und diejenigen, die wir nicht kannten, sollen uns ihre Geschichte erzählen." Ǧirǧīs antwortete ihm: „Du solltest wissen, dass Gott euch nur deshalb auf diese Weise vergibt und euch derartige Wunder zeigt, um sein Argument gegen euch vollständig vorzubringen und damit ihr seinen Zorn verdient." Anschließend gab Ǧirǧīs den Gräbern seinen Befehl und diese traten zu Tage; es waren Gebeine, sterbliche Überreste und Verwestes. Dann begann Ǧirǧīs mit dem Gebet. Ehe die Menschen ihre Plätze verließen, sahen sie siebzehn Menschen vor sich stehen: neun Männer, fünf Frauen und drei Jungen. Darunter war ein alter Mann.

الظلمة وأسفر ما بين السماء والارض ورجعت اليهم انفسهم

فقال له رجل مِنهم يقال له طرقبلينا لا ندرى يا جرجيس انت تصنع هذه العجائب ام ربُّك فإن كان هو الذى يصنعها فأدعُه يُحْى لنا موتانا فإن فى هذه القبور التى ترى اموتًا من امواتنا منهم مَن نعرف ومنهم من مات من قبل زماننا فأدعُه يُحيِهم حتى يعودوا كما كانوا ونكلّمهم ونعرف من عرفنا منهم ومن لا نعرف اخبرَنا خبرَه فقال له جرجيس لقد علمتَ ما يصفح الله عنكم هذا الصَّفْحَ ويريكم هذه العجائب الّا ليتمّ عليكم حُجَجه فتستوجبوا بذلك غضبه ثم امر بالقبور فنُبشت وهى عظام ورُفات ورميم ثم اقبل على الدعاء فما برحوا مكانهم حتى نظروا الى سبعة عشر انسانا تسعةِ رهط وخمس نسوة وثلاثة صبيّة فاذا شيخٌ منهم كبير فقال له جرجيس ايّها الشيخ ما اسمك فقال اسمى يوبيل فقال متى متَّ قال فى زمان كذا وكذا فحسبوا فاذا هو قد مات منذ اربعمائة عام

Diesen fragte Ǧirǧīs: „O alter Herr, wie heißt 520R
du?" Der Mann antwortete: „Mein Name ist
Yūbīl." Ǧirǧīs fragte weiter: „Wann bist du ge-
storben?" Der Mann antwortete: „Zu dieser und
jener Zeit." Die Menschen rechneten zurück,
und es stellte sich heraus, dass der Mann vor 525R
vierhundert Jahren starb.

Als der König und seine Vertrauten das
sahen, sagten sie: „Von unseren Foltermetho-
den ist keine übriggeblieben, die wir gegen ihn
nicht eingesetzt haben. Ausgenommen davon 530R
sind Hunger und Durst, also lasst uns ihn damit
foltern. Sie gingen zum Haus einer alten armen
Frau, das gut abgesichert war. Diese hatte ei-
nen blinden, stummen und gelähmten Sohn.
Sie sperrten Ǧirǧīs in dem Haus der Frau ein. 535R
So konnte keiner Ǧirǧīs etwas zu essen oder
zu trinken bringen. Als Ǧirǧīs Hunger spürte,
fragte er die alte Frau: „Hast du etwas zu essen
oder zu trinken da?" Sie antwortete: „Nein, ich
schwöre bei dem, bei dem es sich zu schwören 540R
gebührt, wir haben seit dieser und jener Zeit
kein Essen. Ich gehe aber hinaus und suche
etwas für dich." Ǧirǧīs fragte sie: „Kennst du
Gott?" Sie antwortete: „Ja." Ǧirǧīs fragte wei-
ter: „Verehrst du ihn?" Sie antwortete: „Nein." 545R
Dann rief er sie zum Glauben an Gott auf. Die
Frau glaubte ihm und machte sich auf den Weg,
etwas für ihn zu besorgen. In ihrem Haus war
eine Stützsäule aus trockenem Holz, die den
Holzbau des Hauses trug. Ǧirǧīs begann zu be- 550R
ten. Alsbald ergrünte diese Säule und brachte
alle essbaren Früchte hervor, die bekannt wa-

فلمّا نظر الى ذلك الملكُ وصحابته
قالوا لم يبق من اصناف عذابكم شئ الّا
قد عذّبتموه الّا الجوع والعطش فعذّبوه
بهما فعمدوا الى بيت عجوز كبيرةٍ 345
فقيرة كان حريزًا وكان لها ابنٌ اعمى
ابكمُ مُقعَد فحصروه فى بيتها فلا يصل
اليه من عند احد طعام ولا شراب فلمّا
بلغه الجوع قال للعجوز هل عندك طعام
او شراب قالت لا والذى يُحلَف به ما 350
عهدنا بالطعام منذ كذا وكذا وسأخرج
والتمس لك شيئا قال لها جرجيس هل
تعرفين الله قالت له نعم قال فأيّاه تعبدين
قالت لا قال فدعاها الى الله فصدّقتْه
وانطلقت تطلب له شيئا وفى بيتها دِعامة 355
من خشبة يابسة تحمل خشب البيت
فأقبل على الدعاء فما كان كشئٍ حتى
اخضرّت تلك الدعامة فأنبتت كلّ فاكهة
تُؤَكّل او تُعرَف او تسمّى حتى كان فيما
انبتت اللبا واللوبياء قال ابو جعفر اللبا 360
نبتٌ بالشأم له حبٌّ يؤكل وظهر للدعامة
فرعٌ من فوق البيت اظلّه وما حوله
وأقبلت العجوز وهو فيما شاء يأكل
رغدًا فلمّا رات الذى حدث فى بيتها من
بعدها قالت آمنتُ بالذى اطعمك فى بيت 365
الجوع فأَدعُ هذا الربّ العظيم ليشفى
ابنى قال أدنيه منّى فادنته منه فبصق

ren oder einen Namen hatten. Dazu gehörten *al-liyā*'¹³ und *al-lubyā*' (Bohnen) – Abu Ğaʿfar sagte: „*Al-liyā*' ist eine Pflanze mit essbaren Körnern in aš-Šaʾm." An der Säule wuchs ein Zweig, der sich über das Haus streckte und dieses und sein Umfeld beschattete. Die Frau kam, während Ğirğīs reichlich aß, wie er wollte. Als sie sah, was in ihrem Haus geschah, nachdem sie es verlassen hatte, sagte sie: „Ich glaube an denjenigen, der dir in dem Haus des Hungers zu essen gab. Bete zu diesem großen Gott, dass er meinen Sohn heile!" Ğirğīs sagte: „Bring' ihn mir näher!" Sie brachte ihn heran. Ğirğīs spuckte in seine Augen, und der Sohn konnte sehen. Dann blies Ğirğīs in seine Ohren, und der Sohn konnte hören. Die Frau sagte zu Ğirğīs: „Lass seine Zunge sprechen und seine Beine laufen, möge Gott sich deiner erbarmen!" Ğirğīs sagte: „Hebe ihm das für später auf! Wahrlich, für ihn wird es einen großen Tag geben."

Der König ging für einen Spaziergang durch die Stadt heraus. Als er den Baum erblickte, sagte er seinen Vertrauten: „Ich sehe einen Baum an einem Ort, an dem ich keinen Baum kannte." Sie erklärten ihm: „Dieser Baum wuchs für den Magier, den Ihr durch Hunger foltern wolltet. Er aß von diesem Baum, wie er wollte, und wurde satt. Die arme Frau wurde auch gesättigt und ihr Sohn wurde geheilt." Daraufhin befahl der König, das Haus

---

13 In der Edition steht „al-libā'". In anderen arabischen Editionen des Textes steht allerdings „al-liyā'". Letzteres entspricht dem arabischen Sprachgebrauch und wurde deswegen hier verwendet. Siehe dazu Ṭabarī 1968, S. 32.

abzureißen und den Baum zu fällen. Als sie den Baum fällen wollten, ließ Gott, der Erhabene, ihn trocknen, wie er einst war. So ließen sie von dem Baum ab. Auf des Königs Befehl wurde Ǧirǧīs auf seinen Bauch gelegt und mit vier Pfählen fixiert. Der König bestellte Räder, auf die eine so schwere Walze geladen wurde, wie sie tragen konnten. An der unteren Seite der Räder wurden Dolche und Klingen angebracht. Der König ließ vierzig Ochsen holen. Diese zogen mit einem Ruck die Räder voran, sodass Ǧirǧīs darunter in drei Teile zerstückelt wurde. Anschließend ließ der König Ǧirǧīs' Körperteile verbrennen. Als sie zu Asche geworden waren, schickte der König Männer mit dieser Asche fort, damit diese sie im Meer verstreuen. Ehe die Männer ihre Plätze verließen, hörten sie eine Stimme aus dem Himmel rufen: „O Meer, Gott befiehlt dir, den guten Körper in dir zu bewahren. Denn Gott will ihn wahrlich zurückholen, wie er einst war." Dann schickte Gott einen Wind. Dieser holte die Asche aus dem Meer heraus und trug sie zusammen, sodass die Asche zu einem Haufen wurde, wie sie einst gewesen war, bevor die Männer sie verstreuten. Diejenigen, die die Asche verstreut hatten, standen währenddessen noch da und hatten ihre Plätze noch nicht einmal verlassen. Sie sahen die Asche dorthin zurückfliegen, wo sie zuvor war. Aus ihr trat Ǧirǧīs verstaubt hervor und schüttelte den Staub von seinem Kopf ab. Ǧirǧīs kehrte mit den Männern zurück. Als sie bei dem König eintrafen, berichteten

sie ihm von der Stimme, die Ǧirǧīs wiederbelebt, und von dem Wind, der seine Asche zusammengetragen hatte.

Daraufhin sprach der König zu Ǧirǧīs: „O Ǧirǧīs, würdest du etwas annehmen, das für dich und mich gut wäre? Würden die Menschen nicht sagen, dass du mich bezwungen und besiegt hast, würde ich dir folgen und an dich glauben. Werfe dich also ein einziges Mal vor Aflūn nieder oder schlachte ihm ein einziges Schaf, dann werde ich tun, was dich zufriedenstellt." Als Ǧirǧīs diese Worte des Königs hörte, trachtete er danach, dieses Götzenbild zu zerstören, sobald der König ihn davor bringen ließe. Er hoffte, dass der König ihm glauben und sein Götzenbild aufgeben werde, wenn es zerstört werde. So überlistete er den König und sagte ihm: „Wenn du möchtest, bringe mich zu deinem Götzen. Ich werde mich vor ihm niederwerfen und ihm ein Schlachtopfer darbringen." Der König freute sich über Ǧirǧīs' Worte. Er stand auf, ging zu Ǧirǧīs, küsste seine Hände, Füße und seinen Kopf und sagte ihm: „Ich lade dich ein. Heute bleibst und übernachtest du an keinem anderen Ort, als in meinem Haus, auf meinem Bett und mit meiner Familie. Du sollst dich ausruhen und die Schmerzen der Folter loswerden, damit die Menschen sehen, wie du mich geehrt hast."

Der König machte Ǧirǧīs sein Haus frei und ließ alle, die darin waren, das Haus verlassen. In dem Haus blieb Ǧirǧīs. Als die Nacht hereinbrach, stand er auf, betete und rezitierte die

Psalmen. Er besaß die schönste Stimme. Als die Gemahlin des Königs Ǧirǧīs vernahm, erhörte sie ihn. Ǧirǧīs merkte nichts, bis sie plötzlich hinter ihm stand und zusammen mit ihm weinte. Daraufhin rief Ǧirǧīs sie zum Glauben an Gott auf und sie glaubte. Auf Ǧirǧīs' Befehl verschwieg sie ihren Glauben.

Als der Morgen kam, brachte der König Ǧirǧīs früh in das Haus der Götzen, damit er sich vor diesen niederwerfe. Der alten Frau, in deren Haus Ǧirǧīs eingesperrt worden war, wurde gesagt: „Hast du erfahren, dass Ǧirǧīs in Versuchung geriet, nachdem er dich verlassen hatte? Er gab sich dem weltlichen Leben hin. Der König verführte Ǧirǧīs mit seinem Reichtum. Er bringt Ǧirǧīs in das Haus seiner Götzen, damit Ǧirǧīs sich vor den Götzen niederwirft. Die alte Frau machte sich mit den Massen der Menschen auf den Weg, wobei sie ihren Sohn auf den Schultern trug und über Ǧirǧīs schimpfte. Keiner schenkte ihr Aufmerksamkeit.

Als Ǧirǧīs und die Menschen zusammen das Haus der Götzen betraten, sah er die alte Frau mit ihrem Sohn auf den Schultern in unmittelbarster Nähe zu ihm stehen. Ǧirǧīs rief den Sohn mit dessen Namen und der Sohn sprach und antwortete ihm, obwohl er nie zuvor gesprochen hatte. Dann stieg er rasch von den Schultern seiner Mutter herunter und lief auf seinen gesunden Beinen, obwohl er nie zuvor auf den Boden getreten war. Wie er vor Ǧirǧīs stand, sagte ihm Ǧirǧīs: „Geh' und schicke mir diese Götzen!" Es waren einundsieb-

الملك استجابت له ولم يشعر الّا وهى خَلْفَه تبكى معه فدعاها جرجيس الى الايمان فآمنت وامرها فكتمت ايمانها

فلمّا اصبح غدا به الى بيت الاصنام ليسجد لها وقيل للعجوز التى كان سُجن فى بيتها هل علمتِ ان جرجيس قد فُتن بعدك واصغى الى الدنيا واطمعه الملك فى مُلكه وقد خرج به الى بيت اصنامه ليسجد لها فخرجت العجوز فى اعراضهم تحمل ابنها على عاتقها وتُوبّخ جرجيس والناس مشتغلون عنها

فلمّا دخل جرجيس بيت الاصنام ودخل الناس معه نظر فاذا العجوز وابنها على عاتقها اقربُ الناس منه مقامًا فدعا ابنَ العجوز باسمه فنطق بإجابته وما تكلّم قبل ذلك قطّ ثم اقتحم عن عاتق امّه يمشى على رجلَيْه سويّتَيْن وما وطئ الارض قبل ذلك قطّ بقدمَيْه فلمّا وقف بين يدَيْ جرجيس قال آذهبْ فأَدعُ لى هذه الاصنام وهى حينئذ على منابر من ذهب واحدٌ وسبعون صنما وهم يعبدون الشمس والقمر معها فقال له الغلام كيف اقول للاصنام قال تقول

4.2 Die ‚Geschichte von Ǧirǧīs‘ — 261

zig Götzen auf Podesten aus Gold. Neben ihnen verehrten die Menschen die Sonne und den Mond. Der Junge fragte Ǧirǧīs: „Was soll ich den Götzen sagen?" Ǧirǧīs antwortete: „Du sollst ihnen sagen: ‚Ǧirǧīs fragt und befiehlt euch im Namen desjenigen, der euch geschaffen hat, zu ihm zu kommen.'" Als der Junge dies den Götzen sagte, kamen sie herunterrollend zu Ǧirǧīs. Als sie bei Ǧirǧīs ankamen, trat er mit seinem Fuß heftig auf den Boden. Daraufhin versanken die Götzen mit ihren Podesten in der Erde. Aus dem Inneren eines dieser Götzen kam *Iblīs* (der Satan), verängstigt vor dem Versinken, fliehend heraus. Als er an Ǧirǧīs vorbeilief, packte ihn Ǧirǧīs am Schopf, sodass der Satan seinen Kopf und Nacken vor ihm beugte. Ǧirǧīs sprach zu ihm und fragte: „Sag mir, du unreine Seele und verfluchtes Geschöpf, was treibt dich dazu, dich selbst und die Menschen mit dir zusammen ins Verderben zu stürzen? Du weißt doch, dass du und deine Helfer in die Hölle kommen." Der Satan antwortete ihm: „Sollte ich vor die Wahl gestellt werden, alles zu besitzen, worüber die Sonne aufgeht und sich die Dunkelheit der Nacht legt, oder die Kinder Adams – und sei es nur eines von ihnen für nur einen einzigen Augenblick – ins Verderben zu stürzen und irrezuführen, so würde ich diesen einen Augenblick all dem anderen vorziehen. Dies begehre und genieße ich so sehr wie alles zusammen, was sämtliche Menschen genießen. Weißt du nicht, Ǧirǧīs, dass Gott allen Engeln befahl, sich vor deinem Vater Adam niederzu-

werfen? Mikāʾīl, Ǧibrīl (Gabriel), Isrāfīl und alle Gott nahestehenden Engel und Bewohner des Himmels warfen sich allesamt vor ihm nieder, ich aber habe mich geweigert, mich niederzuwerfen. Ich sagte: ‚Ich werfe mich nicht vor diesem Geschöpf nieder, denn ich bin schließlich besser als er.'" Als der Satan das sagte, entließ ihn Ǧirǧīs. Ab diesem Tag sei der Satan aus Angst vor dem Versinken nie wieder ins Innere eines Götzenbildes hineingegangen und werde dies auch später nie mehr tun, so wird es berichtet.

Der König sagte: „O Ǧirǧīs, du hast mich überlistet und getäuscht und meine Götter zerstört." Ǧirǧīs erwiderte ihm: „Ich habe dies absichtlich nur getan, damit du die Lehre daraus ziehst und begreifst, dass diese Götter sich vor mir hätten schützen können, wenn sie tatsächlich Götter gewesen wären, wie du meinst. Wehe dir, wie konntest du Göttern vertrauen, die sich vor mir nicht schützen konnten, obwohl ich nur ein schwaches Geschöpf bin und nur das besitze, was Gott mir zur Verfügung stellt?" Als Ǧirǧīs dies sagte – so wurde berichtet –, sprach die Gemahlin des Königs zu den Menschen. Sie offenbarte ihnen ihren Glauben, sagte sich mit ihrer Religion von ihnen los und zählte ihnen die Taten von Ǧirǧīs und die Lehren auf, die Ǧirǧīs ihnen erteilte. Sie sagte ihnen: „Gegen euch genügt ein Gebet dieses Mannes, so dass ihr in der Erde versinkt und genauso wie eure Götzen vernichtet werdet. So fürchtet Gott, fürchtet Gott und rettet eure Seelen,

O Menschen!" Der König sagte ihr: „Wehe dir, *Iskandara* (Alexandra). Wie schnell hat dich dieser Magier irregeführt, in nur einer einzigen Nacht. Im Vergleich dazu trete ich ihm seit sieben Jahren entgegen, trotzdem konnte er bei mir nichts erreichen." Sie entgegnete: „Hast du nicht gesehen, wie Gott ihn dich besiegen ließ und ihm die Gewalt über dich gab, sodass er überall triumphierte und dich mit Argumenten schlug?" Auf des Königs Befehl wurde sie dann zu dem Holzbrett gebracht, an das Ǧirǧīs gehängt wurde. Sie wurde daran gehängt und mit den Harken malträtiert, mit denen Ǧirǧīs gefoltert worden war. Als sie die Schmerzen der Folter spürte, rief sie: „O Ǧirǧīs, bete zu deinem Gott, dass er mein Leid lindere. Mich schmerzt die Folter." Ǧirǧīs sagte: „Schau über dich!" Als sie nach oben blickte, lächelte sie. Ǧirǧīs fragte sie: „Warum lächelst du?" Darauf antwortete sie: „Ich sehe zwei Engel über mir. Sie haben eine Krone aus dem Schmuck des Paradieses. Damit warten sie auf meine Seele, dass sie heraustritt. Wenn sie herausgetreten ist, werden die Engel sie mit dieser Krone schmücken und hoch ins Paradies führen. Als Gott ihre Seele holte, begann Ǧirǧīs zu beten. Er sagte: „O Gott, du hast mich mit dieser Prüfung geehrt, damit du mir hierdurch die Verdienste der Märtyrer zukommen lässt. O Gott, das ist mein letzter Tag, an dem du mir die Erlösung von dieser Prüfung versprochen hast. So flehe ich dich an, dass du meine Seele erst holst und ich diesen meinen Ort erst verlasse, wenn

آمن بجرجيس وقُتل معه اربعة وثلثين 525
الفا وامرأة الملك رحمها الله

deine Gewalt und dein Groll diese Menschen in einem für sie unerträglichen Maße getroffen haben, damit mein Herz getröstet wird und ich frohen Mutes bin. Denn diese Menschen haben mir Unrecht getan und mich gefoltert. 785R O Gott, ich flehe dich auch an, dass jeder, der nach meiner Zeit in Bedrängnis oder Kummer meiner gedenkt und dich in meinem Namen bittet, deine Unterstützung und Gnade erfährt und von dir erhört wird und dass ich für einen 790R solchen Menschen Fürbitte einlegen darf." Als Ġirġīs mit diesem Gebet fertig war, ließ Gott auf die Menschen Feuer regnen. Als sie brannten, gingen sie auf Ġirġīs los und schlugen ihn mit Schwertern aus Zorn wegen der starken Verbrennungsschmerzen. 795R So gewährte Gott Ġirġīs mit dem vierten Tod, was er ihm versprochen hatte. Als die Stadt mit allem darin verbrannt war und zu Asche wurde, nahm Gott sie von der Erde, hob sie hoch und kehrte das Oberste von 800R ihr zuunterst. Für einige Zeit trat unter dieser Stadt ein fauliger Rauch heraus. Jeder, der diesen Rauch einatmete, wurde schwer krank. Es waren unterschiedliche Krankheiten, von denen keine der anderen ähnelte. Diejenigen, die 805R an Ġirġīs glaubten und mit ihm starben, waren insgesamt vierunddreißigtausend und die Frau des Königs, möge sich Gott ihrer erbarmen.

Übersetzt von Walid Abd El Gawad

Abū Jaʿfar Muḥammad ibn Jarīr al-Ṭabarī (1964). *Annales*. Hrsg. von Michael Jan de Goeje. Bearb. von Jakob Barth und Theodor Nöldeke. Bd. 2. 13 Bde. Leiden, S. 790–812. Der hier abgedruckte arabische Text folgt getreu der Ausgabe; es wurden keine Korrekturen vorgenommen.

4.3 St. Georg in der ‚Legenda Aurea'

DE ETYMOLOGIA NOMINIS. Georgius dicitur a geos, quod est terra, et orge, quod est colere, quasi colens terram, id est carnem suam. Augustinus autem in libro de trinitate dicit, quod „bona terra est altitudine montium, temperamento collium, planitie camporum." Prima enim est bona ad virentes herbas, secunda ad vineas, tertia ad fruges. Sic beatus Georgius fuit altus despiciendo inferiora et ideo habuit viriditatem puritatis, temperatus per discretionem et ideo habuit vinum internae iucunditatis, planus per humilitatem et ideo protulit fruges bonae operationis.

Vel dicitur a gerar, quod est sacrum, et giron, quod est luctatio, quasi sacer luctator, quia luctatus est cum dracone et carnifice.

Vel a gerar, quod est sacrum, et gyon arena, quasi sacra arena. Fuit enim arena, quia ponderosus morum gravitate, minutus humilitate et siccus a carnali voluptate.

Vel Georgius dicitur a gero, quod est peregrinus, et gyr praecisio et us consiliator. Ipse enim fuit peregrinus in contemptu mundi, praecisus in corona martyrii et consiliator in praedicatione regni.

Eius legenda inter scripturas apocryphas in Nicaeno concilio connumeratur ex eo, quod eius martyrium certam relationem non habet. Nam in kalendario Bedae dicitur, quod sit passus in Persica civitate Diospoli. Alibi legitur, quod

BEDEUTUNG DES NAMENS. Georg kommt von *geos* „Erde" und *orge* „pflegen", etwa „die Erde pflegend", d. h. sein Fleisch. AUGUSTINUS aber sagt im Buch *Von der Dreifaltigkeit*, daß es „gute Erde auf hohen Bergen, auf milden Hügeln, auf flachen Feldern gebe". Die erste ist gut für grünes Gras, die zweite für Weinberge, die dritte für Korn. So war der heilige Georg erhaben in der Verachtung der Tiefen und hatte deshalb das frische Grün der Reinheit, war mild dank der Vernunft und hatte deshalb den Wein innerer Fröhlichkeit, war flach dank seiner Demut und brachte deshalb das Korn guten Wirkens hervor.

Oder Georg kommt von *gerar* „heilig" und *gyron* „Kampf", etwa „heiliger Kämpfer", weil er mit dem Drachen und dem Scharfrichter kämpfte.

Oder Georg kommt von *gerar* „heilig" und *gyon* „Sand", etwa „heiliger Sand". Er war nämlich Sand, weil er gewichtig war dank der Sittenstrenge, winzig klein dank der Demut und trocken, weil ohne Fleischeslust.

Oder Georg kommt von *gero* „Pilger" und *gyr* „Beschneidung" und *us* „Berater". Er war nämlich ein Pilger in der Verachtung der Welt, beschnitten in der Krone des Martyriums und Berater im Predigen des Königreichs.

DER HEILIGE GEORG. Georgs Legende wurde auf dem Konzil von Nizäa unter den apokryphen Schriften aufgeführt, weil es von seinem Martyrium keinen zuverlässigen Bericht gibt. Denn im *Kalendarium* des BEDA steht, er habe in der persischen Stadt Diospolis den Tod erlitten. Anderswo liest man, er sei in der Stadt

quiescit in civitate Diospoli, quae prius Lydda vocabatur et est iuxta Ioppem. Alibi, quod passus sit sub Diocletiano et Maximiano imperatoribus. Alibi, quod sub Daciano imperatore Persarum praesentibus LXX regibus imperii sui. Hic, quod sub Daciano praeside imperantibus Maximiano et Diocletiano.

DE SANCTO GEORGIO. Georgius tribunus genere Cappadox pervenit quadam vice in provinciam Libyae in civitatem, quae dicitur Silena. Iuxta quam civitatem erat stagnum instar maris, in quo draco pestifer latitabat, qui saepe populum contra se armatum in fugam converterat flatuque suo ad muros civitatis accedens omnes inficiebat. Quapropter compulsi cives duas oves cottidie sibi dabant, ut eius furorem sedarent, alioquin sic muros civitatis invadebat et aërem inficiebat, quod plurimi interibant.

Cum ergo iam oves paene deficerent, maxime cum harum copiam habere non possent, inito consilio ovem cum adiuncto homine tribuebant. Cum igitur sorte filii et filiae omnium darentur et sors neminem exciperet et iam paene omnes filii et filiae populi essent consumpti, quadam vice filia regis unica sorte est deprehensa et draconi adiudicata.

Tunc rex contristatus ait: „Tollite aurum et argentum et etiam dimidium regni mei et filiam meam mihi dimittite, ne taliter moriatur." Cui populus cum furore respondit: „Tu hoc, rex, edictum fecisti et nunc omnes pueri nostri mortui sunt et tu vis filiam tuam salvare? Nisi in filia tua

Diospolis begraben, die früher Lydda hieß und unweit von Joppe liegt. Anderswo steht, er habe unter den Kaisern Diokletian und Maximian den Tod erlitten. Noch woanders, dies sei unter dem persischen Kaiser Dacian in Anwesenheit von 70 Königen seines Reiches geschehen. Hier liest man, das sei unter dem Vorsitz Dacians unter den Kaisern Maximian und Diokletian gewesen.

DER HEILIGE GEORG. Der Tribun Georg, der Herkunft nach Kappadokier, kam einst in die Provinz Libyen, in die Stadt namens Silena. Unweit der Stadt war ein See, so groß wie das Meer, in dem ein verseuchender Drache lauerte, der öfters das Volk, das sich gegen ihn rüstete, in die Flucht geschlagen hatte und, wenn er bis zu den Mauern der Stadt vordrang, alle mit seinem Hauch verpestete. Aus diesem Grund gaben ihm die Bürger der Stadt täglich zwei Schafe zu fressen, um seine Wut zu beschwichtigen, sonst wäre er in die Mauern der Stadt eingedrungen und hätte die Luft verpestet, so daß die meisten umgekommen wären.

Als die Schafe schon beinahe ausgingen und sie jedenfalls nicht mehr allzu viele davon bekommen konnten, beschlossen sie, einen Menschen zu dem Schaf hinzuzugeben. Als nun Söhne und Töchter von allen Leuten ausgelost waren, niemand dem Los entrann und schon fast alle Söhne und Töchter aufgefressen waren, wurde eines Tages die einzige Tochter des Königs vom Los erfaßt und dem Drachen zugeschlagen.

Da sagte der König betrübt: „Nehmt Gold und Silber und sogar die Hälfte meines Reiches, aber laßt mir meine Tochter, daß sie nicht auf diese Weise stirbt." Da entgegnete das Volk voller Wut: „Du, o König, hast dieses Gebot erlassen, und nun, da alle unsere Kinder tot sind, willst du deine Tochter retten? Wenn du bei deiner Tochter nicht einhältst, was du bei an-

compleveris, quod in aliis ordinasti, succendemus te et domum tuam totam."

Quod rex videns coepit filiam flere dicens: „Heu me, filia mea dulcissima, quid de te faciam? Aut quid dicam, quando plus non videbo nuptias tuas?" Et conversus ad populum dixit: „Oro, ut indutias octo dierum lugendi mihi filiam tribuatis." Quod cum populus annuisset, in fine octo dierum reversus est populus cum furore dicens: „Quare perdis populum tuum propter filiam tuam? En, omnes afflatu draconis morimur."

Tunc rex videns, quod filiam non posset liberare, induit eam vestibus regalibus et amplexatus eam cum lacrimis dixit: „Heu me, filia mea dulcissima, de te filios in regali gremio nutrire credebam et nunc vadis, ut a dracone devoreris. Heu me, filia mea dulcissima, sperabam ad tuas nuptias principes invitare, palatium margaritis ornare, tympana et organa audire, et nunc vadis, ut a dracone devoreris." Et deosculans dimisit eam dicens: „Utinam, filia mea, ante mortuus essem, quam te sic amisissem." Tunc illa procidit ad pedes patris petens ab eo benedictionem suam. Quam cum pater cum lacrimis benedixisset, ad lacum processit.

Quam beatus Georgius inde transiens ut plorantem vidit, eam, quid haberet, interrogavit. Et illa: „Bone iuvenis, equum velociter ascende et fuge, ne mecum pariter moriaris." Cui Georgius: „Noli timere, filia, sed dic mihi, quid hic

dern angeordnet hast, zünden wir dich und dein ganzes Haus an."

Als der König das vernahm, begann er seine Tochter zu beweinen und sagte: „Weh mir, meine süßeste Tochter, was soll ich mit dir tun? Was soll ich sagen? Wann werde ich je deine Hochzeit erleben?" Und zum Volk gewandt sagte er: „Ich bitte euch, mir einen Aufschub von acht Tagen zu gewähren, um meine Tochter zu betrauern." Als das Volk das gestattet hatte, kam es am Ende der acht Tage wieder und sagte voller Wut: „Warum vernichtest du dein Volk wegen deiner Tochter? Siehe, wir sterben alle vom Hauch des Drachen."

Da sah der König, daß er die Tochter nicht befreien konnte, zog ihr königliche Gewänder an, umarmte sie und sagte unter Tränen: „Weh mir, meine süßeste Tochter, von dir glaubte ich Kinder in königlichem Schoß aufziehen zu können, und nun gehst du dahin, um von einem Drachen gefressen zu werden. Weh mir, meine süßeste Tochter, ich hoffte zu deiner Hochzeit die Fürsten einzuladen, den Palast mit Perlen zu schmücken, Pauken und Trompeten zu hören, und nun gehst du dahin, um von einem Drachen gefressen zu werden." Und er küßte sie und entließ sie mit den Worten: „Liebe Tochter, ich wäre lieber vorher gestorben, als dich so zu verlieren." Da fiel sie dem Vater zu Füßen und bat ihn um seinen Segen, und als der Vater sie unter Tränen gesegnet hatte, ging sie hinaus zum See.

Da kam der heilige Georg an ihr vorbei und fragte sie, als er sie weinen sah, was sie habe. Sie sagte: „Guter junger Mann, besteige rasch dein Pferd und flieh, damit du nicht mit mir zusammen stirbst." Darauf Georg: „Fürchte dich nicht, Mädchen, sondern sag mir, warum du hier herumstehst und das ganze Volk zu-

praestolaris omni plebe spectante." Et illa: „Ut video, bone iuvenis, magnifici cordis es tu, sed cur mecum mori desideras? Fuge velociter." Cui Georgius: „Hinc ego non discedam, donec mihi, quid habeas, intimabis."

Cum ergo illa totum sibi exposuisset, ait Georgius: „Filia, noli timere, quia in Christi nomine te iuvabo." Et illa: „Bone miles, mecum ne pereas. Sufficit enim, si sola peream. Nam me liberare non posses et mecum perires."

Dum haec loquerentur, ecce, draco veniens caput de lacu levavit. Tunc puella tremefacta dixit: „Fuge, bone domine, fuge velociter." Tunc Georgius equum ascendens et cruce se muniens draconem contra se venientem audacter aggreditur et lanceam fortiter vibrans et deo se commendans ipsum graviter vulneravit et ad terram deiecit. Dixitque puellae: „Proice zonam tuam in collum draconis nihil dubitans, filia." Quod cum fecisset, sequebatur eam velut mansuetissimus canis. Cum ergo eum in civitatem ducerent, populi hoc videntes per montes et foveas fugere coeperunt dicentes: „Vae nobis, quia iam omnes peribimus."

Tunc beatus Georgius innuit eis dicens: „Nolite timere, ad hoc enim dominus me misit ad vos, ut a poenis vos liberarem draconis. Tantummodo in Christum credite et unusquisque vestrum baptizetur et draconem istum occidam." Tunc rex et omnes populi baptizati sunt. Bea-

schaut." Und sie: „Wie ich sehe, guter junger Mann, hast du ein edles Herz, doch möchtest du mit mir sterben? Flieh rasch!" Darauf Georg: „Ich gehe nicht weg von hier, bis du mir anvertraust, was du hast."

Als sie ihm die ganze Sache dargelegt hatte, sagte Georg: „Mädchen, fürchte dich nicht, denn im Namen Christi werde ich dir helfen." Und sie: „Guter Ritter, du sollst nicht mit mir zugrunde gehen. Es reicht nämlich, wenn ich allein zugrunde gehe. Du könntest mich ja doch nicht retten und würdest mit mir zugrunde gehen."

Während sie so sprachen, siehe, da kam der Drache und hob seinen Kopf aus dem See. Da sagte das Mädchen zitternd: „Flieh, guter Herr, flieh rasch." Da bestieg Georg sein Pferd, wappnete sich mit dem Kreuz, ließ den Drachen an sich herankommen, griff ihn kühn an, schwang tapfer die Lanze, empfahl sich Gott, verwundete ihn schwer und warf ihn zur Erde. Dann sagte er zu dem Mädchen: „Wirf dem Drachen unverzüglich deinen Gürtel um den Hals, Mädchen." Als sie das getan hatte, folgte ihr der Drache wie der zahmste Hund. Als sie ihn in die Stadt führten, flohen die Leute, die das sahen, in die Berge und Höhlen und sagten: „Weh uns, jetzt werden wir alle zugrunde gehen."

Da winkte ihnen der heilige Georg zu und sagte: „Fürchtet euch nicht, der Herr hat mich dazu zu euch gesandt, daß ich euch von den Plagen des Drachen erlöse. Glaubt nur an Christus. Jeder von euch soll sich taufen lassen, und ich werde diesen Drachen töten." Da ließen sich der König und alle Leute taufen. Der heilige Georg aber zog sein Schwert aus der Schei-

tus autem Georgius evaginato gladio draconem occidit et ipsum extra civitatem efferri praecepit. Tunc quattuor paria boum ipsum in magnum campum foras duxerunt. Baptizati sunt autem in illa die XX milia exceptis parvulis et mulieribus.

Rex autem in honorem beatae Mariae et beati Georgii ecclesiam mirae magnitudinis construxit. De cuius altaris medio fons vivus emanat, cuius potus omnes languidos sanat. Rex vero infinitam pecuniam sancto Georgio obtulit, quam ille accipere renuens pauperibus eam dari praecepit.

Tunc Georgius de quattuor regem breviter instruxit, scilicet ut ecclesiarum dei curam haberet, sacerdotes honoraret, divinum officium diligenter audiret et semper pauperum memor esset. Et sic osculato rege inde recessit.

In aliquibus tamen libris legitur, quod, dum draco ad devorandam puellam pergeret, Georgius se cruce munivit et draconem aggrediens interfecit.

Eo tempore imperantibus Diocletiano et Maximiano sub praeside Daciano tanta persecutio christianorum fuit, ut infra unum mensem XVII milia martyrio coronarentur, unde inter tot tormentorum genera multi christianorum deficiebant et idolis immolabant.

Quod videns sanctus Georgius tactus dolore cordis intrinsecus omnia, quae habebat, dispersit, militarem habitum abiecit, christianorum habitum induit et in medium

de, tötete den Drachen und befahl, ihn aus der Stadt zu schaffen. Da fuhren ihn vier Paar Ochsen auf ein großes Feld hinaus, getauft aber wurden an jenem Tag 20000 Leute, Kinder und Frauen nicht gerechnet.

Der König ließ darauf zu Ehren der heiligen Maria und des heiligen Georg eine Kirche von wunderbarer Größe bauen. Mitten aus ihrem Altar entspringt ein frischer Quell, dessen Trank alle Kranken heilt. Der König bot dem heiligen Georg eine Unmenge Geld an, doch der wollte es nicht annehmen und schlug ihm vor, es den Armen zu geben.

Dann brachte Georg dem König in Kürze vier Dinge bei: Er solle sich um die Kirche Gottes kümmern, die Priester ehren, den Gottesdienst fleißig anhören und immer an die Armen denken. Darauf küßte er den König und ging fort.

In einigen Büchern liest man jedoch, daß Georg, als der Drache kam, um das Mädchen zu fressen, sich mit dem Kreuz wappnete, den Drachen angriff und tötete.

In jener Zeit, unter den Kaisern Diokletian und Maximian, fand unter dem Statthalter Dacian eine solche Christenverfolgung statt, daß innerhalb eines Monats 17000 mit dem Martyrium gekrönt wurden, weshalb viele Christen bei so vielen Arten von Martern abfielen und den Götzen opferten.

Als der heilige Georg das sah, traf ihn der Schmerz mitten ins Herz, er verteilte alles, was er hatte, warf das Soldatenkleid ab, zog das Christenkleid an, sprang mitten unter die Leute und rief „Alle Götter der Heiden sind Dämo-

prosiliens exclamavit: „Omnes dii gentium daemonia, dominus autem caelos fecit." Cui praes iratus dixit: „Qua praesumptione audes deos nostros daemonia appellare? Dic tamen, unde es tu aut quo nomine voceris." Cui Georgius ait: „Georgius vocor, ex nobili Cappadocum prosapia ortus Palaestinam Christo favente devici, sed omnia deserui, ut servire possem liberius deo caeli."

Cum autem eum praes ad se inclinare non posset, iussit eum in eculeum levari et membratim corpus eius ungulis laniari, appositis insuper ad latera facibus, patentibus ad viscera rimis sale plagas eius fricari iussit. Eadem nocte dominus cum ingenti lumine ei apparuit et ipsum dulciter confortavit. Cuius melliflua visione et allocutione sic confortatus est, ut pro nihilo duceret cruciatus.

Videns autem Dacianus, quod eum poenis superare non posset, quendam magum accersivit eique dixit: „Christiani suis magicis artibus tormenta ludificant et deorum nostrorum sacrificia parvipendunt." Cui magus: „Si artes eius superare nequivero, capitis reus ero." Ipse igitur maleficiis suis iniectis et deorum suorum nominibus invocatis venenum vino immiscuit et sancto Georgio sumendum porrexit. Contra quod vir dei signum crucis edidit haustoque eo nihil laesionis sensit.

Rursum magus priore fortius venenum immiscuit, quod vir dei signo crucis edito sine laesione ali-

nen, der Herr aber hat die Himmel geschaffen." Da sagte der Statthalter erzürnt: „Mit welcher Frechheit wagst du es, unsere Götter Dämonen zu nennen? Doch sag, woher du bist und wie du heißt." Darauf sagte Georg: „Ich heiße Georg, komme aus vornehmem Geschlecht in Kappadokien, habe Palästina dank der Gnade Christi besiegt, doch habe ich alles verlassen, um freier dem Gott des Himmels dienen zu können."

Als der Statthalter ihn nicht auf seine Seite ziehen konnte, befahl er ihn aufs Folterpferd zu heben, Glied für Glied seinen Leib mit Krallen zu zerfleischen, zusätzlich Fackeln an seinen Seiten anzubringen, und als Schrammen bis zu den Eingeweiden klafften, Salz in seine Wunden zu reiben. In derselben Nacht erschien ihm der Herr mit ungeheurem Licht und tröstete ihn sanft. Diese süße Erscheinung und das Zureden tröstete ihn so, daß er die Qualen verachtete.

Als Dacian sah, daß er ihn mit Foltern nicht bezwingen konnte, holte er einen Zauberer und sagte zu ihm: „Die Christen machen sich mit ihren Zauberkünsten über die Foltern lustig und verachten die Opfer für unsere Götter." Darauf der Zauberer: „Wenn ich seine Künste nicht überwinden kann, kannst du mich zum Tod verurteilen." Darauf wandte er seine Zauberkünste an, rief die Namen seiner Götter an, mischte Gift in den Wein und reichte ihn dem heiligen Georg zu trinken, doch der Mann Gottes schlug das Kreuzeszeichen und überstand das Getränk ohne Schaden.

Wieder mischte der Zauberer ein noch stärkeres Getränk als zuvor, doch der Mann Gottes machte das Zeichen des Kreuzes und trank es

qua totum bibit. Quo viso magus statim ad pedes eius cecidit, veniam lamentabiliter petiit et se christianum fieri postulavit. Quem mox iudex decollari fecit.

Sequenti die iussit Georgium poni in rota gladiis bis acutis undique circumsaepta, sed statim frangitur et Georgius illaesus penitus invenitur. Tunc iratus praeses iussit eum in sartaginem plumbo liquefacto plenam proici. Qui facto signo crucis in eam intravit, sed virtute dei coepit in ea quasi in balneo refoveri.

Quod videns Dacianus cogitavit eum emollire blanditiis, quem minis superare non poterat vel tormentis. Dixitque illi: „Vides, fili Georgi, quantae mansuetudinis sunt dii nostri, qui te blasphemum tam patienter sustinent parati nihilominus, si converti volueris, indulgere. Age ergo, dulcissime fili, quod hortor, ut superstitione relicta diis nostris sacrifices, ut magnos ab ipsis et a nobis consequaris honores."

Cui Georgius subridens ait: „Ut quid non a principio magis mihi persuasisti blandis sermonibus quam tormentis? Ecce, paratus sum facere, quod hortaris." Hac Dacianus promissione delusus laetus efficitur iussitque sub voce praeconis, ut omnes ad se convenirent et Georgium tamdiu reluctantem tandem cedere et sacrificare viderent.

Ornata igitur tota civitate prae gaudio, cum Georgius idolorum templum sacrificaturus intraret et omnes ibidem gaudentes astarent, flexis genibus dominum exoravit,

ohne jeden Schaden. Als der Zauberer das sah, fiel er ihm sogleich zu Füßen, flehte kläglich um Gnade und verlangte Christ zu werden. Da ließ ihn der Richter gleich enthaupten.

Am folgenden Tag befahl er Georg auf ein Rad zu legen, das ringsum mit zweischneidigen Klingen gespickt war, doch es zerbrach sogleich, und Georg erwies sich als völlig unverletzt. Darauf ließ ihn der Richter erbost in einen Kessel werfen, der mit flüssigem Blei gefüllt war, doch schlug er das Zeichen des Kreuzes und stieg hinein, und dank der Kraft Gottes begann er sich darin wie in einem Bad zu wärmen.

Als Dacian das sah, gedachte er ihn mit Schmeicheleien zu betören, weil er ihm mit Drohungen und Foltern nichts anhaben konnte, und sagte zu ihm: „Du siehst, Georg, mein Sohn, wie langmütig unsere Götter sind, daß sie dich mit deinem Lästern so geduldig ertragen, sie sind indessen bereit, dir zu verzeihen, wenn du dich bekehren willst. Tu also, allerliebster Sohn, was ich dir rate, laß deinen Aberglauben und opfere unseren Göttern, dann wirst du große Ehren von ihnen und von uns erhalten."

Da sagte Georg lächelnd: „Warum hast du mir nicht schon von Anfang an mit netten Worten zugeredet statt mit Foltern? Siehe, ich bin bereit zu tun, was du mir rätst." Dacian, durch dieses Zugeständnis getäuscht, ließ voller Freude den Herold ausrufen, es sollten alle herkommen und sehen, wie Georg, der so lange Widerstand geleistet habe, endlich nachgebe und opfere.

Die ganze Stadt war vor Freude geschmückt, als Georg den Götzentempel betrat, um zu opfern, und alle ihn dort freudig erwarteten. Mit gebeugten Knien betete er darauf zum Herrn, den Tempel mitsamt den Götzenbildern so

ut templum cum idolis sic omnino destrueret, quatenus ad sui laudem et populi conversionem nihil de eo penitus remaneret. Statimque ignis de caelo descendens templum cum diis et sacerdotibus concremavit terraque se aperiens omnes eorum reliquias deglutivit.

Hic exclamat Ambrosius in praefatione dicens: „Georgius fidelissimus miles Christi, dum christianitatis professio silentio tegeretur, solus inter christicolas intrepidus dei filium est confessus. Cui et tantam fidei constantiam gratia divina concessit, ut et tyrannicae potestatis praecepta contemneret et innumerabilium non formidaret tormenta poenarum. O felix et inclytus domini proeliator, quem non solum temporalis regni blanda non persuasit promissio, sed persecutore deluso simulacrorum eius in abyssum portenta deiecit." Haec Ambrosius.

Haec audiens Dacianus Georgium ad se adduci fecit eique dixit: „Quae sunt maleficia tua, pessime hominum, qui tantum facinus commisisti?" Cui Georgius: „Ne credas, rex, sic esse, sed mecum perge et iterum me immolare vide." Cui ille: „Intelligo fraudem tuam, quia vis me facere absorberi, sicut templum et deos meos absorberi fecisti." Cui Georgius: „Dic mihi, miser, dii tui, qui se iuvare non potuerunt, quomodo te iuvabunt?"

Iratus nimis rex dixit Alexandrae uxori suae: „Deficiens moriar, quia ab hoc homine me superatum cerno." Cui illa: „Tyranne crudelis

gänzlich zu zerstören, daß zu seinem Lob und zur Bekehrung des Volkes gar nichts mehr davon übrig bleibe. Und sogleich kam ein Feuer vom Himmel und verbrannte den Tempel mitsamt den Göttern und Priestern, die Erde öffnete sich und verschlang alles, was davon noch übrig war.

An dieser Stelle ruft AMBROSIUS in der *Praefatio* aus: „Georg, der treuste Streiter Christi, hat allein unter den Anhängern Christi, als das Bekenntnis des Christentums von Schweigen bedeckt war, sich unerschrocken zu Gottes Sohn bekannt. Ihm hat die göttliche Gnade eine solche Standhaftigkeit verliehen, daß er die Gebote tyrannischer Macht verschmähte und nicht vor den Qualen unzähliger Foltern zurückschreckte. O glücklicher und ruhmreicher Kämpfer des Herrn, den nicht nur das verführerische Versprechen der zeitlichen Herrschaft nicht beirrte, sondern der den Verfolger täuschte und die Ungeheuer seiner Götzenbilder in den Abgrund warf." Soweit Ambrosius

Als Dacian das vernahm, ließ er Georg zu sich kommen und sagte zu ihm: „Was sind das für Zauberkünste, du verworfener Mensch, was hast du da für ein riesiges Verbrechen begangen?" Darauf Georg: „Glaube nicht, König, daß das stimmt, sondern komm mit mir und schau, wie ich ein zweitesmal opfere." Darauf jener: „Ich durchschaue deinen Betrug, du willst mich auch so versinken lassen, wie du den Tempel und meine Götter hast versinken lassen." Darauf Georg: „Sag mir, mein Lieber, wie sollen dir die Götter helfen, die sich selbst nicht helfen konnten?"

Da sagte der König höchst entrüstet zu seiner Frau Alexandra: „Ich werde gewiß sterben, denn ich sehe, daß ich von diesem Menschen überwunden bin." Darauf sie: „Du grausamer

et carnifex, numquid non dixi tibi saepius, ne christianis molestus esses, quia deus eorum pro ipsis pugnaret? Et nunc scias me velle fieri christianam." Stupefactus rex ait: „Heu, proh dolor, numquid et tu seducta es?" Fecitque eam per capillos suspendi et flagellis durissime caedi.

Quae cum caederetur, dixit Georgio: „Georgi, lumen veritatis, quo putas perveniam nondum aqua baptismi renata?" Cui Georgius: „Nihil haesites, filia, quia sanguinis tui effusio baptismus tibi reputabitur et corona." Tunc illa orans ad dominum emisit spiritum.

Hinc attestatur Ambrosius in praefatione dicens: „Ob hoc et gentium regina Persarum crudeli a viro dictata sententia nondum baptismi gratiam consecuta gloriosae passionis meruit palmam, unde nec dubitare possumus, quod rosea perfusa sanguinis unda reseratas poli ianuas ingredi meruit regnumque possidere caelorum." Haec Ambrosius.

Sequenti vero die Georgius talem accepit sententiam, ut per totam civitatem traheretur, postmodum capite puniretur. Oravit autem ad dominum, ut, quicumque eius imploraret auxilium, petitionis suae consequeretur effectum. Divina autem ad eum vox venit, quod sic fieret, ut oravit.

Completa oratione capitis abscissione martyrium consummavit sub Diocletiano et Maximiano, qui coeperunt circa annos domini CCLXXXVII. Dacianus autem cum

Tyrann und Henker, habe ich dir nicht gesagt, du solltest nicht ständig die Christen belästigen, da ihr Gott für sie kämpft, und nun sollst du wissen, daß ich Christin werden will." Bestürzt sagte der König: „Ach, welcher Schmerz! Bist auch du verführt?" Und er ließ sie an den Haaren aufhängen und fürchterlich mit Geißeln schlagen.

Während sie gegeißelt wurde, sagte sie zu Georg: „Georg, Licht der Wahrheit, wohin glaubst du, daß ich komme, da ich noch nicht vom Wasser der Taufe wiedergeboren bin?" Darauf Georg: „Zögere nicht, Tochter, denn das Vergießen deines Blutes wird dir als Taufe und Krone angerechnet." Darauf betete sie zum Herrn und gab ihren Geist auf.

AMBROSIUS bescheinigt ihm in der *Praefatio* folgendes: „Deswegen verdiente auch die Königin der heidnischen Perser, nachdem ihr Mann das grausame Urteil gefällt hatte, ohne die Gnade der Taufe erlangt zu haben, die Palme des glorreichen Martyriums, weshalb wir nicht daran zweifeln können, daß sie, übergossen von der rosenfarbenen Welle des Blutes, die entriegelten Tore des Himmels zu betreten und das Himmelreich zu besitzen verdiente." Soweit Ambrosius.

Am folgenden Tag wurde Georg dazu verurteilt, durch die ganze Stadt geschleift und danach enthauptet zu werden. Da betete er zum Herrn, daß jedem, der seine Hilfe anflehe, die Bitte erfüllt werde, und eine göttliche Stimme kam vom Himmel, daß es so geschehe, wie er es gewünscht habe.

Als er sein Gebet beendet hatte, vollendete er durch die Enthauptung sein Martyrium unter Diokletian und Maximian, die ihre Herrschaft um das Jahr des Herrn 287 angetreten hatten. Als Dacian aber von der Stätte, an der Georg

de loco, in quo decollatus est, ad palatium rediret, ignis dei de caelo decidit et ipsum cum ministris suis consumpsit.

Refert Gregorius Turonensis, quod, cum quidam quasdam reliquias Georgii deferrent et in quodam oratorio hospitati fuissent, mane nullatenus capsam movere potuerunt, donec ibidem reliquiarum particulam dimiserunt.

Legitur in historia Antiochena, quod, cum christiani ad obsidendum Ierusalem pergerent, quidam iuvenis speciosissimus cuidam sacerdoti apparuit. Qui sanctum Georgium ducem christianorum esse se dicens monuit, ut eius reliquias secum in Ierusalem deportarent et ipse cum eis esset. Cum autem Ierusalem obsedissent et Saracenis resistentibus per scalas ascendere non auderent, beatus Georgius armis albis indutus et cruce rubea insignitus apparuit innuens, ut post se securi ascenderent et civitatem obtinerent. Qui ex hoc animati civitatem ceperunt et Saracenos occiderunt.

enthauptet wurde, zum Palast zurückkehrte, fiel ein Feuer vom Himmel und verzehrte ihn samt seinem Gefolge.

GREGOR VON TOURS berichtet, daß einige Männer, welche die Reliquien des heiligen Georg überführten, in einem Kloster beherbergt wurden, aber am nächsten Morgen auf keine Weise mehr die Kapsel bewegen konnten, bis sie dort einen kleinen Teil der Reliquien zurückgelassen hatten.

Man liest in der *Historia Antiochena*, als die Christen auszogen, um Jerusalem zu erobern, sei einem Priester ein prachtvoller Jüngling erschienen, der sagte, er sei der heilige Georg, der Führer der Christen, und sie aufforderte, seine Reliquien mit sich nach Jerusalem zu nehmen, dann sei er auf ihrer Seite. Als sie Jerusalem belagert hätten und beim Widerstand der Sarazenen nicht gewagt hätten, auf den Leitern hinaufzuklettern, erschien der heilige Georg, gerüstet in weiße Waffen, mit rotem Kreuz als Wappen, und winkte ihnen, sie sollten ruhig hinaufklettern und die Stadt einnehmen. Davon angespornt nahmen sie die Stadt ein und brachten die Sarazenen um.

Jacobus de Voragine (2014). *Legende Aurea/Goldene Legende*. Hrsg., übers. und komm. von Bruno W. Häuptli. Fontes Christiani. Freiburg im Breisgau, S. 810–823. Wir verzichten in unserem Abdruck auf den kritischen Apparat und die erläuternden Fußnoten.

4.4 St. Georg in der ‚Elsässischen Legenda Aurea'

Von dem namen

Georius oder Gerge ist gesprochen einre der sinen lip ůbet in tugenden. Oder ist ein heiliger ringer, wenne er wider alle vntůgende gerungen het. Oder ist ein heiliger sant: swer an sinen sitten, kleine also sant jn demůtikeit, důrre one allen liplichen wollust. Oder ist ein bilgerin, also waz er dirre welt mit sime lebende frômde. Oder
5   ein besnittenre, als er in sinre martel besnitten wart. Oder ein rotgebe, als er nů allen menschen beholfen ist mit sinre gnoden.

Von sant Gergen

Uon dem geschlehte Capadox waz geborn ein ritter, Georius oder Gerge genant. Der fůr us vnd kam in daz lant Libia in eine stat Sylena genant. Do bi waz ein wasser gros glich dem mere, do inne wenete ein gar grosser schedelicher trache. Wider den woffente
10 sich daz folk der stat dicke vnd fůrent us gegen ime, doch enmôhtent sú dem wurme nút widerston. Do von ging dirre wurm dicke an die múre der stat vnd dôtet mit sinem giftigen blose vil menschen in der stat. Do von gobent die burger alle tage dem wurme zwei schof daz sú in mit der spisen von der stat wider in sine wonúnge brehten. Vber lang beschach daz in schof abe gingent. Do von koment sú über ein daz sú ein schof
15 vnd ein mensche soltent alle tage geben. Also beschach daz noch dem als daz los fiel, daz meisteteil der kinde von der stat worent dem trachen geben. Von geschiht viel das los uf des kúniges eingeborne dochter. Do von betrůbte sich der kúnig uil sere vnd sprach: ‚Nement hin golt vnd silber vnd dis kúnigrich halb vnd lont mir mine dohter.'
    Do von antwurt ime daz folk vnd sprach vil tôbekliche: ‚O du kunig du hast dise
20 geseczde geben vnd sint vnser kint vil schiere alle in den dot geben. Do von so gip och dine tochter, oder wir fúrbúrnent dich vnd alles din hus.' Do dis horte der kunig do weinde er vnd sprach: ‚O du liebe dochter min, was sol ich us dir tůn? Wenne sol ich dine gemahelschaft sehen?' Also kerte er sich zů dem folke vnd bat daz sú ime achtage zil gebent mit sinre dochter, daz er die wile über sú weinde. Do die ahtage fúr koment,
25 do sprach daz folk zů dem kúnige: ‚War vmb fúrlúrestu din folk durch dinre dochter willen? Sistu nút daz uil lútes von dem blose dez trachen stirbet?'
    Do nů der kúnig sach daz er die dochter nút erlôsen mohte, do kleidet er sú mit iren kúniglichen weten vnd sprach: ‚Ach vil sůsse dochter min, jch hoffete ich solte zů dinre gemahelschaft fúrsten laden, disen palast mit margariten zieren, grosse frôde
30 an dir geleben. So gost du nů von mir daz dů von dem trachen ferschlunden werdest.' Do kússete er sú vnd sprach: ‚Ach wolte got daz ich lange dot were daz ich dis leit nút sehe.' Do viel die dochter nider vnd hiesch vetterlichen segen, vnd ging do us an den se do der trache solte us gon.

Von geschith fúr sant Gerge do fúr. Vnd do er sú sach weinen do froget er was ir
gebreste. Do sprach su: ‚Ach lieber jungel rit uil schiere von hinnan daz du ith mit mir
furderbest.' Do sprach sant Gerge: ‚Juncfrowe du solt dich nút forhten, alleine sag mir
waz wartest du hie daz alles folk dir von der stat zů lůget?'

Do sprach sú: ‚Ich sihe wol lieber iungeling daz du ein gůt herze hest. Wes begerest
dú mit mir zů sterbende? Fluch wol schiere!'

Do sprach sant Gerge: ‚Jch kume von hinnan nút, du sagest mir waz dir gebreste.'
Also seite su ime de geschiht gancz.

Do sprach sant Gerge: ‚Juncfrowe du solt dich nút fŏrhten, wenne ich sol dich in
dem namen Jhesu Cristi erlŏsen.' Do sprach sú: ‚Ach lieber jungeling waz sol dis daz
du mit mir fúrderben wilt, wenne du enmast mir nút gehelfen.' Vnde disen worten hůb
der trache sin hŏbet uf vs dem sewe. Do erschrack die juncfrowe vnd sprach: ‚Nů fluch
lieber herre!'

Do steig sant Gerge uf sin ros vnd machte ein cruce fúr sich vnd reit getúrsteklich
wider den trachen, vnd schutte sin sper vnd stach den trachen daz er zů der erden fiel,
vnd sprach zů der juncfrowen daz sú iren gurtel dem trachen an sinen hals leite vnd
sich dar vmb nút enforhte. Do sú dis getet do folget ir der trache noch als ein gemeder
hunt.

Do su den trachen fůrte zů der stat do begunde daz folk fliehen uf die berge vnd
rieffent: ‚Ach nů mŭssent wir alle fúrderben!'

Do sprach sant Gerge zů in: ‚Ir sullent nút fŏrhten, wenne vnser herre het mich zů
úch gesant daz ich uch von der pin das trachen erlosen sullen. Do von so sullent ir uch
lossen dŏffen, so wil ich disen wurm erdŏten.'

Hie von lies sich der kúnig tŏffen mit allen sinen folke. Des worent wol zwenczig
tusent one kint. Do zoch sant Gerge sin swert vnd erdŏte den trachen. An dem hetten
vier par ohsen zů ziehende us der stat zů felde.

Hie noch buwet der kunig eine kirche gar gros vnd kostlich in der eren vnserre
lieben frowen vnd sant Gergen. Do springet ein burne vs dem altar. Von dez wasser
werdent den menschen alle ir siechtagen abe genomen.

Do bot der kúnig sant Gergen einen grossen schacsz gutes. Daz hies sant Gerge
alles armen menschen durch gottes ere geben.

Do gap sant Gerge dem kúnige vier leren: die erste daz er der kirchen sorge hette,
die ander daz er priester in eren hielte, die dirte daz er das ambaht gottes gerne horte,
die vierde daz er an die armen alle zit gedohte. Do noch kússete er den kúnig vnd schiet
von ime in friden.

Jn disen ziten richzete ein keyser Dacianus genant, der durchetete die cristen
so groslich daz in der zit eins monodes súbenzehen tusent gemartelt wurdent. Also
wurdent uil kristen erschrecket daz sú den abgotten ir opfer buttent. Do dis sach sant
Gerge do zoch er us sin ritterlich wot vnd kleidet sich gelich den cristen vnd sprang
enmitten fúr den keyser vnd rief vil geturstekl ich: ‚Alle úwer gŏter sint dúfel, alleine
ist ein got der den himmel het geschaffet!' Do sprach der keiser vil zornlich: ‚Waz frefels
ist dis, daz du unser gotter tufel nemest! Do von sage mir wer du siest oder wannan.'

Do sprach sant Gerge: ‚Ich bin Gerge genant, geboren von dem edeln geschlehte der Capodacum vnd han in dem namen Cristi in minre ritterschaft uber wunden vnd mir vndertenig gemachet die palestinen. Doch han ich dis alles gelossen daz ich Cristo minem herren deste steteklicher mohte gedienen.' Do in nů der keiser nút mit worten
80 uberkomen mohte, do hies er in uf tenen von der erden vnd hies sinen lip mit croweln durch alle glide zerren, vnd do zů mit búrnenden fackellen sine siten enzúnden vnd die tieffen wunden mit falcze durch riben. Des selben nahtes erschein ime vnser herre, vnd troste in mit so sussen worten daz er der pin aller furgas.

Do dis sach Dacyanus daz er in mit pinen nút môhte uber komen, do rief er zů ime
85 eime zôberer vnd sprach: ‚Die cristen spottent vnser in allen pinen vnd úbertragent die mit irre zôberige vnd bringent vnser gotter do mitte zů spotte.' Do sprach der zôberer: ‚Ist daz ich in nút úberwinde, so sol ich min hôbet fúrloren han.'

Hie noch bereitet er sine zôberige vnd rief die namen sinre gotter an vnd múschete gift under win vnd bot dis sant Gergen. Do machte sant Gerge ein crúce úber disen
90 trang vnd enwart do von nút geleczet.

Do nam der zôberer vnd múschet ein ander trang vil mit kreftiger gift. Dis drang enpfing sant Gerge in dem namen Jhesu Cristi one allen schaden. Von disem zeichen fiel der zôberer fúr die fůsse sant Gergen vnd begerte daz er in cristen machte. Do hies in der keiser zů stunt enthôbten an der selben stat.

95 Hie noch an dem anderen dage hies der keyser sant Gergen legen uf ein rat, daz waz fol snidender messer gestecket. Do fiel dis rat vnd wart sant Gerge do von nút geschediget. Do noch wart er in einen kessel mit zerlossens blies geseczet. Daz waz ime ein meiescher tô, vnd fúrserte in nút. Do der keiser sach daz er in mit pinen nút überkomen mohte, do wolte er in mit gůte úberkomen vnd sprach: ‚Nů sich uil lieber sun
100 Gerge wie gar senftmůtig sint vnser gotter daz sú dine schelte wort so gar getulteklich ubertragent, vnd dar über bereit sint dich zů gnoden zů enpfohende wenne du dich bekerst. Do von lieber sun so tů daz ich dich bitte vnd bút in din opfer, so wirst du von in vnd ôch von mir groslich geeret.'

Do lachet sant Gerge vnd sprach: ‚War vmb hast du mich nút lange ane gesprochen
105 mit senften worten ob du mich pinigetest? Nů sich zů ich bin bereit noch dinre begirden zů lebende.'

Mit disen worten wart Dacyanus betrogen daz er eine grosse frôde enpfing, vnd gebot us daz sich daz folck alles sammente fúr in daz sú sehent wie Gerge bekert were, daz er sinen gôttern daz opfer wolte bieten. Do von wart alle die stat gezieret von frêden
110 dez folkes.

Do nů sant Gerge in den tempel der gôtter ging vnd daz folk alles do gesammet waz mit frôden, do knúwet sant Gerge nider vnd bat vnsern herren gnode daz er sinen gewalt erzêget, vnd den tempel mit den gottern so gar zerstôrte daz sin niht do blibe. Zestunt kam ein fúr von dem himel vnd fúrbrant die abgotter vnd die priester mit
115 dem tempel vnd furschlant die erde die esce daz man ein zeichen noch tempels noch abgotter do noch nút enfinden kúnden.

Do dis horte Dacyanus do rief er fúr sich Gergen vnd sprach: ‚Mit waz listen hast du boser mensche eine so grosse missedat begangen?' Antwurt sant Gerge vnd sprach: ‚Dacyane du solt nút glöben daz dis wor si, me du solt nů mit mir faren daz du sehest, wie ich noch einest wil opfern.' Sprach Dacyanus: ‚Nein ich erkenne dine bosheit wol: du woltest machen daz mich die erde öch furschlúnde also du minen gottern hast geton.'

Do sprach sant Gerge: ‚Nů sage mir du vnseliger mensche wie múgent dir dine abgotter zů helfe komen die in selber nút gehelfen múgent?'

Do sprach der keyser zů sinre frowen Alexandria: ‚Nim war ich stirbe von zorne daz ich disen cristen nút mag getwingen.' Antwurt im sin frowe Alexandrina vnd sprach: ‚Du grimer tyranne vnd du böser morder gedenckest du nút daz ich dir vor langen ziten han geseit du ensullest den cristen kein leit tůn, wenne ir got fichtet fur sú? Do von wissest daz ich nů kristen wil werden.' Von disen worten erschrack der keyser vnd sprach: ‚Ach wie ist dir geschehen, daz du alsus fúrzöbert bist?' vnd hies sú mit dem hore oder an ir zepfe vf hencken vnd schlahen mit růten gar sere. Do sprach sú vnder den strechen zů sant Gergen: ‚Ach Gerge du lieht der worheit, wo wenest du daz min sele hin far, von ich noch nút den heiligen töf enpfangen han?' Do sprach sant Gerge: ‚Dochter du solt nút fúrzagen, wenne der usgus dins blůtes wirt dir ein töf.' Do sprach sú ir gebet zů vnserm herren vnd erstarp in der pin. An dem andern tage hie noch wart ein urteil geben úber sant Gergen das man in solte durch die stat schleiffen, vnd solte ime do noch sin höbet abe schlahen. Do sprach er sin gebet gegen vnserme herren, wer in ane rieffe in sinen nöten daz der erheret wurde. Do kam ein stimme zů ime, er were erhört in sinre begirde. Also enpfing er den dot gewilleklich durch got.

Do nů Dacyanus wider wolte gon in sinen palast do schos ein fúr von dem himel vnd fúrbrante den keyser mit allen sinen dienern.

Ulla Williams und Werner Williams-Krapp, Hrsg. (1980). *Die ‚Elsässische Legenda Aurea'*. Bd. 1: *Das Normalcorpus*. Texte und Textgeschichte 3. Tübingen, S. 291–295. Wir ersetzen in unserem Abdruck Schaft-s durch Rund-s.

4.5 Georg Hager: ‚Der Ritter sant Georg. Meisterlied'

jm Der tag weiss Bartholme regenbogen
Der Ritter sant Georg. ein deitung auf Christum

1   Georgius ein ritter ware
       aus Cappadocia, merckt clare.
       Balt er wart inen mit ver stand,
       vnd das da in sein vatter land
  5   war kumen ein
       schedlicher groser trach mit clag.
       Der det gros schaden alle tag,
       vnd er het auch be reite ~
       Des kinigs dochter mit ge walte
 10   Hin gefürt gar schrecklicher gstalte.
       Reiset er Heim ge wappnet rund,
       mit gwalt den drachen wider stund,
       nam in allein
       Des kinigs dochter zart vnd frum,
 15   vnd bracht mit gwalt den trachen um.
       Des freüd sich dise zeite ~
       jederman, auch der kinig fort,
       auch die holt selig dochter sein;
       er war berüembt an disem ort. ~

2   Als Her nach vber edlich zeite
       regiret in disem land weite
       der grausam thiran vnd wüet rich
       dacianus, welcher warlich
  5   Die christen gar
       aus rotten wolt in seinem land,
       det in an vil marder zu Hand
       vnd ver volget sÿ harte. ~
       Da sprang der ritter sant Geörg balte
 10   hin ein auf den placz mit ge walte,
       sprach zum thirannen mit be gir:
       jch bin auch ein christ, sag ich dir!
       Gott wirt für war
       dich straffen vmb dein thiraneÿ!
 15   man legt in ge fangen dar beÿ,
       sein leib zer rissen warte. ~
       Salcz streit man in die wunden sein,

Er wur ge schleifet offenbar
durch die gancze stat, mercket fein. ~

3   Sein Haupt schlug man im ab be hende;
so nam der frum ritter ein ende.
jm kirchen kallender man list
die ge schicht. auch zu mercken ist
5   Geistlichen freÿ,
Der ritter sant Geörg be deüt hie
Christum den herren, der auch ie
Ein starcker helt ist zware, ~
wie jn Esaias an mittel
10   nenet in dem neinden capitel.
Der sich der junkfrau an nimbt recht,
Das ist das gancz menschlich geschlecht.
Er legt dar beÿ
den schödlichen drachen in nott –
15   Das sist sünd, teüfel, hel vnd dott –
durch sein sterben für ware. ~
O Herr, sterck vnsren glauben weit,
vnd an dem end vns gnedig seÿ,
so breisen wir dich alle zeit! ~

Anno Salutis 1594 den 10 junÿ
Durch Georg hager schuh macher

Clair Hayden Bell, Hrsg. (1947). *Georg Hager. A Meistersinger of Nürnberg. 1552-1634*. Bd. 2. University of California publications in modern philology 30. Berkeley und Los Angeles, S. 200–201.

5 Abkürzungsverzeichnis

ATB	Altdeutsche Textbibliothek
BBKL	Biographisch-Bibliographisches Kirchenlexikon
BLVS	Bibliothek des Litterarischen Vereins in Stuttgart
BMZ	Mittelhochdeutsches Wörterbuch von Benecke, Müller und Zarncke
DWB	Deutsches Wörterbuch von Jacob Grimm und Wilhelm Grimm
Er.	Hartmann von Aue: ‚Erec' (zitiert nach: Hartmann von Aue 1985)
FEW	Französisches Etymologisches Wörterbuch
GAG	Göppinger Arbeiten zur Germanistik
Greg.	Hartmann von Aue: ‚Gregorius' (zitiert nach: Hartmann von Aue 2004)
HdA	Handwörterbuch des deutschen Aberglaubens
HG	Reinbot von Durne: ‚Der Heilige Georg'
Iw.	Hartmann von Aue: ‚Iwein' (zitiert nach: Hartmann von Aue 1968)
LCI	Lexikon der christlichen Ikonographie
Lexer	Mittelhochdeutsches Handwörterbuch von Matthias Lexer
LexMA	Lexikon des Mittelalters
MGH	Monumenta Germaniae Historica
mhd./Mhd.	mittelhochdeutsch/Mittelhochdeutsch
MHDBDB	Mittelhochdeutsche Begriffsdatenbank (http://mhdbdb.sbg.ac.at:8000)
MTU	Münchener Texte und Untersuchungen zur deutschen Literatur des Mittelalters
MWB	Mittelhochdeutsches Wörterbuch
Pauly	Der neue Pauly. Enzyklopädie der Antike
PBB	Beiträge zur Geschichte der deutschen Sprache und Literatur
Pz.	Wolfram von Eschenbach: ‚Parzival' (zitiert nach: Wolfram von Eschenbach 1999)
RAC	Reallexikon für Antike und Christentum
RGA	Reallexikon der Germanischen Altertumskunde
s. v.	sub voce („unter dem Stichwort")
Trist.	Gottfried von Straßburg: ‚Tristan' (zitiert nach: Gottfried von Straßburg 2004)
TPMA	Thesaurus Proverbiorum Medii Aevi
²VL	Die deutsche Literatur des Mittelalters. Verfasserlexikon (2. Auflage)
Vul.	Vulgata (Weber 2007)
Wh.	Wolfram von Eschenbach: ‚Willehalm' (zitiert nach: Wolfram von Eschenbach 2009)
ZfdA	Zeitschrift für deutsches Altertum [und deutsche Literatur]

Quellen

Albert von Stade (1859). *Annales Stadenses*. Hrsg. von Jo. M. Lappenberg. MGH SS 16. Hannover.
Bartsch, Karl, Hrsg. (1871). *Reinfrid von Braunschweig*. BLVS 109. Tübingen.
Bell, Clair Hayden, Hrsg. (1947). *Georg Hager. A Meistersinger of Nürnberg. 1552-1634*. Bd. 2. University of California publications in modern philology 30. Berkeley und Los Angeles.
Böhmer, Joh. Friedrich, Bearb. (1854). *Wittelsbachische Regesten von der Erwerbung des Herzogthums Baiern 1180 bis zu dessen erster Wiedervereinigung 1340. In Oberbaiern bis auf Rudolfs I. Tod 1319 und Ludwigs des Baiern Königswahl 1314, in Niederbaiern bis auf das Erlöschen der ersten niederbairischen Linie 1340*. Stuttgart.
„Deutung der Messgebräuche. Gedicht des zwölften Jahrhunderts" (1841). In: *ZfdA* 1. Hrsg. von Franz Pfeiffer, S. 270–284.
Evangelische Kirche in Deutschland, Hrsg. (2016). *Die Bibel. Nach Martin Luthers Übersetzung*. Stuttgart.
Genthe, Friedrich Wilhelm (1841). „Der heilige Georg von Reinbot von Dorn". In: *Deutsche Dichtungen des Mittelalters in vollständigen Auszügen und Bearbeitungen*. Bd. 1. Eisleben, S. 141–170.
Gottfried von Straßburg (1930). *Tristan und Isold. Text*. Hrsg. von Friedrich Ranke. Berlin.
Gottfried von Straßburg (2004). *Tristan*. Hrsg. von Karl Marold. Überarb. von Werner Schröder. 2. Aufl. Berlin und New York.
Grosseteste, Robert (1963). *Commentarius in VIII libros physicorum Aristotelis*. Hrsg. von Richard C. Dales. Colorado.
Hagen, Friedrich Heinrich von der und Johann Gustav Büsching, Hrsg. (1808). *Deutsche Gedichte des Mittelalters*. Bd. 1. Berlin.
Hajek, Hans, Hrsg. (1958). *Das buoch von guoter spise. Aus der Würzburg-Münchener Handschrift*. Texte des späten Mittelalters 8. Berlin.
Hartmann von Aue (1968). *Iwein*. Bd. 1: *Text*. Hrsg. von Georg Friedrich Benecke und Karl Lachmann. Bearb. von Ludwig Wolff. 7. Aufl. Berlin.
Hartmann von Aue (1985). *Erec*. Begr. von Albert Leitzmann. Fortgef. von Ludwig Wolff. Hrsg. von Christoph Cormeau und Kurt Gärtner. 6. Aufl. ATB 39. Tübingen.
Hartmann von Aue (2004). *Gregorius*. Hrsg. von Hermann Paul. Überarb. von Burghart Wachinger. 15. Aufl. ATB 2. Tübingen.
Heinrich von Neustadt (1906). *‚Apollonius von Tyrland' nach der Gothaer Handschrift. ‚Gottes Zukunft' und ‚Visio Philiberti' nach der Heidelberger Handschrift*. Hrsg. von Samuel Singer. Deutsche Texte des Mittelalters 7. Berlin.
Heinzle, Joachim, Hrsg., Übers. und Komm. (2015). *Das Nibelungenlied und die Klage. Nach der Handschrift 857 der Stiftsbibliothek St. Gallen*. Deutscher Klassiker Verlag im Taschenbuch 51. Berlin.
Holland, Hyacinth (1880). *Der heilige Georg des Reinbot von Durne. Nacherzählt und bearbeitet*. München.
Hugo von Trimberg (1909). *Der Renner*. Hrsg. von Gustav Ehrismann. Bd. 2. BLVS 248. Tübingen.
Isidor von Sevilla (2008). *Die Enzyklopädie*. Übers. von Lenelotte Möller. Wiesbaden.
Jacobus de Voragine (2014). *Legende Aurea/Goldene Legende*. Hrsg., übers. und komm. von Bruno W. Häuptli. Fontes Christiani. Freiburg im Breisgau.
Jänicke, Oskar, Hrsg. (1866). *Biterolf und Dietleib*. Deutsches Heldenbuch 1. Berlin.
Kofler, Walter, Hrsg. (2009). *Ortnit und Wolfdietrich A*. Stuttgart.
Konrad von Ammenhausen (1892). *Das Schachzabelbuch. Nebst den Schachbüchern des Jakob von Cessole und des Jakob Mennel*. Hrsg. von Ferdinand Vetter. Bibliothek älterer Schriftwerke der deutschen Schweiz. Frauenfeld.

Der Pfaffe Konrad (1985). *Das Rolandslied*. Hrsg. von Carl Wesle. Fortgef. von Peter Wapnewski. 3. Aufl. ATB 69. Tübingen.

Konrad von Heimesfurt (1989). ‚Unser vrouwen hinvart' und ‚Diu urstende'. Hrsg. von Kurt Gärtner und Werner J. Hoffmann. ATB 99. Tübingen.

Konrad von Megenberg (2003). *Das ‚Buch der Natur'*. Bd. 2: *Kritischer Text nach den Handschriften*. Hrsg. von Robert Luff und Georg Steer. 2 Bde. Texte und Textgeschichte 54. Tübingen.

Kummer, Karl Ferd., Hrsg. (1882). *Erlauer Spiele. Sechs altdeutsche Mysterien. Nach einer Handschrift des XV. Jahrhunderts*. Wien.

Der Pfaffe Lambrecht (2007). *Alexanderroman. Mittelhochdeutsch/Neuhochdeutsch*. Hrsg., übers. und komm. von Elisabeth Lienert. Stuttgart.

„Mariengrüße" (1851). In: *ZfdA* 8. Hrsg. von Franz Pfeiffer, S. 274–298.

Müller, Stephan, Hrsg. (2007). *Althochdeutsche Literatur. Eine kommentierte Anthologie*. Übers. von Stephan Müller. Stuttgart.

Reinbot von Durne (1896). *Der Heilige Georg*. Hrsg. von Ferdinand Vetter. Halle (Saale).

Reinbot von Durne (1907). *Der Heilige Georg. Nach sämtlichen Handschriften*. Hrsg. von Carl von Kraus. Germanische Bibliothek Dritte Abteilung 1. Heidelberg.

Reinmar von Zweter (1887). *Die Gedichte*. Hrsg. von Gustav Roethe. Leipzig.

Ritter, Adolf Martin (2019). *Kirchen- und Theologiegeschichte in Quellen*. Bd. 1: *Alte Kirche*. 12. Aufl. Göttingen.

Ruh, Kurt, Hrsg. (1985). *Franziskanisches Schrifttum im deutschen Mittelalter*. Bd. 2: *Texte*. Unter Mitarb. von Dagmar Ladisch-Grube und Josef Brecht. MTU 86. München.

Schmitz, Markus, Hrsg. (2013). *Die legent vnd dz leben des hochgelopten manlichen ritters sant joergen. Kritische Neuedition und Interpretation einer alemannischen Prosalegende des heiligen Georg aus dem 15. Jahrhundert*. Texte des späten Mittelalters und der frühen Neuzeit 49. Berlin.

Schönberger, Otto, Hrsg. und Übers. (2001). *Physiologus*. Stuttgart.

Schulze, Ursula, Hrsg. (2014). *Das Münchner Weltgerichtsspiel und Ulrich Tenglers Büchlein vom Jüngsten Gericht*. Relectiones 2. Stuttgart.

Steinsieck, Wolf, Übers. (1999). *Das altfranzösische Rolandslied. Zweisprachig*. Stuttgart.

Stiglmayr, Josef, Hrsg. (1911). *Des heiligen Dionysius Areopagita angebliche Schriften über die beiden Hierarchien*. Bibliothek der Kirchenväter. Kempten und München.

Der Stricker (1857). *Karl der Grosse*. Hrsg. von Karl Bartsch. Bibliothek der gesammten deutschen National-Literatur 35. Quedlinburg und Leipzig.

Ṭabarī, Abū Jaʿfar Muḥammad ibn Jarīr al- (1964). *Annales*. Hrsg. von Michael Jan de Goeje. Bearb. von Jakob Barth und Theodor Nöldeke. Bd. 2. 13 Bde. Leiden.

Ṭabarī, Abū Jaʿfar Muḥammad ibn Jarīr al- (1968). *Tārīḫ aṭ-Ṭabarī*. Hrsg. von Muḥammad Abu al-Faḍl Ibrāhīm. 2. Aufl. Bd. 2. Kairo.

Ṭabarī, Abū Jaʿfar Muḥammad ibn Jarīr al- (1987). *The History of al-Ṭabarī. An Annotated Translation*. Bd. 4: *The Ancient Kingdoms*. Übers. und erläut. von Moshe Perlmann. 40 Bde. Albany.

Ṯaʿlabī, Abū Isḥāq Aḥmad ibn Muḥammad ibn Ibrāhīm al- (2006). *Islamische Erzählungen von Propheten und Gottesmännern. Qiṣaṣ al-anbiyāʾ oder ʿArāʾis al-maǧālis*. Übers. und komm. von Heribert Busse. Diskurse der Arabistik 9. Wiesbaden.

Ulrich von dem Türlin (1893). *Willehalm*. Hrsg. von Samuel Singer. Bibliothek der mittelhochdeutschen Litteratur in Böhmen 4. Prag.

Vintler, Hans (1874). *Die pluemen der tugent*. Hrsg. von Ignaz V. Zingerle. Ältere tirolische Dichter 1. Innsbruck.

Walther von der Vogelweide (2013). *Leich, Lieder, Sangsprüche*. Begr. von Karl Lachmann. Fortgef. von Christoph Cormeau. Hrsg. von Thomas Bein. 15. Aufl. Berlin und Boston.

Weber, Robert, Hrsg. (2007). *Biblia Sacra. Iuxta Vulgatam Versionem*. Bearb. von Roger Gryson. 5. Aufl. Stuttgart.

Wilhelm, Friedrich, Hrsg. (1910). *Sanct Servatius. Oder: Wie das erste Reis in deutscher Zunge geimpft wurde. Ein Beitrag zur Kenntnis des religiösen und literarischen Lebens in Deutschland im elften und zwölften Jahrhundert*. München.

Williams, Ulla und Werner Williams-Krapp, Hrsg. (1980). *Die ‚Elsässische Legenda Aurea'*. Bd. 1: *Das Normalcorpus*. Texte und Textgeschichte 3. Tübingen.

Wolfram von Eschenbach (1999). *Parzival*. Hrsg. von Karl Lachmann. Mit einer Einl. von Bernd Schirok. 6. Aufl. Berlin und New York.

Wolfram von Eschenbach (2009). *Willehalm*. Hrsg., übers. und komm. von Joachim Heinzle. Deutscher Klassiker Verlag im Taschenbuch 39. Frankfurt am Main.

Darstellungen

Aretz, Erich u. a., Hrsg. (1996). *Der Heilige Rock zu Trier. Studien zur Geschichte und Verehrung der Tunika Christi*. 2. Aufl. Trier.

Aufhauser, Johannes (1911). *Das Drachenwunder des heiligen Georg in der griechischen und lateinischen Überlieferung*. Leipzig.

Beckers, Hartmut (1989). „Justus Möser und die Wiederentdeckung der mittelalterlichen deutschen Literatur im 18. Jahrhundert". In: *Möser-Forum*. Osnabrücker Geschichtsquellen und Forschungen 1. Hrsg. von Winfried Woesler, S. 99–116.

Beckmann, Gustav Adolf (2017). *Onomastik des Rolandsliedes. Namen als Schlüssel zu Strukturen, Welthaltigkeit und Vorgeschichte des Liedes*. Beihefte zur Zeitschrift für romanische Philologie 411. Berlin und Boston.

Benz, Maximilian u. a., Hrsg. (2019). *Legendarisches Erzählen. Optionen und Modelle in Spätantike und Mittelalter*. Philologische Studien und Quellen 273. Berlin.

Blumenberg, Hans (1990). *Arbeit am Mythos*. 5. Aufl. Frankfurt am Main.

Bodemann, Ulrike (2005). *Katalog der deutschsprachigen illustrierten Handschriften des Mittelalters*. Bd. 6,3/4: *Heiligenleben*. Begr. von Hella Frühmorgen-Voss. Fortgef. von Norbert H. Ott und Ulrike Bodemann. München.

Borst, Arno (1957–1963). *Der Turmbau von Babel. Geschichte der Meinungen über Ursprung und Vielfalt der Sprachen und Völker*. 4 Bde. Stuttgart.

Brinker, Klaus (1968). *Formen der Heiligkeit. Studien zur Gestalt des Heiligen in mittelhochdeutschen Legendenepen des 12. und 13. Jahrhunderts*. Bonn.

Brüggen, Elke (1989). *Kleidung und Mode in der höfischen Epik*. Beihefte zum Euphorion 23. Heidelberg.

Buhr, Christian (2021). „Tyrann, Wüterich, Pharao. König Dacian und der Heilige Georg im Spiegel christlich-mittelalterlicher Herrschaftsentwürfe". In: *Tyrannenbilder. Zur Polyvalenz des Erzählens von Tyrannis in Mittelalter und Früher Neuzeit [Druck in Vorbereitung]*. Hrsg. von Julia Gold, Christoph Schanze und Stefan Tebruck. Berlin und Boston.

Bumke, Joachim (1979). *Mäzene im Mittelalter. Die Gönner und Auftraggeber der höfischen Literatur in Deutschland 1150–1300*. München.

Bumke, Joachim (2002). *Höfische Kultur. Literatur und Gesellschaft im hohen Mittelalter*. 10. Aufl. München.

Dallmayr, Horst (1953). *Der Stil des Reinbot von Durne*. München.

Decke-Cornill, Renate (1985). *Stellenkommentar zum III. Buch des ‚Willehalm' Wolframs von Eschenbach*. Marburger Studien zur Germanistik 7. Marburg.

Degering, Hermann, Bearb. (1970a). *Kurzes Verzeichnis der germanischen Handschriften der Preußischen Staatsbibliothek*. Bd. 1: *Die Handschriften in Folioformat*. Mitteilungen aus der Preußischen Staatsbibliothek 7. Graz.

Degering, Hermann, Bearb. (1970b). *Kurzes Verzeichnis der germanischen Handschriften der Preußischen Staatsbibliothek*. Bd. 2: *Die Handschriften in Quartformat*. Mitteilungen aus der Preußischen Staatsbibliothek 8. Graz.

Deinert, Wilhelm (1960). *Ritter und Kosmos im Parzival. Eine Untersuchung der Sternkunde Wolframs von Eschenbach*. MTU 2. München.

Denecke, Dietrich (1979). „Methoden und Ergebnisse der historisch-geographischen und archäologischen Untersuchung und Rekonstruktion mittelalterlicher Verkehrswege". In: *Geschichtswissenschaft und Archäologie. Untersuchungen zur Siedlungs-, Wirtschafts- und Kirchengeschichte*. Hrsg. von Herbert Jankuhn und Reinhard Wenskus. Sigmaringen, S. 432–483.

Dicke, Gerd (1999). „Art. ‚Der Wolf in der Schule'". In: ²VL 10, Sp. 1305–1307.

Dörper, Sven (1993). „Zum Problem der Herkunft des Völkernamens *Saraceni*". In: *Berliner romanistische Studien. Für Horst Ochse*. Hrsg. von Christian Foltys und Thomas Kotschi. Neue Romania 14. Berlin, S. 91–107.
Ehrismann, Otfrid (1995). *Ehre und Mut. Âventiure und Minne. Höfische Wortgeschichten aus dem Mittelalter*. München.
Engemann, Josef (1993). „Art. ‚Pfau'". In: *LexMA* 6, Sp. 2026–2027.
Engemann, Josef (1995). „Art. ‚Sibyllen'". In: *LexMA* 7, Sp. 1831–1832.
Ernst, Josef (1989). *Johannes der Täufer. Interpretation – Geschichte – Wirkungsgeschichte*. Beiheft zur Zeitschrift für die neutestamentliche Wissenschaft und die Kunde der älteren Kirche 53. Berlin und New York.
Feistner, Edith (1995). *Historische Typologie der deutschen Heiligenlegende des Mittelalters von der Mitte des 12. Jahrhunderts bis zur Reformation*. Wissensliteratur im Mittelalter 20. Wiesbaden.
Feistner, Edith (2007). „Reinbot von Durne: *Georgslegende*". In: *Mittelhochdeutsche Romane und Heldenepen*. Hrsg. von Horst Brunner. Stuttgart, S. 311–325.
Fingernagel, Andreas u. a., Bearb. (2002). *Mitteleuropäische Schulen II (ca. 1350–1410). Österreich – Deutschland – Schweiz. Textband, Tafel- und Registerband*. Österreichische Akademie der Wissenschaften, phil.-hist. Klasse, Denkschriften/ Veröffentlichungen der Kommission für Schrift- und Buchwesen des Mittelalters 305/I,11. Wien.
Friedrich, Jesko (2006). *Phraseologisches Wörterbuch des Mittelhochdeutschen. Redensarten, Sprichwörter und andere feste Wortverbindungen in Texten von 1050–1350*. Germanistische Linguistik 264. Tübingen.
Friedrich, Ruth (1951). *Geistliches und Höfisches im ‚Heiligen Georg' des Reinbot von Durne*. München.
Friedrich, Udo (2009). *Menschentier und Tiermensch. Diskurse der Grenzziehung und Grenzüberschreitung im Mittelalter*. Historische Semantik 5. Göttingen.
Frühmorgen-Voss, Hella, Begr. (1996). *Katalog der deutschsprachigen illustrierten Handschriften des Mittelalters*. Fortgef. von Norbert H. Ott und Ulrike Bodemann. Bd. 2. München.
Georges, Stefan (2008). *Das zweite Falkenbuch Kaiser Friedrichs II. Quellen, Entstehung, Überlieferung und Rezeption des Moamin. Mit einer Edition der lateinischen Überlieferung*. Wissenskultur und gesellschaftlicher Wandel 27. Berlin.
Goez, Elke (2006). „Elisabeth von Bayern, Gemahlin Konrads IV. und Meinhards II. von Görz-Tirol". In: *Frauen der Staufer*. Hrsg. von der Gesellschaft für staufische Geschichte e. V. Schriften zur staufischen Geschichte und Kunst 25. Göppingen, S. 151–170.
Grünewald, Th. (2001). „Art. ‚Leuga'". In: *RGA* 18, S. 298–299.
Guratzsch, Herwig, Hrsg. (1999). *Salvator Rosa. Genie der Zeichnung. Studien und Skizzen aus Leipzig und Haarlem*. Köln.
Guyon, Jean (2010). „Art. ‚Marseille'". In: *RAC* 24, Sp. 246–265.
Haubrichs, Wolfgang (1979). *Georgslied und Georgslegende im frühen Mittelalter. Text und Rekonstruktion*. Theorie – Kritik – Geschichte 13. Königstein i. Ts.
Heckel, Ulrich (1993). *Kraft in Schwachheit. Untersuchungen zu 2. Korinther 10–13*. Wissenschaftliche Untersuchungen zum Neuen Testament Reihe 2, 56. Tübingen.
Heger, Hedwig (1967). „Die Literatur. Handschriften – Bildnisse – Inkunabeln". In: *Gotik in Österreich. Ausstellung in Krems an der Donau. 19. Mai bis 15. Oktober 1967. Minoritenkirche Krems-Stein, Niederösterreich*. Krems an der Donau, S. 415–450.
Heinzle, Joachim (2009). „Stellenkommentar". In: *Wolfram von Eschenbach: ‚Willehalm'*. Deutscher Klassiker Verlag im Taschenbuch 39. Frankfurt am Main, S. 813–1092.
Helm, Karl (1908). „Rez. Carl von Kraus: Der heilige Georg". In: *ZfdA* 50, S. 277–285.
Hennecke, Edgar, Begr. (1959). *Neutestamentliche Apokryphen in deutscher Übersetzung*. Bd. 1: *Evangelien*. Überarb. von Wilhelm Schneemelcher. 3. Aufl. Tübingen.
Heyd, Wilhelm (1879). *Geschichte des Levantehandels im Mittelalter*. Bd. 2. 2 Bde. Stuttgart.

Hieatt, Constance B. (1995). „Sorting through the Titels of Medieval Dishes: What Is, or Is Not, a „Blanc Manger"". In: *Food in the Middle Ages. A Book of Essays*. Hrsg. von Melitta Weiss Adamson. Garland reference library of the humanities 1744. New York und London, S. 25–44.

Hoffmann, Werner J. (2000). *Konrad von Heimesfurt. Untersuchungen zu Quellen, Überlieferung und Wirkung seiner beiden Werke ‚Unser vrouwen hinvart' und ‚Urstende'*. Wissensliteratur im Mittelalter 37. Wiesbaden.

Huesmann, Bernard (1940). *Die Familienpolitik der bayrischen Herzoge von Otto I. bis auf Ludwig den Bayern (1180–1347)*. Bochum-Langendreer.

Jaeger, Harald (1948). *Die Traditionsnotizen des Benediktinerinnenklosters Geisenfeld*. München.

Kaster, Karl Georg (1973). „Art. ‚Alexandra von Nikomedien'". In: *LCI* 5, Sp. 89 f.

Keinz, Friedrich (1886). „Mittheilungen aus der Münchener Kön. Bibliothek". In: *Germania* 31, S. 57–93, 128.

Klein, Klaus (2001). „Ein neues Fragment von Reinbots ‚Georg'". In: *ZfdA* 130, S. 58–62.

Klewitz, Hans-Walter (1966). *Die Festkrönungen der deutschen Könige*. Libelli 133. Darmstadt.

Kraß, Andreas (2006). *Geschriebene Kleider. Höfische Identität als literarisches Spiel*. Bibliotheca Germanica 50. Tübingen und Basel.

Kraß, Andreas (2008). „Der heilige Eros des Märtyrers. Eine höfische Georgslegende des deutschen Mittelalters". In: *Tinte und Blut. Politik, Erotik und Poetik des Martyriums*. Hrsg. von Andreas Kraß und Thomas Frank. Frankfurt am Main, S. 143–168.

Kraß, Andreas und Thomas Frank, Hrsg. (2008). *Tinte und Blut. Politik, Erotik und Poetik des Martyriums*. Frankfurt am Main.

Kraus, Carl (1899). „Rez. Ferdinand Vetter: Der heilige Georg". In: *ZfdA* 43, S. 38–61.

Kühnel, Harry, Hrsg. (1992). *Bildwörterbuch der Kleidung und Rüstung. Vom Alten Orient bis zum ausgehenden Mittelalter*. Stuttgart.

Kuhoff, Wolfgang (2001). *Diokletian und die Epoche der Tetrarchie. Das römische Reich zwischen Krisenbewältigung und Neuaufbau (284–313 n. Chr.)* Frankfurt am Main u. a.

Kunitzsch, Paul (1975). „Quellenkritische Bemerkungen zu einigen Wolframschen Orientalia". In: *Wolfram-Studien* 3, S. 263–275.

Kurras, Lotte, Bearb. (1974). *Die deutschen mittelalterlichen Handschriften. Die literarischen und religiösen Handschriften. Anhang: Die Hardenbergschen Fragmente*. Kataloge des Germanischen Nationalmuseums Nürnberg 1,1. Wiesbaden.

Lembke, Astrid (2008). *Erzählte Heiligkeit. St. Georg in mittelalterlicher Dichtung*. Reihe Hochschulschriften 23. Berlin.

Lippmann, Edmund O. von (1929). *Geschichte des Zuckers seit den ältesten Zeiten bis zum Beginn der Rübenzucker-Fabrikation. Ein Beitrag zur Kulturgeschichte*. 2. Aufl. Berlin.

Masser, Achim (1976). *Bibel- und Legendenepik des deutschen Mittelalters*. Grundlagen der Germanistik 19. Berlin.

Maurmann, Barbara (1976). *Die Himmelsrichtungen im Weltbild des Mittelalters. Hildegard von Bingen, Honorius Augustodunensis und andere Autoren*. Münstersche Mittelalter-Schriften 33. München.

McMillan, Douglas J. (1987). „The phoenix". In: *Mythicals and fabulous creatures. A source book and research guide*. Hrsg. von Malcolm South. New York, Westport, Connecticut und London, S. 59–74.

Menhardt, Hermann (1960). *Verzeichnis der altdeutschen literarischen Handschriften der Österreichischen Nationalbibliothek*. Bd. 1. Veröffentlichungen des Instituts für deutsche Sprache und Literatur 13. Berlin.

Menhardt, Hermann (1961). *Verzeichnis der altdeutschen literarischen Handschriften der Österreichischen Nationalbibliothek*. Bd. 3. Veröffentlichungen des Instituts für deutsche Sprache und Literatur 13. Berlin.

Meyer-Landrut, Ehrengard (1997). *Fortuna. Die Göttin des Glücks im Wandel der Zeiten*. München und Berlin.
Modersohn, Mechthild (1997). *Natura als Göttin im Mittelalter. Ikonographische Studien zu Darstellungen der personifizierten Natur*. Acta humaniora. Berlin.
Mohlberg, Leo Cunibert, Bearb. (1932–1952). *Katalog der Handschriften der Zentralbibliothek Zürich*. Bd. 1: *Mittelalterliche Handschriften*. Zürich.
Mone, Franz Joseph (1835). „Der h. Georg von Reinbot von Dorn (Dürn)". In: *Anzeiger für Kunde der teutschen Vorzeit* 4, Sp. 186–191.
Möser, Justus (1749). „Nachricht von der Ausgabe eines altdeutschen Gedichtes". In: *Neuer Büchersaal der schönen Wissenschaften und freyen Künste* 8, S. 365–376.
Müller-Jahncke, Wolf-Dieter (1985). *Astrologisch-magische Theorie und Praxis in der Heilkunde der frühen Neuzeit*. Sudhoffs Archiv, Beihefte 25. Stuttgart.
Müller, Jan-Dirk (1999). „Art. ‚Vintler, Hans'". In: ²*VL* 10, Sp. 354–359.
Müller, Jan-Dirk (2017). *‚Episches' Erzählen. Erzählformen früher volkssprachiger Schriftlichkeit*. Philologische Studien und Quellen 259. Berlin.
Myslivec, Josef (1974). „Art. ‚Demetrius von Saloniki'". In: *LCI* 6, Sp. 41–45.
Nellmann, Eberhard (2006). „Stellenkommentar". In: *Wolfram von Eschenbach: ‚Parzival'*. Deutscher Klassiker Verlag im Taschenbuch 7. Frankfurt am Main, S. 443–790.
Németh, István (1984). „Handschriften und Inkunabeln Kärntner Provenienz in der Österreichischen Nationalbibliothek". In: *Carinthia I. Zeitschrift für geschichtliche Landeskunde von Kärnten* 174, S. 173–192.
Neuwirth, Angelika (2011). „The House of Abraham and the House of Amram: Genealogy, Patriarchal Authority, and Exegetical Professionalism". In: *The Qur'ān in Context. Historical and Literary Investigations into the Qur'ānic Milieu*. Hrsg. von Angelika Neuwirth, Nicolai Sinai und Michael Marx. Texts and Studies on the Qur'ān 6. Leiden, S. 499–531.
Okken, Lambertus (1993). *Kommentar zur Artusepik Hartmanns von Aue*. Amsterdamer Publikationen zur Sprache und Literatur 103. Amsterdam und Atlanta.
Oster, Carolin (2014). *Die Farben höfischer Körper. Farbattribuierung und höfische Identität in mittelhochdeutschen Artus- und Tristanromanen*. Literatur | Theorie | Geschichte 6. Berlin.
Ott, Norbert H. (2000). „Höfische Literatur in Text und Bild. Der literarische Horizont der Vintler". In: *Schloss Runkelstein. Die Bilderburg*. Hrsg. von Stadt Bozen unter Mitwirkung des Südtiroler Kulturinstitutes. Bozen, S. 311–330.
Paul, Kunitzsch (1997). „Art. ‚Tierkreis'". In: *LexMA* 8, Sp. 770–772.
Peltzer, Jörg u. a., Hrsg. (2013). *Die Wittelsbacher und die Kurpfalz im Mittelalter. Eine Erfolgsgeschichte?* Regensburg.
Petschar, Hans (1995). „Art. ‚II. Das Schachspiel in der Literatur; Schachbücher, Schachallegorien'". In: *LexMA* 7, S. 1428–1430.
Pfaff, Fridrich (1882). „Bruchstück einer Handschrift von Reinbots Georg". In: *Germania* 27, S. 144–148.
Reichert, Eckhard (1993). „Art. ‚Marcellinus'". In: *BBKL* 5, Sp. 769.
Restle, Marcell (1989). „Art. ‚Georg (hl., Märtyrer)'". In: *LexMA* 4, Sp. 1273–1275.
Rettelbach, Johannes (2002). „Art. ‚Hager, Georg'". In: *Die Musik in Geschichte und Gegenwart. Allgemeine Enzyklopädie der Musik*. Hrsg. von Ludwig Finscher. 2. Aufl. Bd. Personenteil 8. Stuttgart, Sp. 391–392.
Riedel, Herbert (1959). *Die Darstellung von Musik und Musikerlebnis in der erzählenden deutschen Dichtung*. Bonn.
Ringel, Ingrid H. (2011). *Der Septimer. Wahrnehmung und Darstellung eines Alpenpasses im Mittelalter*. Quellen und Forschungen zur Bündner Geschichte 24. Chur.

Roggema, Barbara (2008). *The Legend of Sergius Baḥīrā. Eastern Christian Apologetics and Apocalyptic in Response to Islam*. The History of Christian-Muslim Relations 9. Leiden und Boston.

Rosenfeld, Hans-Friedrich (1929). „Zu Reinbots Georg". In: *PBB* 53, S. 208–228.

Roth, Karl, Hrsg. (1845). *Dichtungen des deütschen Mittelalters, in Bruchstücken aufgefunden, und mit Erläuterungen. Nebst zwei Anhängen, Nachrichten von neüaufgefundenen Bruchstücken enthaltend*. Stadtamhof.

Salzer, Anselm (1967). *Die Sinnbilder und Beiworte Mariens in der deutschen Literatur und lateinischen Hymnenpoesie des Mittelalters. Mit Berücksichtigung der patristischen Literatur. Eine literar-historische Studie*. Darmstadt.

Schiller, Gertrud (1968). *Ikonographie der christlichen Kunst. Die Passion Jesu Christi*. Bd. 2. Gütersloh.

Schmid, Josef J. (2001). „Art. ,Margareta'". In: *BBKL* 18, Sp. 855–859.

Schmidt, Roderich (1972). „A E I O U. Die mittelalterlichen ‚Vokalspiele' und das Salomon-Zitat des Reinbot von Durne". In: *Zeiten und Formen in Sprache und Dichtung. Festschrift für Fritz Tschirch zum 70. Geburtstag*. Hrsg. von Karl-Heinz Schirmer und Bernhard Sowinski. Köln und Wien, S. 113–133.

Schmiedel, Willy (1908). *Der bildliche Ausdruck im ,Heiligen Georg' Reinbots von Durne*. Borna-Leipzig.

Schneider, Karin (1996). *Die Fragmente mittelalterlicher deutscher Versdichtung der Bayerischen Staatsbibliothek München (Cgm 5249/1–79)*. ZfdA Beiheft 1. Stuttgart.

Schneider, Karin (2005). *Die deutschen Handschriften der Bayerischen Staatsbibliothek München. Bd. 8: Die mittelalterlichen Fragmente Cgm 5249–5250*. Catalogus codicum manu scriptorum Bibliothecae Monacensis 5. Wiesbaden.

Schreiner, Josef (2001). „Art. ,Zion'". In: *Lexikon für Theologie und Kirche* 10, Sp. 1462–1463.

Schultz, Alwin (1889). *Das höfische Leben zur Zeit der Minnesinger*. 2. Aufl. Bd. 1. 2 Bde. Leipzig.

Schwarz, Monika (1972). *Der heilige Georg – Miles Christi und Drachentöter. Wandlungen seines literarischen Bildes in Deutschland von den Anfängen bis in die Neuzeit*. Köln.

Seibert, Hubertus (2006). „Art. ,Geisenfeld'". In: *Bayern I: Altbayern und Schwaben*. Hrsg. von Hans-Michael Körner und Alois Schmid. Handbuch der Historischen Stätten. Stuttgart, S. 267–268.

Seidl, Stephanie (2012). *Blendendes Erzählen. Narrative Entwürfe von Ritterheiligkeit in deutschsprachigen Georgslegenden des Hoch- und Spätmittelalters*. MTU 141. Berlin und Boston.

Seiler, Friedrich (1922). *Deutsche Sprichwörterkunde*. München.

Siebs, Theodor (1931). „Art. ,Geld'". In: *HdA* 3, Sp. 590–625.

Siekmann, Henning (2017). *Wolf und Lamm. Zur Karriere einer politischen Metapher*. Bamberger Studien zu Literatur, Kultur und Medien 21. Bamberg.

Simek, Rudolf (1992). *Erde und Kosmos im Mittelalter. Das Weltbild vor Kolumbus*. München.

Speer, Andreas (1993). „Art. ,Natur'". In: *LexMA* 6, Sp. 1040–1043.

Spindler, Max und Andreas Kraus (1988). „Die Auseinandersetzungen mit Landesadel, Episkopat und Königtum unter den drei ersten wittelsbachischen Herzögen (1180–1253)". In: *Handbuch der bayerischen Geschichte. Bd. 2: Das alte Bayern. Der Territorialstaat vom Ausgang des 12. Jahrhunderts bis zum Ausgang des 18. Jahrhunderts*. Hrsg. von Andreas Kraus. Begr. von Max Spindler. 2. Aufl. 2 Bde. München, S. 7–52.

Steinmeyer, Elias (1888). „Zu Reinbot von Dorn". In: *ZfdA* 32, S. 145–147.

Stock, Markus (2005). „Das Zelt als Zeichen und Handlungsraum in der hochhöfischen deutschen Epik. Mit einer Studie zu Isenharts Zelt in Wolframs ,Parzival'". In: *Innenräume in der Literatur des deutschen Mittelalters*. Hrsg. von Burkhard Hasebrink u. a. Oxford, S. 67–86.

Strohschneider, Peter (2000). „Inzest-Heiligkeit. Krise und Aufhebung der Unterschiede in Hartmanns ,Gregorius'". In: *Geistliches in weltlicher, Weltliches in geistlicher Literatur des Mittelalters*. Hrsg. von Christoph Huber, Burghart Wachinger und Hans-Joachim Ziegeler. Tübingen, S. 105–133.

Strohschneider, Peter (2002a). „*Georius miles – Georius martyr*. Funktionen und Repräsentationen von Heiligkeit bei Reinbot von Durne". In: *Literarische Leben. Rollenentwürfe in der Literatur des Hoch- und Spätmittelalters. Festschrift für Volker Mertens zum 65. Geburtstag*. Hrsg. von Matthias Meyer und Hans-Jochen Schiewer. Tübingen, S. 781–811.

Strohschneider, Peter (2002b). „Textheiligung. Geltungsstrategien legendarischen Erzählens im Mittelalter am Beispiel von Konrads von Würzburg ‚Alexius'". In: *Geltungsgeschichten. Über die Stabilisierung und Legitimierung institutioneller Ordnungen*. Hrsg. von Gert Melville und Hans Vorländer. Köln, Weimar und Wien, S. 109–147.

Unterkircher, Franz (1969a). *Die datierten Handschriften der Österreichischen Nationalbibliothek bis zum Jahre 1400. Tafeln*. Katalog der datierten Handschriften in lateinischer Schrift in Österreich 1. Wien.

Unterkircher, Franz (1969b). *Die datierten Handschriften der Österreichischen Nationalbibliothek bis zum Jahre 1400. Text*. Katalog der datierten Handschriften in lateinischer Schrift in Österreich 1. Wien.

Vollmann-Profe, Gisela (1979). „Der Prolog zum ‚Heiligen Georg' des Reinbot von Durne". In: *Befund und Deutung. Zum Verhältnis von Empirie und Interpretation in Sprach- und Literaturwissenschaft*. Hrsg. von Klaus Grubmüller u. a. Tübingen, S. 320–341.

Vorderstemann, Jürgen (1974). *Die Fremdwörter im ‚Willehalm' Wolframs von Eschenbach*. GAG 127. Göppingen.

Warland, Rainer (2013). *Byzantinisches Kappadokien*. Zaberns Bildbände zur Archäologie. Darmstadt und Mainz.

Weigert, C. (1976). „Art. ‚Theodor Stratelates (der Heerführer) von Euchaïta'". In: *LCI* 8, Sp. 444–446.

Weimann, Birgitt, Bearb. (1980). *Kataloge der Stadt- und Universitätsbibliothek Frankfurt am Main*. Bd. 5,4: *Die mittelalterlichen Handschriften der Gruppe Manuscripta Germanica*. Frankfurt am Main.

Wikipedia (2019). *Art. ‚Gottesgebärerin'*. URL: https://de.wikipedia.org/w/index.php?title=Gottesgeb%C3%A4rerin&oldid=180330225.

Wilhelm, Friedrich (1909). „Reinbot von Dürne". In: *PBB* 35, S. 360–383.

Williams-Krapp, Werner (1980). „Art. ‚Georg'". In: ²*VL* 2, Sp. 1195–1197.

Williams-Krapp, Werner (1986). *Die deutschen und niederländischen Legendare des Mittelalters. Studien zu ihrer Überlieferungs-, Text- und Wirkungsgeschichte*. Texte und Textgeschichte 20. Tübingen.

Williams-Krapp, Werner (1989). „Art. ‚Reinbot von Durne'". In: ²*VL* 7, Sp. 1156–1161.

Wyss, Ulrich (1973). *Theorie der mittelhochdeutschen Legendenepik*. Erlanger Studien 1. Erlangen.

Žak, Sabine (1990). „*Luter schal* und *süeze doene*. Die Rolle der Musik in der Repräsentation". In: *Höfische Repräsentation. Das Zeremoniell und die Zeichen*. Hrsg. von Hedda Ragotzky und Horst Wenzel. Tübingen, S. 133–148.

Orts- und Personenregister

Das Orts- und Personenregister bezieht sich einzig auf Reinbots ‚Heiligen Georg'. Die erste Zahl bezeichnet die Seite, die zweite Zahl verweist auf den entsprechenden Vers.

Aaron, ältester Bruder des Mose 66/2753, 134/5600
Âber, Reich eines Königs 143/5974
Abraham 147/6134
Âche, Aachen 53/2198
Adam 31/1286, 50/2057, 62/2594, 74/3096
Akerîn, Bruder des Königs von Marroch 120/5021
Alexander der Große 57/2363
Alexandrînâ, Ehefrau Dâciâns 13/516, 32/1322, 32/1324, 69/2860, 86/3580, 92/3830, 103/4318, 107/4462, 111/4640, 116/4862, 125/5220
Altissimus, Bezeichnung für den Gott der Christen 3/91, 10/402, 31/1285, 33/1380, 45/1871, 61/2550, 80/3333, 88/3675, 91/3818, 96/3989, 98/4081
Anastasius, ‚heidnischer' Fürst 136/5688, 137/5712, 137/5715, 141/5905
Anfortas, Gralskönig aus Wolframs Pz. 65/2698
Antioch, Antiochia 4/149, 120/5003
Apoll, ein Gott der ‚Heiden' 30/1230, 42/1736, 42/1749, 45/1861, 46/1899, 47/1955, 47/1959, 55/2297, 56/2310, 57/2366, 58/2421, 60/2486, 67/2809, 70/2935, 71/2949, 71/2969, 72/2986, 72/2997, 74/3104, 77/3196, 78/3239, 78/3251, 78/3255, 78/3263, 79/3295, 80/3320, 83/3458, 85/3555, 85/3566, 92/3822, 101/4209, 104/4335, 105/4402, 106/4409, 108/4503, 108/4512, 108/4515, 108/4525, 109/4559, 124/5192, 126/5257, 132/5525, 133/5549, 136/5697, 142/5921, 142/5930, 144/6029
Atschach, Reich eines Königs 143/5987
Âvê, Anagramm des Namens Eva und Anrufung Marias 66/2758, 66/2766, 93/3870, 94/3942, 97/4051
Âvech, Reich eines Königs 143/5986
Âzor, Reich eines Königs 130/5427, 130/5445, 131/5475, 142/5937

Balthazar, Belsazar, babylonischer Herrscher 126/5262
Beiern, Bayern 1/4, 2/55
Bêthel, Reich eines Königs 142/5961
Bremen 2/61
Bresburc, Bratislava 2/63

Capadôciâ, Kappadokien 8/328, 9/371, 13/505, 13/515, 21/844, 28/1172, 30/1257, 32/1321, 48/1977, 78/3247
Cherubîn, Cherub, ein Engel 48/1988, 82/3420, 95/3982, 113/4735, 125/5222
Cunstenopl, Konstantinopel 5/205

Dâciân, Stellvertreter der römischen Kaiser und zentraler Gegenspieler Georgs 12/497, 13/509, 27/1112, 31/1268, 35/1443, 41/1699, 41/1719, 42/1724, 50/2062, 54/2239, 55/2281, 77/3208, 79/3309, 86/3573, 86/3599, 89/3709, 92/3847, 96/3993, 98/4101, 120/4997, 121/5067, 122/5109, 125/5239, 126/5249, 135/5651, 137/5721, 141/5899, 144/6004, 145/6051, 146/6105, 146/6111
Daniêl, Daniel, biblische Figur 46/1911, 66/2730
David, biblischer König von Israel 23/949, 63/2642, 64/2658, 87/3651
Demetrius (auch Diometer/Dyometer), älterer Bruder Georgs 3/120, 5/186, 8/302, 16/640, 18/729, 25/1025, 27/1099, 28/1161, 28/1169, 31/1289, 34/1421
Dôret, Reich eines Königs 143/5977
Dürngen, Thüringen 1/34
Dyoclêtiânus, Diokletian, römischer Kaiser 10/412, 11/454, 116/4868

Êbron, Reich eines Königs 142/5947
Eglôn, Reich eines Königs 142/5951
Emanuêl, Immanuel, ein Name des Messias 145/6060
Endiân, Indien 139/5797

https://doi.org/10.1515/9783110579680-008

Ercules, Herkules, ein Gott der ‚Heiden'
    47/1959, 47/1965, 57/2370
Ermâ, Reich eines Königs 143/5964
Eva 63/2608, 66/2765, 74/3096
Ezechjel, Ezechiel, alttestamentlicher Akteur
    23/945, 42/1747, 66/2757, 98/4090

Feirefîz, Halbbruder Parzivals aus Wolframs
    von Eschenbach Pz. 40/1676
Franzoiser, Franzosen 60/2512
Franzôsîn, Französin, s. a. „Alexandrînâ"
    32/1324

Gâbaôn (Gibeon), Ortsname 142/5952
Gabrjel, Gabriel, ein (Erz-)Engel 24/983
Galgal, Reich eines Königs 143/5994
Galilê, Galiläa 96/4000, 101/4230, 116/4850
Gamâleôn, Chamäleon 30/1254, 94/3907
Gahmuret, Vater Parzivals aus Wolframs Pz.
    38/1560
Gander, Reich eines Königs 143/5973
Gâzer, Reich eines Königs 143/5965
Gêdeôn, Gideon, alttestamentlicher Akteur
    66/2733
Georg 1/25, 1/29, 2/71, 3/121, 4/156, 5/189,
    6/233, 8/294, 8/299, 8/303, 8/315,
    9/371, 10/385, 11/445, 12/461, 15/623,
    16/641, 17/711, 18/725, 34/1425,
    36/1493, 37/1538, 38/1568, 41/1701,
    41/1710, 41/1719, 42/1739, 43/1799,
    44/1820, 44/1833, 46/1903, 50/2088,
    52/2141, 53/2200, 53/2218, 55/2302,
    56/2333, 57/2373, 58/2419, 58/2428,
    60/2498, 60/2516, 67/2801, 68/2847,
    70/2901, 72/3005, 73/3049, 75/3130,
    76/3165, 84/3519, 103/4309, 108/4532,
    112/4668, 112/4701, 113/4739,
    115/4786, 125/5208, 130/5444,
    132/5502, 135/5660, 136/5679,
    141/5911, 144/6042, 145/6083,
    146/6101
Geori der Mezzære, Georgs Vater 3/108,
    134/5623
Gîselvelt, Geisenfeld, Standort eines
    Benediktinerinnenklosters 127/5329
Grêciâ, Griechenland 5/205, 10/386, 11/420,
    13/539, 14/547, 14/573, 16/632,
    48/1978, 110/4601, 137/5742
Gruns, Granada (?) 6/225, 18/742

Hâî, Reich eines Königs 142/5959
Hartmann von Aue 17/696
Heinrich von Veldeke 17/694
Helena, schönste Frau der Welt, Ehefrau des
    Priamos und des Paris 104/4326,
    110/4601
Hêret, Reich eines Königs 143/5983
Herman, Landgraf Hermann I. von Thüringen
    1/34
Herôdes, biblischer Akteur und Herrscher in
    Israel 100/4197

Indien 139/5797
Israhêl, Israel 73/3042, 77/3220, 102/4261,
    105/4383, 107/4473, 145/6059

Jâbîn, König von Âzor 131/5475, 142/5937,
    142/5952, 143/5989
Jachanaem, Reich eines Königs 143/5995
Jeremîas, Jeremia, biblischer Prophet
    105/4381
Jêrichô, Reich eines Königs 142/5957
Jêrimôt, Reich eines Königs 142/5948
Jerusalem, Reich eines Königs 142/5945
Jessê, Jesse, biblische Figur und Vater Davids
    102/4265
Jêsus (von Nazarêt), Jesus von Nazareth
    12/485, 27/1131, 30/1230, 33/1377,
    40/1649, 41/1688, 42/1725, 42/1745,
    43/1783, 44/1814, 45/1860, 49/2034,
    58/2399, 59/2438, 76/3186, 81/3378,
    85/3567, 86/3583, 86/3601, 87/3633,
    96/3990, 96/4010, 104/4336,
    107/4465, 108/4519, 113/4717,
    118/4932, 129/5385, 133/5558,
    134/5589, 134/5624, 136/5687,
    136/5698, 145/6080
Johannes (der Täufer?) 140/5846
Johannes der Evangelist 42/1748
Jôhel, durch Georg von den Toten
    auferweckter Knabe 124/5174, 124/5191
Jôsuê, Josua, Nachfolger des Mose und
    jüdischer Heerführer 142/5924,
    144/6038, 144/6043, 145/6057
Jûdas, Judas, Verräter Christi 101/4205
Jupiter, ein Gott der ‚Heiden' 57/2371

Kiemsê, Chiemsee 42/1722
Konstantinopel 5/205
Kriechen, s. „Grêciâ" 10/386

Lachîs, Reich eines Königs 142/5949
Lazarus, biblische Figur 53/2221
Lebnâ, Reich eines Königs 143/5963
Leine, nicht näher zu bestimmender Ort 38/1557
Liberûn, König von Âzor 130/5445
Lûcifer, Luzifer, ein Teufel 82/3423, 100/4186
Lybanus, Libanonberg 84/3489

Mâcidâ, Reich eines Königs 143/5980
Mâdôn, Reich eines Königs 143/5981
Mâgedô, Reich eines Königs 142/5958
Mahmet, ein Gott der ‚Heiden', Mohammed 42/1724, 57/2371, 80/3316, 102/4278
Marcellus, Papst Marcellinus 10/408
Margarête, Hl. Margareta 112/4692
Marroch, Königreich Marokko 6/208, 68/2814, 119/4984, 120/5021
Marsilje, Marseille 13/533
Marîa, Maria, Gottesmutter 24/998, 27/1130, 40/1648, 41/1688, 73/3045, 80/3352, 94/3943, 101/4230, 116/4850, 125/5226
Maxîmiân, Maximian, römischer Kaiser 10/413, 12/490, 116/4869
Mayedôn, Reich eines ansonsten namenlosen Königs 129/5415, 134/5585, 134/5621, 136/5696, 137/5717, 137/5732, 141/5903
Mênelâ, Menelaos, König von Sparta und (erster) Ehemann der Helena 32/1328
Metz 2/63
Michahêl, Michael, ein (Erz-)Engel 113/4735, 114/4775, 146/6117
Millêne, Hauptstadt Kappadokiens 16/663, 21/844, 48/1973, 92/3837, 114/4744, 130/5444
Moyse, Mose 53/2222, 66/2743, 69/2871, 69/2883, 106/4437
Munilet, eine Königreich 6/224, 120/5033
Munilet, eine Stadt 18/738, 68/2816

Nazarêt, Nazareth 12/485, 33/1377, 42/1745, 68/2830, 69/2877, 85/3567, 86/3583, 107/4465, 133/5558
nordenmer, Nordmeer 71/2973
Nâbuchôdonôsor, Nebukadnezar, babylonischer König 92/3858

Odollam, Reich eines Königs 143/5972

Mons Olvêt, der biblische Ölberg 20/820
Olympus, Olymp, ein Berg in Griechenland 16/633
Otte, Otto II., Herzog von Bayern und Pfalzgraf bei Rhein 1/1, 2/45

Palastîn, aus Palästina stammend, zu Palästina gehörend, vgl. auch s. v. „Georg" 11/445
Palastîn, Palästina 4/158, 5/181, 5/203, 6/232, 10/385, 28/1170, 90/3756, 116/4833, 117/4893, 117/4900, 118/4914
Pârîs, Paris, Sohn des Priamos und Entführer Helenas 110/4600
Phâraô, Pharao 101/4205, 145/6075
Pilâtes, Pontius Pilatus 100/4192

Reinbot von Durne 1/20, 17/699, 69/2858, 69/2873, 114/4782, 147/6131
Ritschart, Georgs Schreiber 79/3274, 99/4129
Romanî, ein Wald 130/5441

Salnecke, Saloniki (Thessaloniki) in Griechenland, s. auch „Tschofreit" 16/650, 120/5001, 131/5487
Salomo, biblischer König von Israel 26/1080, 66/2732, 114/4769
Samerôn, Reich eines Königs 143/5990
Sârôn, Reich eines Königs 143/5982
Sarrazîn, Sarazene 4/146, 10/378, 10/386, 11/446, 29/1200, 35/1426, 38/1567, 88/3671, 142/5925
Saturn 108/4492, 108/4507
Sebastiân, Hl. Sebastian 136/5674
Sete, Septimerpass (?) 42/1723
Sibille, Sevilla 18/734, 120/5020
Sibille, Sibylle, Prophetin 71/2979, 78/3259
Spanien
– Spanilant 9/365, 10/379
– Spanjen 13/523, 55/2273
‚Spaniol', König von Spanien 6/217, 8/329, 13/527, 15/614
Syôn, Zion 67/2779

Tâfuâ, Reich eines Königs 143/5998
Tênach, Reich eines Königs 143/5988
Tersâ, Reich eines Königs 143/5999

Tervigant, ein Gott der ‚Heiden' 53/2185, 57/2370
Thâbir, Reich eines Königs 143/5969
Theodôrus, ältester Bruder Georgs 3/119, 5/185, 8/296, 16/639, 28/1173
Troye, Troja 32/1329, 110/4600
Tschofreit von Salnecke, wird von Georg besiegt und konvertiert zum Christentum 11/422, 11/458, 12/479, 15/621, 16/650, 32/1318, 34/1389, 120/5001, 128/5344, 129/5380, 129/5405, 131/5487, 132/5518, 133/5562

Tyrol, Tirol 2/61

Werde, Wörth, nicht näher zu bestimmender Ort 38/1558
Willehalm von Naribôn, Guillaume d'Orange, Hauptfigur des Wh. 1/37, 2/42
Wolfram von Eschenbach 2/41, 17/695

Zazamanc, ein Herrschaftsgebiet Gahmurets 38/1560
Zêdes, Reich eines Königs 143/5975
Zodîacus, Tierkreis 83/3466

www.ingramcontent.com/pod-product-compliance
Lightning Source LLC
Chambersburg PA
CBHW060258240426
43661CB00060B/2821